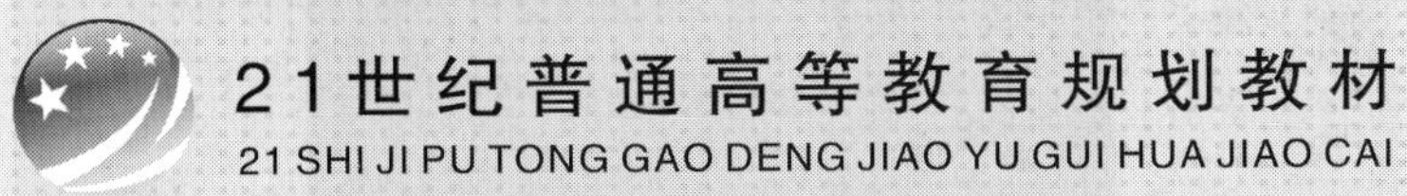

经济学原理

PRINCIPLES OF ECONOMICS

主 编：李 定
编 委：魏江林 胡德宁 冯江茹 闫二旺
陈 蕾 周 丹

内 容 提 要

本书在内容上参考了目前国内外成熟的西方经济学教科书的优点，按照从微观到宏观的顺序编写了共计十五章的内容，微观经济学主要介绍了供求理论、消费者行为理论、生产者行为理论、市场一般均衡理论等；宏观经济学以主流经济学为基础，主要介绍均衡国民收入决定理论、宏观经济政策、失业和通货膨胀理论和经济增长理论等。既体现了西方经济学的最新发展，又考虑到作为高等院校财经类核心教材在体系和内容要求上的稳定性和系统性。

本书既可作为高等院校经济类专业学生的教材使用，也可以供经济学知识爱好者自学使用。

图书在版编目(CIP)数据

经济学原理/李定主编.—上海：上海交通大学出版社，2016
21世纪普通高等教育规划教材. 经济管理系列
ISBN 978-7-313-07583-3
Ⅰ.①经… Ⅱ.①李… Ⅲ.①经济学—高等学校—教材
Ⅳ.①F0

中国版本图书馆CIP数据核字(2016)第136373号

经济学原理
李 定 主编
上海交通大学出版社出版发行
（上海市番禺路951号 邮政编码200030）
电话：64071208 出版人：韩建民
武汉武铁印刷厂 印刷 全国新华书店经销
开本：787mm×1092mm 1/16 印张：17 字数：510千字
2016年5月第1版 2016年5月第1次印刷
印数：1～3030
ISBN 978-7-313-07583-3/F 定价：35.00元

前　言

曾经有不少的学生问我:“学习西方经济学有什么用?”我的回答很简单:“西方经济学是一门经济学基础理论课程,所以别指望西方经济学教会你某种技能、技术或技巧,如果非要说出它的有用性的话,就是它可以让你建立经济学的思想和思维方式,让你成为一个丰富的人。”

提出这一问题本身说明在以培养应用型人才为目的的高等学校,学生的学习重点已经由“是什么?”“为什么?”转变为“怎么做?”了。这就要求教育者也必须转变教育的思维方式,适应学生学习的需要。既要让学生掌握最基本的经济学理论知识,又要避免复杂的理论推理和数学推导,把重点放在让学生建立初步的经济学思想上,学会用经济学的思维方式和分析方法解决现实生活中的各种问题。

基于上述思想,本书旨在准确、简练地阐述西方经济学的基本原理和研究方法,使读者能了解现代市场经济运行的基本规律和经济运行主体的行为方式,并对当前政府在市场经济中的作用及其缺陷有初步的认识。在具体介绍西方经济学原理时,本书采取由简到繁、层层深入的分析方式,并辅以图解或简单的数学模型,避免使用大量的复杂的数理推导。其目的在于既加深读者对经济学原理的理解,又培养读者运用西方经济学的基本方法和分析工具来分析现实经济问题的能力,并为进一步学习其他应用经济学和管理学打下坚实的基础。本书在内容安排上,考虑到实际教学时数的限制,参考了目前国内外成熟的西方经济学教科书的优点,按照从微观到宏观的顺序编写了共计十五章的内容。其中除导言部分外,从第一章到第七章主要介绍以供求理论、弹性理论、消费者行为理论、生产者行为理论以及市场一般均衡理论为主要内容的微观经济理论;从第八章到第十四章主要介绍以均衡国民收入决定理论、宏观经济政策、失业和通货膨胀理论和经济增长理论为主要内容的宏观经济理论。这样的内容安排既可以体现近几年西方经济学的最新发展,又可显示出作为高等院校财经类核心教材所要求的体系和内容的稳定性和系统性。

为了帮助读者自学和对经济学理论的熟练掌握,本书在每章末均以“本章小结”的形式概括该章的内容和复习要点;以“阅读资料”的形式提供了与本章内容相联系的课外阅读内容,供读者思考,帮助读者对每章内容的重点掌握和应用;“本章习题”是作者参考和查阅了大量国内外文献资料后精心挑选的。熟练解答这些习题既可以帮助读者巩固和加深对所学内容的理解和掌握,又可避免死记硬背。本书既可作为各类高等院校经济学、管理学专业本科生的教材,也可供各类经济类专科生、函授生或非经济管理类专业学生自学使用。

本书的编写人员均为第一线多年从事西方经济学教学的中青年教师,有着较为丰富的教学实践经验。具体分工如下:

山西大学商务学院　李定:第零章、第一、二、三章;

山西大学商务学院　魏江林:第四、五、六章;

山西大学商务学院　胡德宁:第七、八、十章;

山西大学商务学院　冯江茹:第九、十一、十二章;

太原师范学院　闫二旺:第十三章。

长江大学文理学院　陈蕾、周丹:第十四章。

山西大学商务学院经济系主任靳共元教授、经济学教研室主任刘孝昌副教授以及赵旭亮教授在百忙之中通读了本书全稿，非常细致地对本书的初稿提出了许多非常有建设性的意见，并审核了全书，使本书在体系的完整性和叙述的严谨性方面得到很大的提高。因此，我对三位教授的无私奉献表示由衷地感谢。在本书的编写过程中，作者参考了大量国内外优秀教材和文献资料，已在本书最后的参考书目中一一列出，并对这些作者表示由衷地感谢。

由于时间仓促和水平有限，书中不妥及错误之处，恳请同行和读者批评指正。

李　定

2016 年 1 月

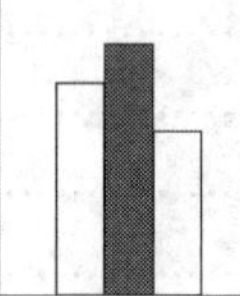

目　　录

第零章　导　言

■ 学习要点

☆ 资源的稀缺性和选择
☆ 生产可能性边界线和机会成本
☆ 经济学的基本问题
☆ 经济学的研究方法
☆ 经济学的六次革命

西方经济学是研究以市场为基础进行资源配置和利用的经济学科。生产什么、生产多少、为谁生产、怎样生产是西方经济学研究的基本内容。本章将从西方经济学的研究对象、研究内容入手，分析西方经济学的由来与演变，同时探讨在我国当前的形势下，作为经济学初学者应该如何认识和对待西方经济学。

第一节　经济学的研究对象

一、经济资源的稀缺性和选择

(一)资源的稀缺性

经济资源的稀缺性是西方经济学关于经济学研究对象的基础性概念。它是指人们的欲望总是超过能用于满足欲望的资源的状态。这里的稀缺不是指某种资源是不可再生的或者是可以消耗尽的，也不是指某种资源的绝对量是稀少的，而是指在给定的时间内，与人类需要相比，其供给量总是不足的。我们可以从两方面来理解：

一方面，人类的欲望是无穷的。依据美国心理学家马斯洛(Abraham Harold Maslow，1908～1970)的需求层次理论，人的需求分为五个层次：即生理需求、安全需求、社交需求、尊重需求和自我实现需求，依次由较低层次到较高层次。人的欲望以及由此产生的对社会产品的需求是无穷无尽的；同时，人类的消费欲望也是随着产品和服务的不断发展而发展的。这就是人们常说的"欲壑难填"。

另一方面，相对于人的无穷无尽的欲望而言，"经济物品"或者说生产这些物品的资源总是不足的。

西方经济学家把满足人类欲望的物品分为"自由物品"和"经济物品"。前者是指人类无须通过努力就能自由取用的物品，如阳光、空气等，其数量是无限的；后者是指人类必须付出代价方可得到的物品，即必须借助生产资源通过人类加工出来的物品。

对稀缺资源的认识应从动态的观点来认识。历史上，许多资源曾经被视为自由取用的"自由物品"，如空气、水等，随着社会的进步，科技的发展，特别是人口的增加，人类对资源需要的复杂化和多样化，"自然物品"也变得越来越稀缺，甚至转化为"经济物品"。

作为劳动对象，为社会提供物品和劳务的经济资源主要有三类：①自然资源，如土地、森林、矿藏、河流等；②人力资源，即人的智力和体力的总和即劳动；③资本资源，即人们制造出来用于生产过程的生产工具、机器和设备等。其中土地、劳动与资本都是社会进行生产不可缺少的因素。当它们被投入生产用以满足人们的需求时,又被称为生产要素(production factor)。

稀缺性是在任何社会和任何时期人们都会面临的一个基本事实,它反映了欲望的无限性和资源的有限性之间的矛盾,正是这种矛盾引起了人类的各种各样的经济活动,并产生大量的经济问题。

(二)选择

由于资源稀缺性的存在,使得人们必须考虑如何使用有限的相对稀缺的生产资源来满足无限多样化的需要。因此,所谓选择就是在资源稀缺的前提下,如何把具有多用途性的稀缺资源按需求的轻重缓急合理分配到各个社会部门中,生产满足人们不同需要的各种物品和劳务,以更好地满足人类的需求。实际上,经济学就产生于资源的稀缺性以及由此而引起的选择的需要。

选择的前提是同一种经济资源有多种用途或者某几种资源可以用于一种用途。比如土地作为一种经济资源,既可以用于农业种植、也可以用于工业生产的厂房,还可以用于道路交通设施的建设等等;煤炭既可以用于发电、炼钢等工业生产、也可以用于取暖、做饭等人们的日常生活;在有限的时间里,人们既可以安排学习、工作、也可以安排锻炼、郊游、聚会等活动,还可以安排休息、娱乐等等。

从资源的稀缺性这一概念出发,如果进一步思考就会发现,人的欲望和满足欲望的手段即生产资源和物质产品,一般具有以下几个特征:①人的欲望或需要是无限的;②这些需要的轻重缓急是各不相同的;③满足人的欲望或需要的手段,即可以支配的生产资源是有限的,从而可生产的产品是有限的;④每一种资源在大多数情况下是可以有多种用途的。

人的欲望和生产资源的上述四个特征就给人们提出了这样一个问题,即怎样使用和分配这些可以有多方面用途但数量有限的资源,来满足轻重缓急各不相同的无限的欲望或需要呢?要回答这个问题,就必须处理好这样两个方面的关系:一是各种需要的轻重缓急;二是为了实现某种既定的需要所需付出的代价。由此,西方经济学家在他们的分析中提出了两个重要的概念和工具:机会成本(opportunity cost)和生产可能性曲线(production possibility curve)。

(三)机会成本

经济资源一般是可以有多种用途的,但一定的资源用来生产某种产品后,就不可能用来生产其他产品。这就意味着,一定数量的资源用来生产某种产品时,就必须放弃其他种产品的生产。当把一定的资源用来生产某种产品时所放弃的其他种产品的最大产量(产值),就是该产品的机会成本。例如,土地可以有多种用途,既可以种稻谷,也可种棉花、蔬菜或其他农作物。假如有一亩土地,用来种粮食,可产稻谷500公斤,价值800元;如果用来种棉花,投入同样多的资本与劳动可产棉花100公斤,价值700元,则这一亩土地用来生产稻谷的机会成本是100公斤棉花或700元。同样,用来生产棉花的机会成本就是500公斤稻谷或800元。机会成本还可表述为,一种资源用来获得某种收入时所放弃的另一种收入。例如,某学生大学毕业后,面临多种选择,可以去银行工作,年薪20 000元;去某公司工作,年薪28 000元;或继续深造,读研究生,收入为零。那么,如果去公司工作,机会成本就是所放弃的到银行工作可能获得的收入20 000元。如果继续读研究生,研究生学习的机会成本就是放弃去公司工作可能获得的收入28 000元。

由此可见,所谓机会成本,实质上是指选择的代价,即"选择成本"。它可以帮助人们进行可行性研究和最优化决策。当然,运用机会成本概念时,要适合以下三个条件:①资源本身要有多种用途;②资源可以自由流动且不受限制;③资源能够充分利用。如果以上条件不具备,机会成本便毫无意义。

机会成本是经济学原理中一个重要的概念。经济问题的解决,归根到底就是如何使得选择的机会成本达到最低。例如,在制定国家经济计划中,在新投资项目的可行性研究中,在新产品开发中，乃至人们选择工作中，都存在机会成本问题。在进行选择时，力求机会成本最小，是经济活动行为方式的最重要的准则之一。

(四)生产可能性边界

资源的稀缺性决定了在一定社会的一定时期内，可以利用的资源是有限的，从而可以生产的产品数量也是有限的。生产可能性边界也称生产可能性曲线(Production-Possibility Frontier。PPF)，用来表示经济社会在既定资源和技术条件下所能生产的各种商品最大数量的组合，反映了资源稀缺性与选择性的经济学特征。

假定一国现有资源用来生产两种产品 X(黄油)和 Y(大炮)。如果全部用来生产 X 产品，可生产 OB 单位；如果全部用来生产 Y 产品，可生产 OA 单位；如果同时用来生产 X 和 Y 两种产品，则可能有各种不同的 X 与 Y 的产量组合。将 X 和 Y 的各种不同的产量组合描绘在坐标图上，便可得出生产可能性曲线，如图 0-1 所示。

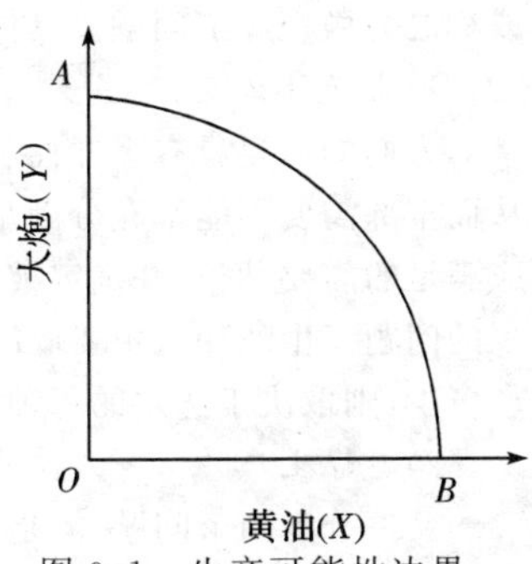

图 0-1 生产可能性边界

从图 0-1 中可以看出，生产可能性曲线是一条斜率为负且凹向原点的曲线，其经济含义如下：

第一，生产可能性曲线揭示了稀缺法则，即任何经济不可能无限量地生产。生产可能性之外的任何一点代表着在现代条件下不可能实现的产量组合。

第二，任何一个经济必须做出选择，但不可能有同时选择两个不同的点。同时，决定了在生产可能性曲线上的某一点进行生产就意味着决定了资源的配置，它是在给定的假设条件下，最大可能的产量组合的轨迹，它一般凹向原点，隐含着成本递增法则成立。该曲线上的任意一点均代表着有产率的产量组合，曲线之外的任意一点表明在现有假设条件下不可能实现的产量组合，内点则表明缺乏效率。

第三，选择就要付出代价，选择就有机会成本。在生产可能性曲线上任意点的斜率就代表着该产量水平上的机会成本，其斜率为负则表明要增加一种产品的生产势必要减少另一种产品的产量。

第四，具有凹性的生产可能性曲线反映了“机会成本递增法则”。它是指随着黄油(X)的产量增加，每增加一个单位的黄油产量所需放弃的大炮(Y)产量呈递增的趋势，或者说，黄油的机会成本随其产量的增加而递增。

为什么成本递增法则能够成立呢？关键在于，在多数情况下，经济资源并非完全适应于其他可供选择的用途，即资产专用性。当然，如果资源能完全适应于生产黄油和大炮，或者说，资源具备完全替代性，那么，机会成本便为某一常数，生产可能性曲线就为一条斜率为负的直线了。

第五，生产可能性曲线可以说明资源配置的效率。也就是说如果某种资源配置是有技术效率的，那么增加某种产品产量的同时不可能不减少其他产品的产量。生产可能性曲线上的任意一点都隐含着资源配置是有技术效率的。这一效率的定义是由意大利经济学家帕累托(Pareto)首先提出的，因此，技术效率亦可被称为帕累托效率。

二、经济学的定义和研究的基本问题

(一)经济学的定义

如上所述，资源的稀缺性产生各种经济问题，而经济问题的解决是通过选择来完成的。但经济学的定义却是一个颇有争议性的问题，迄今为止，似乎还不存在一个被所有经济学家认可的定义。几乎所有的经济学都是围绕社会如何进行选择？这些选择又如何决定资源的配置这一研究对象来展开的。经常被引用的两个定义是下面两种形式：

(1)经济学是研究人类行为的一门学科,它考察人们如何处理具有多种用途的稀缺资源的目的与手段之间的关系。

(2)经济学是研究就个人、企业、政府和其他组织如何在社会内进行选择,以及这些选择如何决定社会稀缺资源的使用的科学。

因此,大多数经济学家认同美国经济学家萨缪尔森为经济学所下的定义:"经济学是研究社会如何作出选择,以利用具有多种用途的、稀缺的生产资源来生产各种商品,并将它们在不同的人群中间进行分配的科学。"①

(二)经济学研究的基本问题

1.资源的配置

基于人类需求的无限性和经济资源的有限性的矛盾,人们必须考虑如何配置稀缺的资源来满足人们某一方面的欲望或需求,这就是经济学研究的基本经济问题之一,即资源的合理配置问题,或称之为微观经济问题。具体来说,须研究利用有限的生产要素来解决三个问题

1)生产什么、生产多少

人们的需要具有多样性和多层次性,不同条件下,每种需要的相对重要性不同。在资源稀缺,从而全部需要不能都充分满足时,为使既定量资源的使用所能提供的满足程度最大,就要合理选择应满足的需要种类,并确定被选中的每种需要到底满足到什么程度。这就是决定生产什么、生产多少的问题。生产什么主要取决于哪些需要被选定,这又取决于各种需要的相对重要性;每种产品生产多少,则取决于选定的每种需要到底要满足到什么程度,并据此决定每种产品到底该生产多少。

2)怎样生产

又可分为两个问题:一是用什么资源生产;二是用什么方法生产。资源具有多用途性,同时每种资源的相对稀缺程度也不同。所以,无论生产什么,都要合理选择所用资源种类及每种资源的使用量,实现资源合理组合,以使生产成本最低。这就是用什么资源生产的问题。此外,还有用什么方法生产的问题,考虑的是适合以大规模还是小规模生产,何种生产方法效率会更高的问题。

3)为谁生产

即收入分配问题,涉及生产出来的物品和劳务如何进行分配及分配是否公平的问题。分配直接影响到效率:一方面,合理分配收入能使生产者发挥积极性,从而提高生产率;另一方面,效率最大归根到底是单位资源效用最大,只有合理分配收入,才能使既定财富消费量提供的满足程度最大。

2.资源的利用

资源既然是稀缺的,就应该最大程度地利用以生产尽可能多的物品和劳务。因此,如何对稀缺资源加以充分利用来满足人们的需要,是经济学研究的另一个基本经济问题,或称之为宏观经济问题。主要要解决四个问题:

1)如何达到充分就业

即一国的资源是否得到了充分利用、有没有资源闲置和浪费的现象。各种资源中最重要的是劳动,所以资源利用的核心,是实现充分就业。

2)如何达到物价稳定

即物价变动保持在经济顺利运行所允许而居民又能承受的范围内。一般情况下,如果资源利用不足,比如存在失业时,会伴有通货紧缩现象,但利用过度也可能造成通货膨胀。这两种情况都会破坏市场经济的价格机制,影响经济运行的稳定性。所以资源利用最好做到既无通货紧缩,也无通货膨胀。这就是物价稳定。经济学研究如何使资源充分利用,就要同时研究如何实现物价稳定。

① 保罗·萨缪尔森,威廉·诺德豪斯.微观经济学.[M]第16版.北京:华夏出版社,1999.

3)如何实现经济增长

即一个社会生产物品的能力是否实现了持续增长,财富是否持续增加。经济增长意味着在相同的资源限制条件下生产更多的物品和劳务来满足人们的需要,具有特别重要的意义。

4)如何实现国际收支平衡

即资金流出、流入的平衡和进出口的平衡。国际收支对于国内货币稳定、经济稳定和经济发展关系极大。在国际收支平衡中,重要的是外汇收支差额与偿债率要适当。

三、资源配置和经济体制

资源稀缺性不仅引起资源配置问题,而且还引起了关于资源利用效率的问题。从这层意义上来看,所谓的资源最优配置=合理地选择+高效率的利用。任何一个社会经济制度都有自己的一套运行机制。虽然它们有许多差异,但概括起来看,都具有三个方面的特征;一是具有自己的决策机构;二是作为决策基础的信息收集、传递和处理结构;三是人们进行经济活动的动力机构。

在不同的社会制度下,解决资源配置与利用问题的方法也各不相同。就目前来看主要存在着三种经济制度:

(一)自由放任的市场经济制度

自由放任的市场经济制度是指完全没有政府干预,而由企业和个人自主决策和自主行动的市场经济,即完全由市场机制安排和决定企业以及个人经济行为的一种经济制度。在这种制度下,产品价格随市场供求关系的变动而变动。生产要素的所有者既是产品的供给者也是产品的需求者,他们根据市场的价格信号,按照自身利益最大化的原则自主作出决策。在这种经济制度中,资源配置和产品的分配完全是依靠市场价格机制来进行的。

这一制度的特征:①从决策结构上看,自由放任的市场经济制度是分散决策;②在自由放任的市场经济中,每个人或者经济单位被赋予追逐个人利益的动机;③自由放任的市场经济中的信息是通过价格涨落而传递的。

也就是说,在自由放任的市场经济中,家庭或个人以自身的满足为动机,以市场价格为信息,自主决定每种产品的购买量;生产者以利润为动机,根据市场价格决定生产的方式以及购买投入的数量。家庭和生产者的相互作用决定商品的价格和生产数量。

(二)中央集权的计划经济制度

中央集权的计划经济制度是指中央当局或机构决定生产什么、生产多少。在这一制度下,各种资源用于何种用途与它们自身的价格关系很小,货币和价格主要起核算如何生产和如何分配这些产品的作用。各种产品的价格不是由市场的供求关系来决定的,而是由中央决策机构来制定的。指令性的计划价格只能间接地对资源配置和产品分配问题起调节作用。

中央集权计划经济体制(斯大林主义经济模式)的基本特征表现在:

一是国家所有制。在社会经济生活中,具有举足轻重地位的工业部门都实行了国有化。或国有制经济占主体地位,一切关系到国计民生和国家安全的基础性或战略性产业部门,如能源、交通、通讯、金融、教育、高科技产业等,都实行了国有化。形式上实行集体所有制甚至非公有制的企业,在实质上其产权运营受到国家政策、法令、规章的多方约束,企业行为已具有了准国有制的性质。

二是经济决策权的高度中央集中。在中央集权计划经济体制下,中央决策机构不仅行使关于最高一级宏观经济问题的决策权,而且还把企业经济活动的微观决策权也集中在自己的手中。

三是以指令性计划为经济资源配置的基本手段。所谓指令性计划,是指中央政府对企业(主要是国有企业)下达的具有行政的或法律的约束力的强制性生产经营计划。指令性计划的组织基础是庞大的、金字塔形的行政机构。以实物平衡为核心,财政、信贷、物资、劳动力四大平衡为主要内容而构成的国民经济综合平衡法体系是中央指令性计划的主要工具。

四是个人消费品的分配实行按劳分配的分配制度。中央集权的计划经济体制原则上只以活劳动耗费的多少为分配个人消费品的依据。但并不意味着劳动者将获得其劳动所创造的全部产品。集体劳动所创造的社会总产品中,首先应该扣除用于补偿消耗掉的生产资料的部分。其次,还应该扣除用于扩大再生产的追加部分和用于其他必不可少的社会基金。社会总产品在作了上述扣除之后,才构成个人的消费基金,用于个人消费品的分配。

(三)混合经济制度

纯粹形式的自由放任和中央集权的经济制度在现实中是不存在的。所有的现实的资源配置制度在某种意义上都是上述两种制度的混合体,即混合经济制度。所谓混合经济制度是指政府和私人部门按照一定的原则制定决策的经济制度。其基本特征是:分散决策和集中决策相结合。决策单位的动力既可以是自身的经济利益,也可以是社会目标;信息传递既有价格自发的波动,又有计划指令的反馈。市场机制解决生产什么和生产多少、如何生产和为谁生产的基本问题。在市场机制出现错误时,则通过政府干预以促进资源使用的效率、增进社会平等和维持经济稳定和增长。

(四)中国混合经济体制的特点

公有经济为主体,多种所有制经济共同发展,是中国的基本经济制度。党的十六届三中全会通过的《关于完善社会主义市场经济体制若干问题的决定》指出:"要适应经济市场化不断发展的趋势,进一步增强公有制经济的活力,大力发展国有资本、集体资本和非公有资本等参股的混合所有制经济……"。这一论断,不仅是对中国基本经济制度的充实和完善,而且为人们探索构建适应市场经济要求的经济体制指明了方向。

中国的混合经济体制具有与西方国家混合经济体制相近的原则及机制,这是因为它们具有共同的基础:市场经济与私公产权的并存。但是,以公有经济为主体的社会主义制度,使中国的混合经济体制与西方国家混合经济体制相比较,有自己的特点。同时,由于中国还处于社会主义初级阶段,社会主义市场经济还不完善,因此,中国的混合经济体制也处于不成熟不完善阶段,存在着许多不足与缺陷。

中国的国有经济与西方混合经济体制中的公有权经济,表现形式有很多相似之处,但其实质是不一样的。社会主义的国有经济,是自由人联合基础上的劳动合作制;西方混合经济体制中的公有经济,是政府对一些自然垄断部门和公共产品生产实行国有化政策所致,是政府巩固政权稳定社会所掌握的"公共产权"。因此,作为社会制度基础与经济体制主导力量的中国社会主义国有经济,除与西方混合经济体制中的"公共经济"在提供公共产品,以及其他相同或相似的功能之外,还有自己特殊的功能与作用。主要有:

1.稳定宏观经济的功能

作为中国经济制度的基础与经济体制的主导,国有经济在稳定宏观经济上具有重要的功能。①政府可利用国有经济来增加总需求;②政府可利用国有经济来安排就业;③政府可利用国有经济来控制利润水平和物价水平,进而减少通货膨胀或通货紧缩的压力。

2.促进经济发展的功能

国有经济在国民经济中具有重要的地位与份额,它所具有的促进经济发展的功能,主要表现为:①有国家财政为后盾,具有承担巨大风险投资的能力,并通过这些投资来消除国民经济发展中的瓶颈,或可以按照政府部门的意图而布局在某些特定地区和特定产业,从而健全经济发展所需要的各种基础设施,加速经济发展;②通过国家计划的指导使相对落后又急需发展的地区和产业得到迅速发展;③不完全受最大利润目标的支配,加之资本雄厚,因而在发展国家的高新技术产业方面发挥着决定性作用。

3.控制市场垄断和防止垄断收入归少数人所有的功能

在市场经济中,垄断几乎是不可避免的。市场垄断主要有两种情况:一是某些产业天然就适合垄断(自然垄断);二是几个大企业可以通过联合而形成垄断。为了防止垄断和垄断收入落人少数人手中,除了制定反垄断法规之外,在有关产业中,尤其是在适合自然垄断的产业中建立国有企业,可将垄断收入收归国有。现实中中国的垄断行业基本上都是公有经济。

4.提高国际竞争力的功能

中国的国有经济,尤其是其中的国有企业,在提高中国经济的国际竞争力方面,发挥着极大的作用。这是因为,国有经济在国家的直接帮助下,能比较容易地进入国际经济中那些难以进入的领域。大型国有企业由于拥有巨大的规模,容易在国际竞争中取得优势;同时,得到国家支持的国有大型企业也较容易在国际竞争中击败对手。

四、微观经济学和宏观经济学

(一)微观经济学

1.微观经济学的研究对象

微观经济学是以社会中单个经济单位为研究对象,通过研究单个经济单位的经济行为和相应的经济变量单项数值的决定来说明如何解决社会资源的配置问题。

微观经济学从资源稀缺这个基本概念出发,假定所有个体的行为准则是如何利用有限资源取得最大收益,并由此来考察个体取得最大收益的条件。在商品与劳务市场上,作为消费者的家庭根据各种商品的不同价格进行选择,考察如何利用有限的收入从所购买的各种商品量中获得最大的效用或满足。家庭选择商品的行动必然会影响商品的价格,市场价格的变动又是厂商确定生产何种商品的信号。厂商是各种商品及劳务的供给者,厂商的目的则在于利润最大化,即需要选择如何用最小的生产成本,生产出各种用于满足消费者的各种产品及产量,最大限度获得利润。厂商的抉择又将影响到生产要素市场上的各项价格,从而影响到家庭的收入。家庭和厂商的抉择均通过市场上的供求关系表现出来,通过价格变动进行协调。因此,微观经济学的任务就是研究市场机制及其作用,均衡价格的决定以及考察市场机制如何通过调节个体行为取得资源最优配置的条件与途径。微观经济学也就是关于市场机制的经济学,它以价格为分析的中心,因此也称作价格理论。

此外,什么是社会福利,如何使社会福利最大化?市场机制失灵时,政府如何采取干预行为与措施等方面的理论基础,也是微观经济学所考察的重要内容。

2.微观经济学的基本假设

(1)市场出清。市场出清是经济学的一个重要概念。在一般的经济分析中,常常假定通过价格机制可以自动实现市场出清,即价格的波动决定了消费者的购买量和厂商的生产量,使供给量与需求量相等。具体来说,市场出清是指在市场调节供给和需求的过程中,市场机制能够自动地消除超额供给(供给大于需求)或超额需求(供给小于需求),市场在短期内自发地趋于供给等于需求的均衡状态。也就是在给定的价格之下,市场上的意愿供给等于意愿需求。

市场出清是一种经济学分析的理想状态,在现实经济中,有许多因素影响市场出清的实现。如在不同的产业结构中,产品的同质性、需求和供给的变动性、存货量以及生产的计划性等有较大的差别,这就会导致不同产业中厂商行为的较大差别,从而会对市场出清过程产生很大的影响。

(2)完全理性。经济学假设每个经济单位都是以利己为目的的经纪人,能够自觉地按自身利益最大化的原则行事。西方经济学家指出:所谓"理性人"的假设,是对在经济社会中从事经济活动的所有人的基本特征的一个一般性的抽象。这个被抽象出来的基本特征就是:每一个从事经济活动的人都是利己的。也可以说，每一个从事经济活动的人所采取的经济行为都是力图以自己的最小经济代价去获得自己的最大经济利益。在任何经济活动中，只有这样的人才是“合乎理性的人”，否则，就是非理性的人。

(3)完全信息。是指进入市场的每个经济单位可以迅速和免费获取所有的各种市场信息，并依次作出相应的经济决策。也就是说进入市场的所有消费者在每个时点上都了解市场各种商品的全部可能价格以及他自己的偏好、存货，并能够在每个个人的环境状态(偏好和资本)和市场价格基础上计算出超额需求。同样，厂商也知道生产要素、价格与投入产出之间各种形式的可能组合配置。这样，消费者与生产厂商之间在任何时点都能了解市场各种商品的供求状态，于是，出现了市场均衡价格。

3.微观经济学的基本内容

(1)均衡价格理论：主要是研究商品的价格是如何决定的以及价格如何调节整个经济的运行。

(2)消费者行为理论：主要研究消费者的消费行为如何实现效用最大化。

(3)生产理论：主要研究生产者的生产行为如何实现利润最大化。

(4)分配理论：研究产品按什么原则分配给社会各个成员。

(5)一般均衡理论与福利经济学：研究社会资源配置最优化的实现以及社会经济福利的实现问题。

(6)市场失灵与微观经济政策：主要针对市场机制失灵而导致社会资源达不到最优配置所应采取的经济调节政策。

(二)宏观经济学

1.宏观经济学的研究对象

宏观经济学以整个社会经济的总体行为为研究对象，通过研究经济中各种有关经济总量的决定及其变化来说明社会的资源如何才能达到充分利用。因此，“宏观经济学是经济学的一个分支，它运用总量分析方法研究整个国民经济的运行，为政府干预经济提供理论依据。”

如果说微观经济学研究“树木”，那么宏观经济学则研究“森林”。宏观经济学侧重于国民经济中总量的分析。主要有总产出与总收入、总就业量与失业率、一般物价水平与通货膨胀率、总需求与总供给、货币需求总量与货币供给总量、消费与投资、政府支出与税收、进口量与出口量、利率与汇率等。

现代宏观经济学是在凯恩斯主义的基础上发展起来的，它研究的主要目的是为政府干预经济提供理论依据。几十年来，凯恩斯的理论一方面经过了凯恩斯的追随者们不断的修正补充和发展，另一方面也遭到了现代经济学一些流派的激烈反驳。本教材主要介绍主流学派的宏观经济理论。所谓主流学派是指当前世界上多数大学课堂讲授的和大多数市场经济国家政府采用的经济理论，包括微观经济理论和宏观经济理论两大部分。

宏观经济学关注的主要问题有：

1)国民收入

国民收入(national income)是一国消费者在一定时期所获得的总收入，反映了一国经济的总体规模。它既直接体现了该国消费者当前的物质生活水平，同时也构成了未来经济增长的基础。国民收入是如何构成的？它的大小受到哪些因素的影响？它反过来又会影响哪些宏观经济变量等是宏观经济学最为关注的问题。凯恩斯的宏观经济理论中最主要的内容就是围绕国民收入的决定因素所展开的研究。因此，凯恩斯的宏观经济理论也被称为国民收入决定理论。

2)失业

劳动的源泉是工人，工人的失业(unemployment)会带来一系列的社会问题和政治问题。一般来说，国民收入与失业量是负相关的。较高的国民收入对应着较低的失业量，而较低的国民收入则对应着较高的失业量。经济中的失业状况通常用失业率来度量：

$$失业率=\frac{失业人数}{劳动力人数} \tag{0-1}$$

因为失业人数与就业人数之和为劳动力人数，所以

$$就业率=\frac{就业人数}{劳动力人数}=\frac{劳动力人数-失业人数}{劳动力人数} \tag{0-2}$$

经济社会为什么不能提供足够多的工作岗位？为什么失业成为各国经济中一个普遍的问题？经济学必须研究失业产生的机制、失业的后果以及减少失业的措施等问题。

3)价格水平

价格水平(Price Index,PI)是一个国家在一定时期内的整体物价水平，又称价格指数，它是指一定时期内经济中产出的当期市场价值与基期市场价值的比值。常用的价格指数有消费价格指数、工业价格指数和GDP折算数三种形式。

宏观经济学对价格水平的关注更体现在对其变动的关注上，因为影响生产和生活的不是价格水平本身而是价格水平的变动。

4)经济增长

经济增长(economic growth)是指经济中总产出的增加。人类生产的最终目的是尽可能提高人们的福利水平。经济总量水平的不断提高可以使人们比以前享受到更加方便和舒适的生活。

为什么一国的经济增长时快时慢？为什么各国的经济增长速度不尽相同？哪些因素影响这一速度？劳动和资本的增加、技术的进步和制度的改革在经济增长中起了多大的作用？政府可以用怎样的政策来促进经济增长？这些问题也是宏观经济学十分关注的问题。

2.宏观经济学的基本假设

(1)市场机制失灵，无法使社会资源达到最优配置。从西方发达国家市场形成和发展的历史过程来看，市场经济的本质和基本特征可以概括为以下三点：①市场在资源配置和经济运行中起基础性作用，这是市场经济的本质特性；②产品、劳动和资本的所有者都进入市场，商品生产和交换覆盖全社会；③市场经济的发展已经形成了四大基本市场(产品市场、劳动市场、资本市场和外汇市场)，四大基本市场相互联系、相互制约，构成了完善的市场体系。市场机制在国内各个领域以及在国际范围内对资源配置起基础性作用。在市场经济条件下，市场仿佛是一只“看不见的手”，引导和调节着经济活动，在资源配置中发挥着基础性作用。

但是，由于市场本身存在着许多天然的缺陷，难以完全实现资源的最优配置。表现在：①现实市场经济条件下的市场经常处于不完全竞争的状态。如由于垄断的存在，市场价格常常由一个或几个决策者控制着，这就必然影响或制约价格功能的正常发挥，市场作用的结果将很难有效实现；②外部经济效应的存在。市场个体在经济活动中与其他经济主体或社会之间不可避免地要产生一些相互影响，即外部效应。市场自身没有对这些外部效应进行标价的机制，也就很难利用价格机制对社会资源进行合理的配置；③交易成本、信息交流的障碍以及知识和理性的缺乏，从长远看也不利于资源的最佳配置；④分配上的不公平。单靠市场机制的作用，财富分配过分悬殊和社会成员的两极分化是不可避免的。任凭分配的不公平长期存在下去而不加以适当的调控，将会引起社会的不稳定，最终也会导致经济增长的波动甚至停滞；⑤经济周期和经济危机。市场经济的运行总是呈现出一定的经济周期性，而市场经济下的个人理性行为往往导致“合成谬误”，顺周期而动，进而加剧周期的波动。市场经济就是在这样的个人理性导致的合成谬误下，始终摆脱不了经济周期和经济危机的阴影，而靠市场机制的力量走出危机则要花费巨大的成本，经历很长的时间。

(2)政府有能力、有条件来调解整个经济运行，纠正市场机制的缺陷，使社会资源达到最优配置和充分利用。由于存在着市场功能的缺陷和不足，有必要进行国家干预。国家干预的作用主要体现在：①维护市场的功能。反对垄断和不公平竞争是市场经济条件下各国政府的重要责任；②矫正市场机制的缺陷。市场调节经济运行具有自发性和盲目性的特点，为了克服和缓解市场机制作用

引起的经济波动,保持经济稳定发展,需要国家对企业和个人的微观经济行为与决策给予指导;③弥补市场的不完全性,纠正市场作用的偏差。如国家通过有关政策措施维护分配的公正性,防止贫富差距过大,为经济运行创造稳定的社会条件。

3.宏观经济学的基本内容

(1)国民收入核算理论。

(2)国民收入决定理论。即从总供给和总需求的角度,分析国民收入决定及其变动的规律。

(3)失业与通货膨胀理论。把失业问题与通货膨胀问题联系起来分析其原因及其相互关系,以便从中找出解决这两个问题的方法和途径。

(4)经济周期理论。从动态的角度来分析国民收入是如何决定的问题,即通过研究分析影响经济周期变动各种原因,进而提出实现经济长期稳定发展的一般方法和手段,确定国家干预经济的必要性。

(5)经济增长理论。通过对国民收入决定理论长期化和动态化的分析研究,提出实现经济长期增长的各种具体模型,确立实现经济长期增长的一般方法和途径。

(6)宏观经济政策。基于宏观经济学的任务是要说明国家为什么必须干预经济以及应该如何干预经济,分析研究宏观经济政策制定的理论依据,宏观经济政策的目标、种类、作用及其效应等问题。

(7)开放经济理论。从开放性经济的角度出发,把国内经济与国外经济作为一个整体来进行分析,即分析一国国民收入的决定与变动如何影响他国经济、如何受他国经济的影响以及如何在国际经济范围内进行国际间调节等相关问题。

第二节　经济学的研究方法

一、实证经济学与规范经济学

(一)实证经济学

实证经济学撇开或回避一切价值判断(即判断某一经济事物是好是坏,对社会有无价值),在作出与经济行为有关的假设前提的基础上,研究现实经济事物运行的规律,并分析和预测这些规律下人们经济行为的后果,研究的内容具有客观实在性。它力求说明“是什么”“怎么样”的问题,而不回答是否应该做出某种选择的问题。如在市场经济条件下许多国家富人的狗可以得到大量精美食品,而穷人的孩子则营养不良,是符合供求规律与经济效益的,至于合理不合理、应该不应该生产狗食品则不予研究。

英国经济学家约翰·内维尔·凯恩斯(John Neville Keynes,1852～1949,英国逻辑学家和经济学家)于1891年最早以“是否以价值判断”为标志将经济学划分为实证经济学和规范经济学。经济学实证化的突出代表人物是法国的萨伊和英国的西尼耳。主要著作有弗里德曼的《实证经济学论文集》(1953)等。

实证经济学的特点:①避开带有一定主观性、阶级性的价值判断,从客观的角度来分析研究有关经济问题;②所要解决的是“是什么”“怎么样”的问题,即只确认经济事实的本身,研究经济本身的内在规律,分析经济变量之间的关系,并进行分析和预测;③研究内容具有客观性,所得出的结论是可以进行事实检验的。

(二)规范经济学

规范经济学是以一定价值判断为基础,提出某些标准作为分析经济问题的标准和基础,确立经济理论的前提，作为制定经济政策的依据，并研究如何才能符合这些标准。规范经济学回答的是“应该是什么”、“应该如何”的问题。如社会对通货膨胀的容忍程度应该是多少(6%、8%、10%或12%)？究竟应该把解决失业放在优先位置，还是应该把抑制通货膨胀放在优先位置？是否需要向富人课税以帮助穷人？等等。

规范经济学的特点：①规范经济学以一定的价值判断来研究经济问题，即判断某一具体经济问题的是与非、好与坏、积极意义与消极意义，带有一定的主观性和阶级性；②规范经济学所要解决的“应该是什么”、“应该如何”的问题，即要说明事物本身的好坏、是非以及社会意义等；③规范经济学研究得出的结论会受到不同价值观的影响，其研究得出的结论无法进行事实检验的。

二、均衡分析

均衡(equilibrium)是从物理学中引进的概念。在物理学中，均衡是表示同一物体同时受到几个方向不同的外力作用而合力为零时，该物体所处的静止或匀速运动的状态。英国经济学家马歇尔(Alfred Marshall)把这一概念引入经济学中，主要是指经济中各种对立的、变动着的力量处于一种力量相当、相对静止、不再变动的状态。

均衡分析是指在对研究对象所涉及的各种经济变量中，自变量被假定为已知和固定不变的条件下，考察当因变量达到均衡状态时会出现的情况以及为此所具备的条件，即均衡条件。均衡分析不论是在微观经济学还是在宏观经济学中，运用都很广泛。例如，在考察某种商品的市场均衡时，假定作为自变量的市场需求状况(需求函数或需求曲线)和供给状况(供给函数或供给曲线)是已知和固定不变的，并假定市场价格是由供求关系决定的。当市场的供给量大于需求量时，市场价格将下跌；当市场的供给量小于需求量时，市场价格将上涨；只有当市场的供给量恰好与需求量相等时，市场价格将不再发生变化，处于一种相对静止的状态，即市场达到均衡。均衡分析就是分析该商品的供给量和需求量相等时的数量(均衡产量)，以及此时的市场价格(均衡价格)。

均衡分析又分为局部均衡分析(partial equilibrium)和一般均衡分析(general equilibrium)。局部均衡分析是假定在其他条件不变的情况下，分析某一时间、某一市场的某种商品(或生产要素)供给与需求达到均衡时的价格决定。例如，在分析某种商品的均衡价格形成时，假定该商品的价格只取决于它本身的供求状况，而不受其他因素的干扰和影响。一般均衡分析在分析商品的价格决定时，则是在其他各种商品和生产要素的供给、需求、价格相互影响的条件下，分析所有商品和生产要素的供给和需求同时达到均衡时所有商品的价格如何被决定。只有所有商品的供求同时达到均衡时，每种商品的价格或供求均衡才能实现。一般均衡分析是关于整个经济体系的价格和产量结构的一种研究方法，是一种比较周到和全面的分析方法，但由于一般均衡分析涉及市场或经济活动的方方面面，而这些又是错综复杂和瞬息万变的，使得这种分析非常复杂和耗费时间，需要借助于复杂的数学工具。

三、静态分析与动态分析

宏观经济学和微观经济学所采用的分析方法，从另一角度看，又可分为静态、比较静态和动态分析。

静态分析(static analysis)就是分析经济现象的均衡状态所需要具备的条件，它完全抽掉了时间因素和具体变动的过程，是一种静止地孤立地考察某些经济现象的方法。比较静态分析(comparative static analysis)就是分析在已知条件发生变化以后经济现象均衡状态的相应变化，即对经济现象有关经济变量一次变动(而不是连续变动)的前后进行比较。也就是比较一个经济变动过程的起点和终点，而不涉及转变期间和具体变动过程本身的情况，实际上只是对两种既定的自变量和它们各自相应的因变量的均衡值加以比较。动态分析(dynamic analysis)则对经济变动的实际过程进行分析，其中包括分析有关总量在一定时间过程中的变动，这些经济总量在变动过程中的相互影响和彼此制约的关系，以及它们在每一时点上变动的速率等等。这种分析考察时间因素的影响，并把经济现象的变化当做一个连续的过程来看待。

在微观经济学中，无论是个别市场的供求均衡分析，还是个别厂商的价格、产量均衡分析，都采用静态和比较静态分析方法。动态分析在微观经济学中进展不大，只在蛛网定理(cobweb theorem)这类研究中，在局部均衡的基础上采用了动态分析方法。在宏观经济学中，则主要采用的是比较静态和动态分析方法。凯恩斯在《就业、利息和货币通论》一书中采用的主要是比较静态分析方法。而其后继者们在发展凯恩斯经济理论方面的贡献，主要是长期化和动态化方面的研究，如经济增长理论和经济周期理论。

四、经济模型与经济变量

(一)经济模型

经济模型(model)是经济理论的一种规范化的表述，是指用来描述所研究的经济现象和经济活动的有关经济变量之间的相互依存关系的理论结构。经济模型可以用文字语言描述，也可以用数学形式(包括数理模型和几何图形)来进行描述。

我们可以用关于商品市场均衡的例子来说明经济模型的建立及其应用。

首先我们对影响商品市场均衡的许多因素进行概括和抽象，得出影响商品市场均衡的主要因素为需求、供给和价格。然后根据均衡条件得出均衡价格和均衡产量，均衡条件是市场需求量和供给量相等。当市场需求量和供给量相等时的价格水平就是均衡价格，市场需求量和供给量相等时的产量就是均衡产量。这就是用文字语言表达的经济模型。

上述文字模型也可以用数理模型来描述。数理模型表示的均衡价格决定为以下三个联立的方程：

$$Q_d = a - bP \tag{0-3}$$

$$Qs = -c + eP \tag{0-4}$$

$$Q_d = Qs \tag{0-5}$$

其中 Q_d 和 Qs 分别为商品的需求量和供给量、P 为市场价格、a,b,c,e 均为大于 0 的常数。式(0-3)和式(0-4)分别为需求函数和供给函数，式(0-5)为均衡条件。将式(0-3)和式(0-4)代入式(0-5)，即可求出均衡价格和均衡产量。

经济模型的另一种表达方式是几何图形法。用几何图形描述商品市场供求关系及其均衡分析如图 0-2 所示。

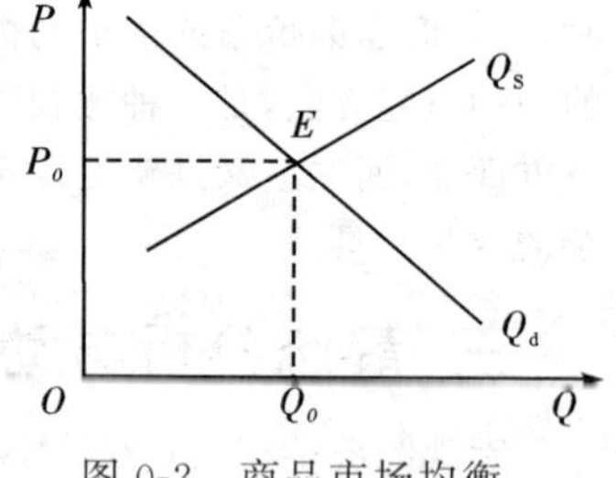

图 0-2 商品市场均衡

图 0-2 中，横坐标表示数量(供给量或需求量)，纵坐标表示市场价格 Q_d 和 Qs 分别表示该商品市场的需求曲线和供给曲线。需求曲线 Q_d 和供给曲线 Qs 的交点 E 表示市场需求量和供给量正好相等，即反映了市场的均衡条件。E 点所对应的产量 Q_0 和价格 P_0 就是均衡产量和均衡价格。

必须说明的是：文字语言描述是数理模型的前提和基础，任何数量模型和几何图形都是建立在严格的经济概念、假设、经济原理及其逻辑推理的基础上的。没有对经济现象和经济活动的概括和抽象，就不可能建立完美的经济模型。

(二)经济变量

常用的经济变量主要有常量和变量、存量和流量等。

常量(constant)是指在一定时期内、一定条件下不发生变化的经济量。如人们在考察需求函数时，一般假定个人偏好、收入水平等因素是不变的量，即常量。变量(variable)是指在一定时期内、一定条件下会发生变化的经济量。如在考察需求函数时，随着供求关系的变化，市场的需求量、供给量和价格都会发生变化，因此，这里的需求量、供给量和价格都是变量。

内生变量(endogenous variable)是指内在作用于一经济现象和问题本身的变量。外生变量(exogenous variable)是指外在作用于该经济现象和问题以外的变量。例如，在分析商品市场均衡时，该商品的供给量和需求量都是由经济模型可以得到解释并作用于问题本身的变量。因此，它们属于内生变量。而其他商品的价格、该商品的生产技术条件等因素不能够在该模型中得到解释，不属于该问题本身的变量。因此，它们属于外生变量。

存量(stock)是指一定时点上存在的变量数值。其数值的大小与时间维度无关。存量只能通过经济现象在某一时点上的值来反映其特征。如一个国家的人口数量、企业的库存量等，这些经济变量总是处于不断地变化之中，而且，其数值的变化与时间的变化没有直接的关系。因此，它们属于存量。

流量(flow)是指一定时期内存在的变量数值。其数值的大小与时间维度相关。例如，一个国家一年内的人口出生数量、某企业的年产量等，这些经济变量都是反映了经济现象在一定时期内发生、变化的量，是各个时点上发生的量值的总和。因此，它们属于流量。

第三节 经济学的流变

一、现代西方经济学发展的历史渊源

现代西方经济学一般是指20世纪30年代以后流行于欧美国家的经济学说。不过，这种经济学说并不是在20世纪才产生和出现的，最早可以追溯到17世纪古典经济学创立的初期，经历了古典经济学、新古典经济学、凯恩斯主义经济学和新自由主义经济学等阶段。

(一)古代和中世纪的西方经济学说(公元前4世纪至公元15世纪)

经济学最早产生于古希腊。在公元前4～11世纪时，古希腊和古罗马的奴隶制庄园经济有了较快的发展，偶尔也有一些简单的、少量的商品交换。一些学者出于奴隶主阶级利益的需要，对当时的一些经济问题进行了研究，提出了最早的经济学概念和思想，比如说，关于商品价值和使用价值的看法、发展农业和手工业的看法、关于货币的看法等等。

在12～15世纪，欧洲处于封建社会的中世纪时代。在中世纪，经济上是封建的庄园经济和领地经济占主要地位，思想上和政治上是与封建王权的等级统治结合在一起的基督教神学。在对基督教教义进行世俗解释时，神学家(例如托马斯·阿奎纳)在过去的经济思想和观念基础上，以基督教的观点解释了封建经济和少量商品交换中的问题(如高利贷问题)。尽管中世纪的经济思想在某些方面比古希腊和古罗马的经济思想有所进步，但是，在某些方面，则进展不大，在个别的方面(如价值理论)甚至还有退步。

经济思想和经济学说的发展以一定的、客观的社会经济实践为基础，又反过来反映一定的社会经济实践活动。近现代的西方经济思想是以商品经济和市场经济为基础的。当古代和中世纪的欧洲尚未很好地发展起商品经济和市场经济的时候，作为近现代西方经济思想先驱的古代和中世纪的经济思想事实上不可能真正成为近现代西方经济思想和学说的直接先导。只有伴随和反映近代资本主义商品经济和市场经济发展的重商主义经济学说，才能充当这一角色。

(二)近代西方经济学理论的形成和发展变化(16世纪至19世纪60年代)

近代西方经济学理论的形成和发展变化主要是指古典经济学的形成和发展变化。不过，在古典经济学形成之前，曾经有过一个重商主义经济学说的形成和发展时期。重商主义的经济思想和学说的主要特点是围绕如何发财致富问题进行探讨，并在注重发展对外贸易的同时，积极主张国家对经济活动进行保护和干预。重商主义的经济思想和实践为古典经济学的产生提供了直接的前提。但是，重商主义的理论观点和政策主张仍然显得比较肤浅、比较粗糙和比较片面。这些缺点和不足，在当时的经济条件下显然是无法得到进一步发展和改进的。这一任务只能留待以后来完成。

古典经济学主要产生和发展于资本主义社会的前期，即资本主义社会的产生和取得完全胜利的时期。这一时期，西方国家的经济在资产阶级革命的配合下，得到了突飞猛进的发展，克服重商主义经济理论和观念的缺陷的客观条件已经具备。主要特点是主张实行经济自由主义。这意味着个人可以在摆脱封建经济制度残余和重商主义那样的国家干预情况下，实行自由经营。政府应当在保证社会基本经济制度的前提下对经济采取自由放任的态度，让市场机制自动地调节经济，配置资源。古典经济学主要的和典型的代表是英国的经济学家亚当·斯密和大卫·李嘉图。

古典经济学的最主要成就是提出了以劳动价值论为主要理论的一整套经济理论体系。包括：以劳动价值论为主同时也包括一些其他相应观点的价值论；在价值论基础上建立的生产理论、资本理论、分配理论和交换理论；与商品经济和市场经济密切相关的货币理论；对外贸易理论等。在政策倾向上，古典经济学家基本上都主张国家应当对经济活动采取自由放任的态度，尽量少干预社会的经济活动，或者说，基本不干预经济活动。

但是，古典经济学的理论观点也存在着某种片面性。比如，古典经济学家对于经济的需求方面没有予以充分重视，在分析方法上，也显得不够精细。此外，劳动价值论往往容易为工人的利益服务而对资本家不利。这些都引起了其他一些经济学家的注意，引起了他们发展某些新理论的研究。正是由于这个原因，在古典经济学时期之后，又产生了一个新古典经济学的时期。

(三)现代西方经济学体系的产生和发展(19世纪70年代至20世纪30年代)

这一时期的经济学叫做新古典经济学。它以1871～1874年经济学界所发生的一个重要事件为起点。这个重要事件就是后来经济学界所说的“边际革命”。是指1871年英国经济学家威廉·斯坦利·杰文斯和奥地利经济学家卡尔·门格尔同时各自独立地出版了他们启动“边际革命”的代表性著作。而在1874年，瑞士经济学家莱昂·瓦尔拉斯也独立出版了从不同角度论述相同理论体系和观点的重要著作。从这三本著作开始，直至19世纪末英国经济学家艾尔弗雷德·马歇尔的代表作《经济学原理》为止，标志着新古典经济学理论体系的完成。

新古典经济学对于古典经济学的主要变化是将以劳动价值论为主体的价值理论改变为边际效用价值论，引进了数学中的边际分析方法，由强调供给和生产转变为强调需求和消费。这种理论体系的主要代表是英国的马歇尔和皮古。直到20世纪30年代之前，新古典经济学一直是西方国家中占统治地位的经济思想和学说，被认为是比古典经济学更为合理、也更为精致的理论体系。但是，新古典经济学在20世纪二三十年代的经济大萧条当中，却显得一筹莫展、无能为力。

在新古典经济学最终完成的同一个时期，也出现了一些与之不同的经济理论。那些理论后来被看做宏观经济学的直接理论前驱，为后来的凯恩斯宏观经济学理论的产生和问世奠定了某种基础。那些理论和观点的主要代表人物有瑞典的维克赛尔，缪尔达尔，林达尔和挪威经济学家弗瑞希等人，也出现了约瑟夫·熊彼特、欧文·费雪那样的经济学家。

(四)现代西方经济学理论体系和流派(20世纪30年代中期以后)

20世纪30年代中期以后，西方经济学开始出现了大的变化，即发生了“凯恩斯主义的革命”。凯恩斯的经济理论否定了新古典经济学的主要思想倾向，开创了一个新的经济学的时代。在这个时代中，既恢复了历史上曾经出现过的国家干预主义的经济思潮，使之在经济生活中重新占据了主流地位，也同时存在着原先曾经占据过主流地位但在凯恩斯主义出现后暂时退居次要地位的经济自由主义思潮。沿着国家干预主义经济思潮和经济自由主义思潮的道路，西方经济学从20世纪30年代中期以后不断发展变化，又衍生出许多具体的流派。就是从20世纪30年代中期以来，直到当前所先后出现和存在的各种西方经济学理论体系与学说。

二、正确认识西方经济学

作为资本主义制度的上层建筑，西方经济学试图为其经济基础解决两个问题：①在意识形态上，宣传资本主义制度的合理性和优越性，从而加强对该制度永恒存在的信念；②总结资本主义的市场经济运行的经验并把经验提升为理论，以便为改善其运行，甚至在必要时为拯救其存在提供政策建议。

基于上述西方经济学的基本性质，我们要确立对待西方经济学的正确态度，实事求是地对待西方经济学。

首先，我国是一个社会主义国家，我们除了要提高生产力、建设物质文明以外，还要建设社会主义的精神文明，而抵御资本主义意识形态的侵蚀又是构成社会主义精神文明的一个组成部分，既然西方经济学属于资本主义的意识形态就应该对它持否定的态度。

西方经济学之所以属于资本主义意识形态的范畴，主要是就它的理论体系或总体的倾向性而言。一般说来，西方经济学可以被分为微观经济学和宏观经济学两大部分。微观经济学是亚当·斯密"看不见的手"原理的合乎逻辑的表达形式，其目的在于宣传以私有制为基础的市场经济可以导出"理想社会"的结果；宏观经济学虽然承认这种市场经济未必能使全部资源"充分就业"，但是，这一缺陷却可以通过宏观调控或宏观经济政策的执行而得到弥补。因此可以得出结论：西方经济学所试图论证的无非是资本主义是"理想社会"的说法。由于这一说法不符合资本主义的实际情况，所以，在整个理论体系上或总体倾向性上，我们对西方经济学应持有否定的态度。

其次，按照邓小平的理论，市场经济和计划经济都是管理国民经济的手段，资本主义和社会主义的市场经济具有相当多的共同之处。如果把私有制的独特性质考虑在内，那么，作为资本主义市场经济的经验总结的西方经济学对我国社会主义市场经济会具有很大的借鉴意义。

第三，由于当代资本主义的一个显著特点是大规模的社会化生产，所以西方经济学在总结资本主义经济运行的经验时，也会在不同的程度上涉及社会化大生产的各个方面。《中共中央关于经济体制改革的决定》指出："必须吸收和借鉴当今世界各国包括资本主义发达国家的一切反映现代社会化生产规律的先进经营管理方法。"因此，除了对市场经济的经验总结方面的考虑以外，我们还必须对西方经济学中含有的反映现代社会化生产规律的先进经营管理方法加以借鉴和吸收。

三、学习西方经济学的方法

1.树立科学态度，培养浓厚兴趣

所谓科学的态度就是要实事求是、辩证地看问题。这就要求我们做到：①树立科学的科学观。即科学无禁区、无歧视、无顶峰的思想；②辩证的否定观。既不是全盘否定，也不是生搬硬套，而是辩证地否定，是扬弃，是要取其精华、去其糟粕；③严谨的求实观。对待任何一种学说，无论其最终对我们的利用价值如何，我们都必须实事求是，对其全面深入地了解、融会贯通，不能断章取义、片面理解。在此基础上广泛阅读，以培养对西方经济学学习的浓厚兴趣。

2.注重高等数学的学习

在经济学中，建立一个经济模型，说明一种经济现象或理论往往离不开数学方法，数学推导不仅可以提高理论的可信度，更重要的是许多经济理论是在数学推导的基础上所形成的。只有掌握了有效的数学方法分析问题，才能更牢固、更准确地把握经济理论本身。

3.培养自己的分析能力

在日常生活中注重用所学原理、模型分析各种经济现象，并在这种分析中强化对西方经济学基本理论的理解，注重自己分析问题、解决问题能力的培养，切忌生搬硬套、强拉硬拽。

4.反复记忆，持之以恒

经济学的内容十分复杂，光凭理解绝对不够，必须提高对知识掌握的熟练程度。因此，当一个更复杂的经济问题摆在面前时，不会因细枝末节的问题要考虑很长时间，而应从总体上把握，这就需要记住某些重要的经济结论。当然，记忆也要讲方法，不要死记硬背，要将书上冗长的文字变为某些便于记忆的符号，这样就可以提高记忆的效率，而且记忆得更加深刻。

5.对所学内容有整体的把握

西方经济学分为微观经济学和宏观经济学两部分。微观经济学主要讲述了在市场经济条件下，经济运行的方式和规律以及政府干预经济活动的必要性及途径，微观经济学也称为价格理论，它是对个体经济单位的经济行为的研究。而宏观经济学研究的是经济运行的整体，包括整个社会的产量、收入、价格水平和就业水平分析。现在微观经济学与宏观经济学之间界限越来越模糊，经济学家已用微观经济学的工具来分析失业与通货膨胀等属于宏观经济领域的问题。对西方经济学整体框架的把握，不仅有利于宏观地把握理论本身，还有利于将知识融会贯通，把西方经济学学得更好。

"书山有路勤为径，学海无涯苦作舟"，"世上无难事，只怕有心人"，只要我们为了既定的目标，端正态度，讲求方法，持之以恒，就一定会实现我们学好西方经济学的夙愿！

本章小结

(1)经济学是研究社会如何作出选择，以利用具有多种用途的、稀缺的生产资源来生产各种商品，并将它们在不同的人群中间进行分配的科学。

(2)在不同的社会制度下，解决资源配置与利用问题的方法也各不相同。目前主要存在着三类经济制度：自由放任的经济制度、中央集权的经济制度和混合经济制度。

(3)经济学分为微观经济学和宏观经济学两大部分。微观经济学是以社会中单个经济单位为研究对象，通过研究单个经济单位的经济行为和相应的经济变量单项数值的决定来说明如何解决社会资源的配置问题。宏观经济学以整个经济的总体行为为研究对象，通过研究经济中各种有关经济总量的决定及其变化来说明社会的资源如何才能达到充分利用。

(4)当把一定的资源用来生产某种产品时所放弃的其他种产品的最大产量(产值)，就是这种产品的机会成本。

(5)实证经济学是撇开或回避一切价值判断(即判断某一经济事物是好是坏，对社会有无价值)，在做出与经济行为有关的假设前提的基础上，研究现实经济事物运行的规律，并分析和预测这些规律下人们经济行为的后果，研究的内容具有客观实在性。它力求说明"是什么""怎么样"的问题，而不回答是否应该做出某种选择的问题。规范经济学是以一定价值判断为基础，提出某些标准作为分析处理经济问题的标准和基础，确立经济理论的前提，作为制定经济政策的依据，并研究如何才能符合这些标准。规范经济学回答的是"应该是什么""应该如何"的问题。均衡分析是指对研究对象所涉及的各种经济变量中，自变量被假定为已知和固定不变的条件下，考察当因变量达到均衡状态时会出现的情况以及为此所具备的条件，即均衡条件。

(6)经济模型是经济理论的一种规范化的表述。是指用来描述所研究的经济现象和经济活动的有关经济变量之间的相互依存关系的理论结构。经济模型可以用文字语言描述，也可以用数学形式(包括数理模型和几何图形)来描述。

(7)现代西方经济学一般是指 20 世纪 30 年代以后流行于欧美国家的经济学说，最早可以追溯到 17 世纪古典经济学创立的初期，经历了古典经济学、新古典经济学、凯恩斯主义经济学和新自由主义经济学等阶段。

(8)确立对待西方经济学的正确态度,实事求是地对待西方经济学。

阅读资料

经济学十大原理

原理一:人们面临交替关系

当人们组成社会时,他们面临各种不同的权衡取舍。典型的是在"大炮与黄油"之间的选择。在现代社会里,同样重要的是清洁的环境和高收入水平之间的权衡取舍。

认识到人们面临权衡取舍本身并没有告诉我们,人们将会或应该做出什么决策。然而,认识到生活中的权衡取舍是重要的,因为人们只有了解了他们面临的选择,才能做出良好的决策。

原理二:某种东西的成本是为了得到它而放弃的东西

一种东西的机会成本(opportunity cost)是指为了得到这种东西所放弃的东西。当做出任何一项决策,例如,是否上大学时,决策者应该认识到伴随着每一种可能的选择而带来的机会成本。实际上,决策者通常是知道这一点的。那些到了上大学的年龄的运动员如果退学,转而从事职业运动就能赚几百万美元,他们深深认识到,他们上大学的机会成本极高。他们往往如此决定:不值得花费这种成本来获得上大学的利益,这一点也不奇怪。

原理三:理性人考虑边际量

"边际量"是指某个经济变量在一定的影响因素下发生的变动量。

经济学家用边际变动(marginal change)这个术语来描述对现有行动计划的微小增量调整,边际变动是围绕你所做的事的边缘的调整。

个人和企业通过考虑边际量,将会做出更好的决策。而且,只有一种行动的边际利益大于边际成本,一个理性决策者才会采取这项行动。

原理四:人们会对激励做出反应

由于人们通过比较成本与利益做出决策,所以,当成本或利益变动时,人们的行为也会改变。这就是说,人们会对激励做出反应。

然而,政策有时也会有事先并不明显的影响。在分析任何一种政策时,我们不仅应该考虑直接影响,而且还应该考虑通过激励发生的间接影响。如果政策改变了激励,那就会使人们改变自己的行为。

原理五:贸易能使每个人状况更好

也许你在新闻中听到过,在世界经济中日本人是美国人的竞争对手。实际上,两国之间的贸易可以使两个国家的状况都变得更好。

从某种意义上说,经济中每个家庭都与所有其他家庭竞争。尽管有这种竞争,但把你的家庭与所有其他家庭隔绝开来并不会使大家过得更好。通过与其他人交易,人们可以按较低的成本获得各种各样的物品与劳务。

原理六:市场通常是组织经济活动的一种好方法

现在大部分曾经是中央计划经济的国家已经放弃了这种制度,并努力发展市场经济。在一个市场经济(market economy)中,中央计划者的决策被千百万企业和家庭的决策所取代。这些企业和家庭在市场上相互交易,价格和个人利益引导着他们的决策。

原理七:政府有时可以改善市场结果

为什么我们需要政府呢?一种回答是,看不见的手需要政府来保护它。只有产权得到保障,市场才能运行。但是,还有另一种回答。政府干预经济的原因有两类:促进效率和促进平等。

尽管"看不见的手"通常会使市场有效地配置资源,但情况并不总是这样。经济学家用市场失灵(market failure)这个术语来指市场本身不能有效配置资源的情况。

我们说政府有时可以改善市场结果并不意味着它总能这样。学习经济学的目的之一就是帮助你判断什么时候一项政府政策适用于促进效率与公证。

原理八：一国的生活水平取决于它生产物品与劳务的能力

世界各国生活水平的差别是惊人的。随着时间推移，生活水平的变化也很大。用什么来解释各国和不同时期中生活水平的巨大差别呢？答案是几乎所有生活水平的变动都可以归因于各国生产率(productivity)的差别。

生产率与生活水平之间的关系对公共政策也有深远的含义。在考虑任何一项政策如何影响生活水平时，关键问题是这项政策如何影响我们生产物品与劳务的能力。

原理九：当政府发行了过多货币时，物价上升

什么引起了通货膨胀？在大多数严重或持续的通货膨胀情况下，罪魁祸首总是相同的——货币量的增长。当一个政府创造了大量本国货币时，货币的价值下降了。

原理十：社会面临通货膨胀与失业之间短期权衡取舍

当政府增加经济中的货币量时，一个结果是通货膨胀，另一个结果是至少在短期内降低失业水平。说明通货膨胀与失业之间短期权衡取舍的曲线被称为菲利普斯曲线(phillips curve)，这个名称是为了纪念第一个研究了这种关于生活费的经济学家而命名的。

(1)货币量增加，提升支出水平，从而刺激物品与劳务需求。

(2)长期的高需求引起高物价，继而引起企业更多的生产，更多的雇佣。

(3)更多的雇佣则意味着更少的失业。

尽管经济学家仍对菲利普斯曲线有所争议，但大多数经济学家现在接受了这样一种思想：通货膨胀与失业之间存在短期权衡取舍。这就简单地意味着，在一两年的时期中，许多经济政策在相反的方向推动通货膨胀与失业。无论通货膨胀和失业从高水平开始(正如20世纪80年代初的情况)，从低水平开始(正如20世纪90年代后期的情况)，或者从这两者之间某个地方开始，决策者都面临这种权衡取舍。

本章习题

一、名词解释

稀缺性　选择　机会成本　生产可能性曲线　微观经济学　宏观经济学　实证经济学　规范经济学　存量　流量

二、选择题

(1)资源的稀缺性是指(　　)。

A.世界上的资源最终会因为人们生产更多的物品而消耗光

B.相对人们无穷的欲望而言，资源总是不足的

C.生产某种物品所需要的资源的绝对数量较少

D.以上均不正确

(2)经济学产生的原因是(　　)。

A.生产的需要　　B.欲望满足的需要

C.稀缺性的存在与选择的必要　　D.选择的需要

(3)经济学的研究对象是(　　)。

A.资源配置　　B.资源配置和资源利用

C.资源的稀缺性　　D.资源利用

(4)如果一国在生产可能性曲线内部生产(　　)。

A.只能通过减少一种商品的生产来增加另一种商品的生产

B.是高效率的生产
C.资源被平均分配给所有商品的生产
D.有些资源被闲置
(5)一种行为的机会成本是指(　　)。
A.为这种行为所花费的钱
B.为这种行为所花费的时间的价值
C.当你不必为这种行为付钱时就等于零
D.投入这种行为全部资源的其他可能的用途
(6)下列属于规范表述的是(　　)。
A.由于收入水平低,绝大多数中国人还买不起小轿车
B.随着收入水平的提高,拥有小轿车的人会越来越多
C.鼓励私人购买小轿车有利于促进我国汽车工业的发展
D.提倡轿车文明是盲目向西方学习,不适合我国国情
(7)当经济学家说人们是理性的时,这是指(　　)。
A.人们不会作出错误的判断
B.人们总会从自己的角度作出最好的决策
C.人们根据完全的信息而行事
D.人们不会为自己所作出的任何决策而后悔

三、思考题

(1)什么是资源的稀缺性?为什么说资源的稀缺性是经济问题产生的基本前提?
(2)西方经济学的假定前提有哪些?
(3)微观经济学和宏观经济学的研究内容各有哪些?
(4)举例说明经济研究的规范性和实证性。

第一章　需求与供给理论

■ 学习要点

☆ 需求与需求定理
☆ 需求的变动与需求量的变动
☆ 供给与供给定理
☆ 供给的变动与供给量的变动
☆ 均衡价格与均衡数量
☆ 最高限价与最低限价

本章对需求、供给与价格的相互关系做初步的考察，运用西方经济学的基本分析工具——供求分析重点阐述供求规律和价格机制的作用。首先分析什么是需求与供给？什么因素决定需求和供给？它们是如何决定价格的形成与变动；其次还将对需求、供给与价格之间的变动关系作更细致的考察，并建立它们之间的动态模型。无论是商品、劳务，还是生产要素，其价格都由需求与供给决定。因此，供求理论通常被作为经济学分析的出发点。

第一节　需　　求

一、需求与需求函数

(一)需求的定义

一种商品的需求(demand)是指消费者在一定时期内，在各种可能的价格水平下愿意并且能够购买的该商品的数量。从定义可以看出，需求必须是消费者既有购买欲望又有购买能力的有效需求。如果消费者对某种商品只有购买的欲望而没有购买的能力，就不能算作需求。例如，在某个城市，100 万个家庭中几乎每个家庭都有购买至少一辆轿车的欲望，但在现阶段，普通轿车的价格水平决定了只有大约 30%的家庭具有对普通轿车的购买能力。因此，该城市对普通轿车的需求量不是 100 万辆，而是 30 万辆。

需求可以分为个人需求和市场需求。个人需求是指单个消费者或家庭对某种商品的需求，市场需求是指在某一特定的市场和某一特定的时期内，所有消费者在各种可能的价格水平下购买某种商品的总量。个人需求是构成市场需求的基础，市场需求是所有个人需求的加总。

(二)影响需求量的主要因素

在现实的市场上，影响一种商品的需求数量的因素多种多样，它是由许多因素共同决定的。其中主要的因素有：该商品的自身价格、消费者的收入水平、相关商品的价格、消费者的偏好和消费者对该商品的价格预期等。它们各自对商品的需求数量的影响如下：

1.商品的自身价格(P)

商品价格是影响商品需求量的最基本因素，假定其他条件不变，一种商品的价格越高，该商品的需求量就会越小。相反，价格越低，需求量就会越大。

2.消费者的收入水平(I)

消费者的收入水平与商品的需求量的变化分为两种情况。对于多数商品来说,如果消费者的收入提高,即使价格不变,消费者也有能力在每一个价格水平上购买更多的商品。因此,收入提高将增加对商品的需求量。然而,对某些商品来说,情况恰好相反。这些商品主要是穷人赖以为生的食品,如土豆、面包等等。收入水平提高后,对这些物品的需求量反而会下降,因为当穷人变得更有钱时,他们将会更多地消费更有营养的商品,而相应地减少对价格低廉且营养较差的食品消费。如果一种商品的需求随着收入的增加而增加,随着收入的减少而减少,那么我们就称这种商品为正常品(normal good),如果这种商品的需求随着收入的增加而减少,随着收入的减少而增加,那么我们就称这种商品为低档品(inferior good)。

3.相关商品的价格(P_Y)

当一种商品本身的价格保持不变,而和它相关的其他商品的价格发生变动时,这种商品本身的需求量也会发生变化。西方经济学把相关商品分为两类:替代品(substitutes)和互补品(complements)。一种商品的替代品是指可以替代这一种商品消费的另外一种商品,如茶是咖啡的代替品,猪肉是牛肉的代替品,等等。一种商品的互补品是指必须和该商品一起消费的另外一种商品,如汽油是汽车的互补品,显示器是电脑主机的互补品,左手套是右手套的互补品等等。如果某种商品的价格上升,那么该商品的替代品需求增加;如果某种商品的价格下降,那么该商品的替代品需求减少。也就是说,某种商品的需求与其替代品的价格呈同方向变化。例如,当猪肉的价格上涨时,对牛肉的需求会有所增加。如果某种商品的互补品价格上升,那么该商品的需求减少;如果某种商品的互补品价格下降,那么该商品的需求增加。也就是说,某种商品的需求与其互补品的价格呈反方向变化。例如,汽油的价格上涨会减少对私人轿车的需求。关于收入变化和相关商品价格变化对需求变化的影响问题,我们将在弹性理论中作更细致的分析。

4.消费者的偏好(F)

消费者的偏好对需求的影响是巨大的,当消费者对某种商品的偏好程度增强时,该商品的需求量就会增加。相反,偏好程度减弱,需求量就会减少。消费者的偏好除了和消费者的个人爱好和个性有关外,还和整个社会的风俗习惯和时尚有关。例如,如果你喜欢吃冰激凌,你就会买得多一些。再例如,爱喝酒的人对酒的需求会很大,而不爱喝酒的人或滴酒不沾的人对酒需求很小或者根本没有需求。一个消费者对某种商品的偏好增加后,即使价格不变,需求量也会增加。因此我们可以理解,在现实生活中,许多的厂商花费大量的人力、物力去做广告宣传,目的也在于改变或者培育消费者的偏好。

5.消费者对商品的价格预期(P_e)

当消费者预期某种商品的价格在将来某一时期会上升时,就会增加对该商品的现期需求量;当消费者预期某种商品的价格在将来某一时期会下降时,就会减少对该商品的现期需求量。

6.其他因素

另外,还有许多因素会影响到一种商品的需求量,如政府的政策、历史传统、地理气候、经济发展状况等都会不同程度地影响某种商品的需求,但上述五个因素是主要因素。

(三)需求函数

需求函数是表示一种商品的需求数量和影响该需求数量的各种因素之间的函数关系。我们知道,影响商品需求量的因素有很多,而且非常复杂。在特定条件下某种商品的需求函数一般可记为:

$$Q_d = f(P, I, P_Y, F, P_e \cdots) \tag{1-1}$$

式中,Q_d 表示需求量,P、I、P_Y、F、P_e 分别表示商品自身的价格、消费者收入水平、相关商品价格、消费者偏好和价格预期等因素。可以看出,影响商品需求量的因素如此之多,使我们对需求量变动的研究变得十分困难。为了使复杂的经济问题获得解决,西方经济学的通常做法是:把一个复杂的问题分成几部分，一次研究一部分，而把那些一出现就不方便的干扰因素暂时搁置。某些趋势的研究是在其他条件不变这一假设的基础上进行的。这样做的目的是为了使问题得到简化，便于把握事物的因果联系，从而能达到符合规律性的认识（当然，其他条件不变这一假设是极不现实的，为了使理论结论符合现实，还必须考察当其他条件发生变动时的情况）。在需求函数的理论研究中，假定影响商品需求量的其他因素不变，而只考虑商品本身的价格变动对其需求量变动的影响。在这种情况下，需求函数可以记作：

$$Q_d = f(P) \quad (1\text{-}2)$$

式(1-2)表示需求量是商品价格的函数。尽管需求函数大多数都是非线性函数，但我们还是通常用线性需求函数来表示，一般写成：

$$Q_d = a - bp \ (a,b \text{ 为常数}, a>0, b>0) \quad (1\text{-}3)$$

二、需求表和需求曲线

(一)需求表

需求函数 $Q_d = f(P)$ 表示一种商品的需求量和该商品的价格之间存在着一一对应的关系。这种函数关系可以分别用商品的需求表和需求曲线来加以表示。

表 1-1 某商品的需求表

价格—数量组合	价格/元	需求量/个
a	1	700
b	2	600
c	3	500
d	4	400
e	5	300

商品的需求表是一张表示某种商品的各种价格水平和与各种价格水平相对应的该商品的需求数量之间关系的数字序列表。表 1-1 是一张某商品的需求表。

从表 1-1 可以清楚地看到商品价格与需求量之间的对应关系。如当商品价格为 1 元时，商品的需求量为 700 单位；当价格上升为 2 元时，需求量下降为 600 单位；当价格进一步上升为 3 元时，需求量下降为更少的 500 单位；如此等等。需求表实际上是用数字表格的形式来表示商品的价格和需求量之间的函数关系的。

(二)需求曲线

商品的需求曲线是根据需求表中商品不同的价格—需求量的组合在平面坐标图上所绘制的一条曲线。图 1-1 是根据表 1-1 绘制的一条需求曲线。在图 1-1 中，横轴 OQ 表示商品的数量，纵轴 OP 表示商品的价格。应该指出的是，与数学上的习惯相反，在微观经济学分析需求曲线（包括后面将要讲到的供给曲线）时，通常以纵轴表示自变量 P，以横轴表示因变量 Q。

微观经济学在论述需求函数时，一般都假定商品的价格和相应的需求量的变化具有无限分割性。正是由于这一假定，在图 1-1 中才可以将商品的各个价格—需求量的 $A, B, C, D \cdots$ 连接起来，从而构成一条光滑的连续的需求曲线。

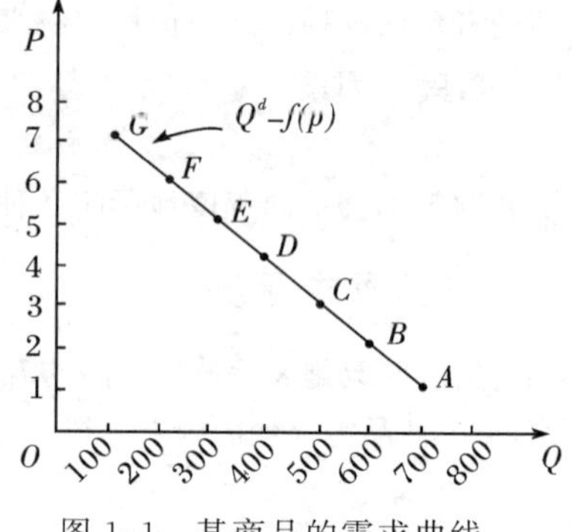

图 1-1 某商品的需求曲线

图 1-1 中的需求曲线是一条直线，实际上，需求曲线可以是直线型的，也可以是曲线型的。当

需求函数为线性函数时，相应的需求曲线是一条直线，直线上各点的斜率是相等的。当需求函数为非线性函数时，相应的需求曲线是一条曲线，曲线上各点的斜率是不相等的。

在微观经济分析中，为了简化分析过程，在不影响结论的前提下，大多使用线性需求函数。

三、需求定理

从表 1-1 中可见，商品的需求量随着商品价格的上升而减少。相应地，在图 1-1 中的需求曲线具有一个明显的特征，即需求曲线通常的形状是由左上方向右下方倾斜，其斜率为负。它表示需求量与商品自身价格成反方向变化。即在其他条件不变的情况下，当某一商品的价格下降时，消费者对这种商品愿意而且能够购买的数量就会增加；反之，某种商品的价格上升，对其需求量就会减少。商品需求量与其价格之间这种互为反方向变化的依存关系，称为需求定理(law of demand)。

在理解需求定理时，特别要注意“在其他条件不变的情况下”这句话。所谓“其他条件不变”是指除了商品本身的价格之外，其他影响需求的因素都是不变的。离开了这一前提，需求定理就无法成立。至于需求曲线为什么一般是向右下方倾斜的，或者说，商品的价格和需求量之间呈反方向变动的具体原因是什么，将在第三章的消费者行为理论中进行深入的分析和说明。本节只是描述关于商品的价格和需求量这两个变量相互关系的现象，而没有解释关于这种现象的原因。

大多数商品都满足需求定理，但也有例外。如某些商品的价格下降不一定会引起消费者对它的需求量上升，或者其价格上升不一定会引起消费者对它的需求量下降。主要有以下几类：

第一，某些低档商品。在特定的条件下，当价格下跌时，消费者对某些低档商品的需求量会减少，而价格上升时，消费者对其需求量反而会增加。如英国人吉芬于 19 世纪发现，在 1845 年爱尔兰发生灾荒，土豆价格上升，但是土豆的需求量却反而增加了。这一现象在当时被称为“吉芬难题”。这类需求量与价格呈同方向变动的特殊商品以后也因此被称作吉芬商品。

第二，某些炫耀性的消费品。如名车、名画、珠宝、文物等商品。这类商品的价格已成为消费者地位和身份的象征。价格越高，越可以显示拥有者的地位和身份，需求量也就越大；反之，当价格下降，不能够显示拥有者的地位和身份时，其需求量反而会下降。

第三，某些商品的价格小幅升降时，其需求曲线按正常方向变动；大幅升降时，消费者会因为不同的预期而采取不同的行动，引起需求量的不规则变化。如证券、黄金市场常有这种情况。

四、需求量的变动与需求的变动

在经济分析中要注意区分需求量的变动和需求的变动这两个概念。需求量的变动和需求的变动都是需求数量的变动，它们的区别在于引起这两种变动的因素是不相同的，而且，这两种变动在几何图形中的表示也是不相同的。

(一)需求量的变动

需求量的变动是指在其他条件不变时，由某商品的价格变动所引起的该商品需求数量的变动。在几何图形中，需求量的变动表现为商品的价格—需求数量组合点沿着同一条既定的需求曲线的运动，即“点的移动”。例如，在图 1-1 中，当商品的价格发生变化由 2 元逐步上升为 5 元，它所引起的商品需求数量由 600 单位逐步地减少为 300 单位时，商品的价格—需求数量组合由 B 点沿着既定的需求曲线经过 C、D 点，运动到 E 点。需要指出的是，这种变动虽然表示需求数量的变化，但是并不表示整个需求状态的变化。因为，这些变动的点都在同一条需求曲线上的移动。

(二)需求的变动

需求表和需求曲线只是用来描述某商品的需求量与该商品的价格之间的函数关系，其前提条件是，假定除商品本身的价格外，其他影响商品需求量的因素不变。我们知道，除了商品本身的价格外，还有许多因素影响商品的需求量，而且这些因素也并不是不变的。如果商品本身价格不变，其他影响需求量的因素发生变化，需求量会如何变化呢？

需求的变动是指在某商品价格不变的条件下，由于其他因素的变动所引起的该商品的需求数量的变动。这里的其他因素变动是指消费者的收入水平变动、相关商品的价格变动、消费者偏好的变化和消费者对商品的价格预期的变动等。在几何图形中，需求的变动表现为需求曲线的位置发生移动。

图 1-2 中原有的曲线为 D_1，在商品价格不变的前提下，如果其他因素的变化使得需求增加，则会引起需求曲线向右平移，即由图中的 D_1 曲线向右平移到 D_2 曲线的位置。如果其他因素的变化使得需求减少，则需求曲线向左平移，即由图中的 D_1 曲线向左平移到 D_3 曲线的位置。由需求变动所引起的这种需求曲线位置的移动，表示在每一个既定的价格水平下，需求数量都增加或减少了。如图 1-2，在既定的价格水平 P_0，原来的需求数量为 D_1 曲线上的 Q_1，需求增加后的需求数量为 D_2 曲线上的 Q_2，需求减少后的需求数量为 D_3 曲线上的 Q_3。而且，这种在原有价格水平上所发生的需求增加量 Q_2-Q_1 和需求减少量 Q_3-Q_1 都是由其他因素的变动所引起的。譬如说，它们分别是由消费者收入水平的提高和下降所引起的。显然，需求的变动所引起的需求曲线的位置的移动，表示整个需求状态的变化。

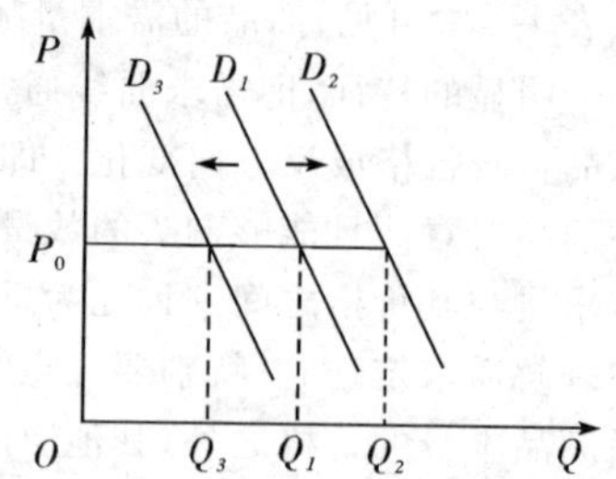

图 1-2 需求的变动和需求曲线的移动

第二节 供 给

供给与需求是市场的两个方面，是相对应的概念，需求来自消费者，而供给来自厂商或企业，这一节我们将讨论与供给有关的问题。

一、供给与供给函数

(一)供给的含义

一种商品的供给是指生产者在一定时期内，在各种可能的价格下愿意并且能够提供出售的该种商品的数量。

供给的定义说明了两层含义：①经济学中所述的供给，必须同时具备出售的愿望和可供出售的产品两个方面。厂商供给市场的产品，可以是当期生产的新产品，也可以是存货；②供给这一概念涉及两个变量：商品的价格及与该价格相对应的出售数量。

和需求一样，供给也分为个别厂商的供给和市场供给。个别厂商的供给是指单个厂商对某种商品的供给。市场供给是指在特定时期内，在各种价格水平下，生产某种商品的所有厂商愿意并且有能力向市场提供的商品的数量。市场供给也是单个厂商供给的加总。

(二)影响供给的因素

一种商品的供给数量取决于多种因素的影响，其中主要的因素有：该商品的价格、生产的成本、生产的技术水平、相关商品的价格和生产者对未来的预期。它们各自对商品的供给量的影响如下：

1.商品自身的价格(P)

由于厂商的目标是追求自身利益最大化，在其他条件不变的情况下，一般来说，一种商品的价格越高，生产者就会投入更多的生产资源用于该商品的生产，从而使厂商向市场提供的产量就越大。相反，商品的价格越低，厂商就会将生产资源转入其他相对价格较高的商品生产，从而使该商品的供给量减少。

2.生产的成本(C)

厂商的生产成本通常被看成是企业对所购买的生产要素的货币支出。在商品自身价格不变的条件下，生产成本上升会减少利润，从而使得企业减少对该商品的供给量。相反，生产成本下降会增加利润，从而使得商品的供给量增加。

3.生产的技术水平(T)

在一般情况下，生产技术水平的提高可以大大提高企业的生产效率，使企业有可能在在给定资源的条件下更便宜地生产商品，或者说用同样的资源生产出更多的商品。因此，生产技术水平提高会使商品的供给量增加。相反，生产技术水平降低，会使商品的供给量减少。

4.相关商品的价格(P_r)

相关商品主要包括互补品和替代品。当商品自身价格不变，而其他相关商品价格变化时，该商品的供给量也会发生变化。具体而言，当一种商品的价格提高，其互补品的供给量就会增加。相反，价格降低，其互补品的供给量就会减少。例如，当 VCD 机的价格不变而 VCD 碟片的价格上升时，VCD 机的供给量就会随 VCD 碟片的供给量的增加而增加。当一种商品的价格提高，其替代品的供给量就会减少。相反，价格降低，其替代品的供给量就会增加。例如：当玉米的价格不变而小麦的价格上升时，农户就可能增加小麦的耕种面积而减少玉米的耕种面积。从而使小麦的供给量上升.玉米的供给量减少。

5.生产者对未来的预期(P_e)

与消费者一样，生产者对未来市场价格也有预期。如果生产者对未来的预期是乐观的，如预期商品的价格会上涨，生产者就会减少现期的供给量，等待市场价格上升后再出售；如果生产者对未来的预期是悲观的，如预期商品的价格会下降，生产者就会增加现期商品供给量，以免因为将来的价格下降而造成损失。

6.其他因素

还有许多其他因素也会影响某种商品的供给量，如气候条件会对农产品的供给量有重要影响，政府的政策也会影响到企业对某种商品的供给量。

影响供给的因素要比影响需求的因素复杂得多，在不同时期，不同的市场，某种商品的供给量会受多种因素的综合影响。

(三)供给函数

经济学把影响供给量的因素作为自变量，把供给量作为因变量，用函数来表示供给量对影响供给量的因素的依存关系，这种函数就是供给函数。供给函数可表示为：

$$Q_s = f(P, C, P, P_r, P_e, T, \cdots) \tag{1-4}$$

式中：Q_s 代表供给数量，P、C、P_e、P_r、T 分别代表产品价格、要素价格即成本、相关产品价格和生产者预期、生产技术等因素。供给函数表示了供给量 Q_s 是 P、C、P_e、P_r、T 的函数。

和需求函数一样，微观经济学认为，产品价格是直接影响供给量的最重要的因素。为了简化分析，通常假定影响供给量的其他因素不变，只研究供给量对价格的依存关系。因此，供给函数可简化为：

$$Q_s = f(P) \tag{1-5}$$

简化的供给函数表明了供给量和价格这两个经济变量之间的关系。如果某商品供给量与价格之间是线性关系，即为线性供给函数，如果某产品供给量与价格之间存在非线性关系，那么这种供给函数就是非线性供给函数。我们主要以线性供给函数为例来分析。

二、供给表和供给曲线

(一)供给表

商品的供给表是一张表示某种商品的各种价格和与各种价格相对应的该商品的供给数量之间关系的数字序列表。表 1-2 是一张某商品的供给表。

表 1-2　某商品的供给表

价格一数量组合	价格/元	供给量/个
a	2	0
b	3	200
c	4	400
d	5	600
e	6	800

表 1-2 清楚地表示了商品的价格和供给量之间的函数关系。例如,当价格为 6 元时,商品的供给量为 800 单位;当价格下降为 4 元时,商品的供给量减少为 400 单位;当价格进一步下降为 2 元时,商品的供给量减少为零。供给表实际上是用数字表格的形式来表示商品的价格和供给量之间的函数关系的。

(二)供给曲线

商品的供给曲线是根据供给表中的商品的价格—供给量组合在平面坐标图上所绘制的一条曲线。图 1-3 便是根据表 1-2 所绘制的一条供给曲线。图中的横轴 OQ 表示商品数量,纵轴 OP 表示商品价格。在平面坐标图上,把根据供给表中商品的价格—供给量组合所得到的相应的坐标点 A、B、C、D、E 连接起来的线,就是该商品的供给曲线。它表示在不同的价格水平下生产者愿意而且能够提供出售的商品数量。供给曲线是以几何图形表示商品的价格和供给量之间的函数关系。和需求曲线一样,我们假设商品的价格和相应的供给量的变化具有无限分割性,供给曲线就可以绘成一条光滑的和连续的曲线。如同需求曲线一样,供给曲线可以是直线型,也可以是曲线型。如果供给函数是一元一次的线性函数,则相应的供给曲线为直线型。如果供给函数是非线性函数,则相应的供给曲线就是曲线型的。直线型的供给曲线上的每点的斜率是相等的,曲线型的供给曲线上的每点的斜率则不相等。

三、供给定理

以供给函数为基础的供给表和供给曲线都反映了商品的价格变动和供给量变动两者之间的规律。从表 1-2 可见,商品的供给量随着商品价格的上升而增加。相应地,在图 1-3 中的供给曲线表现出向右上方倾斜的特征,即供给曲线的斜率为正值。它们都表示商品的价格和供给量呈同方向变动的关系,这种现象称为供给定理。

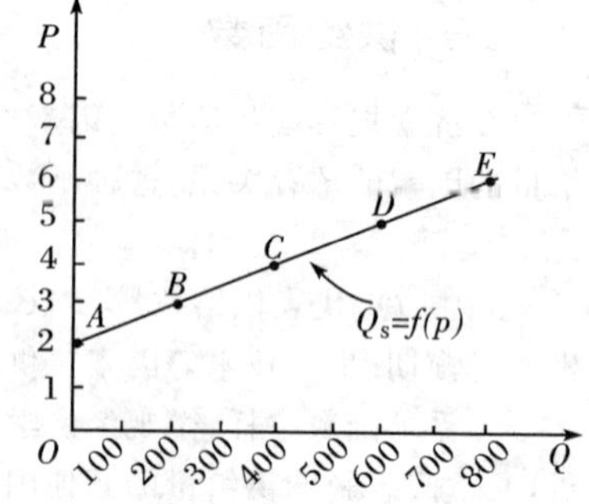

图 1-3　某商品的供给曲线

供给定理可以表述为:在其他条件不变的情况下,商品的供给量与价格之间存在着正向的依存关系,即商品的价格上升,供给量增加;商品价格下降,供给量减少。

与需求规律一样,供给规律给出了生产者对商品供给的基本特征,但并不是所有生产者对所有商品或劳务的供给都服从这一规律。下面的三种情况可以看作为供给规律的特例。

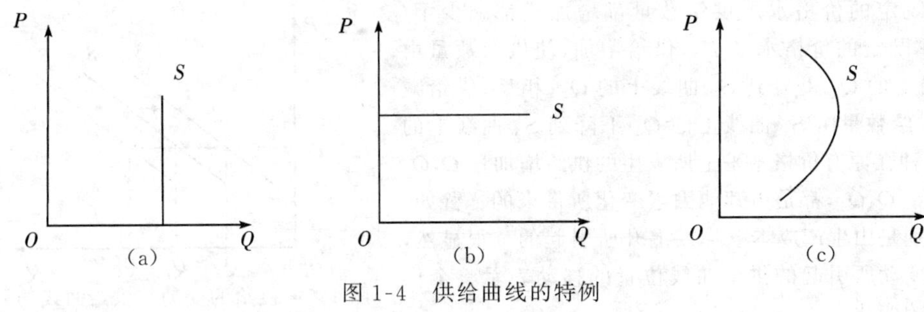

图 1-4　供给曲线的特例

第一,供给曲线是一条垂直于数量轴的直线,如图 1-4(a)所示。这表明,无论商品的价格有多高,生产者供给既定数量的商品。通常,如果商品具有固定的数量,其供给曲线具有类似的形状。比如,一个城市中土地的供给就是一条垂直的直线。

第二,供给曲线是一条平行于数量轴的直线,如图 1-4(b)所示。这表明,在一个特定的价格下,生产者愿意供给任意数量的商品。比如,具有相当大生产能力但又必须按既定价格出售自来水的公司,其供给曲线就有这样的特征。

第三,供给曲线向右下方倾斜,如图 1-4(c)所示。某些商品价格开始提高时,供给量按正常规律变化,但价格上升到一定限度后,或因为人们意识到这是一种值钱的商品.或因为人们对货币并不感到迫切需要而减少供给。例如,数量很少的古董、名画、名贵邮票之类珍品的供给。再如,劳动的供给。经济学认为,劳动是一种商品,其价格就是工资率,即单位劳动的工资水平。当劳动者尚处于较贫困的境地时,工资水平的提高会刺激劳动供给的增加。但当工资水平上升到一定程度,劳动者的基本社会需要得到满足后,文化、娱乐、教育、休闲等活动就显得更为重要了,这时,随着工资水平的提高,劳动的供给可能会保持不变甚至减少

以上三种特殊情形说明,与需求规律一样,供给规律也并不是对所有的生产者的供给都适用。不过经验观察表明,对大多数商品而言,供给满足供给规律。

四、供给量的变动与供给的变动

类似于需求量的变动和需求的变动的区分,供给量的变动和供给的变动都是供给数量的变动,它们的区别在于引起这两种变动的因素是不相同的,而且,这两种变动在几何图形中的表示也是不相同的。

(一)供给量的变动

供给量的变动是指在其他条件不变时,由某商品的价格变动所引起的该商品供给数量的变动。在几何图形中,这种变动表现为商品的价格—供给数量组合点沿着同一条既定的供给曲线的运动。前面的图 1-3 表示的是供给量的变动:随着价格上升所引起的供给数量的逐步增加,A 点沿着同一条供给曲线逐步运动到 E 点。

(二)供给的变动

供给的变动是指在商品价格不变的条件下,由于其他因素变动所引起的该商品供给数量的变动。这里的其他因素变动可以指生产成本的变动、生产技术水平的变动、相关商品价格的变动和生产者对未来的预期的变化等等。在几何图形中,供给的变动表现为供给曲线的位置发生移动。

图 1-5 表示的是供给的变动。在图中原来的供给曲线为 S_1。在除商品价格以外的其他因素变动的影响下,供给增加,则使供给曲线由 S_1 曲线向右平移到 S_2 曲线的位置;供给减少,则使供给曲线由 S_1 曲线向左平移到 S_3 曲线的位置。由供给的变化所引起的供给曲线位置的移动,表示在

每一个既定的价格水平供给数量都增加或都减少了。例如，在既定的价格水平 P_0，供给增加，使供给数量由 S_1 曲线上的 Q_1 上升到 S_2 曲线上的 Q_2；相反，供给减少，使供给数量由 S_1 曲线上的 Q_1 下降到 S_3 曲线上的 Q_3。这种在原有价格水平上所发生的供给增加量 Q_1Q_2 和减少量 Q_3Q_1，都是由其他因素变化所带来的。譬如，它们分别是由生产成本下降或上升所引起的。很显然，供给的变动所引起的供给曲线位置的移动表示整个供给状态的变化。

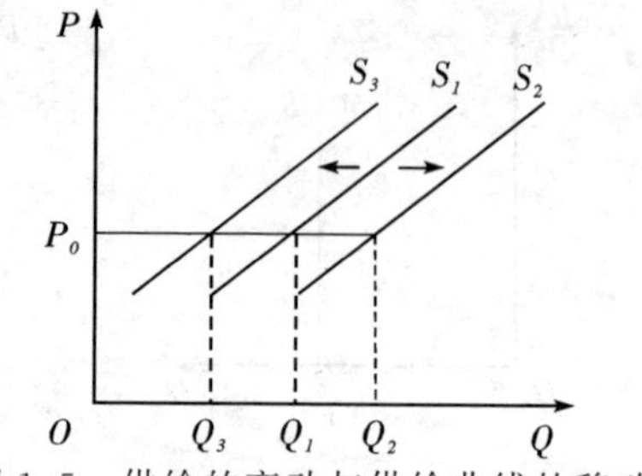

图 1-5　供给的变动与供给曲线的移动

第三节　均衡价格理论

在学习了需求和供给后，我们已经知道：需求曲线说明了消费者对某种商品在每一价格下的需求量是多少，供给曲线说明了生产者对某种商品在每一价格下的供给量是多少。但是，它们都未说明这种商品本身的价格究竟是如何决定的。微观经济学中的商品价格是指商品的均衡价格。商品的均衡价格是在商品的市场需求和市场供给这两种相反力量的相互作用下形成的。

一、均衡的含义

在经济学中，均衡是一个被广泛运用的重要概念。均衡的最一般的意义是指经济事物中有关的变量在一定条件的相互作用下所达到的一种相对静止的状态。经济事物之所以能够处于这样一种静止状态，是由于在这样的状态中有关该经济事物的各参与者的力量能够相互制约和相互抵消，也由于在这样的状态中有关该经济事物的各方面的愿望都能得到满足。正因为如此，经济学认为，经济学的研究往往在于寻找在一定条件下经济事物的变化最终趋于静止之点的均衡状态。

二、均衡价格和均衡数量的决定

在经济学中，一种商品的均衡价格是指该种商品的市场需求量和市场供给量相等时候的价格。在均衡价格水平下的相等的供求数量被称为均衡数量。从几何意义上说，一种商品市场的均衡出现在该商品的市场需求曲线和市场供给曲线相交的交点上，该交点被称为均衡点。均衡点上的价格和相等的供求量分别被称为均衡价格和均衡数量。

现在把图 1-1 中的需求曲线和图 1-3 中的供给曲线结合在一起，用图 1-6 说明一种商品的均衡价格的决定。

在图 1-6 中，假定 D 曲线为市场的需求曲线，S 曲线为市场的供给曲线。需求曲线 D 和供给曲线 S 相交于 E 点，E 点为均衡点。在均衡点 E，均衡价格 $P_e=4$ 元，均衡数量 $Q_e=400$。显然，在均衡价格 4 元的水平，消费者的购买量和生产者的销售量是相等的，都为 400 单位。也可以反过来说，在均衡数量 400 的水平，消费者愿意支付的价格和生产者愿意接受的价格是相等的，都为 4 元。因此，这样一种状态便是一种使买卖双方都感到满意并愿意持续下去的均衡状态。

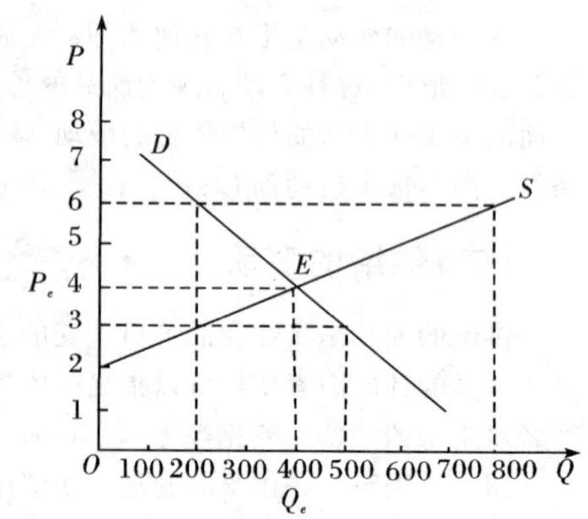

图 1-6　均衡价格和均衡数量的决定

均衡价格的决定也可以用与图 1-6 相对应的表 1-3

来说明。由表 1-3 清楚可见,商品的均衡价格为 4 元,商品的均衡数量为 400 单位。

表 1-3　某商品的需求和供给表

价格/元	6	5	4	3	2
需求量/个	200	300	400	500	600
供给量/个	800	600	400	200	0

商品的均衡价格是如何形成的呢?商品的均衡价格表现为商品市场上需求和供给这两种相反的力量共同作用的结果,它是在市场的供求力量的自发调节下形成的。当市场价格偏离均衡价格时,市场上会出现需求量和供给量不相等的非均衡状态。一般说来,在市场机制的作用下,这种供求不相等的非均衡状态会逐步消失,实际的市场价格会自动地回复到均衡价格水平。

我们仍用图 1-6 和相应的表 1-3 来说明均衡价格的形成。当市场价格高于均衡价格为 6 元时,商品的需求量为 200 单位,供给量为 800 单位。面对这种供大于求的商品过剩或超额供给的市场状况,一方面会使需求者压低价格来得到他要购买的商品量;另一方面,又会使供给者减少商品的供给量。这样,该商品的价格必然下降,一直下降到均衡价格 4 元的水平。与此同时,随着价格由 6 元下降为 4 元,商品的需求量逐步地由 200 单位增加为 400 单位,商品的供给量逐步地由 800 单位减少为 400 单位,从而实现供求量相等的均衡数量 400 单位。相反,当市场价格低于均衡价格为 3 元时,商品的需求量为 500 单位时,供给量为 200 单位。面对这种需求量大于供给量的商品短缺或超额需求的市场状况,一方面,迫使需求者提高价格来得到他所需要购买的商品量;另一方面,又使供给者增加商品的供给量。这样,该商品的价格必然上升,一直上升到均衡价格 4 元的水平。在价格由 3 元上升为 4 元的过程中,商品的需求量逐步地由 500 单位减少为 400 单位,商品的供给量逐步地由 200 单位增加为 400 单位,最后达到供求量相等的均衡数量 400 单位。由此可见,当实际价格偏离时,市场上总存在着变化的力量,最终达到市场的均衡或市场出清。

三、均衡点的变动与供求定理

一种商品的均衡价格是由该商品市场的需求曲线和供给曲线的交点所决定的。因此,需求曲线或供给曲线的位置移动都会使均衡价格发生变动。下面说明这两种移动对均衡价格以及均衡数量的影响。

(一)需求变动对均衡点的影响

在供给不变的情况下,需求增加会使需求曲线向右平移,从而使得均衡价格和均衡数量都增加;需求减少会使需求曲线向左平移,从而使得均衡价格和均衡数量都减少,如图 1-7 所示。

在图 1-7 中,既定的供给曲线 S 和最初的需求曲线 D_1 相交于 E_1 点。在均衡点 E_1,均衡价格为 P_1,均衡数量为 Q_1。需求增加使需求曲线向右平移到 D_2 曲线的位置,D_2 曲线与 S 曲线相交 E_2 点。在均衡点 E_2,均衡价格上升为 P_2,均衡数量增加为 Q_2。相反,需求减少使需求曲线向左平移到 D_3 曲线的位置,D_3 曲线与 S 曲线相交于 E_3 点。在均衡点 E_3,均衡价格下降为 P_3,均衡数量减少为 Q_3。

(二)供给变动对均衡点的影响

在需求不变的情况下,供给增加会使供给曲线向右平移,从而使得均衡价格下降,均衡数量增加;供给减少会使供给曲线向左平移,从而使得均衡价格上升,均衡数量减少。如图 1-8 所示。

在图 1-8 中,既定的需求曲线 D 和最初的供给曲线 S_1 相交于 E_1 点。在均衡点 E_1 的均衡价格和均衡数量分别为 P_1 和 Q_1。供给增加使供给曲线向右平移到 S_2 曲线的位置,并与 D 曲线相交 E_2 点。在均衡点 E_2,均衡价格下降为 P_2,均衡数量增加为 Q_2。相反,供给减少使供给曲线向左

平移到 S_3 曲线的位置，且与 D 曲线相交于 E_3 点。在均衡点 E_3，均衡价格上升为 P_3，均衡数量减少为 Q_3。

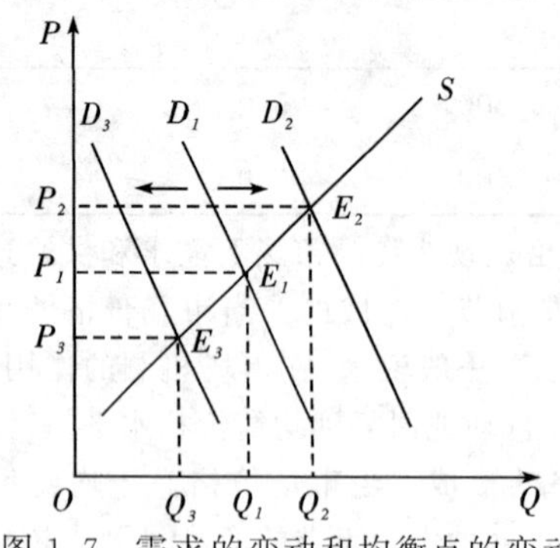

图 1-7　需求的变动和均衡点的变动

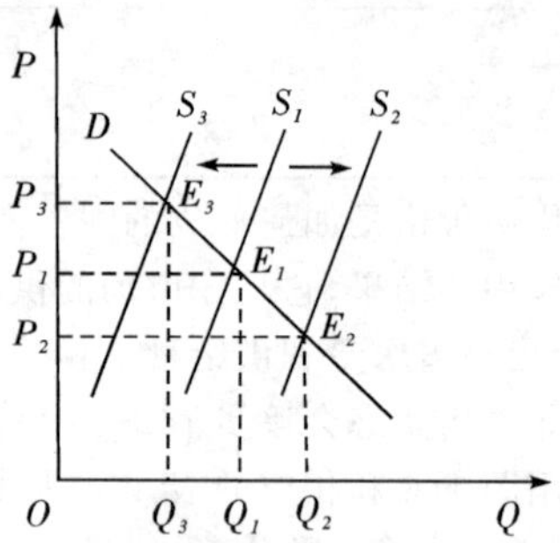

图 1-8　供给的变动和均衡点的变动

(三)供求定理

通过上述分析，可以说明供求变动对均衡价格和均衡数量的影响，并且得出如下结论，这些结论被称为“供求定理”。

(1)需求增加，使均衡价格上升；需求减少，使均衡价格下降。

(2)需求增加，使均衡数量增加；需求减少。使均衡数量减少。

因此，需求的变动引起均衡价格和均衡数量同方向变动。

(3)供给增加，使均衡价格下降；供给减少，使均衡价格上升。

(4)供给增加，使均衡数量增加；供给减少，使均衡数量减少。

因此，供给的变动与均衡价格呈反方向变动，而与均衡数量呈同方向变动。

(四)需求与供给同时发生变动对均衡点的影响

供求定理进一步区分了供给和需求的变动对价格和产量产生的影响，因而对解释某种商品价格变动的长期趋势是有用的，它同时也是市场机制理论的进一步深化。以上的分析是以供求双方一方不变为前提的，假设的目的是为了揭示供求定理。但在实际经济运动中，供需双方可能会同时发生变化，共同对均衡价格和均衡数量产生影响。这一点，我们可以根据供求定理，分辨出价格和数量的变动哪些是由需求变动所致，哪些是由供给变动所致，从而得出结论：

供求同时变动可以概括为以下两种情况：

(1)供求同时同方向变动，即同时增加或减少。在这种情况下，均衡数量将同时增加或减少，而均衡价格的变动取决于供需变动的相对量，可能提高，可能下降，也可能保持不变。如果需求曲线移动的幅度大于供给曲线移动的幅度，均衡价格就会上升；如果前者移动的幅度小于后者，均衡价格则下降；两条曲线移动的幅度相同，均衡价格保持不变。

(2)供求同时呈反方向变动。这时，均衡价格总是按照需求的变动方向变动，而均衡数量的变动取决于供求双方变动的相对比例，可能增加，可能减少，也可能维持不变。如果供给曲线移动的幅度小于需求曲线相反移动的幅度，均衡数量减少，如果前者移动的幅度大于后者，均衡数量则增加。只有两者变动的幅度相同时，均衡数量才会维持不变。

四、供求分析的实际应用

西方经济学认为，均衡价格是在市场自发形成的，因而具有自动调节供求使之一致的内在功能。因此，价格机制的作用是完美的，对价格形成机制的干预和破坏，将导致供求比例的失调，出现严重的经济问题。但是价格机制或者说市场的调节作用也不是万能的，是有局限性的。如果任凭价格机制的自发作用，则很难兼顾政府的经济目标。因此，在西方国家，政府出于某种目的经常通过各种微观经济政策，如规定价格的上限和下限来干预某种商品的价格形成

(一)最低限价

最低限价也称为支持价格。它是政府所规定的某种产品的最低价格。最低价格总是高于市场的均衡价格的。

图 1-9 表示政府对某种产品实行最低限价的情形。开始时的市场均衡价格为 P_e，均衡数量为 Q_e。以后，政府出于某种目的实行最低限价。所规定的市场价格为 P_0。由图 1-8 可见，最低限价 P_0 大于均衡价格 P_e，且在最低限价 P_0 的水平，市场供给量 Q_2 大于市场需求量 Q_1，市场上出现产品过剩的情况。

政府实行最低限价的目的通常是为了扶植某些行业的发展。农产品的支持价格就是西方国家所普遍采取的政策，在实行这一政策时，政府通常收购市场上过剩的农产品。

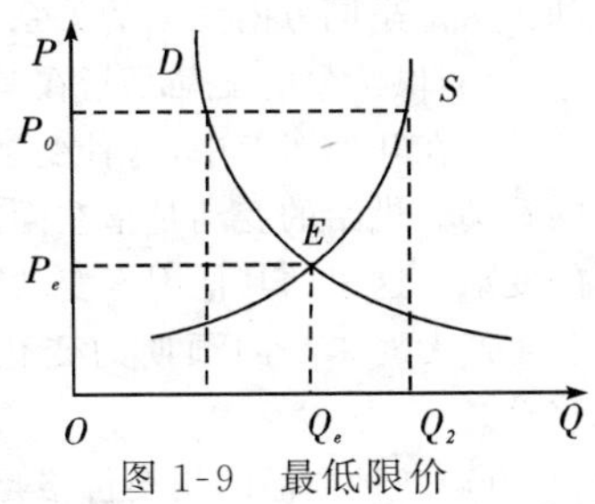

图 1-9 最低限价

政府对主要农产品实行长期的最低限价政策，支持了农业长期稳定的发展，但也加重了政府的财政负担。最低限价实行之后，随之而来的问题是：政府如何处理过剩的农产品。如图 1-9，政府按 P_0 的价格收购农产品，对于剩余农产品 Q_1Q_2，政府要么储存起来，要么销往国外。为了减少储存开支，政府也会采取限制种植面积，使供给曲线左移到均衡价格等于支持价格为止。但这样会使消费者的利益受到损害。第二次世界大战后，美国政府通过"援助"、"粮食用于和平"、"粮食用于武器"等各种途径，千方百计扩大剩余农产品出口，就是为了解决农产品供大于求的问题。

(二)最高限价

最高限价也称为限制价格。它是政府所规定的某种产品的最高价格。最高价格总是低于市场的均衡价格的。

图 1-10 表示政府对某种产品实行最高限价的情形。开始时，该商品市场的均衡价格为 P_e，均衡数量为 Q_e。若政府实行最高限价政策，规定该产品的市场最高价格为 P_0。由图可见，最高限价 P_0 小于均衡价格 P_e，且在最高限价 P_0 的水平，市场需求量 Q_2 大于市场供给量 Q_1，市场上将出现供不应求的情况。

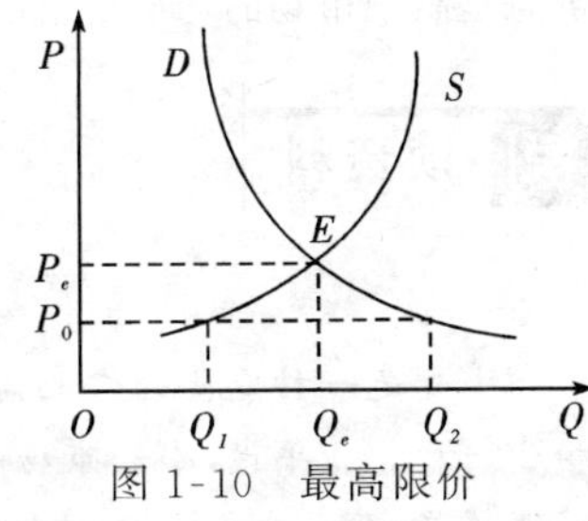

图 1-10 最高限价

政府实行最高限价的目的往往是为了抑制某些产品的价格上涨，尤其是为了对付通货膨胀。有时，为了限制某些行业，特别是一些垄断性很强的公用事业的价格，政府也采取最高限价的做法。但政府实行最高限价的做法也会带来一些不良的影响。如最高限价下的供不应求会导致市场上消费者排队抢购和黑市交易盛行。在这种情况下，政府往往又不得不采取配给的方法来分配产品。此外，生产者也可能粗制滥造，降低产品质量，形成变相涨价。

本章小结

(1)一种商品的需求是指消费者在一定时期在各种可能的价格水平下，愿意而且能够购买的该商品的数量。影响需求的主要因素有：该商品的价格、消费者的收入水平、相关商品的价格、消费者的偏好和消费者对该商品的价格预期等等。需求曲线是简化了的需求函数。

(2)需求量的变动是指在其他条件不变时,由某商品的价格变动所引起的该商品的需求数量的变动。在几何图形中,需求量的变动表现为商品的价格—需求数量组合点沿着同一条既定的需求曲线的运动。需求的变动是指在某商品价格不变的条件下,由于其他因素的变动所引起的该商品的需求数量的变动。这里的其他因素变动是指消费者的收入水平变动、相关商品的价格变动、消费者偏好的变化和消费者对商品的价格预期的变动等。在几何图形中,需求的变动表现为需求曲线的位置发生移动。

(3)需求定理的基本内容是:在其他条件不变的情况下,某商品的需求量与价格呈反方向变动,即需求量随着商品本身价格的上升而减少,随商品本身价格的下降而增加。

(4)一种商品的供给指生产者在一定时期内在各种可能的价格水平愿意并且能够提供出售的该种商品的数量。影响供给的主要因素有:该商品的价格、生产成本、生产的技术水平、相关商品的价格和生产者对未来的预期。

(5)供给曲线表现出向右上方倾斜的特征,即供给曲线的斜率为正值。它们都表示商品的价格和供给量呈同方向变动的关系,这种现象被称为供给定理。

(6)供给量的变动是指在其他条件不变时,由商品的自身价格变动所引起的该商品供给数量的变动。在几何图形中,这种变动表现为商品的价格—供给数量组合点沿着同一条既定的供给曲线的移动。供给的变动是指在商品价格不变的条件下,由于其他因素变动所引起的该商品供给数量的变动。这里的其他因素变动可以指生产成本的变动、生产技术水平的变动、相关商品价格的变动和生产者对未来的预期的变化,等等。在几何图形中,供给的变动表现为供给曲线的位置发生移动。

(7)一种商品的均衡价格是指该种商品的市场需求量和市场供给量相等时候的价格。在均衡价格水平下的相等的供求数量被称为均衡数量。从几何意义上说,一种商品市场的均衡出现在该商品的市场需求曲线和市场供给曲线相交的交点上,该交点被称为均衡点。均衡点上的价格和相等的供求量分别被称为均衡价格和均衡数量。

(8)供求定理是指在其他条件不变的情况下,需求变动分别引起均衡价格和均衡数量的同方向的变动;供给变动引起均衡价格的反方向的变动,引起均衡数量同方向的变动。

(9)最高限价也称为限制价格。它是政府所规定的某种产品的最高价格。最高限价总是低于市场的均衡价格的。最低限价也称为支持价格。它是政府所规定的某种产品的最低价格。最低限价总是高于市场的均衡价格的。

阅读资料

小麦市场的需求和供给函数

小麦是一种重要的农业商品,而且农业经济学家已经广泛地研究了小麦市场。20 世纪 80 年代和 20 世纪 90 年代,小麦市场的变化对于美国的农民和美国的农业政策有着重大的意义。为了能够理解这一点,我们来看一看小麦的供给和需求状况。

根据统计研究结果,我们知道 1981 年小麦的供给曲线大致如下:

供给:$Q_S=1\ 800+240P$

式中,价格是以美元/蒲式耳为单位来计算的;数量是以百万蒲式耳/年为单位的。

这些研究结果表明,1981 年小麦的需求曲线为:

需求:$Q_D=3\ 550-266P$

使需求等于供给,我们可以得出 1981 年小麦的市场结算价格:

$Q_D=Q_S$

$1\ 800+240P=3\ 550-266P$

$506P=1750$

$P=3.46$(美元/蒲式耳)

小麦的需求有两个组成部分:国内需求(即美国国内消费者所需)和出口需求(即国外消费者所需)。到20世纪80年代中期,小麦国内需求只上升了一点点(因人口及工资增长不快而引起的),但出口需求急剧下跌。造成出口需求下降的原因有很多,第一个也是最重要的原因,就是农业绿色革命的成功,使得很多发展中国家(比如以前曾是很大的小麦进口国,像印度这样的国家)的产量不断增长,越来越多地实现了自给;另一原因是,美元相对于其他货币的升值,使得美国的小麦在国外的价格较贵;最后一个原因是,欧洲国家采取了保护性的措施,对它们自己的生产进行补贴,对进口小麦设置关税壁垒。

比如,1985年小麦的需求曲线为:

需求:$Q_D=2\ 580-194P$

供给曲线保持与1981年大体相同的水平。

现在我们可以再次使供给等于需求,并确定1985年市场结算的价格:

$Q_D=Q_S$

$1\ 800+240P=2\ 580-194P$

$P=1.80P$(美元/蒲式耳)

我们便可以发现,在出口需求上的大变动导致了小麦市场结算价格的大幅下降:从1981年的3.46美元降至1985年的1.80美元。到1993年,对美国小麦的需求增强了许多。虽然1985年以来国内需求并无多大变化,但年出口量已经增长了近35 000万蒲式耳。而小麦的供给曲线只移动了一点点。1993年,小麦的供给需求如下:

需求:$Q_D=3\ 385-279P$

供给:$Q_S=1\ 728+228P$

我们再让供给等于需求,就得出1993年的市场结算价格:

$Q_D=Q_S$

$1\ 728+228P=3\ 385-279P$

$P=3.27$(美元/蒲式耳)

这样到1993年,小麦的市场结算价格又反弹到3.27美元。1981年小麦的价格是否真的是3.46美元,并且它是否确实在1985年时降至1.80美元,然后又在1993年回升至3.27美元?答案是否定的。消费者在1981年花了大约3.70美元,在1985年大约3.20美元,在1993年则大约为3.30美元。更有甚者,在此期间,美国农场主每生产1蒲式耳就可获得4美元以上的收入。为什么?因为美国政府支撑着小麦价格,并给予农场主们补贴。

本章习题

一、名词解释

需求　需求函数　需求定理需求量的变动和需求的变动　供给　供给函数
供给定理　供给量的变动和供给的变动　均衡价格　均衡数量　最高限价　最低限价

二、选择题

(1)在得出某棉花种植农户的供给曲线时,下列除哪个因素以外其余均保持常数?(　　)

A.土壤的肥沃程度　　B.技术水平

C.棉花的种植面积　　D.棉花的价格

(2)在某一时期内彩色电视机的需求曲线向左平移的原因可以是(　　)

A.彩色电视机的价格上升　　B.消费者对彩色电视机的预期价格上升

C.消费者对彩色电视机的预期价格下降
D.消费者收入水平提高
E.黑白电视机的价格上升

(3)某月内,X 商品的替代品的价格上升和互补品的价格上升,分别引起 X 商品的需求量变动量为 50 单位和 80 单位,则在它们共同作用下该月 X 商品需求量是(　　)。

A.增加 30 单位
B.减少 30 单位
C.增加 130 单位
D.减少 130 单位

(4)在得出某种商品的需求曲线时,下列因素除哪一种外是常数?(　　)

A.消费者的改入
B.其他商品的价格
C.消费者的偏好
D.商品本身的价格

(5)在其他因素不变的情况下,一种商品的价格下降将导致(　　)。

A.需求增加
B.需求减少
C.需求量增加
D.需求量减少

(6)消费者对某物品的预期价格上升,则对该物品当前需求会(　　)。

A.减少
B.增加
C.不变
D.无法确定

(7)生产者预期某物品未来价格要下降,则该物品当前的供给会(　　)。

A.增加
B.减少
C.不变
D.以上三种情况都可能

(8)假如生产某种物品所需的原料价格上升了,则这种商品的(　　)。

A.需求曲线向左移动
B.供给曲线向左移动
C.需求曲线向右移动
D.供给曲线向右移动

三、计算题

已知某一时期内某商品的需求函数为 $Q_d=50-5P$,供给函数为 $Q_S=-10+5P$。

①求均衡价格和均衡数量,并作出几何图形。

②假定供给函数不变,由于消费者的收入水平提高,使需求函数变为 $Q_d=60-5P$,求出相应的均衡价格和均衡数量,并作出几何图形。

③假定需求函数不变,由于生产技术水平提高,使供给函数变为 $Q_s=-5+5P$,求出相应的均衡价格和均衡数量,并作出几何图形。

④说明需求变动和供给变动对于均衡价格和均衡数量的影响。

四、思考题

(1)决定单个消费者需求的因素有哪些?不同因素对于需求的变动有何影响?

(2)需求量的变动与供给量的变动有何区别?

(3)什么是均衡价格和均衡数量?如何决定均衡价格和均衡数量?哪些因素会引起均衡点的变动?

(4)什么是供求定理?

第二章 弹性理论

学习要点

☆ 需求价格弹性的含义、计算、类型及影响因素
☆ 需求价格弹性与总收益之间的关系
☆ 需求收入弹性的含义和计算
☆ 需求收入弹性与商品的分类
☆ 需求交叉价格弹性的含义和计算
☆ 需求交叉价格弹性与商品之间的关系
☆ 供给价格弹性的含义、计算、类型及影响因素

对需求和供给的进一步分析需要引进弹性的概念。弹性是衡量相关事物反应程度的尺度。本章将以需求价格弹性为重点，考察与需求和供给有关的几个弹性概念。其中，商品需求方面的弹性主要包括需求价格弹性、需求收入弹性和需求交叉价格弹性；商品供给方面的弹性主要是供给价格弹性。

第一节 需求价格弹性

一、弹性的一般含义

我们已经知道，当一种商品的价格发生变化时，这种商品的需求数量会发生变化。除此之外，当消费者的收入水平或者相关商品的价格等其他因素发生变化时，这种商品的需求数量也会发生变化。同样的，当一种商品的价格发生变化，或者这种商品的生产成本等其他因素发生变化时，这种商品的供给数量会发生变化。由此，我们会很自然地想知道，当一种商品的价格下降1%时，这种商品的需求数量和供给数量究竟分别会增加和减少多少呢？当消费者的收入水平上升1%时，商品的需求数量究竟增加了多少？弹性概念就是专门为解决这类问题而设立的。

弹性概念在经济学中得到了广泛应用。一般说来，只要两个经济变量之间存在函数关系，我们就可以用弹性来表示因变量的相对变动对于自变量的相对变动的反应程度。具体地说，当自变量变动1%时，因变量变动的百分比。例如，弹性可以表示当一种商品的价格上升1%时，相应的需求数量和供给数量变动的百分比是多少。在经济学中，弹性的一般公式为：

$$弹性系数=\frac{因变量的变动比例}{自变量的变动比例}$$

设两个经济变量之间的函数关系为 $Y=f(X)$，则弹性的一般公式还可以表示为：

$$e=\frac{\frac{\Delta Y}{Y}}{\frac{\Delta X}{X}}=\frac{\Delta Y}{\Delta X}\cdot\frac{X}{Y} \tag{2-1}$$

式中：e 为弹性系数；ΔX、ΔY 分别为变量 X、Y 的变动量。该式表示：当自变量 X 变动1%时，因变量 Y 变动百分之几。

若经济变量的变化量趋于无穷小，即：当式(2-1)中的 $\Delta X\to 0$，且 $\Delta Y\to 0$ 时，则弹性公式为：

$$e=\lim_{\Delta X\to 0}\frac{\Delta Y}{\Delta X}\cdot\frac{X}{Y}=\frac{dY}{dX}\cdot\frac{X}{Y} \tag{2-2}$$

通常将式(2-1)称为弧弹性公式,将式(2-2)称为点弹性公式。

需要指出的是,由弹性的定义公式可以清楚地看到,弹性是两个变量各自变化比例的一个比值,所以,弹性是一个具体的数字,它与自变量和因变量的单位无关。

二、需求价格弹性

需求价格弹性通常被简称为需求弹性。它表示在一定时期内一种商品的需求量的相对变动对于该商品的价格的相对变动的反应程度。或者说,表示在一定时期内当一种商品的价格变动 1% 时所引起的该商品的需求量变动的百分比。其公式为:

$$需求价格弹性系数=-\frac{需求量的变动比例}{价格的变动比例}$$

需求价格弹性可以分为弧弹性和点弹性。

(一)需求价格弧弹性

1.需求价格弧弹性的含义与计算

需求价格弧弹性表示某商品需求曲线上两点之间的需求量的相对变动对于该商品的价格的相对变动的反应程度。简单地说,它表示需求曲线上两点之间的弹性。假定需求函数为 $Q_d=f(P)$, ΔQ_d 和 ΔP 分别表示需求量的变动量和价格的变动量,以 e_d 表示需求价格弹性系数,则需求价格弧弹性的公式为:

$$e_d=-\frac{\frac{\Delta Q_d}{Q_d}}{\frac{\Delta P}{P}}=-\frac{\Delta Q_d}{\Delta P}\cdot\frac{P}{Q_d} \tag{2-3}$$

这里需要指出的是,在通常情况下,由于商品的需求量和价格是呈反方向变动的,$\frac{\Delta Q_d}{\Delta P}$为负值,所以,为了便于比较,就在式(2-3)中加了一个负号,以使需求价格弹性系数 e_d 取正值。

在计算同一条弧的需求价格弧弹性时,由于降价和涨价时 P 和 Q_d 所取的基数值不同,会造成计算结果的不同。

例:某商品的价格由 20 元/件下降为 15 元/件($P=20,\Delta P=15-20=-5$)时,需求量由 20 件增加到 40 件($Q_d=20,\Delta Q_d=40-20=20$),这时,该商品的需求价格弧弹性为:

$$e_d=-\frac{\Delta Q_d}{\Delta P}\cdot\frac{P}{Q_d}=-\frac{20}{-5}\cdot\frac{20}{20}=4$$

若将上例倒过来,即该商品的价格由 15 元/件上涨为 20 元/件($P=15,\Delta P=20-15=5$)时,需求量由 40 件减少到 20 件($Q_d=40,\Delta Q_d=20-40=-20$),这时,该商品的需求价格弧弹性为:

$$e_d=-\frac{\Delta Q_d}{\Delta P}\cdot\frac{P}{Q_d}=-\frac{-20}{5}\cdot\frac{15}{40}=1.5$$

可见,尽管价格变动幅度相同,但由于降价和涨价时 P 和 Q_d 所取的基数值不同,造成了计算结果的不同。为了避免这种由于取值不同造成的差异,通常取两点的价格和需求量各自的平均值(中值)来作为 P 和 Q_d 的值。因此,需求价格弧弹性公式又可写为:

$$e_d=-\frac{\Delta Q_d}{\Delta P}\cdot\frac{\frac{P_1+P_2}{2}}{\frac{Q_1+Q_2}{2}} \tag{2-4}$$

式(2-4)被称为需求价格弧弹性的中点公式。上面的例子若运用中点公式计算,则该商品的需求价格弧弹性为：

$$e_d=-\frac{\Delta Q_d}{\Delta P}\cdot\frac{\frac{P_1+P_2}{2}}{\frac{Q_1+Q_2}{2}}=-\frac{-20}{5}\cdot\frac{\frac{15+20}{2}}{\frac{40+20}{2}}=2.3$$

2.需求价格弧弹性的类型

在对现实的观察与分析中我们会发现，不同商品的需求量对于价格变动的反应程度不同，即不同的商品，其需求价格弹性系数不同。根据商品的需求量对于价格变动的反应程度，可将需求价格弧弹性分为以下五种类型。

(1)需求富有价格弹性。需求富有价格弹性是指需求量的变动幅度大于价格的变动幅度，即价格变动1%时引起的需求量的变动大于1%，故 $e_d>1$，这意味着需求量对于价格变动的反应比较敏感，在图形上可用一条较为平缓的需求曲线来反映，如图2-1(a)所示。

(2)需求缺乏价格弹性。需求缺乏价格弹性是指需求量的变动幅度小于价格的变动幅度，即价格变动1%时引起的需求量的变动小于1%，故 $e_d<1$，这意味着需求量对于价格变动的反应欠敏感，在图形上可用一条较为陡峭的需求曲线来反映，如图2-1(b)所示。

(3)单位需求弹性。单位需求弹性是指需求量的变动幅度刚好等于价格的变动幅度，即价格变动1%时引起的需求量的变动也等于1%，故 $e_d=1$，其需求曲线反映为正双曲线的一支，如图2-1(c)所示。

(4)需求完全有弹性。需求完全有弹性是指需求量具有无穷大的弹性，意味着价格的微小变动会引起需求量无穷大的变动，故 $e_d=\infty$，其需求曲线为一条平行于横轴的直线，如图2-1(d)所示。

(5)需求完全无弹性。需求完全无弹性是指无论价格如何变动需求量都不会发生变动，故 $e_d=0$，其需求曲线为一条垂直于横轴的直线，如图2-1(e)所示。

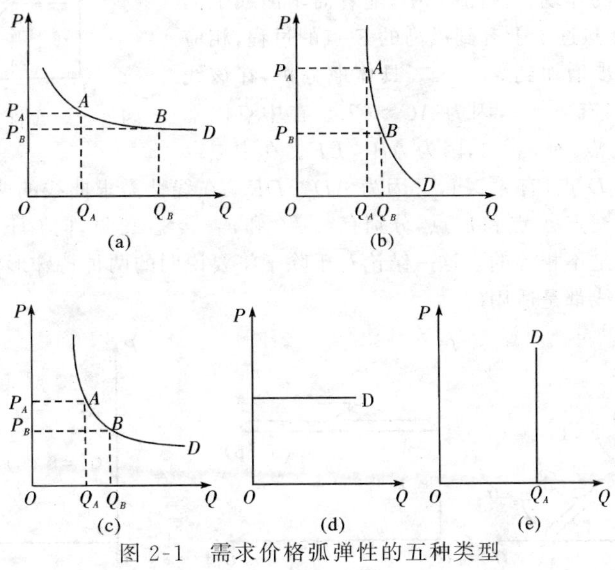

图2-1 需求价格弧弹性的五种类型

(a)需求富有价格弹性；(b)需求缺乏价格弹性；
(c)需求单位弹性；(d)需求完全有弹性；(e)需求完全无弹性

(二)需求价格点弹性

当需求曲线上两点之间的变化量趋于无穷小时，需求价格弹性要用点弹性来表示。也就是说，它表示需求曲线上某一点上的需求量的相对变动对于价格的相对变动的反应程度。在式(2-3)的基础上，需求价格点弹性

$$e_d = \lim_{\Delta P \to 0} -\frac{\Delta Q_d}{\Delta P} \cdot \frac{P}{Q_d} = -\frac{dQ_d}{dP} \cdot \frac{P}{Q_d} \tag{2-5}$$

比较式(2-3)和式(2-5)可见,需求价格弧弹性和点弹性的本质是相同的。它们的区别仅在于:前者表示价格变动量较大时需求曲线上两点之间的弹性,而后者表示价格变动量无穷小时需求曲线上某一点的弹性。

利用式(2-5)就可以计算需求曲线上任意一点的需求价格点弹性。如已知需求函数为 $Q_d = 120 - 20P$,则需求价格点弹性为:

$$e_d = -\frac{dQ_d}{dP} \cdot \frac{P}{Q_d} = -(-20) \cdot \frac{P}{120-20P} = \frac{P}{6-P}$$

这时,可求出任一价格水平下的需求价格点弹性系数。如,当 $P=2$ 时,容易求得 $e_d=0.5$,以此类推,当 $P=3$ 时,$e_d=1$;当 $P=4$ 时,$e_d=2$。

此外,需求价格点弹性系数值也可以用几何方法求得。

在图 2-2 中,线性需求曲线分别与纵轴和横轴相交于 A、B 两点,令 C 点为该需求曲线上的任意一点。从几何意义看,根据点弹性的定义,C 点的需求价格点弹性可以表示为:

$$e_d = \frac{\mathrm{d}Q_d}{\mathrm{d}P} \cdot \frac{P}{Q_d} = \frac{BG}{CG} \cdot \frac{CG}{OG} = \frac{GB}{OG} = \frac{BC}{AC} = \frac{OF}{AF} \tag{2-6}$$

由此可得出这样一个结论:线性需求曲线上的任何一点的弹性,都可以通过由该点出发向价格轴或数量轴引垂线的方法来求得。

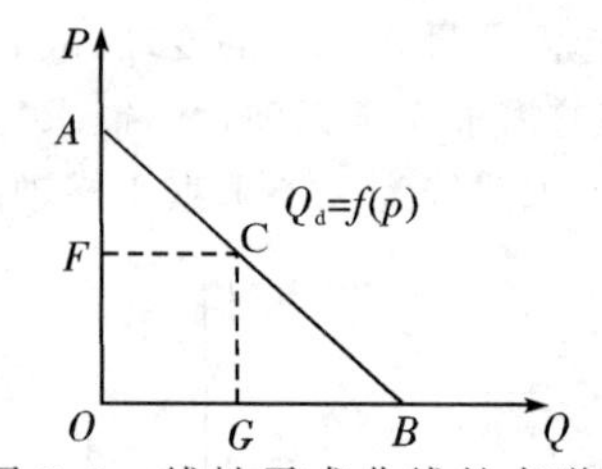

图 2-2 线性需求曲线的点弹性

显然,线性需求曲线上的点弹性有一个明显的特征:在线性需求曲线上的点的位置越高,相应的点弹性系数值就越大;相反,位置越低,相应的点弹性系数值就越小。这一特征在图 2-3(a)中得到了充分的体现。在图(a)中,随着需求曲线上的点的位置由最低的 A 点逐步上升到最高的 E 点的过程,相应的点弹性由 $e_d=0$ 逐步增加到 $e_d=\infty$。具体地分析,在该线性需求曲线的中点 C,有 $e_d=1$,因为 $AC=CE$。在中点以下部分的任意一点如 B 点,有 $e_d<1$,因为 $AB<BE$。在中点以上部分的任意一点如 D 点,有 $e_d>1$,又因为 $AD>DE$。在线性需求曲线的两个端点,即需求曲线与数量轴和价格轴的交点 A 点和 E 点,分别有 $e_d=0$ 和 $e_d=\infty$。可见,向右下方倾斜的线性需求曲线上每一点的弹性都是不相等的。这一结论对于除了将要说明的两种特殊形状的线性需求曲线以外的所有线性需求曲线都是适用的。

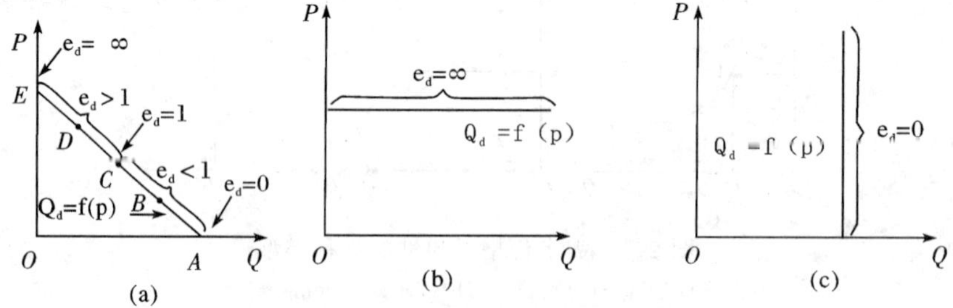

图 2-3 线性需求曲线点弹性的五种类型

在图(b)和图(c)中各有一条特殊形状的线性需求曲线。图(b)中一条水平的需求曲线上的每一点的点弹性均为无穷大,即 $e_d=\infty$。图(c)中的一条垂直的需求曲线上每一点的点弹性均为零,即 $e_d=0$。可见,对于线性需求曲线上每一点的点弹性都不相等的结论来说,水平的和垂直的需求曲线是两种例外。

另外,需要注意的是,需求弹性和需求曲线的斜率是两个紧密联系却又不同的概念,必须严格区分。需求曲线的斜率表示的是需求曲线在某一点或某一段弧上的倾斜程度，而根据需求弹性的计算公式，需求弹性不仅取决于需求曲线在该点的斜率的倒数值，还取决于相应的价格与需求量的比值。

三、影响需求价格弹性的因素

影响需求价格弹性的因素是很多的，其中主要有以下几个。

(一)商品的可替代性

一般来说，一种商品的可替代品越多，相近程度越高，该商品的需求价格弹性往往就越大；相反，该商品的需求价格弹性往往就越小。例如，在苹果市场，当国光苹果的价格上升时，消费者就会减少对国光苹果的需求量，增加对相近的替代品如香蕉苹果的购买。这样，国光苹果的需求价格弹性就比较大。又如，对于食盐来说，没有很好的可替代品，所以，食盐价格的变化所引起的需求量的变化几乎等于零，它的需求价格弹性是极其小的。

(二)购买这种商品的支出在消费者总支出中所占的比重

一般来说，消费者在某商品上的消费支出在其总支出中所占的比重越大，该商品的需求价格弹性往往就越大；反之，则越小。例如，火柴、盐、橡皮等商品的需求价格弹性就是比较小的。因为，消费者花费在这些商品上的支出是很小的，所以往往对这类商品价格的变动不敏感。

(三)商品对消费者生活的必需程度

一般来说，生活必需品的需求价格弹性较小，而非必需品的需求价格弹性较大。例如，馒头的需求价格弹性较小，而电影票的需求价格弹性则较大。

(四)商品用途的广泛性

一般来说，商品的用途越广泛，它的需求价格弹性就可能越大；相反，用途越狭窄，其需求价格弹性就可能越小。这是因为，如果一种商品具有多种用途，当它的价格较高时，消费者只购买较少的数量用于最重要的用途上。当它的价格逐步下降时，消费者的购买量就会逐渐增加，将商品越来越多地用于其他的各种用途上。

(五)所考察的消费者调节需求量的时间

一般来说，所考察的调节时间越长，需求价格弹性就可能越大。因为，当消费者决定减少或停止对价格上升的某种商品的购买之前，他一般需要花费时间去寻找和了解该商品的可替代品。例如，当石油价格上升时，消费者在短期内不会较大幅度地减少需求量。但设想在长期内，消费者可能找到替代品，于是，石油价格上升会导致石油的需求量较大幅度地下降。

需要指出，一种商品需求价格弹性的大小是各种影响因素综合作用的结果。所以，在分析一种商品的需求价格弹性的大小时，要根据具体情况进行全面的综合分析。

四、需求价格弹性的应用

(一)需求价格弹性与总收益

我们知道，企业的总收益等于商品的价格乘以商品的销售量。在此假定企业的商品销售量等于市场上对其商品的需求量。这样，企业的总收益就可以表示为商品的价格乘以商品的需求量，即企业的总收益

$$TR=PQ$$

式中，TR 表示企业的总收益，P 表示商品的价格，Q 表示商品的销售量即需求量。

前面已经讲过，需求价格弹性表示需求量的变化率对于价格的变化率的反应程度。这意味着，当一种商品的价格发生变动时，这种商品的需求量的变动情况和企业总收益的变动情况，将必然取决于该商品的需求价格弹性的大小。

即：$\frac{dTR}{dP}=\frac{d(P\cdot Q)}{dP}=Q+P\cdot\frac{dQ}{dP}=Q(1-e_d)$

所以，需求价格弹性和企业的总收益之间存在着密切的关系。根据弹性系数 e_d 的大小，这种关系可归纳为以下五种情况。

(1)当 $e_d>1$ 时，降价会增加企业的总收益；相反，涨价会减少企业的总收益，即总收益与商品价格呈反方向变动。这是因为，当 $e_d>1$ 时，企业降价所引起的需求量的增加率大于价格的下降率。这意味着价格下降所造成的总收益的减少量必定小于需求量增加所带来的总收益的增加量。所以，降价最终使总收益增加，而涨价则使总收益减少。

(2)当 $e_d<1$ 时，降价会使企业的总收益减少；相反，涨价会使企业的总收益增加，即总收益与商品价格是同方向变动。其原因在于：$e_d<1$ 时，厂商降价所引起的需求量的增加率小于价格的下降率。这意味着需求量增加所带来的总收益的增加量并不能全部抵消价格下降所造成的总收益的减少量。所以，降价最终使总收益减少，而涨价则使总收益增加。

(3)当 $e_d=1$ 时，降价或涨价对企业的总收益都没有影响。这是因为，当 $e_d=1$ 时，企业变动价格所引起的需求量的变动率和价格的变动率是相等的。这样一来，由价格变动所引起的总收益的变动量刚好等于由需求量变动所引起的总收益的变动量，所以，无论企业是降价还是涨价，总收益是保持不变的。

(4)当 $e_d=\infty$ 时，由于在既定价格下收益可以随着销售量的增加而增加，因此企业不会降价，但涨价会使总收益减少为0。

(5)当 $e_d=0$ 时，由于无论价格如何变动，需求量都不会发生变动，因此价格的变动会使总收益同比例同方向变动。即降价会使总收益同比例于价格的下降而减少；相反，涨价会使总收益同比例于价格的提高而增加。

在西方经济学中，也可以根据商品的价格变动所引起的企业总收益的变动，来判断商品需求价格弹性的大小。例如，若某商品的价格变动引起企业总收益的反方向变动，则该商品是富有弹性的。若某商品的价格变动引起企业总收益的同方向变动，则该商品是缺乏弹性的。若企业总收益不随商品价格的变动而变动，则该商品是单位弹性的。

上面分析的需求价格弹性与总收益之间的关系如表2-1所示。

表2-1 需求价格弹性与总收益的关系

弹性 / 厂商收入 / 价格	$e_d>1$	$e_d<1$	$e_d=1$	$e_d=\infty$	$e_d=0$
降价	增加	减少	不变	既定价格下收益可无限增加，故企业不会降价	同比例于价格的下降而减少
涨价	减少	增加	不变	收益会减少为零	同比例于价格的上升而增加

最后，再指出一点，因为企业的总收益就等于消费者的购买支出，所以，以上关于需求价格弹性和总收益之间关系的分析和结论，对于需求价格弹性和消费者的购买支出之间的关系同样也是适用的。

(二)谷贱伤农

"谷贱伤农"在经济学上又叫"丰收悖论"，它描述的是在丰收年份，农民收入反而减少的现象。造成这种现象的根本原因在于农产品往往是需求缺乏弹性的商品，由于农产品均衡价格的下降幅度大于农产品均衡数量的增加幅度，致使农民收入减少。

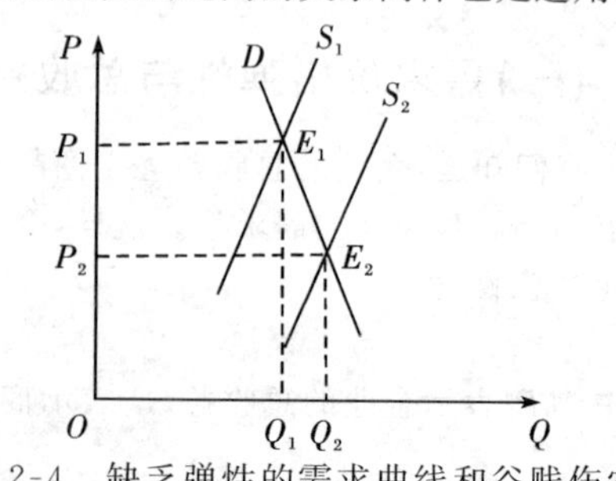

图2-4 缺乏弹性的需求曲线和谷贱伤农

如图 2-4 所示，农产品的需求曲线 D 是缺乏弹性的。农产品丰收使供给曲线由 S_1 向右平移至 S_2，市场均衡点由 E_1 移至 E_2，农产品均衡价格由 P_1 大幅下降至 P_2，农民的总收入减少量相当于矩形 $OP_1E_1Q_1$ 和 $OP_2E_2Q_2$ 的面积之差。

与“谷贱伤农”类似，在歉收的年份，由于缺乏弹性的需求曲线的作用，农产品均衡价格的上涨幅度会大于均衡数量的减少幅度，致使农民收入增加。

第二节　需求收入弹性

仔细观察会发现，市场上各种商品的需求量对收入变动的反应也是不同的。一般情况下，必需品的需求量对收入变动的反应不大，而奢侈品、耐用消费品等的需求量对收入变动的反应则比较大。为测度商品需求量对收入变动的反应程度，可使用需求收入弹性这一概念。

一、需求收入弹性的含义

需求收入弹性是指在一定时期内消费者对某种商品的需求量的相对变动对于消费者收入量的相对变动的反应程度。或者说，表示在一定时期内当消费者的收入变动 1% 时所引起的商品需求量变动的百分比，即：

$$\text{需求收入弹性}=\frac{\text{需求量的变动比例}}{\text{收入量的变动比例}}$$

假定某商品的需求量 Q_d 是消费者收入水平 M 的函数，即 $Q_d=f(M)$，e_M 表示需求收入弹性，ΔQ_d 表示需求量的变动量，ΔM 表示消费者收入的变动量，则该商品的需求收入弹性公式为：

$$e_M=\frac{\frac{\Delta Q_d}{Q_d}}{\frac{\Delta M}{M}}=\frac{\Delta Q_d}{\Delta M}\cdot\frac{M}{Q_d} \tag{2-7}$$

或

$$e_M=\lim_{\Delta M\to 0}\frac{\frac{\Delta Q_d}{Q_d}}{\frac{\Delta M}{M}}=\frac{dQ_d}{d_M}\cdot\frac{M}{Q_d} \tag{2-8}$$

式(2-7)和式(2-8)分别为需求收入弧弹性和点弹性公式。

二、需求收入弹性与商品的分类

经济学中根据商品的需求收入弹性系数值，将商品分为以下两类：

(一)正常品($e_M>0$)

正常品是指在其他因素不变的情况下，需求量与消费者收入呈同方向变动的商品，即正常品的需求量随消费者收入的增加而增加。根据需求收入弹性系数 e_M 是否大于 1，还可将正常品进一步区分为必需品和奢侈品两类。

1.必需品($0<e_M<1$)

必需品是指在其他条件不变的情况下，消费者收入量变动所引起的该商品需求量的相对变动幅度小于收入的相对变动幅度，或者说，是缺乏弹性的。对于许多日常用品，如牙膏、肥皂、食盐等，其需求收入弹性一般为 0～1，这样的商品为必需品。

2.奢侈品($e_M>1$)

奢侈品是指在其他条件不变的情况下，消费者收入量变动所引起的该商品需求量的相对变动幅度大于收入的相对变动幅度，或者说，是富有弹性的。

总之，当消费者的收入水平上升时，消费者对必需品和奢侈品的需求量都会有所增加，但对必需品的需求量的增加是有限的，而对奢侈品的需求量的增加是较多的。

（二）劣等品（$e_M<0$）

劣等品是指在其他因素不变的情况下，需求量与消费者收入呈反方向变动的商品，即当消费者收入增加时，消费者对劣等品的需求量反而下降。需要说明，这里的劣等品并不是指商品本身存在质量问题，而只反映它们在家庭预算中的地位。

我们不仅可根据需求收入弹性系数的正、负号和大小，将商品分为正常品（又分为必需品和奢侈品）和劣等品。反过来，我们也可以根据商品的类别来判断需求收入弹性系数的符号和大小。如果商品为必需品，则可以判断其收入弹性系数为 $0<e_M<1$，如果商品为奢侈品，则可以判断其收入弹性系数 $e_M>1$，如果商品为劣等品，则可以判断其收入弹性系数 $e_M<0$。

三、恩格尔定律

恩格尔定律是指在一个家庭或在一个国家中，食物支出在收入中所占的比例会随着收入的增加而减少。这一定律是德国统计学家恩格尔根据调查资料提出来的。按照这一定律，一个家庭或国家食物支出占全部消费支出的比例，成为恩格尔系数，该系数是衡量贫富的一个重要指标。许多国家经济发展过程的数据资料表明恩格尔定律是成立的。

在需求收入弹性的基础上，如果具体研究消费者用于购买食物的支出量对于消费者收入量变动的反应程度，就可以得到食物支出的收入弹性，并可表示为：

$$\text{食物支出的收入弹性}=\frac{\text{食物支出量的变动比例}}{\text{消费者收入量的变动比例}}$$

对于一个家庭或一个国家来说，富裕程度越高，食物支出的收入弹性越小；反之，则越大。

第三节　需求交叉价格弹性

一、需求交叉价格弹性的含义

如前所述，一种商品的需求量受多种因素的影响，相关商品的价格就是其中的一个因素。假定其他因素都不发生变化，仅仅研究一种商品的价格变化和它的相关商品的需求量变化之间的关系，则需要运用需求交叉价格弹性的概念。

需求交叉价格弹性也简称为需求交叉弹性，它表示在一定时期内一种商品的需求量的相对变动对于它的相关商品的价格的相对变动的反应程度。或者说，表示在一定时期内当一种商品的价格变动 1% 时所引起的另一种商品的需求量变动的百分比。它是该商品的需求量的变动率和它的相关商品的价格的变动率的比值，即

$$\text{需求交叉价格弹性}=\frac{\text{商品 }X\text{ 的需求量的变动比例}}{\text{商品 }Y\text{ 的价格的变动比例}}$$

假定商品 X 的需求量 Q_X 是它的相关商品 Y 的价格 P_Y 的函数，即 $Q_X=f(P_Y)$，e_{XY} 为当 Y 商品的价格发生变化时的 X 商品的需求交叉价格弹性系数，ΔQ_X 为商品 X 的需求量的变化量，ΔP_Y 为相关商品 Y 的价格的变化量，则商品 X 的需求交叉价格弧弹性公式为：

$$e_{XY}=\frac{\dfrac{\Delta Q_X}{Q_X}}{\dfrac{\Delta P_Y}{P_Y}}=\frac{\Delta Q_X}{\Delta P_Y}\cdot\frac{P_Y}{Q_X} \tag{2-9}$$

当 ΔQ_X 和 ΔP_Y 均为无穷小时，则商品 X 的需求交叉价格点弹性公式为：

$$e_{XY}=\lim_{\Delta P_Y\to 0}\frac{\frac{\Delta Q_X}{Q_X}}{\frac{\Delta P_Y}{P_Y}}=\frac{dQ_X}{dP_Y}\cdot\frac{P_Y}{Q_X} \tag{2-10}$$

二、需求交叉价格弹性与商品之间的相关关系

需求交叉价格弹性系数的符号取决于所考察的两种商品的相关关系。根据商品之间的关系，可将全部商品划分为替代品、互补品和独立品。

(一)替代品($e_{XY}>0$)

如果两种商品之间可以互相代替以满足消费者的某一种欲望，则称这两种商品之间存在着替代关系，这两种商品互为替代品。例如，包子和馒头就是互为替代品。若两种商品之间存在着替代关系，则一种商品的价格与它的替代品的需求量呈同方向变动，相应的需求交叉价格弹性系数为正值，即 $e_{XY}>0$。

(二)互补品($e_{XY}<0$)

如果两种商品必须同时使用才能满足消费者的某一种欲望，则称这两种商品之间存在着互补关系，这两种商品互为互补品。如磁带和录音机就是互为互补品。若两种商品之间存在着互补关系，则一种商品的价格与它的互补品的需求量呈反方向变动，相应的需求交叉价格弹性系数为负值，即 $e_{XY}<0$。

(三)独立品($e_{XY}=0$)

独立品是指满足不同欲望的互不相关的商品，这意味着其中任何一种商品的需求量都不会对另一种商品的价格变动做出反应，相应的需求交叉价格弹性系数为零，即 $e_{XY}=0$。例如，汽车和面包，无论汽车的价格如何变化，面包的需求量都不会受到影响。

上述分析表明，由商品之间的相关关系，我们可以知道需求交叉价格弹性系数的符号，即商品之间为替代关系时，$e_{XY}>0$；商品之间为互补关系时，$e_{XY}<0$；商品之间互不相关时，$e_{XY}=0$。

反过来，我们也可以根据需求交叉价格弹性系数的正负号和大小来判断商品之间的相关关系。若两种商品的需求交叉价格弹性系数为正值，则这两种商品互为替代关系；若两种商品的需求交叉价格弹性系数为负值，则这两种商品互为互补关系；若两种商品的需求交叉价格弹性系数等于零，则这两种商品为独立品。

第四节 供给价格弹性

一、供给价格弹性的含义

供给价格弹性通常被简称为供给弹性。它表示在一定时期内一种商品的供给量的相对变动对于该商品的价格的相对变动的反应程度。或者说，表示在一定时期内当一种商品的价格变动 1% 时所引起的该商品的供给量变动的百分比。它是商品的供给量变动率与价格变动率之比，即：

$$\text{供给价格弹性}=\frac{\text{供给量的变动比例}}{\text{价格的变动比例}}$$

与需求价格弹性一样，供给价格弹性也分为弧弹性和点弹性。

供给价格弧弹性表示某商品供给曲线上两点之间的弹性。供给价格点弹性表示某商品供给曲线上某一点的弹性。假定供给函数为 $Q_s=f(P)$，以 e_s 表示供给价格弹性系数，ΔQ_s、ΔP 分别表示供给量和价格的变动量，则供给价格弧弹性的公式为：

$$e_s=\frac{\frac{\Delta Q_s}{Q_s}}{\frac{\Delta P}{P}}=\frac{\Delta Q_s}{\Delta P}\cdot\frac{P}{Q_s} \tag{2-11}$$

供给价格弧弹性的中点公式为：

$$e_s=\frac{\Delta Q_s}{\Delta P}\cdot\frac{\frac{P_1+P_2}{2}}{\frac{Q_1+Q_2}{2}} \tag{2-12}$$

供给价格点弹性的公式为：

$$e_s=\lim_{\Delta P\to 0}\frac{\Delta Q_s}{\Delta P}\cdot\frac{P}{Q_s}=\frac{\mathrm{d}Q_s}{\mathrm{d}P}\cdot\frac{P}{Q_s} \tag{2-13}$$

在通常情况下，商品的供给量与其自身价格是呈同方向变动的。因此，ΔQ_s 和 ΔP 的符号是相同的，相应地，商品的供给价格弹性系数 $e_s>0$。

供给价格弹性的计算方法和需求价格弹性是类似的。给定具体的供给函数，则可以根据要求，由式(2-11)或由中点公式求出供给价格弧弹性，用式(2-13)求出供给价格点弹性。供给价格点弹性也可以用几何方法来求得。

同样的，可以根据曲线型供给曲线上所求点的切线与坐标横轴的交点是位于坐标原点的左边，还是位于坐标原点的右边，或者恰好就是坐标原点来分别判断该点的供给是富有弹性的，还是缺乏弹性的，或者是单位弹性的。

二、供给价格弹性的类型

根据 e_s 值的大小可将供给价格弹性分为以下五种类型。

(1)供给富有价格弹性，即 $e_s>1$，表明供给量相对变动的幅度大于价格相对变动的幅度。如一些容易生产的商品，其供给曲线往往比较平缓，如图 2-5(a)所示。

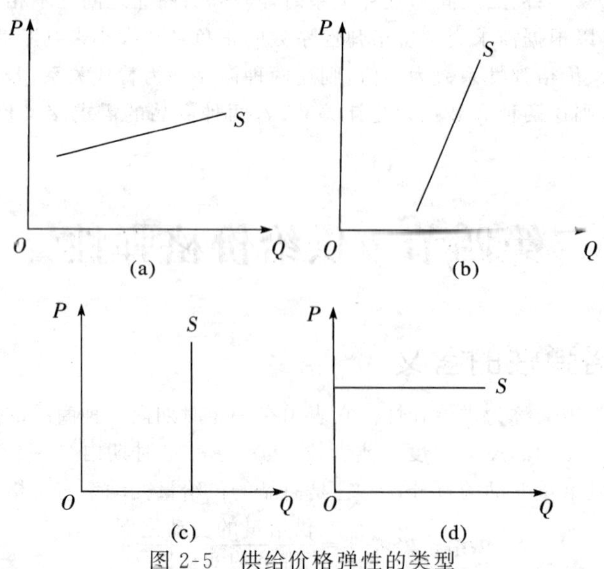

图 2-5 供给价格弹性的类型

(a)供给富有价格弹性；(b)供给缺乏价格弹性；(c)供给完全无弹性；(d)供给完全有弹性

(2)供给缺乏价格弹性,即 $e_s<1$,表明供给量相对变动的幅度小于价格相对变动的幅度。如高技术产品,其供给曲线往往比较陡峭,如图 2-5(b)所示。

(3)单位供给弹性,即 $e_s=1$,表明供给量相对变动的幅度等于价格相对变动的幅度。

(4)供给完全无弹性,即 $e_s=0$,表示在任何价格水平,供给量都固定不变。如土地、不可再生资源等,其供给曲线是一条垂直于横轴的直线,如图 2-5(c)所示。

(5)供给完全有弹性,即 $e_s=\infty$,表示价格稍有变动就会引起供给量无限的变动,其供给曲线是一条平行于横轴的水平线,如图 2-5(d)所示。

三、影响供给价格弹性的因素

(一)调整产量的难易

一般来说,产量易于调整的商品,供给价格弹性较大;反之,产量难于调整的商品,供给价格弹性较小。如果在现行市场价格下很容易购买到投入品,就像纺织行业的情况那样,那么微小的价格上升,就会引起产量大幅度的增加,这意味着供给价格弹性较大。假定生产能力受到严重限制,就像南非金矿开采那样,即使黄金价格急剧上升,南非的黄金供给也只能做出微小反应。

(二)时间长短

当商品价格发生变动时,厂商对产量的调整是需要一定时间的。由于在很短时间内,厂商若要根据商品价格的变动及时调整产量,会存在不同程度的困难,所以供给价格弹性往往较小。但在较长时间内,生产规模的扩大与缩小甚至转产都是可以实现的,供给量可以对价格变动做出较充分的反应,所以供给价格弹性较大。

(三)生产成本随产量变化的情况

就生产成本而言,若产量增加只引起边际成本的轻微上升,则供给价格弹性较大;相反,若产量增加使得边际成本大幅度上升,则供给价格弹性较小。

(四)产品生产周期的长短

就产品的生产周期来说,在一定时期内,对于生产周期较短的产品,厂商可以根据市场价格的变化较及时地调整产量,供给价格弹性相应就比较大;相反,生产周期较长的产品的供给价格弹性就往往较小。

本章小结

(1)需求价格弹性通常被简称为需求弹性。它表示在一定时期内一种商品的需求量的相对变动对于该商品的价格的相对变动的反应程度。根据商品的需求量对于价格变动的反应程度,可将需求价格弹性分为以下五种类型:①需求富有价格弹性,即 $e_d>1$;②需求缺乏价格弹性,即 $e_d<1$;③需求单位弹性,即 $e_d=1$;④需求完全有弹性,即 $e_d=\infty$;⑤需求完全无弹性,即 $e_d=0$。

(2)需求价格弹性与总收益之间存在着密切关系。一般地,对于富有弹性的商品,降价会使总收益增加,而涨价则会使总收益减少;对于缺乏弹性的商品,降价会使总收益减少,而涨价则会使总收益增加;对于单位弹性的商品,价格的升降不会使总收益发生变动。

(3)需求收入弹性是指在一定时期内消费者对某种商品的需求量的相对变动对于消费者收入量的相对变动的反应程度。根据需求收入弹性系数的正负号和大小,可将商品分为正常品(又分为必需品和奢侈品)和劣等品。对于正常品,$e_M>0$(其中,必需品,$0<e_M<1$;奢侈品,$e_M>1$);对于劣等品,$e_M<0$。

(4)需求交叉价格弹性是指在一定时期内一种商品的需求量的相对变动对于它的相关商品的价格的相对变动的反应程度。需求交叉价格弹性系数的符号取决于所考察的两种商品的相关关系。根据商品之间的关系,可将全部商品划分为替代品、互补品和独立品。当商品之间互为替代品时,$e_{XY}>0$;当商品之间互为互补品时,$e_{XY}<0$;当商品之间互不相关时,$e_{XY}=0$。

(5)供给价格弹性通常被简称为供给弹性。它表示在一定时期内一种商品的供给量的相对变动对于该商品的价格的相对变动的反应程度。根据 e_s 值的大小可将供给价格弹性分为以下五种类型:①供给富有价格弹性,即 $e_s>1$;②供给缺乏价格弹性,即 $e_s<1$;③供给单位弹性,即 $e_s=1$;④供给完全有弹性,即 $e_s=\infty$;⑤供给完全无弹性,即 $e_s=0$。

阅读资料

公园门票降价或涨价的启示

2001 年夏,苏州乐园门票从 60 元降到 10 元。一时间,趋之者众,十天内该园日均接待游客量创下历史之最,累计实现营业收入 400 万元以上。10 元门票引来 25 万人。盛夏的苏州乐园,十分地火了一把。

"火",是自 7 月 20 日傍晚 5 点起来的。这是该园举办"2001 年仲夏狂欢夜"的首日,门票从 60 元降至 10 元。是夜,到此一乐的游客竟达 7 万之众,大大出乎主办者"顶多 3 万人"的预测。这个数字,更是平时该园日均游客数的 15~20 倍,创下开园 4 年以来的历史之最。到 7 月 29 日,为期 10 天的"狂欢夜"活动落下了帷幕。园方坐下来一算,喜不自禁:这 10 天累计接待游客 25 万余人,实现营业收入 400 万元以上,净利润 250 万余元。这些指标,均明显超过白天正常营业时间所得。

正常情况下,苏州乐园的门票每张 60 元,每天的游客总数在 3 000~4 000 人之间,营业时间从上午 9 时到下午 5 时。而"狂欢夜"是在"业余"时间进行的,即从每天下午 5 时到晚上 10 时,门票却降到 10 元。就是说,"狂欢夜"这 10 天,这家乐园在不影响白天正常营业的情况下,每天延长了 5 小时的营业时间,营业额和利润就翻了一番以上。

"狂欢夜"与该园举办的"第四届啤酒节"是同时进行的。42 个相关厂家到乐园助兴。其实,厂家是乘机宣传和推销自己的产品的。据园方介绍,以往搞啤酒节,乐园是要收取厂家一定的"机会"费用的。但是,这次却基本不收或少许收取,而厂家须向游客免费提供一些"小恩小惠"——企业的广告宣传品等。减免了货币的支付,厂家岂有不乐的?园方也承认,众厂家的参与,带来大笔场地费,降低了乐园搞"狂欢夜"活动的风险,不过,它并非是这次活动最后成功的决定性因素。

"火"一把的关键,是原先 60 元一张的门票陡降到 10 元钱。非但如此,每位到乐园过"狂欢夜"的,凭门票,还可以领到与 10 元门票同等价值的啤酒、饮料和广告衫等。

需要说明的是,白天购 60 元门票入园后,园内的多数活动项目就不再收费;而购 10 元门票入园后,高科技项目和水上娱乐项目等仍要适当收取一点费用。这样算下来,园方至少可以保证自己不赔钱,何况还有那么多厂家的支撑。消费者算算,也比 60 元一张门票值,因为,有些游客只是参与部分娱乐项目的消费,甚至只是乘晚间出来纳个凉、吹吹风,尤其是三口之家,更是觉得划算,总共花 30 元就能享受凉爽的空气、新鲜的啤酒、精彩的演出、美丽的焰火、免费的礼品,太实惠了!厂家更精——做了广告,推销了产品,还培育了潜在的消费群体。总之,大家都赚了。

好事能否成为常态呢?

苏州乐园这次大大降低门票价格以后,社会效益和经济效益不降反升,特别是前者,上升的幅度极大。可惜,10 天一晃就过去了,闻讯而来的许多游客感到很遗憾:园方干吗见好就收呢?园方市场促销部的人员表示,这样的好事,他们也希望能够持续下去,进而成为一种常态,但还是缺乏信心。如果长期实行低票价入园,可能会带来一时繁华,企业的可持续发展会受到影响。因为,潜在的消费被提前实现。另外,这次活动成功了,不等于说以后类似的活动就一定也会成功。还有,乐园的娱乐项目,几乎都是参与性的,游客太多,势必影响游乐的质量,进而影响到乐园的声誉。

但是,没有人气就没有市场。眼下一些主题公园经营不景气,一个很重要的原因,就是动辄好几十元甚至过百元的门票,把普通消费群体吓跑了。从这个角度讲,如何不断地吸引更多的消费者到主题公园来,是个值得研究的课题。降低门槛以后,来的人肯定多了,这应该不成问题。会不会把门挤破?未必。低价位门票成为常态后,游人也会根据自己的需要和乐园方面的有关信息来调整游乐的时间。至于潜在消费提前实现的问题,也未必。据园方介绍,到这里来的有40%的回头客。那么,如果实行10元门票制,怎么就肯定说没有更多的回头客呢?乐园活动的形式可以经常变化,游乐的项目可以经常出新,促销的地域范围也可以扩大。能不能换着花样持续制造新卖点,有效地吸引新老游客,体现着一个娱乐企业经营能力的高低。此前,苏州乐园曾对三口之家推出390元/张的家庭年卡,结果一下销了1万多张,50元/张的学生双月卡也很抢手,说明合理的让利,会得到市场回报。

专家指出,苏州乐园是一个以高科技为主、以参与性为特征的现代化乐园,投资5亿多元,运行成本也比较高。这样的景点尚且有降低门槛的成功实践,那些众多以简单的观赏为主,投资和运行成本都十分有限,而门票价格又高居不下的主题公园,恐怕有更大的降价空间。别忘了,降下入园门槛的高度,受益的是消费者,也是娱乐企业自身。

本章习题

一、名词解释

需求价格弹性　需求收入弹性　需求交叉价格弹性　供给价格弹性　弧弹性　点弹性
恩格尔定律

二、选择题

(1)下列商品中哪一种商品的需求价格弹性最大(　　)。

A.面粉　B.大白菜　C.点心　D.金项链

(2)下列有关需求价格弹性的表述中,正确的是(　　)。

A.需求量的相对变动对其自身价格相对变动的反应程度
B.价格变动的绝对值对需求量变动的绝对值的影响
C.价格的变动量除以需求量的变动量
D.需求量的变动量除以价格的变动量

(3)在其他条件不变时,若商品A的价格下降会使得消费者对商品B的需求减少,则这两种商品的需求交叉价格弹性系数为(　　)。

A.正　B.负　C.0　D.不确定

(4)当人们的收入水平提高时,食物支出占总支出的比重将(　　)。

A.大大增加　B.稍有增加　C.不变　D.减少

(5)若某商品的需求价格弹性无穷大,则当该商品的供给增加时,它的(　　)。

A.均衡价格和均衡数量同时增加　B.均衡价格和均衡数量同时减少
C.均衡价格不变但均衡数量增加　D.均衡价格上升但均衡数量不变

(6)如果某商品的市场供给曲线为一条通过原点的直线,那么该商品的供给价格弹性(　　)。

A.总为1　B.总等于直线斜率
C.随价格变化而变化　D.总等于直线斜率的倒数

(7)如果一条直线形的需求曲线与另一条曲线形的需求曲线相切,则在切点处两条需求曲线的需求价格弹性系数(　　)。

A.不相同　B.相同

C.可能相同,也可能不相同　　D.根据切点的位置而定

(8)若商品 X 和商品 Y 的需求交叉价格弹性系数是 -2,则 X 和 Y 是(　　)。

A.替代品　　B.互补品　　C.正常品　　D.劣等品

(9)当需求曲线为直线时,在单位弹性点上的总收益(　　)。

A.最大　　B.最小　　C.不一定为最值　　D.无法判断

(10)若彩电与食盐的价格同时下降 25%,则彩电需求量的变化量与食盐需求量的变化量之间的关系是(　　)。

A.前者大于后者　　B.后者大于前者

C.两者相等　　D.无法确定

(11)如果某商品的需求收入弹性系数等于 2,则当消费者的收入变化 10%时,该商品的需求量变化(　　)。

A.5%　　B.12%　　C.10%　　D.20%

(12)若需求曲线为一条向右下方倾斜的直线,则当价格从低到高不断上升时,卖者的总收益(　　)。

A.不断增加

B.不断减少

C.在开始时趋于减少,达到最小值后趋于增加

D.在开始时趋于增加,达到最大值后趋于减少

(13)如果一个厂商在降低其商品价格后发现销售收入增加,那么(　　)。

A.该商品的需求缺乏价格弹性　　B.该商品的需求富有价格弹性

C.该商品的需求具有单位价格弹性　　D.该商品的需求完全无弹性

三、计算题

(1)假定某商品的需求函数为 $Q_d=500-100P$,试求:①价格在 2 元和 4 元之间变动时的需求价格弧弹性;②价格为 2 元时的需求价格点弹性。

(2)A 公司产品 X 的反需求函数为 $P_X=1\,000-5Q_X$,求该公司的销售量为 100 单位时的需求价格弹性。

(3)A 公司估计其产品的需求价格弹性为 1.2,需求收入弹性为 3,当年的销售量为 80 万个单位。

①如果下一年居民实际收入将增加 10%,同时公司决定提价 5%,则预计销售量为多少?

②如果公司希望销售量增加 5%,其价格应当如何调整?

四、思考题

(1)需求价格弹性与总收益之间的关系如何?

(2)有人说,气候不好对农民不利,因为农业要歉收。但有人讲,气候不好对农民有利,因为农业歉收以后谷物会涨价,收入会增加。请运用供求分析及弹性理论谈谈你的看法。

第三章　消费者行为理论

■ 学习要点

☆ 偏好和效用
☆ 基数效用和序数效用、边际效用
☆ 无差异曲线和预算线
☆ 消费者均衡点及均衡条件
☆ 替代效应和收入效应

前面学习了西方经济学关于需求曲线的基本形态和性质，了解了需求与价格之间有相反方向变动的关系。本章将进一步学习消费者根据什么做出选择，即如何在有限的收入水平条件下得到满足程度最大化？并回答需求曲线为什么是一条自左向右向下倾斜的曲线的问题。

第一节　基本概念

经济学所研究的实际是有限制条件下的最大化问题。就是说，社会和每个人都面临稀缺性，所作出选择的目标是实现利益最大化。这适用于各种决策，也同样适用于家庭。就家庭而言，实现利益最大化表现为在现有的收入条件下追求最大的幸福感。美国经济学家萨缪尔森提出了一个幸福方程式：幸福＝效用/欲望。

从公式来看，幸福取决于两个因素：效用与欲望。当欲望既定时，效用越大，越幸福；当效用既定时，欲望越小，越幸福。效用与幸福同比例变动，欲望与幸福反比例变动。但是，如果我们把欲望作为无限的，这个公式就没有意义了。因为无论效用有多大，只要它是一个既定的量，与无限的欲望相比，幸福都是零。因此，在从经济学的角度研究幸福时，我们假定欲望是既定的，这种假定与现实也并不矛盾。因为尽管从发展的角度看，欲望是无限的，但在某一个阶段内欲望可以看作既定的。欲望的无限性表现为一个欲望满足之后又会产生新的欲望，在一个欲望未满足之前，我们可以把这个欲望作为既定的。当欲望为既定时，人的幸福就取决于效用。因此，我们简单地把追求幸福最大化等同于追求效用最大化。

一、消费者偏好

所谓“偏好”就是消费者根据自己的意愿对可供消费的商品组合进行的排列，它反映的是消费者个人的兴趣或嗜好。这种偏好是决定消费者行为的最重要因素之一。假定其他因素不变，那么，一个人可以自由选择将要购买什么和不购买什么，其最终的选择将是由他的个人偏好决定的。

为了这一分析目的，现代经济学家假定消费者的偏好是稳定的。也就是说，消费者是以一种理性的、可信赖的和可预见的方式行事的。为了确保这一假设，经济学家又对偏好做出了一些假定，通常把它们称为消费者偏好公理或理性公理。其中，基础性的理性公理最起码包括：

公理一：完备性。即消费者能够按照其偏好而对所有可供选择的商品组合进行排序。

公理二：传递性。假设有三种可供选择的商品组合 X、Y 和 Z，如果消费者对 X 的偏好胜于 Y，对 Y 的偏好胜于 Z，那么，他对 X 的偏好必定胜于 Z；或者，如果他对 X 和 Y 的偏好无差异，对 Y 和 Z 的偏好也无差异，则他对 X 和 Z 的偏好也必定无差异。

公理三：“不饱和性”公理。即消费者对数量多的商品组合（如 5 个苹果和 4 个梨）的偏好永远强于对数量少的商品组合(如 4 个苹果 4 个梨)的偏好。

经济学既用效用这个概念来解释消费者行为的动力,也用它来衡量消费者偏好的程度。

二、效用

效用(utility)是指商品或劳务所具有的满足消费者欲望的能力,或者说,效用是指消费者在消费商品或劳务时所感受到的满足程度。

这里所说的效用不同于物品本身的使用价值。我们知道,使用价值产生于物品的属性,是客观的。而效用是消费者消费某物时的感受,是主观的。某种物品给消费者带来的效用因人而异,效用大小完全取决于个人偏好,没有客观标准。庄子说:"子非鱼,安知鱼之乐乎?"正形象地说明了效用的主观性。鱼在水中畅游是被生存所逼苦不堪言,还是悠然自得其乐无穷,只能由鱼自己的感受来决定。

如何衡量商品效用的大小呢?在西方经济学中有两种理论:一种是认为可以用某种效用单位来计量效用的基数效用论;另一种是认为效用不能计量,只能从不同效用的大小序列中进行比较分析的序数效用论。

(一)基数效用论

基数效用论是早期研究消费者行为的一种理论。基数效用论者认为,效用与长度、重量等概念一样,可以具体衡量并加总求和,具体的效用量之间的比较是有意义的。效用的大小可以用基数(1、2、3…)来表示,计量效用大小的单位被称作效用单位。例如,对某一个人来说,吃一碗面条和一碗米饭的效用分别为 5 效用单位和 10 效用单位,则可以说这两种消费的效用之和为 15 效用单位,且后者的效用是前者的效用的 2 倍。根据这种理论,可以用具体的数字来研究消费者效用最大化问题。基数效用论采用的是边际效用分析方法。

(二)序数效用论

序数效用论是为了弥补基数效用论的缺点而提出来的另一种研究消费者行为的理论。序数效用论者认为,效用,作为一种心理感受,其大小是无法具体衡量的,也无法加总求和,只能表示出满足程度的高低与顺序。效用之间的比较只能通过顺序或等级即用序数(第一、第二、第三……)来表示。仍就上面的例子来说,消费者要回答的是偏好哪一种消费,即哪一种消费的效用是第一,哪一种是第二。或者是说,要回答的是宁愿吃一碗面条,还是吃一碗米饭。就分析消费者行为来说,以序数来度量效用的假定比以基数效用的假定所受到的限制要少,它可以减少一些被认为是值得怀疑的心理假设。序数效用论采用的是无差异曲线分析法。

两种分析思路、方法均不同,但两者的结论是完全相同的。现在在微观经济学里,序数效用已成为主要的概念。

第二节 基数效用论

一、总效用与边际效用

(一)总效用

总效用(total utility)是指消费者在一定时间内从一定数量的商品的消费中所得到的效用量的总和。通常用 TU 来表示。总效用的大小取决于所消费的商品量的多少,所以它是所消费的商品量的函数。也可以由连续消费的每一单位消费品所获得的边际效用加总得到。

假定消费者对一种商品的消费数量为 Q，则总效用函数为：

$$TU = f(Q) \tag{3-1}$$

(二)边际效用

边际效用(marginal utility)是指消费者在一定时间内增加一单位商品的消费所得到的效用量的增量，或者说是某种物品的消费量增加一单位所增加的满足程度，通常用 MU 来表示。相应的边际效用函数为：

$$MU = \frac{\Delta TU(Q)}{\Delta Q} \tag{3-2}$$

当商品的增加量趋于无穷小时，即 $\Delta Q \to 0$ 时有：

$$MU = \lim_{\Delta Q \to 0} \frac{\Delta TU(Q)}{\Delta Q} = \frac{\mathrm{d}TU(Q)}{\mathrm{d}Q} \tag{3-3}$$

(三)总效用与边际效用的关系

我们可以用一个例子来说明总效用和边际效用的概念。如果我们消费面包，假定消费一个面包的总效用为 10 个效用，2 个面包的总效用为 18 个效用单位，3 个面包的总效用为 24 个效用单位，4 个面包的总效用为 28 个效用单位。当消费的面包从 1 个增加到 2 个时，总效用从 10 个效用单位增加到 18 个效用单位，边际效用是 8 个效用单位；当消费的面包从 2 个增加到 3 个时，总效用从 18 个效用单位增加到 24 个效用单位，边际效用是 6 个效用单位；当消费的面包从 3 个增加到 4 个时，总效用从 24 个效用单位增加到 28 个效用单位，边际效用是 4 个效用单位。具体如表 3-1 所示。

表 3-1　某商品的效用表

商品数量(1)	总效用(2)	边际效用(3)	价格(4)
0	0		5
1	10	10	4
2	18	8	3
3	24	6	2
4	28	4	1
5	30	2	0
6	30	0	
7	28	−2	

根据表 3-1 所绘制的总效用和边际效用曲线如图 3-1 所示。

图 3-1 中的横轴表示商品的数量，纵轴表示效用量，TU 曲线和 MU 曲线分别为总效用曲线和边际效用曲线。在图中，由于边际效用被定义为消费品的一单位变化量所带来的总效用的变化量，MU 曲线因边际效用递减规律而成为向右下方倾斜的，相应地，TU 曲线则随着 MU 的变动而呈现先上升后下降的变动特点。

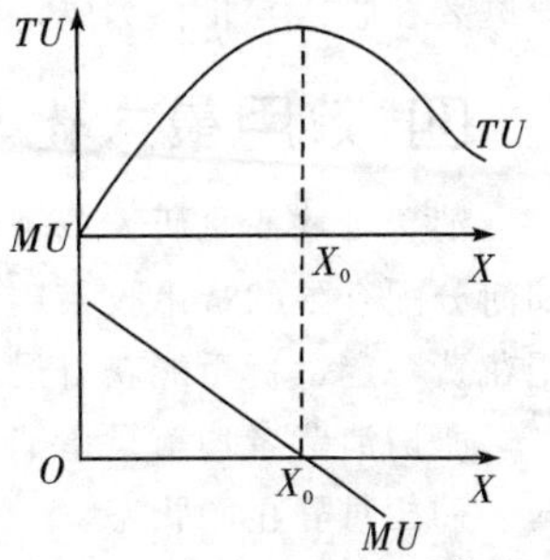

MU 与 TU 的关系可总结为：

当 $MU>0$ 时，TU 上升；

当 $MU<0$ 时，TU 下降；

当 $MU=0$ 时：TU 达极大值。

图 3-1　某商品的效用曲线

从数学意义上讲，如果效用曲线是连续的，则每一消费量上的边际效用值就是总效用曲线上相应的点的斜率。这一点，也体现在边际效用的定义公式(3-3)中。

从上述例子中，我们可以看出随着消费的面包数量的增加，边际效用是递减的。这反映了消费中的一个重要规律：边际效用递减规律。

二、边际效用递减规律

边际效用递减规律是指在一定时间内，其他商品的消费数量保持不变的条件下，随着消费者对某种商品消费量的增加，消费者从该商品连续增加的每一消费单位中所得到的效用增量即边际效用是递减的。

边际效用 MU 可以是正值，也可以为负值。负值意味着消费者对于某种物品的消费超过一定量以后，不仅不能从消费商品中获得满足，反而会引起损害和厌恶。这种现象在生活中有很多体验。如在上述的例子中，吃第一个面包与第二个面包的感觉肯定不同。尽管面包质量相同，但你会感觉到第一个面包又香又甜，而第二个面包则感觉要差一些，第三个则更差。这就是边际效用递减。再如生活在城市的人希望到山里或乡下旅游，生活在乡下的人希望到城市走走。刚学会开车的人，首次安全地在街上飞驰时，他内心的喜悦往往是终生难忘的，等到他可以轻车熟路时，这种心情将慢慢淡化。都是因为边际效用递减的缘故。

边际效用递减的原因可以有多种解释，但重要的原因是：①生理或心理的原因。效用即满足程度是人神经的兴奋，外部给一个刺激（即消费某种物品给以刺激，如吃面包刺激胃），人的神经兴奋就有满足感（产生了效用）。随着同样刺激的反复进行（消费同一种物品的数量增加），兴奋程度就下降（边际效用递减）。②“经济合理性”原则决定的。即消费者进行购买的唯一目的是利用有限的货币资源获得最大可能的满足。消费者总是将第一单位的消费品用在最重要的用途上，第二单位的消费品用在次要的用途上。这样，消费品的边际效用便随着消费品的用途重要性的递减而递减。当然，还可以提出其他解释，但无论怎样解释，边际效用递减规律的确是客观存在的。

三、货币的边际效用

基数效用论认为，货币如同商品一样，也具有效用。消费者用货币购买商品，就是用货币的效用去交换商品的效用。商品的边际效用递减规律对于货币也同样适用。对于一个消费者来说，随着货币收入量的不断增加，货币的边际效用是递减的。这就是说，随着某消费者货币收入的逐步增加，每增加单位货币给该消费者所带来的边际效用是越来越小的。

但是，在分析消费者行为时，基数效用论者又通常假定货币的边际效用是不变的。其解释是：在一般情况下，单位商品的价格只占消费者总货币收入量中的很小部分，所以，当消费者对某种商品的购买量发生很小的变化时，所支出的货币的边际效用的变化是非常小的。对于这种微小的货币的边际效用的变化，可以略去不计。这样，货币的边际效用便是一个不变的常数。

边际效用递减规律说起来很简单，但对我们理解消费者的行为，说明家庭如何消费十分重要。家庭要在收入与价格为既定的情况之下如何实现效用最大化，就是消费者均衡所要解决的问题。

四、效用最大化与消费者均衡

消费者均衡是研究单个消费者在既定收入下实现效用最大化的均衡条件。即研究某个消费者如何分配有限的货币收入用于购买不同数量的各种商品，以获得最大的效用。作为消费者，总是希望花费一定量货币能获得最大效用。总效用最大化原则是支配消费者购买行为的基本法则。

所谓消费者均衡是指消费者实现最大效用时既不想再增加、也不想再减少任何商品购买数量的一种相对静止的状态。

我们假定家庭只购买并消费两种物品：面包和饮料。经济学研究家庭行为时得出的结论是：①家庭用于购买面包和饮料的支出正好应该等于用于消费的收入。在家庭收入和面包与饮料的价格既定时，多消费一种东西就要少消费另一种东西。②消费的这两种物品所带来的边际效用与价格之比要相等，或消费者应使自己花费在各种商品购买上的最后 1 元钱所带来的边际效用相等。

在满足了这两个条件时，消费者就实现了效用最大化。

这一结论在消费者购买多种商品时也成立。假定消费者用既定的收入 I 购买 n 种商品。P_1，P_2，…，P_n 分别为 n 种商品的既定价格，λ 为不变的货币的边际效用；X_1，X_2，…，X_n 分别表示 n 种商品的数量，MU_1，MU_2，…，MU_n 分别表示 n 种商品的边际效用，则上述的消费者效用最大化的均衡条件可以用公式表示为：

$$P_1X_1+P_2X_2+\cdots+P_nX_n=I \tag{3-4}$$

$$\frac{MU_1}{P_1}=\frac{MU_2}{P_2}=\cdots\frac{MU_n}{P_n}=\lambda \tag{3-5}$$

式(3-4)是限制条件；式(3-5)是消费者实现效用最大化的均衡条件。

五、根据基数效用论求得需求曲线

基数效用论是以边际效用递减规律和消费者效用最大化的均衡条件为基础推导消费者的需求曲线。

我们知道，商品的需求价格是消费者在一定时期内对一定量的某种商品所愿意支付的最高价格。基数效用论认为，商品的需求价格取决于商品的边际效用。具体地说，如果某一单位的某种商品的边际效用越大，则消费者为购买这一单位的该种商品所愿意支付的最高价格就越高；反之，如果某一单位的某种商品的边际效用越小，则消费者为购买这一单位的该种商品所愿意支付的最高价格就越低。随着消费者对某一种商品消费量的连续增加，由于边际效用递减规律的作用，该商品的边际效用是递减的，相应地，消费者为购买这种商品所愿意支付的最高价格即需求价格也是越来越低的，这意味着，消费者愿意支付的需求价格和商品的购买数量之间呈相反方向变动关系，即需求曲线是向右下方倾斜的。

进一步地，联系消费者效用最大化的均衡条件进行分析。考虑消费者购买一种商品的情况，那么，上述的消费者均衡条件可以写为：

$$\frac{MU}{P}=\lambda \tag{3-6}$$

上式表示：消费者对任何一种商品的最优购买量应该是使最后 1 元钱购买该商品所带来的边际效用和所付出的这 1 元钱的货币的边际效用相等。该式还意味着：由于对于任何一种商品来说，随着需求量的不断增加，边际效用 MU 是递减的，于是，为了保证式(3-6)均衡条件的实现，在货币的边际效用不变的前提下，商品的需求价格 P 必然同比例于 MU 的递减而递减。仍以前面的表 3-1 为例来说明。假定表中的 $\lambda=2$。为了实现 $\frac{MU}{P}=\lambda$ 的均衡条件，当商品的消费量为 1 时，边际效用为 10，则消费者为购买第 1 单位的商品所愿意支付的最高价格为 5(10÷2=5)。当商品的消费量增加为 2 时，边际效用递减为 8，则消费者为购买第 2 单位的商品所愿意支付的最高价格也同比例地降为 4(8÷2=4)……直至商品的消费量增加为 5 时，边际效用进一步递减为 2，消费者为购买第 5 单位的商品所愿意支付的最高价格降为 1(2÷2=1)。显然，商品的需求价格同比例于 MU 的递减而递减。

图 3-2 中的横轴表示商品的数量，纵轴表示商品的价格，需求曲线 $Q_d=f(P)$ 是向右下方倾斜的。它表示商品的需求量随商品的价格的上升而减少，随着商品的价格的下降而增加，即商品的需求量与商品的价格呈反方向的变动。

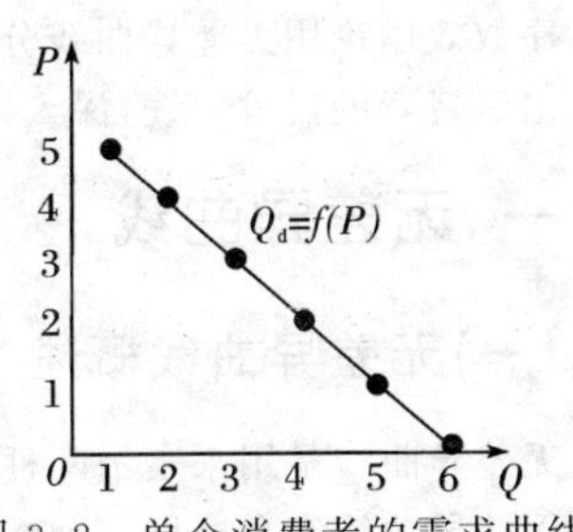

图 3-2 单个消费者的需求曲线

就这样，基数效用论者在对消费者行为的分析中，运用边际效用递减规律的假定和消费者效用最大化的均衡条件，推导出了单个消费者的需求曲线，同时，解释了需求曲线向右下方倾斜的原因，说明了需求曲线上的每一点都是满足消费者效用最大化均衡条件的商品价格和需求量的组合点。

六、消费者剩余

消费者剩余(consumers surplus)是指消费者愿意支付的价格总额与实际所支付的价格总额之间的差额。

一方面，消费者对每一单位商品所愿意支付的最高价格取决于这一单位商品的边际效用。由于商品的边际效用是递减的，所以，消费者对某种商品所愿意支付的最高价格是逐步下降的。另一方面，消费者对每一单位商品所愿意支付的最高价格并不等于该商品在市场上的实际价格。而消费者在购买商品时是按实际的市场价格支付的。于是，在消费者愿意支付的最高价格和实际的市场价格之间就产生了一个差额，这个差额便构成了消费者剩余的基础。例如，某种面包的市场价格为3元，某消费者在购买第一个面包时，根据这个面包的边际效用，他认为值得付5元去购买，即他愿意支付的最高价格为5元。于是当这个消费者以市场价格3元购买这个面包时，就创造了额外的2元的剩余。在以后的购买过程中，随着面包的边际效用递减，他为购买第二个、第三个、第四个面包所愿意支付的最高价格假定分别递减为4.50元、4.00元和3.50元。这样，他为购买4个面包所愿意支付的最高总金额为5.00元+4.50元+4.00元+3.50元=17元。但他实际按市场价格支付的总金额为3.00元×4=12元。两者的差额=17元-12元=5元，这个差额就是消费者剩余。也正是从这种感觉上，他认为购买4个面包是值得的，是能使自己的状况得到改善的。我们还可以用图3-3更具体地衡量消费者剩余。

在图中，DD_0 为需求曲线。当消费者以单位价格 P_0 购买 Q_0 单位的物品时，他实际支付的总额为四边形 OQ_0MP_0 的面积。但是，Q_0 单位的物品提供给他的效用为 OQ_0MD 的面积，即他愿意支付的最大支出为 OQ_0MD。两者之间的差额，即 P_0MD 的面积，就是消费者剩余。它随着价格的下降而增加。

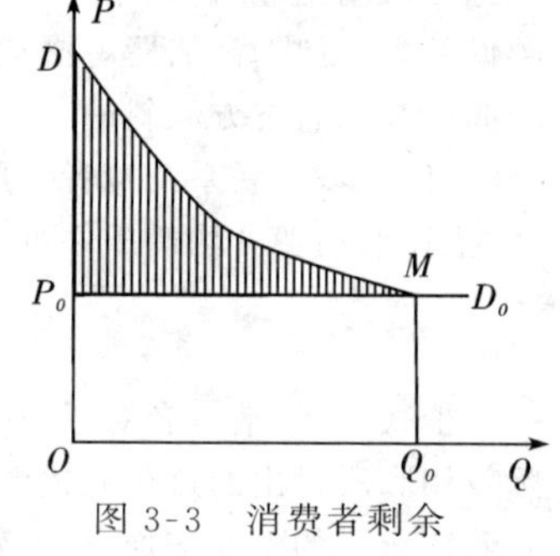

图3-3 消费者剩余

可以用数学公式来表示：令反需求函数为 $P_d = f(Q)$，价格为 P_0 时的消费者的需求量为 Q_0，则消费者剩余为：

$$CS = \int_0^{Q_0} f(Q)\mathrm{d}Q - P_0Q_0 \tag{3-7}$$

式中，CS 为消费者剩余的英文简写，式子右边的第一项即积分项，表示消费者愿意支付的价格总额，第二项表示消费者实际支付的价格总额。

需要指出，消费者剩余是消费者的主观心理评价，并不意味着消费者实际收入的增加。它反映消费者通过购买和消费商品所感受到的状态的改善。因此，消费者剩余的概念常常被用来研究消费者福利状况的变化，以及评价政府的公共支出与税收政策等。

第三节　序数效用论

序数效用论用无差异曲线分析方法来考察消费者行为，找出消费者均衡的条件，并在此基础上推导出消费者的需求曲线，深入地阐述需求曲线的经济含义。

一、无差异曲线

(一)无差异曲线概述

无差异曲线是用来表示两种商品或两组商品的不同数量的组合对消费者所提供的效用是相同的。无差异曲线符合这样一个要求：如果听任消费者对曲线上的点作选择，那么，所有的点对他都是同样可取的，因为任一点所代表的组合给他所带来的满足都是无差异的。

假设现有两种商品 X 和 Y，它们有六种组合方式，这六种组合方式可以给消费者带来同样的满足程度(见表 3-2)。根据表 3-2 可以作出图 3-4 的曲线即为无差异曲线(图中，横轴表示 X 商品的数量，纵轴表示 Y 商品的数量)。其斜率一般为负值，这在经济学中表明：在收入与价格既定的条件下，消费者为了获得同样的满足程度，增加一种商品的消费数量就必须放弃另一种商品消费数量，两种商品数量在消费者偏好不变的条件下，不能同时减少或增多。

表 3-2　X 与 Y 商品的组合

组合方式	商品 X	商品 Y
A	5	30
B	10	18
C	15	13
D	20	10
E	25	8
F	30	7

我们知道，效用函数表示某一商品组合给消费者所带来的效用水平。假定消费者只消费两种商品，则效用函数为：

$$U=f(X,Y) \tag{3-8}$$

式中，X 和 Y 分别为两种商品的数量；U 为效用水平。在此基础上，与无差异曲线相对应的效用函数为：

$$U=f(X,Y)=U_0 \tag{3-9}$$

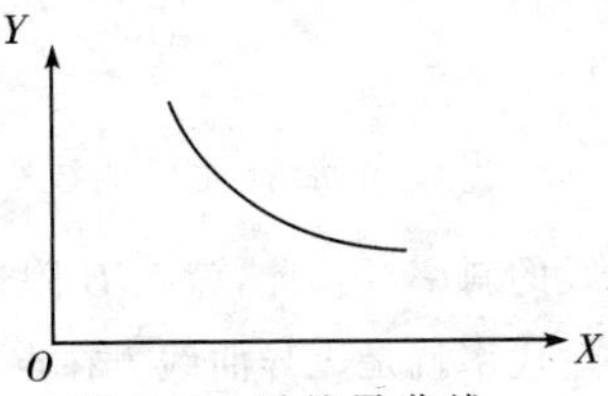

式中，U_0 为一个常数，表示一个不变的效用水平。该效用函数有时也被称为等效用函数。

图 3-4　无差异曲线

无差异曲线具有以下三个基本特征：

(1)平面上有无数条无差异曲线，且离原点越远的无差异曲线代表的效用水平越高。我们通常假定效用函数是连续的，因此，在同一坐标平面上的任意一点所代表的商品组合(X,Y)必然有一条无差异曲线通过。这样，平面上就会有无数条无差异曲线。又因为偏好(效用)的不饱和性公理，这些无差异曲线之间的相互关系是：离原点越远的无差异曲线代表的效用水平越高，离原点越近的无差异曲线代表的效用水平越低。

(2)在同一坐标平面图上的任何两条无差异曲线不会相交。图 3-5 中，假设两条无差异曲线相交于 A 点，这种画法是错误的。其理由在于：根据无差异曲线的定义，由无差异曲线 U_1 可得 A、B 两点的效用水平是相等的，由无差异曲线 U_2 可得 A、C 两点的效用水平是相等的。于是，根据偏好可传递性的假定，必定有 B 和 C 这两点的效用水平是相等的。但是，观察和比较图中 B 和 C 这两点的商品组合，可以发现 B 组合中的每一种商品的数量都多于 C 组合，于是，根据偏好的非饱和性假定，必定有 B 点的效用水平大于 C 点的效用水平。这样一来，矛盾产生了：该消费者在认为 B 点和 C 点无差异的同时，又认为 B 点要优于 C 点，这就违背了偏好的完全性假定。

由此证明：对于任何一个消费者来说，两条无差异曲线相交的画法是错误的。

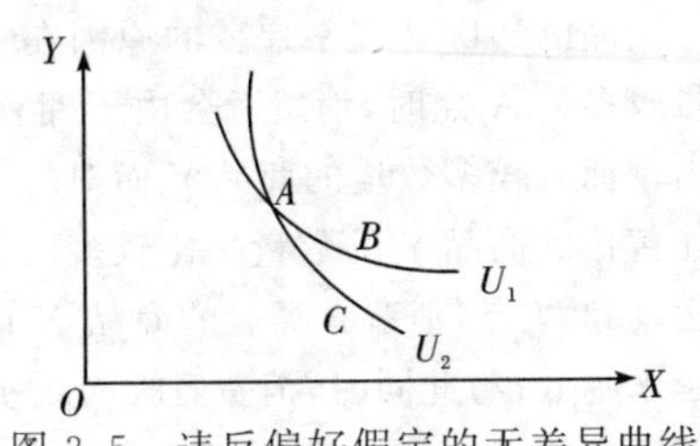

图 3-5　违反偏好假定的无差异曲线

(3)无差异曲线是凸向原点的。无差异曲线是一条从左上方向右下方倾斜的曲线，其斜率为负值。这就表明消费者为了获得同样的满足程度，增加一种商品的数量就必须减少另一种商品的数量，两种商品不可能同时增加或减少。这一点可以用商品的边际替代率来说明。

(二)商品的边际替代率

1.商品的边际替代率

当消费者沿着一条既定的无差异曲线对两种商品的数量组合的选择不断地调整变化时,效用水平保持不变。这说明,消费者在增加一种商品的消费数量的同时,必须放弃一部分另一种商品的消费数量,也就是说两种商品之间存在着替代关系。而两种商品之间的替代程度我们称为边际替代率(MRS)。即在维持效用水平不变的前提下,消费者增加一单位某种商品的消费时所需要的放弃的另一种商品的消费数量。

在研究商品替代关系时,我们注重的是它的绝对值,因此通常省去负号,从数学上看,MRS 是沿无差异曲线作微量移动时的变化率,所以它从实际上是无差异曲线的斜率,这可从图 3-6 中得到说明。

用图 3-6 表示商品的边际替代率,横轴为商品 X 数量,纵轴为商品 Y 数量,I 为无异曲线。X 对 Y 的边际替代率,为 X 的增加数与 Y 的减少数之比:

$$MRS_{XY}=\frac{Y_2-Y_1}{X_2-X_1}=\frac{\Delta Y}{\Delta X} \tag{3-10}$$

当点 A 沿着无异曲线 I 越接近点 B 时,$\frac{\Delta Y}{\Delta X}$越接近点 B 切线的斜率。因此,就点 B 附近的微小变动来说,X 对 Y 的边际替代率就是无异曲线 I 在点 B 切线的斜率的绝对值。

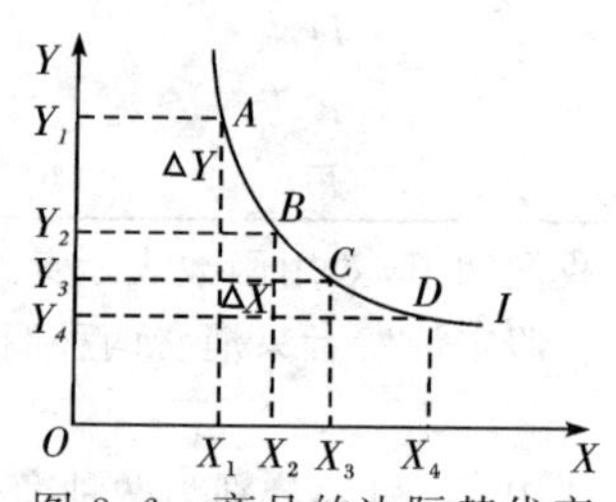

图 3-6 商品的边际替代率

消费者可以以商品 ΔX 换取 ΔY,说明它们对消费者的满足程度相同,即它们的边际效用相等。即:

$$\Delta X \cdot MU_X=\Delta Y \cdot MU_Y \tag{3-11}$$

$$\frac{\Delta Y}{\Delta X}=\frac{MU_X}{MU_Y} \tag{3-12}$$

所以,X 对 Y 的边际替代率,实际上是其边际效用之比

$$MRS_{XY}=\frac{MU_X}{MU_Y} \tag{3-13}$$

2.边际替代率递减规律

商品的边际替代率递减规律是指:在维持效用水平不变的前提下,随着一种商品的消费数量的连续增加,消费者为得到每一单位的这种商品所需要放弃的另一种商品的消费数量是递减的。

商品的边际替代率递减的原因在于(见图 3-6):当消费者处于商品 X 的数量较少和商品 Y 的数量较多的 A 点时,消费者会由于拥有较多数量的商品 Y 而对每一单位的商品 X 较为偏好,同时,会由于拥有较多数量的商品 Y 而对每一单位的商品 Y 的偏爱程度较低。于是,每一单位的商品 X 所能替代的商品 Y 的数量是比较多的,即商品的边际替代率比较大。但是,随着消费者由 A 点逐步运动到 D 点,消费者拥有的商品 X 的数量会越来越多,相应地,对每一单位商品 X 的偏爱程度会越来越低;与此同时,消费者拥有的商品 Y 的数量会越来越少,相应地,对每一单位商品 Y 的偏爱程度会越来越高。于是,每一单位的商品 X 所能替代的商品 Y 的数量便越来越少。也就是说,商品的边际替代率是递减的。

从几何意义上讲,由于商品的边际替代率就是无差异曲线的斜率的绝对值,所以,边际替代率递减规律决定了无差异曲线的斜率的绝对值是递减的,即无差异曲线是凸向原点的。

(三)无差异曲线的特殊形状

无差异曲线的形状表明在维持效用水平不变的前提下一种商品对另一种商品的替代程度。由边际替代率递减规律决定的无差异曲线的形状是凸向原点的,这是无差异曲线的一般形状。相应的无差异曲线也有着特殊的形状。

1.完全替代品的无差异曲线

完全替代品指两种商品之间的替代比例是固定不变的情况。因此,在完全替代的情况下,两商品之间的边际替代率 MRS_{XY} 就是一个常数,相应的无差异曲线是一条斜率不变的直线。例如,在某消费者看来,一杯牛奶和一杯咖啡之间是无差异的,两者总是可以以 1:1 的比例相互替代,相应的无差异曲线如图 3-7(a)所示。

假定某消费者只消费两种商品,而且这两种商品之间是完全替代的关系,则相应的效用函数的通常形式为:

$$U(X,Y)=aX+bY \tag{3-14}$$

式中:X、Y 分别表示两种商品的数量,常数 a、$b>0$。该效用函数也被称为线性效用函数,与其相对应的无差异曲线是一条直线。而且,在任何一条无差异曲线上,两种商品的边际替代率保持不变,即均有 $MRS_{XY}=\dfrac{a}{b}$。

2.完全互补品的情况

完全互补品是指两种商品必须按固定不变的比例同时被使用的情况。因此,在完全互补的情况下,相应的无差异曲线为直角形状。例如,一副眼镜架必须和两片眼镜片同时配合,才能构成一副可供使用的眼镜,则相应的无差异曲线如图 3-7(b)所示。图(b)中水平部分的无差异曲线部分表示,对于一副眼镜架而言,只需要两片眼镜片即可,任何超量的眼镜片都是多余的。换言之,消费者不会放弃任何一副眼镜架去换取额外的眼镜片,所以,相应地 $MRS_{XY}=0$。图(b)中垂直部分的无差异曲线表示:对于两片眼镜片而言,只需要一副眼镜架即可,任何超量的眼镜架都是多余的。换言之,消费者会放弃所有超量的眼镜架,只保留一副眼镜架与两片眼镜片相匹配,所以,相应地 $MRS_{XY}=\infty$。

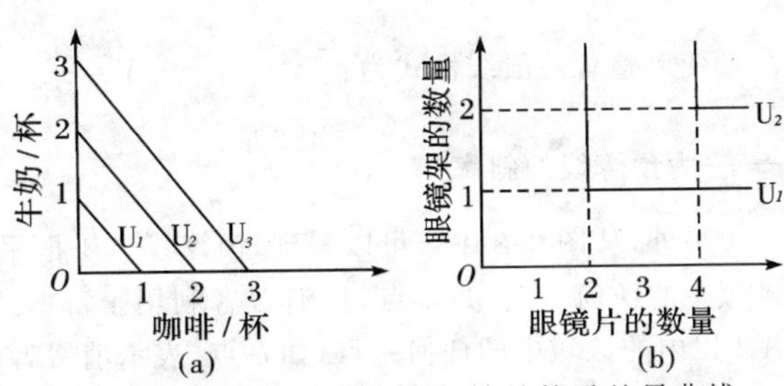

图 3-7 完全替代品和完全互补品的无差异曲线

假定某消费者只消费两种商品,而且这两种商品之间是完全互补的关系,则相应的效用函数的通常形式为:

$$U(X,Y)=\min(aX+bY) \tag{3-15}$$

式中:X、Y 分别表示两种商品的数量,常数 a、$b>0$,符号 min 表示效用水平由括号中最小的一项决定。只有在无差异曲线的直角点上,两种互补商品刚好按固定比例被消费,所以,在任何一条关于完全互补品的无差异曲线的直角点上,都有 $U=aX=bY$,且直角点上两商品的边际替代率为常数,即均有 $MRS_{XY}=\dfrac{a}{b}$。

二、预算线

无差异曲线描述了消费者对不同的商品组合的偏好,它仅仅表示了消费者的消费愿望。这种愿望构成分析消费者行为的一个方面;另一方面,消费者在购买商品时,必然会受到自己的收入水平和市场上商品价格的限制,这就是预算约束。预算约束可以用预算线来说明。

(一)预算线的含义

预算线又称为预算约束线、消费可能线和价格线。预算线表示在消费者收入和商品价格既定的条件下,消费者全部收入所能购买到的两种商品数量最大组合的点的轨迹。假定某消费者的一笔收入 I 为 120 元,全部用来购买商品 X 和商品 Y。其中,商品 X 的价格 $P_X=4$ 元,商品 Y 的价格 $P_Y=3$ 元。那么,全部收入都用来购买商品 X 可得 30 单位,全部收入用来购买商品 Y 可得 40 单位。由此作出的预算线为图 3-8 中的线段 AB。

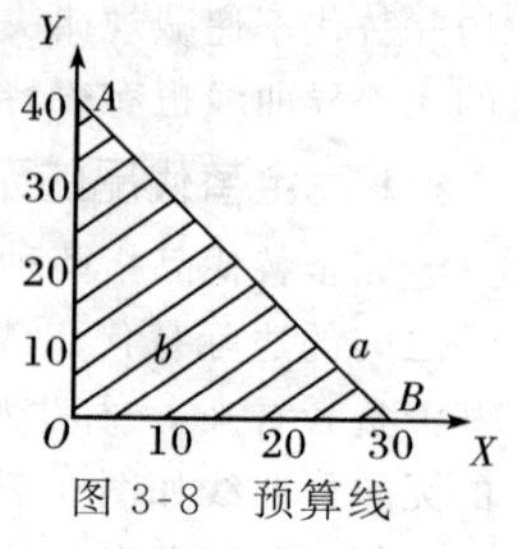

图 3-8 预算线

图中预算线的横截距 OB 和纵截距 OA 分别表示全部收入用来购买商品 X 和商品 Y 的数量。预算线的斜率是两商品的价格之比的相反数即 $-\frac{P_X}{P_Y}$。

因为,预算线的斜率的绝对值可以写为

$$\frac{OA}{OB}=\frac{\frac{120}{P_Y}}{\frac{120}{P_X}}=\frac{P_X}{P_Y} \tag{3-16}$$

其公式为:

$$I=P_XX+P_YY \tag{3-17}$$

变形整理一般线性式为:

$$Y=\frac{I}{P_Y}-\frac{P_X}{P_Y}X \tag{3-18}$$

$-\frac{P_X}{P_Y}$ 为预算线的斜率,

另外,从图 3-8 中还可以看到,预算线 AB 把平面坐标图划分为三个区域:预算线 AB 以外的区域中的任何一点,如 a 点,是消费者利用全部收入都不可能实现的商品购买的组合点。预算线 AB 以内的区域中的任何一点,如 b 点,表示消费者的全部收入在购买该点的商品组合以后还有剩余。唯有预算线 AB 上的任何一点,才是消费者的全部收入刚好花完所能购买到的商品组合点。图中的阴影部分的区域(包括直角三角形的三条边),被称为消费者的预算可行集或预算空间。

(二)预算线的变动

预算线的变动可以归纳为以下四种情况。

(1)两商品的价格 P_X 和 P_Y 不变,消费者的收入 I 发生变化。在这种情况下,相应的预算线的位置会发生平移。如图 3-9(a)所示:P_X 和 P_Y 不变,意味着预算线的斜率 $-\frac{P_X}{P_Y}$ 保持不变。于是,I 的变化只能使得预算线的横、纵截距发生变化。

(2)消费者的收入 I 不变,两种商品的价格 P_X 和 P_Y 同比例同方向发生变化。在这种情况下,相应的预算线的位置也会发生平移。如图 3-9(a)所示,P_X 和 P_Y 同比例同方向的变化,并不影响预算线的斜率 $-\frac{P_X}{P_Y}$,而只能使预算线的横、纵截距发生变化。

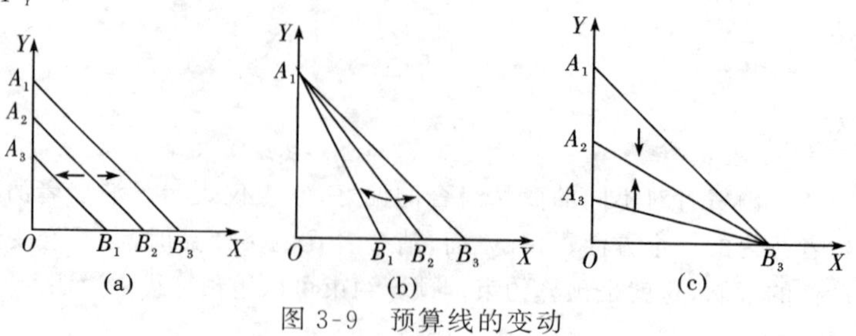

图 3-9 预算线的变动

(3)消费者的收入 I 不变,商品 X 的价格 P_X 发生变化而商品 Y 的价格 P_Y 保持不变。在这种情况下,预算线的斜线 $-\frac{P_X}{P_Y}$ 会发生变化,预算线的横截距 $\frac{I}{P_X}$ 也会发生变化,但是,预算线的纵截距 $\frac{I}{P_Y}$ 保持不变。如图 3-9(b)所示。

(4)消费者的收入 I 不变,商品 x 的价格 P_x 不变而商品 y 的价格 P_y 发生变化。这种情况下,预算线的斜率 $-\frac{P_x}{P_y}$ 会发生变化,预算线的纵截距 $\frac{1}{P_y}$ 也会发生变化,但其横截距 $\frac{I}{P_x}$ 保持不变。如图 3-9(c)所示。

三、消费者的均衡

在已知消费者的偏好和预算线约束的前提下,我们就可以分析消费者对最优商品组合的选择,即消费者均衡的条件。具体的思路是把消费者的无差异曲线和预算线结合起来进行分析。

我们知道,同一条无差异曲线上任意一点所代表的消费者购买选择组合给消费者带来的效用相同,但花费不一定相同,需要找到一种花费最小的选择组合;预算线上任意一点所代表的消费者购买选择组合使消费者的花费相同,但给消费者带来的效用不一定相等。消费者均衡即研究某个消费者如何分配有限的货币收入用以购买不同数量的各种商品,以获得最大的效用。因此,消费者追求效用最大化的购买选择行为必须满足两个条件:①最优的商品购买组合必须是消费者最偏好的商品组合。也就是说,最优的商品购买组合必须是能够给消费者带来最大效用的商品组合。②最优的商品购买组合必须位于给定的预算线上。

关于第二点,通过图 3-8 中被预算线划分的三个区域就可以明白:预算线左边的区域中的任何一个商品组合都是不可取的,因为,消费者的收入未花完,消费者应该将其全部收入都用于实现效用最大化的目标上。而预算线右边的区域中的任何一个商品组合对于消费者来说都是不可现实的,或者说,都是无力购买的。所以,最优的购买组合只能出现在预算线上。

下面,利用图 3-10 来具体说明消费者的最优购买行为。

第一步:假定消费者的偏好给定,消费者的收入和两种商品的价格给定,那么,消费者应该如何选择最优的商品组合,以获得最大的效用呢?认真考虑这个问题,可以得到以下两点:①消费者偏好给定的假定,意味着给定了一个由该消费者的无数条无差异曲线所构成的无差异曲线簇。为了简化分析,我们从中取出三条,如图 3-10 的无差异曲线 U_1、U_2 和 U_3;②消费者的收入和两商品的价格给定,意味着给定了该消费者的一条预算线,即图 3-10 中的预算线 AB。

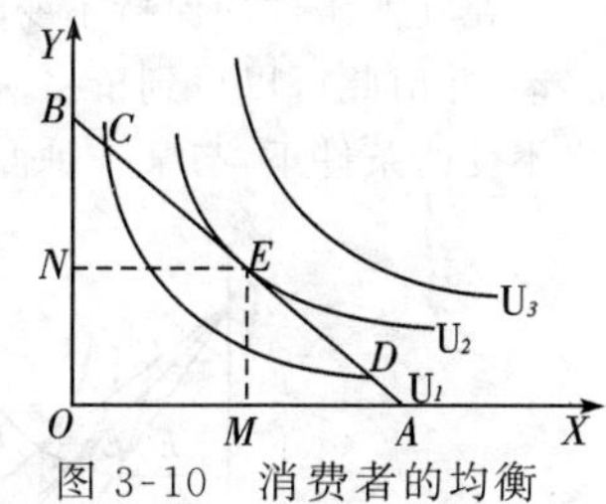

图 3-10 消费者的均衡

第二步:在图 3-10 中找出该消费者实现效用最大化的最优商品组合。面对图 3-10 中的一条预算线和三条无差异曲线,可以看出,只有预算线 AB 和无差异曲线 U_2 的相切点 E,才是消费者在给定的预算约束下能够获得最大效用的均衡点。在均衡点处,相应的最优购买组合为(M,N)。

为什么唯有 E 点才是消费者效用最大化的均衡点呢?这是因为,就无差异曲线 U_3 来说,虽然它代表的效用水平高于无差异曲线 U_2,但它与既定的预算线 AB 既无交点又无切点。这说明消费者在既定的收入水平下无法实现无差异曲线 U_3 上的任何一点的商品组合的购买。就无差异曲线 U_1 来说,虽然它可以与既定的预算线 AB 相交,这表明消费者利用现有收入可以购买到 U_1 所代表的效用水平的商品组合,但其效用水平低于无差异曲线 U_2,因此,理性的消费者不会用全部收入去购买无差异曲线 U_1 上所代表的商品组合。显然,只有当既定的预算线 AB 和无差异曲线 U_2 相切于 E 点时,消费者才在既定的预算约束条件下获得最大的满足。故 E 点就是消费者实现效用最大化的均衡点。

最后，找出消费者效用最大化的均衡条件。在切点 E，无差异曲线和预算线两者的斜率是相等的。因为无差异曲线的斜率的绝对值就是商品的边际替代率 MRS_{XY}，预算线的斜率的绝对值可以用两商品的价格之比 $\frac{P_X}{P_Y}$ 来表示。

由此，在均衡点 E 有：

$$MRS_{XY}=\frac{P_X}{P_Y} \tag{3-19}$$

这就是消费者效用最大化的均衡条件。它表示：在一定的预算约束下，为了实现最大的效用，消费者应该选择最优的商品组合，使得两商品的边际替代率等于两商品的价格之比。

又因为：

$$MRS_{XY}=\frac{MU_X}{MU_Y} \tag{3-20}$$

所以，消费者效用最大化的均衡条件可以表达为：

$$MRS_{XY}=\frac{P_X}{P_Y}=\frac{MU_X}{MU_Y} \tag{3-21}$$

即两商品的价格之比等于两商品的边际效用之比。

第四节 消费者均衡点的移动

消费者效用最大化的均衡点的存在，是在假定消费者的偏好给定、消费者的收入和两种商品的价格给定的条件下得出的。如果消费者的收入水平和两种商品的价格发生变化，则会引起消费者均衡点的移动。

一、价格变化：价格—消费曲线

在其他条件均保持不变时，一种商品价格的变化会使消费者效用最大化的均衡点的位置发生移动，并由此可以得到价格—消费曲线。价格—消费曲线是在消费者的偏好、收入以及其他商品价格不变的条件下，与某一种商品的不同价格水平相联系的消费者效用最大化的均衡点移动的轨迹。

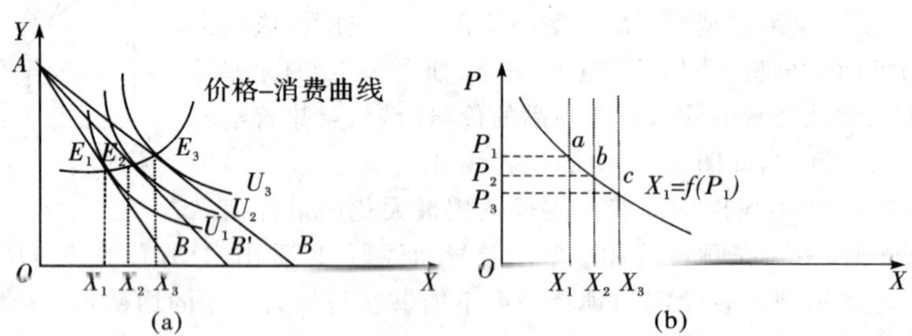

图 3-11 价格—消费曲线和消费者的需求曲线

图 3-11(a)中，假定商品 X 的初始价格为 P_1，相应的预算线为 AB 与无差异曲线 U_1 相切于效用最大化的均衡点 E_1。如果商品 X 的价格由 P_1 下降为 P_2，相应的预算线由 AB 移至 AB'，于是，AB' 与另一条较高无差异曲线 U_2 相切于均衡点 E_2。如果商品 X 的价格再由 P_2 继续下降为 P_3，相应的预算线由 AB' 移至 AB''，于是，AB'' 与另一条更高的无差异曲线 U_3 相切于均衡点 E_3……不难发现，随着商品 X 的价格的不断变化，可以找到无数个诸如 E_1、E_2 和 E_3 那样的均衡点，它们的轨迹就是价格—消费曲线。

二、消费者的需求曲线

由消费者的价格—消费曲线可以推导出消费者的需求曲线。分析图 3-11(a)中价格—消费曲线上的三个均衡点 E_1、E_2 和 E_3，可以看出，在每一个均衡点上，都存在着商品 X 的价格与商品 X 的需求量之间一一对应的关系。根据商品 X 的价格和需求量之间的这种对应关系，把每一个 P 数值和相应的均衡点上的 X 数值绘制在商品的价格一数量坐标图上见图 3-11(b)，便可以得到单个消费者的需求曲线。这便是图 3-11(b)中的需求曲线 $X=f(P)$。在图(b)中，横轴表示商品 X 的数量，纵轴表示商品 X 的价格 P。图(b)中需求曲线 $X=f(P)$上的 a、b、c 点分别和图(a)中的价格一消费曲线上的均衡点 E_1、E_2、E_3 相对应。

至此，我们介绍了序数效用论者如何从对消费者经济行为的分析中推导出了对消费者的需求曲线。由图 3-11 可见，序数效用论者所推导的需求曲线一般是向右下方倾斜的，它表示商品的价格和需求量成反方向变化。尤其是，需求曲线上与每一价格水平相对应的商品需求量都是可以给消费者带来最大效用的均衡数量。

三、收入变化：收入—消费曲线

在其他条件不变而仅有消费者的收入水平发生变化时，也会改变消费者效用最大化的均衡量的位置，并由此可以得到收入—消费曲线。收入—消费曲线是在消费者的偏好和商品的价格不变的条件下，与消费者的不同收入水平相联系的消费者效用最大化的均衡点的轨迹。

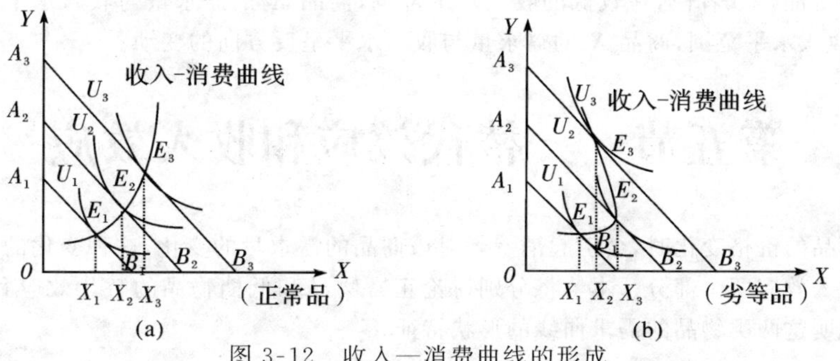

图 3-12　收入—消费曲线的形成

(a)收入—消费线(正常品)；(b)收入—消费线(劣等品)

在图 3-12(a)中，随着收入水平 I 的不断增加，预算线由 A_1B_1 移至 A_2B_2，再移至 A_3B_3，于是，形成了三个不同收入水平下的消费者效用最大化的均衡点 E_1、E_2 和 E_3。假定收入水平的变化是连续的，则可以得到无数个相同的均衡点，连接这些均衡点的轨迹，便是图(a)中的收入—消费曲线。

图(a)中的收入—消费曲线是向右上方倾斜的，它表示：随着收入水平的增加，消费者对商品 X 和商品 Y 的需求量都是上升的。所以，图(a)中的两种商品都是正常品。

在图 3-12(b)中，采用与图(a)中相类似的方法，随着收入水平的连续增加，描绘出了另一条收入—消费曲线。但是图(b)中的收入—消费曲线是向后弯曲的，它表示：随着收入水平的增加，消费者对商 X 的需求量开始是增加的，但当收入上升到一定水平之后，消费者对商品 X 的需求量反而减少了。这说明，在一定的收入水平上，商品 X 由正常品变成了劣等品。我们可以在日常经济生活中找到这样的例子。譬如，对某些消费者来说，在收入水平较低时，土豆是正常品；而在收入水平较高时，土豆就有可能成为劣等品。因为，在他们变得较富裕的时候，他们可能会减少对土豆的消费量，而增加对其他肉类与食物的消费量。

四、恩格尔曲线

由消费者的收入—消费曲线可以推导出消费者的恩格尔曲线。

恩格尔曲线表示消费者在每一收入水平对某商品的需求量。与恩格尔曲线相对应的函数关系为 $X=f(I)$，其中，I 为收入水平；X 为某种商品的需求量。

图 3-12 中的收入—消费曲线反映了消费者的收入水平和商品的需求量之间存在着一一对应的关系：以商品 X 为例，当收入水平为 I_1 时，商品 X 的需求量为 X_1；当收入水平增加为 I_2 时，商品 X 的需求量增加为 X_2；当收入水平再增加为 I_3 时，商品 X 的需求量变动为 X_3，…，把这种一一对应的收入和需求量的组合描绘在相应的平面坐标图中，便可以得到相应的恩格尔曲线，如图 3-13 所示。

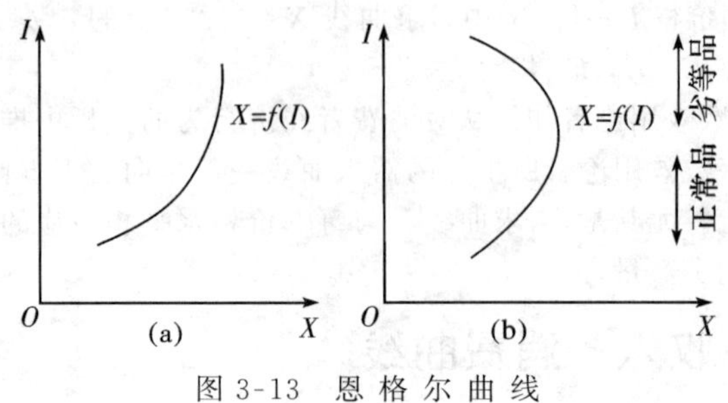

图 3-13 恩格尔曲线

图 3-12(a)和图 3-13(a)是相对应的，图中的商品 X 是正常品，商品 X 的需求量随着收入水平 I 的上升而增加。图 3-12(b)和图 3-13(b)是相对应的，在一定的收入水平上，图中的商品 X 由正常品转变为劣等品。或者说，在较低的收入水平范围，商品 X 的需求量与收入水平成同方向的变动；在较高的收入水平范围，商品 X 的需求量与收入水平呈反方向的变动。

第五节 替代效应和收入效应

当一种商品的价格变化时，会引起消费者对该商品的需求量的变化，这种变化的量可以分解为替代效应和收入效应两个部分。本节将分别讨论正常物品和低档物品的替代效应和收入效应，并以此进一步说明这两类物品的需求曲线的形状特征。

一、替代效应和收入效应的含义

当一种商品的价格发生变化时，会对消费者产生两种影响：一是使消费者的实际收入水平发生变化。二是使商品的相对价格发生变化。这两种变化都会改变消费者对该种商品的需求量。

例如，假定消费者只购买商品 X 和商品 Y 两种商品，当商品 X 的价格下降时，一方面，对于消费者来说，虽然其货币收入不变，但现有货币收入的购买力增加了，也就是说实际收入水平得到了提高。而实际收入水平的提高，消费者会改变对两种商品的购买量，从而达到更高的效用水平。这就是收入效应。另一方面，商品 X 价格的下降，相对于价格不变的商品 Y 来说，较以前便宜了。这种商品相对价格的变化，会引起消费者增加对商品 X 的购买而减少对商品 Y 的购买，这就是替代效应。可以看出，替代效应不改变消费者的效用水平，也不考虑消费者实际收入水平变动的影响。当然，也可以同样地分析商品 X 的价格提高时的替代效应和收入效应，只是情况刚好相反罢了。

显然，当一种商品价格变动时，它所引起的消费者对该商品需求量变动的总效应可以分解为替代效应和收入效应两部分，即总效应＝替代效应＋收入效应。

其中，收入效应是指由一种商品的价格变动所引起的消费者实际收入水平的变动，进而引起的消费者对该商品需求量的变动。替代效应是指由一种商品的价格变动所引起的一种商品相对价格的变动，进而引起消费者对原有商品需求量的变动。收入效应表示消费者的效用水平发生变化，替代效应则不改变消费者的效用水平。

二、正常物品的替代效应和收入效应

我们以图 3-14 为例，分析正常物品价格下降时的替代效应和收入效应。

如图 3-14，横轴和纵轴分别表示商品 X 和商品 Y 的数量。在商品价格变化之前，消费者的预算线为 AB，该预算线与无差异曲线 U_1 相切于 a 点，a 点是消费者效用最大化的一个均衡点。在 a 点上，对应的商品 X 的需求量为 OX_1。假定商品 X 的价格下降使预算线的位置由 AB 移至 AB'。新的预算线 AB' 与另一条代表更高效用水平的无差异曲线 U_2 相切于 b 点，b 点是商品 X 的价格下降以后的消费者的效用最大化的均衡点。在 b 点上，对应的商品 X 的需求量为 OX_2。比较 a、b 两个均衡点，商品 X 的需求量的增加量为 X_1X_2，这便是商品 X 的价格下降所引起的总效应。这个总效应可以被分解为替代效应和收入效应两个部分。

1.替代效应

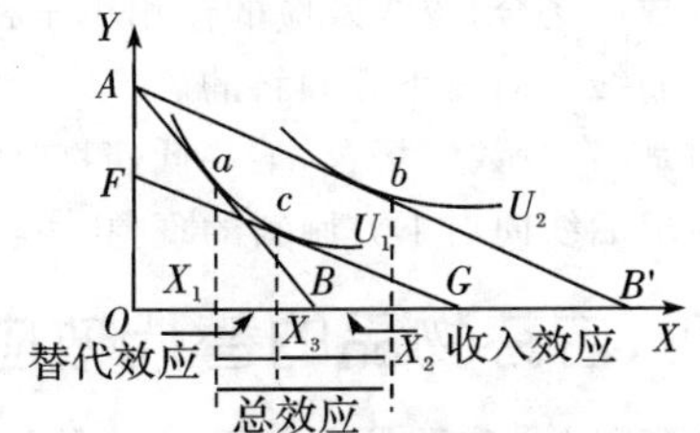

图 3-14　正常品的替代效应和收入效应

在图 3-14 中，由于商品 X 的价格下降，消费者的效用水平提高了，消费者的新的均衡点 b 不是在原来的无差异曲线 U_1 上而是在更高的无差异曲线 U_2 上。现在我们假定可以取走消费者的一部分货币收入，仍然使消费者的实际收入维持原有的效用水平，也就是剔除实际收入水平变化的影响，使消费者的选择能够回到原有的无差异曲线 U_1 上去。如图 3-14，作一条平行于预算线 AB'，且与无差异曲线 U_1 相切于 C 点的新的预算线 FG。与新的均衡点 C 对应的消费者对商品 X 的需求量为 OX_3，消费者对商品 X 的需求量的增加量为 X_1X_3。这个增加量就是在剔除了实际收入水平变化影响以后的替代效应。

2.收入效应

收入效应是总效应的另一个组成部分。我们可以设想，把上述所做的新的预算线 FG 再推回到 AB' 的位置，于是，消费者的效用最大化的均衡点就会由无差异曲线 U_1 上的 c 点回复到无差异曲线 U_2 上的 b 点，相应的需求量的变化量 X_3X_2 即为收入效应。

这是因为，在上述面分析替代效应时，为了剔除实际收入水平的影响，才将预算线 AB' 移到预算线 FG 的位置。因此，当预算线由 FG 的位置再回复到 AB' 的位置时，相应的需求量的增加量 X_3X_2 必然就是收入效应。收入效应显然归因于商品 X 的价格变化所引起的实际收入水平的变化，它改变消费者的效用水平。

在这里，收入效应 X_3X_2 是一个正值。这是因为，当商品 X 的价格下降使得消费者的实际收入水平提高时，消费者必定会增加对正常物品 X 的购买。也就是说，正常物品的收入效应与价格呈反方向的变动。

综上所述，对于正常物品来说，替代效应与价格成反方向的变动，收入效应也与价格成反方向的变动，在它们的共同作用下，总效应必定与价格成反方向的变动。正因为如此，正常物品的需求曲线是向右下方倾斜的。

三、正常物品和低档物品的区别

在分析低档物品的替代效应和收入效应之前，我们有必要先看一下正常物品和低档物品的区别，以及由此带来的这两类商品的各自收入效应的特点。

商品可以分为正常物品和低档物品两大类。正常物品和低档物品的区别在于：正常物品的需求量与消费者的收入水平呈同方向的变动，即正常物品的需求量随着消费者收入水平的提高而增加，随着消费者收入水平的下降而减少。低档物品的需求量与消费者的收入水平呈反方向的变动。即:低档物品的需求量随着消费者收入水平的提高而减少,随着消费者收入水平的下降而增加。

相应地,可以推知,当某正常物品的价格下降(或上升)导致消费者实际收入水平提高(或下降)时,消费者会增加(或减少)对该正常物品的需求量。也就是说,正常物品的收入效应与价格呈反方向的变动。这就是上面的结论,也是在图 3-14 中,c 点必定落在 a、b 两点之间的原因。而对于低档物品来说,当某低档物品的价格下降(或上升)导致消费者的实际收入水平提高(或下降)时,消费者会减少(或增加)对该低档物品的需求量。也就是说,低档物品的收入效应与价格呈同方向变动。这意味着,在类似于图 3-14 的分析中,c 点的位置会发生变化。

由于正常物品和低档物品的区别不对它们各自的替代效应产生影响,所以,对于所有的商品来说,替代效应与价格都是呈反方向的变动的。

对于低档物品来说,替代效应与价格呈反方向的变动,收入效应与价格呈同方向的变动,而且,在大多数的场合,收入效应的作用小于替代效应的作用,所以,总效应与价格呈反方向的变动,相应的需求曲线是向右下方倾斜的。

但是,在少数的场合,某些低档物品的收入效应的作用会大于替代效应的作用,于是,就会出现违反需求曲线向右下方倾斜的现象。这类物品就是吉芬物品。

四、吉芬物品的替代效应和收入效应

1845 年,爱尔兰发生灾荒,土豆价格上升,但是土豆需求量却反而增加了。这一现象在当时被称为“吉芬难题”。这类需求量与价格呈同方向变动的特殊商品以后也因此被称作吉芬物品。

很清楚,吉芬物品是一种特殊的低档物品。作为低档物品,吉芬物品的替代效应与价格呈反方向的变动,收入效应则与价格呈同方向的变动。吉芬物品的特殊性就在于:它的收入效应的作用很大,以至于超过了替代效应的作用,从而使得总效应与价格呈同方向的变动。这也就是吉芬物品的需求曲线呈现出向右上方倾斜的特殊形状的原因(见图 3-15)。

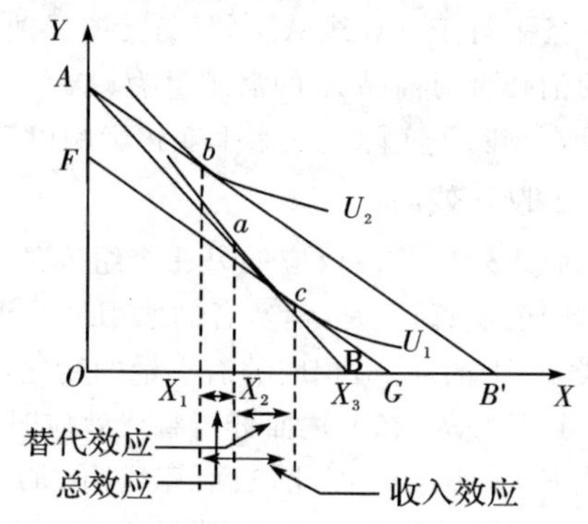

图 3-15 吉芬物品的替代效应和收入效应

运用以上分析的结论就可以解释“吉芬难题”了。在 19 世纪中叶的爱尔兰,购买土豆的消费支出在大多数的贫困家庭的收入中占一个较大的比例,于是,土豆价格的上升导致贫困家庭实际收入水平大幅度下降。在这种情况下,变得更穷的人们不得不大量地增加对劣等物品土豆的购买,这样形成的收入效应是很大的,它超过了替代效应,造成了土豆的需求量随着土豆价格的上升而增加的特殊现象。

现将本节分析正常物品、低档物品和吉芬物品的替代效应和收入效应所得到的结论综合于表 3-3。

表 3-3 商品价格变化所引起的替代效应和收入效应

商品类别	替代效应与价格的关系	收入效应与价格的关系	总效应与价格的关系	需求曲线的形状
正常物品	反方向变化	反方向变化	反方向变化	向右下方倾斜
低档物品	反方向变化	同方向变化	反方向变化	向右下方倾斜
吉芬物品	反方向变化	同方向变化	同方向变化	向右上方倾斜

本章小结

(1)“偏好”是指消费者根据自己的意愿对可供消费的商品组合进行的排列,它反映的是消费者个人的兴趣或嗜好,是决定消费者行为的最重要因素之一。包括完备性、传递性和不饱和性三个基础性公理。

(2)效用是指商品或劳务所具有的满足消费者欲望的能力,或者说,效用是指消费者在消费商品或劳务时所感受到的满足程度。从如何衡量商品效用的大小出发,产生了基数效用和序数效用两种理论。

(3)总效用是指消费者在一定时间内从一定数量的商品的消费中所得到的效用量的总和。总效用的大小取决于所消费的商品量的多少。边际效用是指消费者在一定时间内增加一单位商品的消费所得到的效用量的增量。

(4)边际效用递减规律是指在一定时间内,在其他商品的消费数量保持不变的条件下,随着消费者对某种商品消费量的增加,消费者从该商品连续增加的每一消费单位中所得到的效用增量,即边际效用是递减的。

(5)消费者均衡是研究单个消费者在既定收入下实现效用最大化的均衡条件。用公式表示为:

$$P_1X_1+P_2X_2+\cdots+P_nX_n\text{(限制条件)}$$

$$\frac{MU_1}{P_1}=\frac{MU_2}{P_2}=\cdots=\frac{MU_n}{P_n}=\lambda\text{(均衡条件)}$$

(6)消费者剩余是指消费者愿意支付的价格总额与其实际所支付的价格总额之间的差额。

(7)无差异曲线是指能够使消费者满足程度相同的两种商品或两组商品的不同数量的组合的点的轨迹。边际替代率是指在维持效用水平不变的前提下,消费者增加一单位某种商品的消费数量时所需要的放弃的另一种商品的消费数量。随着一种商品的消费数量的连续增加,消费者为得到每一单位的这种商品所需要放弃的另一种商品的消费数量是递减的这一规律称为边际替代率递减规律

(8)预算线表示在消费者收入和商品价格既定的条件下,消费者全部收入所能购买到的两种商品数量最大组合的点的轨迹。

(9)在给定的预算线和消费者的无差异曲线相切点所对应的两种商品数量组合,即为消费者均衡点。

(10)商品价格的变动会引起消费者均衡点的变动,这些均衡点变动的轨迹称为价格-消费线。由价格—消费线可以推导出该商品的需求曲线。

(11)消费者收入水平的变动引起的消费者均衡点移动形成的轨迹称为收入-消费线。由收入—消费线可以推导出消费者的恩格尔曲线。

(12)当一种商品价格变动时,它所引起的消费者对该商品需求量变动的总效应可以分解为替代效应和收入效应两部分。收入效应是指由一种商品的价格变动所引起的消费者实际收入水平的变动,进而引起的消费者对该商品需求量的变动。替代效应是指由一种商品的价格变动所引起的一种商品相对价格的变动,进而引起消费者对原有商品需求量的变动。收入效应表示消费者的效用水平发生变化,替代效应则不改变消费者的效用水平。

阅读资料

幸福的边际效用论

在现实生活中,很多人衣食无忧,却牢骚满腹,他们总是“端起碗来吃肉,放下筷子骂娘”。这使

很多学者和官员十分困惑:难道是人们的道德水平在不断地下降吗?其实,经济学的边际效用理论可以很好地解释这一现象。据报道,英国科学家说他们破解了人类最大的一个谜团,那就是幸福的秘密到底是什么?真正的幸福可以用一个公式来表示:幸福$(F)=P+5E+3H$。P代表个性,包括世界观、适应能力和应变能力;E代表生存状况,包括健康状况、财政状况和交友的情况;H代表更高一级的需要,包括自尊心、期望、雄心和幽默感等。有的学者把这一公式进一步简化为:幸福$(F)=\frac{E}{D}$。E代表效用,D代表欲望。也就是说,幸福与效用成正比,与欲望成反比。但问题是效用特别是边际效用是递减的,正是这种递减使人们感觉到"天天吃着山珍海味也吃不出当年饺子的香味"。

所谓边际效用,是指该物品在具体合理使用时可能产生的最小效用。在实际生活中,人们正是按照这一规律活动的。对于这一点,19世纪80年代著名的奥地利经济学家庞巴维克在其1888年出版的《资本实证论》中以一个十分通俗的例子做了论证:一个农民在原始森林中建了一座小木屋,独自在那里劳动和生活。他收获了5袋谷物,这些谷物要用到来年秋天,但不必留有剩余。他是一个善于精打细算的人,因而安排了一个在一年内使用这些谷物的计划。一袋谷物是他维持生存所必需的。第二袋是在维持生存之外来增强体力和精力的。此外,他希望有些肉可吃,所以留第三袋谷物来饲养鸡、鸭等家禽。他爱喝酒,于是他将第四袋谷物用于酿酒。对于第五袋谷物,他觉得最好用它来养几只他喜欢的鹦鹉,这样可以解闷儿。显然,这五袋谷物的不同用途,其重要性是不同的。假如以数字来表示的话,将维持生存的那袋谷物的重要性可以确定为12,其余的依次确定为10、8、6、4。现在要问的问题是:如果一袋谷物遭受了损失比如被小偷偷走了,那么他将失去多少效用?假如损失了一袋谷物,这位农民面前只有一条唯一合理的道路,即用剩下的四袋谷物供应最迫切的四种需要,而放弃最不重要的需要,或者说是放弃边际效用。边际效用由谁来决定呢?庞巴维克发现,边际效用量取决于需要和供应之间的关系。要求满足的需要越多和越强烈,可以满足这些需要的物品量越少,那么得不到满足的需要就越重要,因而物品的边际效用就越高;反之,边际效用和价值就越低。

从边际效用理论的角度看,"端起碗来吃肉,放下筷子骂娘"是十分正常的。由于经济的发展,人们碗里的肉越来越多,而且很容易满足,对于很多人来讲,肉的边际效用非常低,价值也不高。他们放下筷子骂娘骂的并不是碗里的肉少,骂的是边际效用高的东西,比如"昨天看戏没有买到最好的票"等。也就是说,人们的生活好了之后,边际效用高的往往是一些看似"鸡毛蒜皮"的小事,诸如医疗服务、物业管理等"软"的东西。这就要求政府要从过去只是关注人们碗里的肉转变到要关注堵车、看病难、拆迁等事情上来。

本章习题

一、名词解释

效用　基数效用论　序数效用论　总效用　边际效用　边际效用递减规律　消费者均衡　消费者剩余　无差异曲线　边际替代率　边际替代率递减规律　预算线　收入—消费线　价格—消费线　恩格尔曲线　收入效应　替代效应

二、选择题

(1)序数效用论认为,商品效用的大小(　　)。

A.取决于它的有用性的大小　　B.取决于它的价格

C.可以比较　　D.A和C

(2)消费者对商品X的消费达到饱和点时,则边际效用为(　　)。

A.正值　　B.负值　　C.零　　D.不确定

(3)消费者购买每单位物品所支付的价格一定等于(　　)。

A.消费者从消费第一单位的这种物品中获取的边际效用

B.消费者从消费这种物品中获得的总效用

C.消费者从平均每单位的消费中获得的效用

D.消费者消费最后一单位物品中获得的边际效用

(4)如果消费者的预算收入为50元,商品 X 和 Y 的价格分别为5元和4元,消费者打算购买6单位 X 和5单位 Y,商品 X、Y 的边际效用分别为25和20,那么,要达到效用最大化,他应该(　　)。

A.按原计划购买　　B.减少 X 和 Y 的购买量

C.增加 X 和 Y 的购买量　　D.增加 X 的购买量同时减少 Y 的购买量

(5)消费者剩余是消费者的(　　)。

A.实际所得　　B.主观感受

C.没有购买的部分　　D.消费剩余部分

(6)下列关于无差异曲线的说法哪一个是不正确的(　　)。

A.无差异曲线上的每一点代表了两种商品不同数量的组合

B.同一条无差异曲线上的任一点代表的偏好水平都相同

C.任意二条无差异曲线不能相交

D.以上说法都不正确

(7)无差异曲线的位置和形状取决于(　　)。

A.消费者的偏好和收入　　B.消费者收入和商品价格

C.消费者的偏好　　D.消费者偏好、收入、商品价格

(8)关于边际替代率递减规律,不正确的是(　　)。

A.边际替代率递减说明每增加对一种商品的消费,为保持效用不变,所减少的其他商品的消费量是递减的

B.边际替代率与边际效用递减都说明了随着对某种物品消费量的增多,人的主观效用递减的趋势

C.边际替代率递减规律在所有的商品组合中都是适用的

D.边际替代率递减规律决定了无差异曲线是凸向原点的

(9)若 MRS_{XY} 递减,MU_X 和 MU_Y 必定(　　)。

A.递增　　B.递减

C.MU_X 递增,MU_Y 递减　　D.MU_Y 递增,MU_X 递减

(10)下列哪一种说法最好的表述了消费者的预算线(　　)。

A.消费者可以购买的每种物品量　　B.消费者消费选择的限制条件

C.消费者合宜的消费水平　　D.消费者所作出的消费选择

(11)预算线向右上方平移的原因是(　　)。

A.商品 X 的价格下降了　　B.消费者的收入下降了

C.商品 Y 的价格下降了　　D.商品 X 和 Y 的价格按同一比率下降了

(12)如果用纵轴代表的物品的价格上升了,预算线将(　　)。

A.变得更陡峭　　B.变得更平坦

C.向外移动,但与原来的预算线平行　　D.向内移动,但与原来的预算线平行

(13)下列何种情形将使预算线在保持斜率不变的条件下作远离原点的运动(　　)。

A.X 的价格上涨10%而 Y 的价格下降10%

B.X 和 Y 的价格都上涨10%而货币收入下降5%

C.X 和 Y 的价格都下降 15%而货币收入下降 10%

D.X 和 Y 的价格都上涨 10%而货币收入上涨 5%

(14)当某人处于均衡状态时,下列哪一种结论必然成立(　　)。

A.X 的边际效用除以 Y 的边际效用等于 X 的价格除以 Y 的价格

B.一种商品的价格变化将引起他对另一种商品的消费的变化

C.他的无差异曲线是凸向原点的

D.上述说法没有一个必然成立

(15)商品价格变化引起的收入效应,表现为相应的消费者的均衡点(　　)。

A.沿着原有的无差异曲线运动　　B.运动到另一条无差异曲线上

C.运动到离原点更远的无差异曲线上　　D.无法确定

(16)当消费者的真实收入上升时,他将(　　)。

A.购买更少的低档商品　　B.增加所有商品的消费

C.移到更高的一条无差异曲线上　　D.以上都是

(17)哪条曲线可反映一种商品的价格变化和这种商品的需求量之间的对应关系(　　)。

A.需求曲线　　B.价格—消费线

C.收入—消费线　　D.恩格尔曲线

(18)关于需求曲线,不正确的是(　　)。

A.价格消费曲线对应商品的需求曲线

B.需求曲线上的每个点都是效用最大化的点

C.价格与需求量的反比例关系是有替代效应造成的

D.无论序数效用论还是基数效用论都可以推出需求曲线

三、计算题

(1)某大学生仅有 6 天时间复习经济学、高等数学、英语三门课,要使这三门课的期末考试取得尽可能高的总成绩,他必须安排好每门课的复习时间。如果每门课的复习时间与相对应的考试分数用下表表示。问该学生应该如何分配复习时间才能取得尽可能高的成绩?他可望得到的最高总分是多少?

复习时间/天	0	1	2	3	4	5	6
经济学/分	20	45	65	75	83	90	92
英语/分	40	52	62	71	78	83	86
高等数学/分	80	90	95	97	98	99	100

(2)已知 X 商品的价格为 $P_X=50$ 元,Y 商品的价格为 $P_Y=30$ 元,Y 商品的边际效用为 $MU_Y=60$,求 X 商品的边际效用是多少?

(3)假定某消费者在某日消费面包 X 和牛奶 Y 的效用函数为:$U(X,Y)=80X-5X^2+20Y-2Y^2$,问该消费者应消费多少个面包和多少杯牛奶才能达到最大满足?

(4)设某消费者的总效用函数为 $U=XY$,X 商品和 Y 商品的价格分别为 3 元和 2 元。假定该消费者能用于购买这两种商品的货币为 600 元,他应该购买多少 X 商品和 Y 商品才能实现效用最大化?他可获得多少总效用?

(5)设某消费者的效用函数为 $U(X,Y)=2X+2Y+XY+8$,预算约束为 $5X+10Y=50$,$P_X=5$ 元,$P_Y=10$ 元。求 X 与 Y 商品的均衡值以及最大效用各是多少?货币的边际效用是多少?

(6)已知某消费者每月用于购买 X 商品和 Y 商品的货币收入为 $M=9\ 000$ 美元,这两种商品的价格分别为 $P_X=30$ 美元、$P_Y=40$ 美元,该消费者的效用函数为 $U(X,Y)=X^2Y^2$,试求该消费者每月购买这两种商品的数量分别是多少,他每月从中获得的总效用是多少'

(7)张三每月收入为 4 000 元，全部用于购买 X、Y 商品，其效用函数为 $U=4XY$，假定 X、Y 商品的价格分别为 40 元和 50 元，张三每月购买的 X、Y 商品数量分别是多少？货币的边际效用和他所获得的总效用各是多少？

(8)已知李四每月收入 6 000 元，全部用于购买 X、Y 商品，其效用函数为 $U=XY$，当 X、Y 商品的价格分别为 10 元和 20 元时，李四会购买多少 X、Y 商品？当 X 商品价格不变，Y 商品价格降为 12 元时，他将怎样购买 X、Y 商品才能实现效用最大化？

四、思考题

(1)试述基数效用论与序数效用论的区别与联系。

(2)消费者剩余是如何形成的。价格的变动对其有何影响。

(3)解释无差异曲线的经济意义、特征、凸向原点的原因。

(4)试解释消费品的边际替代率递减的原因。

(5)试用边际分析法与无差异曲线分析法说明消费者最佳消费行为的确定。

第四章　生产者行为理论

■ 学习要点

☆ 生产函数
☆ 边际报酬递减规律
☆ 等产量曲线
☆ 边际技术替代率
☆ 生产者均衡
☆ 规模报酬

上一章主要关注市场的需求方面，即消费者的偏好及其行为。本章及下两章将换个角度，从供给方面来研究市场并考察生产者的行为。

本章先从介绍厂商开始，包括厂商的组织形式、本质和目标。第二节开始以生产函数出发，以一种可变要素的生产函数，考察短期的生产规律和不同生产阶段的特点；再以两种可变要素的生产函数，考察厂商在长期中实现最优生产要素组合的均衡条件。

第一节　厂　　商

供给的基础是生产，而生产是由生产者完成的，生产者亦称厂商或企业，是指能够独立作出统一的生产决策的单个经济单位。

一、厂商

厂商或企业是指依法设立的以营利为目的、从事商品的生产经营和服务活动的独立核算经济组织，广义上包括营利性和非营利性两类。在商品经济范畴，厂商作为组织单元的多种模式之一，是按照一定的组织规律，有机构成的经济实体，一般以营利为目的，以实现投资人、客户、员工、社会大众的利益最大化为使命，通过提供产品或服务换取收入。它是社会发展的产物，因社会分工的发展而成长壮大。厂商或企业是市场经济活动的主要参与者，在社会主义经济体制下，各种企业并存共同构成社会主义市场经济的微观基础。

在市场经济中，厂商是另一个重要的主体。作为市场主体，厂商必须是独立自主经营。厂商的独立性可从两方面理解：一是厂商作为一个整体，以独立生产者的地位和其他企业发生关系，而这种联系的基础就是市场；二是企业内部的各个组成部分是非独立的，联系各个组成部分的是企业决策者的计划，各组成部分和外界的关系，同样要受企业决策者的计划支配。厂商的这种独立性来自产权的界定，也就是说，厂商的产权必须明晰，只有这样，厂商财产的有效利用才会真正受到决策者的关注和保护，才能真正做到自主经营和自负盈亏。

二、厂商的组织形式

当今世界上主要有三种厂商组织形式：个人业主制、合伙制和公司制。

(一)个人业主制

个人业主制企业又称独资企业，是指由个人出资兴办，并且归个人所有和控制的企业。它是人类历史上最早出现的、最简单的一种企业组织形式。其主要特征是:在个人业主制企业中,自然人的财产与企业财产是合一的,所有者的利益与经营者的利益完全是重合的,业主有充分的积极性去对生产经营过程进行监督。

个人业主制企业的优点是:利润独享,风险自担,因而精打细算;建立与歇业的程序简单易行,经营方式灵活,决策迅速;信息渠道单一,经营的保密性强。然而,业主以其个人财产对企业债务负有完全责任;业主只有一人,因而财力有限,加之受偿债能力的限制,取得贷款的能力也较差,因而规模有限,难于经营需要大量投资的事业;企业的存在完全取决于企业主,一旦业主终止经营,如市场竞争失败或自然死亡,企业生命也会由此终止。在现代市场经济条件下,个人业主制企业的数量非常庞大,即使在发达国家,也占企业总数的70%以上,但其营业额只占全社会总营业额的10%。个人业主制企业由于规模较小,在小型加工、零售商业、服务业等领域较为活跃。当个人业主制企业需要扩大规模时,业主之间便会出现"合伙"的情况。

(二)合伙制

合伙制企业是由两个或两个以上的业主合伙组成的企业,收益由合伙人分享,责任和风险由他们分担。根据《中华人民共和国合伙企业法》第二条"本法所称合伙企业,是指依照本法在中国境内设立的由各合伙人订立合伙协议,共同出资、合伙经营、共享收益、共担风险,并对合伙企业债务承担无限连带责任的营利性组织。"可见,合伙企业的合伙人不一定必须是自然人,也可以是企业。合伙制企业的特点:

(1)生命有限。合伙企业比较容易设立和解散。合伙人签订了合伙协议,就宣告合伙企业的成立。新合伙人的加入,旧合伙人的退伙、死亡、自愿清算、破产清算等均可造成原合伙企业的解散以及新合伙企业的成立。

(2)责任无限。合伙组织作为一个整体对债权人承担无限责任。按照合伙人对合伙企业的责任,合伙企业可分为普通合伙和有限合伙。普通合伙的合伙人均为普通合伙人,对合伙企业的债务承担无限连带责任。例如,甲、乙、丙三人成立的合伙企业破产时,当甲、乙已无个人资产抵偿企业所欠债务时,虽然丙已依约还清应分摊的债务,但仍有义务用其个人账产为甲、乙两人付清所欠的应分摊的合伙债务,当然此时丙对甲、乙拥有财产追索权。有限责任合伙企业由一个或几个普通合伙人和一个或几个责任有限的合伙人组成,即合伙人中至少有一个人要对企业的经营活动负无限责任,而其他合伙人只能以其出资额为限对债务承担偿债责任,因而这类合伙人一般不直接参与企业经营管理活动。

(3)相互代理。合伙企业的经营活动,由合伙人共同决定,合伙人有执行和监督的权利。合伙人可以推举负责人。合伙负责人和其他人员的经营活动,由全体合伙人承担民事责任。换言之,每个合伙人代表合伙企业所发生的经济行为对所有合伙人均有约束力。因此,合伙人之间较易发生纠纷。

(4)财产共有。合伙人投入的财产,由合伙人统一管理和使用,不经其他合伙人同意,任何一位合伙人不得将合伙财产移为他用。只提供劳务,不提供资本的合伙人仅有权分享一部分利润,而无权分享合伙财产。

(5)利益共享。合伙企业在生产经营活动中所取得、积累的财产,归合伙人共有。如有亏损则亦由合伙人共同承担。损益分配的比例,应在合伙协议中明确规定。未经规定的可按合伙人出资比例分摊,或平均分摊。以劳务抵作资本的合伙人,除另有规定者外,一般不分摊损失。

与个人业主制相比,合伙制企业有两大优点:

(1)由于可以有众多的合伙人共同出资,因而资本规模较个人业主制企业大;同时合伙人共同负担债务,减小了贷款者的风险

(2)有助于增强经营者的责任心,提高企业信誉。

虽然能够弥补个人业主制的一些缺陷,但合伙制企业也有自身的缺点,表现在:它是依据合伙人之间的协议建立的,每当有合伙人退出、死亡时必须重新建立新的合伙关系,这也意味着合伙人对企业的债务负有连带责任,不以其投入的那部分资本为限,同时合伙人都有权代表企业从事经济活动,重大决策需经所有合伙人同意,因而容易造成决策上的延误和差错。

(三)公司制

公司制企业(company corporation)也称股份制企业,即按公司法组织起来并具有法人资格的经济单位,是现代社会最普遍、最重要的企业组织。在现代市场经济中,公司制企业在数量上不是最多的,但它们占据着支配地位。大中型企业通常都采取公司制形式。公司包括有限责任公司和股份有限公司。《中国公司法》中第二条规定:本法所称公司是指依照本法在中国境内设立的有限责任公司和股份有限公司。有限责任公司的股东以其认缴的出资额为限对公司承担责任;股份有限公司的股东以其认购的股份为限对公司承担责任。

公司制企业的重要特点是能够通过证券(security)的发行筹集资金。证券有两种:

1.股票

股票(stock)是公司所发行的具有一定票面和一定数量的投资凭证。分普通股票、优先股票、记名股票、无记名股票。持有股票者为股东,股东是股份公司的出资人或叫投资人。股份公司中持有股份的人,有权出席股东大会并有表决权。股东是公司存在的基础,是公司的核心要素;没有股东,就不可能有公司。根据《公司法》的规定,有限责任公司成立后,应当向股东签发出资证明书,并置备股东名册,记载股东的姓名或者名称及住所、股东的出资额、出资证明书编号等事项。

《公司法》同时规定,有限责任公司股东依法转让其出资后,应由公司将受让人的姓名或者名称、住所以及受让的出资额记载于股东名册。据此,非依上述规定办理过户手续者,其转让对公司不发生法律效力。由此可见,有限责任公司的股东应为向公司出资,并且其名字登记在公司股东名册者。

至于股份有限公司,我国《公司法》既允许发行记名股票,也允许发行无记名股票;公司发行记名股票的,应当置备股东名册;并规定了记名股票的转让,由公司将受让人的姓名或者名称及住所记载于股东名册。据此应理解为,股份有限公司的无记名股票的持有人即为公司股东,而无记名股票的持有人则同时须将其姓名或名称及住所记载于股东名册,方为公司股东。

当公司亏损或破产的时候,股东的损失是他们投入的股份。如果股东不想再持有某个公司的股票,他可以到证券交易所出售股票。

2.债券

公司债券(bond)是公司所出具的债权凭证。债券持有人不是公司的部分所有人,不参加管理,但可按期取息。公司企业也可以不公开发行股票而私募资本组成责任有限公司,公司的所有者权利与义务与公开发行股票的公司相同。现代公司的所有权和管理权已经分离。公司的所有者是股东,管理者是股东所雇佣的董事和职员。

与其他企业形式相比,公司制企业有明显的优点,体现在:通过发行债券和股票,可以迅速募集巨额资本从事相当大规模的经营活动;公司作为法人,股东或高级职员的死亡或退出都不影响公司的存在;股东只承担有限责任,风险较小;企业的所有权与经营权容易分离,管理效率高。

但是公司制企业也存在若干缺点:公司设立程序复杂,组建费用高,由于所有权与经营权的分离,会产生委托代理问题等。

三、厂商存在的原因

企业为什么会存在?或者说企业的本质是什么?1937年,罗纳德·科斯(R.H.Coase)发表开创性论著《企业的性质》,创造性地利用交易成本分析了企业与市场的关系,阐述了企业存在的原因。在最原始的市场上,交易活动的双方都是个体生产者,到了近代,生产者绝大多数是企业,是什么原因导致企业的出现?科斯指出,企业本质是一种资源配置的机制,企业与市场是两种可以互相替代的资源配置方式。企业理论是新制度经济学的重要理论之一。科斯最早建立了新制度经济学的企业理论,他认为,企业是价格机制的替代物。阿尔奇安和德姆塞茨则不同意科斯的看法,他们认为企业是一种团队生产。沿着科斯的思路,张五常提出,企业是合约选择的一种形式;威廉姆逊则认为,企业是一种科层组织。20世纪七八十年代以后,经济学家们进一步分析了影响交易成本的具体因素,他们认为,企业是不完全合约的产物,这些研究使企业理论渐臻完善。

一些西方经济学家认为,企业作为生产的一种组织形式,在一定程度上是对市场的一种替代。我们可以设想两种极端的情况。在一种极端的情况下,每一种生产都由一个单独的个人来完成,如一个人想制造一辆汽车。于是他找到设计师,用签订合同的方式让设计师为他设计汽车,然后从发动机制造商处购买发动机,从音响供应商处购买音响,等等。这样,这个人就要和很多的中间产品的供应商进行交易,而且,还要和自己的产品的需求者进行交易。在这种情况下,所有的交易都通过市场在很多的个人之间进行。在另一种极端的情况下,完整的汽车在一个企业内部被生产出来,不需要通过市场进行任何的中间产品的交易,经济中所有的生产都在一个庞大的企业内部进行。由此可见,同一笔交易,既可以通过市场的组织形式来进行,也可以通过企业的组织形式来进行。企业之所以存在,或者说,企业和市场之所以同时并存,是因为有的交易在企业内部进行成本更小,而有的交易在市场进行成本更小。

企业与市场相比有哪些优势呢?首先,厂商在市场上购买中间产品是需要花费交易成本的,它包括企业在寻找合适的供应商、签订合同及监督合同执行等方面的费用。如果厂商能够在企业内部自己生产一部分中间产品,就可以消除或降低一部分交易成本,而且,还可以更好地保证产品的质量。其次,如果某厂商所需要的是某一特殊类型的专门化设备,而供应商一般不会愿意在只有一个买主的产品上进行专门化的投资和生产,因为,这种专有化投资的风险比较大。因此,需要该专门化设备的厂商就需要在企业内部解决专门化设备的问题。最后,厂商雇佣一些具有专门技能的雇员,如专门的产品设计、成本管理和质量控制等人员,并与他们建立长期的契约关系。这种办法要比从其他厂商那里购买相应的服务更为有利,从而也消除或降低了相应的交易成本。

何为交易成本?交易成本,简言之是为了交换活动而耗费的成本,即为了达成协议或完成交易所需耗费的经济资源。在信息不完备的条件下,受主客观因素的影响,欲使交易符合双方当事人的利益,交易合同就变得十分复杂,为追求一个完备合约,势必增加相应的费用。于是,由于市场合同的高费用而使一些交易采用企业内部交易方式。市场和企业是资源配置的两种可互相替代的手段。它们之间的不同表现在:在市场上,资源的配置由价格机制调节;在企业内,资源的配置则通过企业管理当局的管理协调完成。从资源配置的效率出发,为了节约交易成本,有些交易通过市场完成,有些交易在企业内完成,选择在哪里完成,依赖于市场定价的成本与企业的组织成本之间的平衡关系。

四、厂商的目标

厂商或者企业是为了销售而生产商品和服务的基本单位。在美国,有数百万个企业提供了国民所需商品和服务的85%左右,其余的15%是由政府和非营利机构提供的。显然,在市场经济中,厂商的经济活动处于一个十分重要的地位。

厂商为什么要进行生产经营活动,或者说厂商经济活动的目标是什么呢?

一般来说,经济学家假定厂商的目标是使它的利润最大化。在2007年3月16日通过的《中华人民共和国企业所得税法》中第一条有这样的描述："在中华人民共和国境内，企业和其他取得收入的组织（以下统称企业）为企业所得税的纳税人，依照本法的规定缴纳企业所得税。个人独资企业、合伙企业不适用本法。"从上面的解释和法条可以看出：首先企业是一种社会组织（也即部门，但是"部门"这个单词有着浓重的计划经济色彩，显得有些过时）；其次企业从事经济活动，也就是能够给社会提供服务或产品；最后企业是以取得收入为目的，即以营利为目的，即厂商从事经济活动的目的是为了获得利润。那什么是企业的利润？企业从销售产品中得到的货币量称为总收益(total revenue)。企业为购买投入所支付的货币量称为总成本(total cost)。利润(profit)就是企业总收益减去总成本的差额，即：利润＝总收益－总成本

须指出的是，经济学家对利润的定义与会计学家不同。经济学家所说的利润，不同于会计学家所说的目前的、短期的利润，而是指在长时期内，扣除了业主所提供的资本和劳动的报酬之后的利润。

虽然企业的目标是利润最大化的假定，初看起来是天经地义、理所当然的，但在实际经营活动中也并非都如此。首先，赚取利润通常需要时间和精力，如果企业的所有者同时又是经理，他们可能觉得为了闲暇而牺牲利润更合适一些，在这种情况下，假定所有者兼经理的目标同消费者一样，都是追求效用最大化而不是利润最大化可能更准确一些。其次，现实世界具有不确定性，在一个具有不确定性的世界中，最大利润并没有明确的定义。由于特定的行动不一定会产生唯一的、特定水平的利润，也许是多种不同水平的利润，每一种利润水平都有出现的概率，这样也就不能说厂商的目标是追求利润的最大化。尽管如此，不能否认利润最大化仍然是微观经济学中的标准假定，这在很大程度上是因为，对于微观经济学的许多重要目标来说，利润最大化是一个最接近实际的假定。利润最大化的理论，指出了一个想要尽可能多赚钱的企业应该如何经营，即使是对那些不追求利润最大化的企业来说，这一理论也还是有用的，因为它能够表明企业采取其他目标的行动会损失多少。同时，这一基本假定也符合理性的经济人假设在生产理论中的具体运用。

第二节 生产函数

一、生产要素

生产者是生产行为的核心，而生产要素则是生产的基础，厂商进行任何生产都必须投入生产要素。在经济学上，生产要素又称投入要素，它是指厂商在生产中使用的一切经济资源。生产过程中的生产要素类型一般划分为劳动、资本、土地和企业家才能。

劳动(L)是指在生产过程中所提供的人的体力和智力的总和，是劳动生产率的决定因素。

资本(K)是指投入到生产过程中的各种劳动产品或货币，因此可以是实物形态或者货币形态，如机器设备、厂房、原材料等称为实物资本或资本品，货币形态存在的称为货币资本，在研究生产理论时，主要指实物资本。

土地(N)是指在生产过程中使用的各种自然资源，不仅包括土地本身，还包括其他一切自然资源，如森林、湖泊、海洋和矿藏等。

企业家才能(E)是指企业家组织建立和经营管理企业的能力。企业家把劳动、资本、土地等生产要素组织起来进行生产经营活动并相应的承担市场风险。

二、生产函数

（一）生产函数的含义

生产是指厂商为了获得利益，把各种各样的生产要素组合起来，以提供产品或劳务的活动。从

纯技术意义上讲，生产就是投入转化为产出的过程。也就是说生产就是一种投入产出的关系，这种关系在经济学上用生产函数来描绘。所以，生产函数是指在一定技术条件下，厂商所投入的各种生产要素的组合比例与获得的产量之间的关系。如果用 $X_1,X_2,\cdots,X_N$ 表示第1，第2，…，第 N 种生产要素的投入量，用 Q 表示某商品最大的产出量，那么这种商品的生产函数是：

$$Q=f(X_1,X_2,\cdots,X_N) \tag{4-1}$$

例如，某家庭轿车生产厂每天生产200辆轿车。为了生产这些轿车，至少需要若干单位的原材料、工人劳动和机器设备等生产要素投入量。那么，200辆轿车和各种生产要素最小投入量之间的关系，或者轿车的最大产量和各种生产要素既定的投入量之间的关系，就是这家轿车生产厂在这个时期里的生产函数。

为了简化分析，生产理论通常假定生产中只有劳动 L 和资本 K 两种生产要素，故生产函数可以简化为：

$$Q=f(L,K) \tag{4-2}$$

研究生产函数一般都以特定的时期和既定生产技术水平作为前提条件，当这些因素发生变动时，相同的要素投入量可能生产出不同的产量，从而形成新的生产函数。生产函数所反映的要素投入量与产出量之间的依存关系具有普遍性，但不同厂商的生产函数的具体形式却有很大的不同，估算和研究生产函数对经济理论研究和生产实践都具有重要意义。

(二)技术系数

技术系数是指生产一定量的产品所需的各种生产要素的配合比例。技术系数分为可变技术系数和固定技术系数。可变技术系数是指生产一定量的产品所需的各种生产要素的配合比例是可以变动的，表明生产要素之间可以相互替代。例如，生产同样的产量，可以采用劳动密集型(即多用劳动少用资本)，也可以采用资本密集型(即多用资本少用劳动)。固定技术系数是指生产一定量的产品只存在唯一一种生产要素的配合比例，即生产要素之间不可替代，如果要增加产出，要素投入必须按照同一比例增加。例如，服装厂生产服装所需要的投入比例是一人一台缝纫机，增加缝纫机的数量就要相应增加缝纫机操作人员的数量。

西方经济学生产理论中主要研究可变技术系数的生产函数。

(三)生产函数的具体形式

1.柯布-道格拉斯生产函数

柯布-道格拉斯生产函数，又称 *C-D* 生产函数，是一个非常著名的生产函数，是由美国数学家柯布和经济学家道格拉斯于1928年根据历史统计资料提出的。该生产函数的一般形式是：

$$Q=AL^{\alpha}K^{\beta} \tag{4-3}$$

式中，Q 代表产量；L 和 K 分别代表劳动和资本的投入量；A 为规模参数，$A>0$；α 为劳动的产出弹性，表示劳动贡献在总产量中所占的份额($0<\alpha<1$)；β 为资本产出弹性，表示资本贡献在总产量中所占的份额($0<\beta<1$)。根据他们的测算，$A=1.01$，$\alpha=0.75$，$\beta=0.25$。故上式也可写为：

$$Q=1.01L^{0.75}K^{0.25} \tag{4-4}$$

很显然，这是一个线性齐次生产函数。它表明：在资本投入不变时，劳动投入增加1%能使产量增长0.75%；而在劳动投入不变时，资本投入增加1%，能使产量增长0.25%；如劳动和资本同时都增加1%，产量就会增长1%。

此外，柯布—道格拉斯生产函数规模报酬状况取决于 $\alpha+\beta$ 的数值大小。若：

$\alpha+\beta>1$，则规模报酬递增；

$\alpha+\beta=1$，则规模报酬不变；

$\alpha+\beta<1$，则规模报酬递减。

2.固定替代比例的生产函数

固定替代比例的生产函数表示在每一产量水平上任何两种生产要素之间的替代比例都是固定的。假定生产过程中只使用劳动和资本两种要素，则固定替代比例的生产函数的通常形式为：

$$Q=aL+bK \tag{4-5}$$

式中，Q 为产量；L 和 K 分别表示劳动和资本的投入量；常数 a、$b>0$。显然，这一线性生产函数相对应的等产量曲线是一条直线。

3.固定投入比例的生产函数

这一函数是指生产过程中的各种生产要素投入数量之间都存在固定不变的比例关系。固定投入比例生产函数表示在每一个产量水平上任何一对要素投入量之间的比例都是固定的。假定生产过程中只使用劳动和资本两种要素，则固定投入比例生产函数的通常形式为：

$$Q=\min\{\frac{L}{u},\frac{K}{v}\} \tag{4-6}$$

式中，Q 为产量，L 和 K 分别为劳动和资本的投入量；常数 u、$v>0$；分别为固定的劳动和资本的生产技术系数，它们分别表示生产一单位产品所需要的固定的劳动投入量和固定的资本投入量。式(4-6)的生产函数表示：产量 Q 取决于 u 和 v 这两个比值中较小的那一个，即使其中的一个比例数值较大，那也不会提高产量 Q。因为，在这里，常数 u 和 v 作为劳动和资本的生产技术系数是给定的，即生产必须按照 L 和 K 之间的固定比例进行，当一种生产要素的数量不能变动时，另一种生产要素的数量再多，也不能增加产量，式(4-6)中的 min 即指此而言。需要指出的是，在该生产函数中，一般又通常假定生产要素投入量 L、K 都满足最小的要素投入组合的要求，所以有：

$$Q=\frac{L}{u}=\frac{K}{v} \tag{4-7}$$

进一步地，可以有：

$$\frac{L}{K}=\frac{u}{v} \tag{4-8}$$

式(4-8)清楚地体现了该生产函数的固定投入比例的性质，在这里，它等于两种要素的固定的生产技术系数之比。对一个固定投入比例生产函数来说，当产量发生变化时，各要素的投入量将以相同的比例发生变化，所以，各要素的投入量之间的比例维持不变。

三、短期与长期

生产不仅需要各种生产要素，而且还需要时间。大到三峡工程、西气东输工程，小到一个馒头的生产制作都不可能一时之间就完成，投入转化为产出总是在一定时期内进行的，为了简化分析，经济学把生产区分为短期生产和长期生产来讨论。

如果厂商只能通过调整生产中部分投入要素来改变产量，这种生产就是短期生产。在短期生产中，厂商既面临技术约束，又面临固定要素的限制，它只能通过改变变动要素量，从而改变各种要素间的组合比例来调整产量。同时，由于技术和固定要素的限制，厂商无法对其生产规模进行调整，所以短期生产也可以看成是厂商在生产规模既定条件下的生产。

与短期生产不同，长期生产是指厂商能够通过调整生产中所有投入要素的数量来影响产量的生产。显然，在长期生产中，除了技术不变之外，厂商没有固定要素，一切生产要素都是可以随时间调整的。由于厂商能够对生产要素进行充分调整，它就可以增加生产潜力，扩大生产规模。从这个意义上讲，长期生产是厂商在规模变动条件下的生产。

需要注意的是，西方经济学所说的短期和长期并不是一段规定的时期（如一年、十年），而是以能否变动全部生产要素投入的数量作为划分标准的。对于不同的产品生产，短期生产和长期生产的时间规定是不一样的。例如，变动一个大型的钢铁生产企业的规模可能需5年，则其短期和长期的划分就是5年为界，而变动一个小餐馆可能只需一个月，则其短期和长期的划分就是一个月。

经济学在研究生产理论时，通常以一种可变要素的生产函数来分析短期的生产过程，以两种可变要素的生产函数来分析长期的生产过程。

第三节　一种可变投入要素的生产

本节介绍短期生产理论，下节介绍长期生产理论。微观经济学中常以一种可变要素的生产函数考察短期生产理论。

一、一种可变投入要素的生产函数

在生产函数 $Q=f(L,K)$ 中，短期内，假设资本数量不变，用 $\overline{K}$ 表示，只有劳动可随产量变化而调整，用 L 表示，则生产函数的形式为：

$$Q=f(L,\overline{K}) \tag{4-9}$$

这就是通常采用的一种可变投入要素的生产函数的形式，它也被称为短期生产函数。短期生产函数的经济含义是指，在资本投入固定时，劳动投入量的变化所引起的最大产量变化的关系。

二、总产量、平均产量和边际产量

在微观经济学中，产量的概念指的是实物量，而非产值。短期中常用的三个产量概念是总产量、平均产量和边际产量。

（一）总产量、平均产量和边际产量的概念

由短期生产函数 $Q=f(L,\overline{K})$，可以得到劳动的总产量(total product)、劳动的平均产量(average product)和劳动的边际产量(marginal product)这三个概念。

劳动的总产量(TP_L)是在资本投入既定的条件下，与一定可变生产要素劳动的投入量相对应的最大产量。其公式为：

$$TP_L=f(L,\overline{K}) \tag{4-10}$$

劳动的平均产量(AP_L)是指平均每个单位可变生产要素劳动所能生产的总产量。其公式为：

$$AP_L=\frac{TP_L(L,\overline{K})}{L} \tag{4-11}$$

劳动的边际产量(MP_L)是指每增加一单位可变要素劳动的投入量所能增加的总产量。其公式为：

$$MP_L=\frac{\Delta TP_L}{\Delta L} \tag{4-12}$$

我们举例说明总产量、平均产量、边际产量如何随投入量的变化而变化。以农产品生产为例，观察1亩地中劳动投入的变化所引起的某种农产品产量的变化。如表4-1所示

表 4-1 总产量、平均产量和边际产量

劳动的投入量 L	劳动的总产量/TP_L	劳动的平均产量/AP_L	劳动的边际产量/MP_L
0	0	—	—
1	10	10	10
2	30	15	20
3	60	20	30
4	80	20	20
5	95	19	15
6	108	18	13
7	112	16	4
8	112	14	0
9	108	12	−4
10	100	10	−8

(二)总产量、平均产量与边际产量曲线图

我们利用表 4-1 中的数据和总产量、平均产量、边际产量的关系可以绘制出图 4-1(假定劳动投入是连续的)。图中横坐标表示可变要素劳动的投入数量 L,纵坐标表示产量 Q,TP_L、AP_L 和 MP_L 三条曲线分别表示总产量曲线、平均产量曲线和边际产量曲线,这三条曲线都是先呈上升趋势,达到最大值后,再呈下降趋势。将三条产量曲线绘于同一个坐标图中,即成一张一种可变要素的生产函数的产量曲线图。

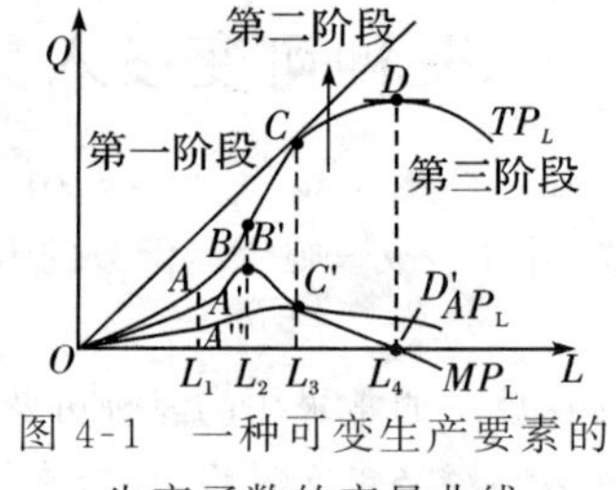

图 4-1 一种可变生产要素的生产函数的产量曲线

表 4-1 中的数据是我们随意列举的。尽管实际生产中可能并不存在一个实际的例子与该表中的数据完全相符,但是表中的数据却揭示了许多种产品生产的共同特征。

我们先看表 4-1 中第二栏总产量的数据与图 4-1 中总产量曲线。在我们的例子中,土地的投入始终不变,为 1 亩。劳动的投入连续发生变化。随着劳动投入的变化,总产量随之变化。直到劳动投入为 L_4 单位之前,总产量一直是上升的。当劳动投入增加到 L_4 单位之后,总产量开始下降。这说明在生产中,当某种要素投入增加到一定点以后,不能再增加该要素的投入,否则,不仅不会使总产量增加,反而会使总产量减少。从表 4-1 和图 4-1 还可以看出,尽管在劳动投入为 L_4 单位之前总产量一直是增加的,但是在劳动投入的不同阶段总产量递增的速率不同。在劳动投入的初级阶段,总产量以递增的速率增加;在劳动投入的后期阶段,总产量以递减的速率增加。虽然并非各种产品的生产都体现这一特征,但是,现实中许多产品的生产都显示了这一特征。平均产量和边际产量的变化也体现了和总产量相同的变化规律,这些特征既体现了劳动分工的优越性,又体现了边际报酬递减规律。

三、边际报酬递减规律

(一)边际报酬递减规律的内容

边际报酬递减规律是指在生产技术和其他要素的数量保持不变的条件下,如果等额地连续增加一种变动要素,产出的增加额表现出的先上升后下降的规律。例如在表 4-1 中,在资本 K 固定的条件下,等额增加劳动投入 L_1 个单位。在劳动投入量为 3 个单位及以前,边际产量(MP)是递增的;当劳动投入超过 3 个单位,劳动的边际产量开始递减;当劳动投入大于 8 个单位,边际产量就变

为负的了。边际产量这种从递增必然趋向递减的规律就是边际报酬递减规律。

需要指出的是:①边际报酬递减规律是建立在经验总结的基础上的,而不是从物理学或生物学规律中推导出来的;②这一规律适用于至少有一种投入要素固定不变的生产,而不适用于所有要素都能够调整的情况;③边际报酬递减规律是以生产技术严格不变为假定的,它不能预测在技术进步条件下增加单位变动要素会使产量发生什么样的变化。

(二)边际报酬递减规律的原因

边际产出的递减变动趋势,原因在于固定要素与变动投入要素之间存在一个最佳组合比例。如表 4-1 所示,在存在固定投入条件下,最初由于可变投入相对不足,变动要素与固定投入比例很不合理,固定要素得不到充分利用,从而限制了可变要素的生产效率,只能获得低产出率;随着可变要素的增加,可变要素与固定要素的比例趋于合理,固定要素的利用越来越充分,可变要素的生产效率也随之提高;但是,在固定投入得到充分利用之后,继续扩大可变投入量,单位变动要素只能利用越来越少的固定要素。固定要素的不足和变动要素投入的过多,使得资源配置比例越来越不合理,可变要素不能得到有效运用,于是生产效率降低。这样,投入增量所带来的产出增量或边际产量将随变动投入量增加而先递增,达到一定点后递减,甚至成为负值。边际报酬递减规律也适用于多种可变投入要素的生产。只要在生产过程中至少存在一种固定要素,连续追加可变投入要素,迟早会出现报酬递减的现象。

边际报酬递减规律是短期生产中存在的一条普遍规律。以农业生产为例,当增加劳动后对田地采取精工细作、沟渠灌溉更多,则产出会大大增加。但如果超过劳动的最佳投入量后,增加的劳动带来的产出会越来越少。最后当大量的劳动力都涌入田地后,产出不仅不会增加,还会造成耕地的破坏。

四、总产量、平均产量和边际产量之间的关系

(一)总产量和边际产量之间的关系

从定义来看,$MP_L=\Delta TP_L/\Delta L=\mathrm{d}TP_L/\mathrm{d}L$,可知边际产量是总产量的一阶导数,表示了总产量的变化率。两条产量曲线的形状恰好反映了这种关系。从图 4-1 来看,当劳动投入量从 0 增加到 L_2 时,MP_L 为正值且曲线呈上升趋势,由于 MP_L 表示 TP_L 的变化率,TP_L 曲线以递增的变化率上升;同理,当劳动量从 L_2 增加到 L_4 时,MP_L 为正值但曲线下降,TP_L 曲线以递减的变化率上升;当劳动投入量为 L_2 时,MP_L 曲线达到顶点,对应的 TP_L 曲线上的 B 点是 TP_L 曲线斜率递增和递减的拐点。当劳动投入量恰好为 L_4 时,$MP_L=0$,即相应的 TP_L 曲线斜率为零,TP_L 曲线达到最大值。当进一步增加劳动投入量时,MP_L 为负值,所以 TP_L 曲线开始下降。

此外,根据总产量和边际产量之间的关系,在已知 TP_L 曲线的情况下就可从中推出 MP_L 曲线,因为 TP_L 曲线任何一点的切线的斜率就是相应的 MP_L 值。如图 4-1 所示,当劳动投入量为 L_1 时,过 TP_L 曲线上 A 点的切线的斜率,就是相应的 MP_L 值,它等于 A' 的高度。

(二)总产量和平均产量之间的关系

由定义:$AP_L=TP_L/L$ 可知,任一劳动投入量的平均产量都可以用与该要素投入量对应的总产量曲线上的点与原点之间连线的斜率表示。图 4-1 中,当劳动投入量为 L_1 时,连接 TP_L 曲线上 A 点和坐标原点的线段 OA 的斜率为 AL_1/OL_1,AL_1/OL_1 就是相应的 AP_L 值,它等于 A'' 的高度。

(三)平均产量和边际产量之间的关系

从图 4-1 中可以看出,当劳动投入量小于 L_3 时,$MP_L>AP_L$,AP_L 曲线上升;当劳动投入量大

于 L_3 时，$MP_L < AP_L$，AP_L 曲线下降；当劳动投入量等于 L_3 时，$MP_L = AP_L$，且此时 AP_L 达到最大值。MP_L 与 AP_L 之间之所以会呈现这种关系，是因为就任何一对边际量和平均量而言，只要边际量大于平均量，就会把平均量拉上；反之，则边际量把平均量拉下。如某班级同学的平均身高是1.60米（平均量），新转来一名同学身高为1.65米（边际量），则全班同学的平均身高就会增加。反之，如果新加入的一名同学身高是1.55米（边际量），则全班同学的平均身高就会下降。

从图4-1中可以看到当 MP_L 与 AP_L 相交时，AP_L 必达到最大值。此时，OC 即是 TP_L 曲线上 C 点的切线，也是 C 点与原点的连线，其斜率即是 C 点所对应的劳动投入量 L_3 的 MP_L 值，也是 AP_L 值。由于 AP_L 是最大值，所以 OC 是从原点出发的最陡的切线。

五、短期生产的三个阶段

根据总产量、平均产量、边际产量的变化情况，可以把短期生产划分为三个阶段：第一阶段、第二阶段和第三阶段，如图4-1所示。

第一阶段（0—L_3 阶段）：收益递增阶段。在这一阶段中，劳动的边际产量始终大于劳动的平均产量，从而劳动的平均产量和总产量都在上升，且在这一阶段的终点 L_3 劳动的平均产量达到最大值。说明在这一阶段，可变生产要素相对于不变生产要素投入量显得过小，不变生产要素的使用效率不高，生产者增加可变生产要素的投入量就可以增加总产量。因此，生产者将增加生产要素投入量，把生产扩大到第二阶段。

第二阶段（L_3—L_4 阶段）：收益递减阶段。在这一阶段，劳动的边际产量小于劳动的平均产量，从而使平均产量递减。但由于边际产量仍大于零，所以总产量仍然连续增加，但以递减的变化率增加。在这一阶段的起点 L_3，AP_L 达到最大，在终点 L_4，TP_L 达到最大。

第三阶段（L_4 之后）：负收益阶段。在这一阶段，平均产量继续下降，边际产量变为负值，总产量开始下降。这说明，在这一阶段，生产出现剩余，可变生产要素的投入量相对于不变生产要素来说已经太多，生产者减少可变生产要素的投入量是有利的。因此，理性的生产者将减少可变生产要素的投入量，把生产退回到第二阶段。

由此可见，合理的生产阶段在第二阶段，理性的厂商将选择在这一阶段进行生产。至于选择在第二阶段的哪一点生产，要看生产要素的价格和厂商的收益。

第四节　两种可变投入要素的生产

本节介绍长期生产理论。我们以两种可变生产要素的生产函数来讨论长期生产中可变生产要素的投入组合和产量之间的关系。

一、两种可变投入要素的生产函数

长期中，所有的生产要素都是可变的，因此在长期中，生产函数可以写为：

$$Q = f(L, K) \tag{4-13}$$

式中，L 表示可变要素劳动的投入量；K 表示可变要素资本的投入量；Q 表示产量。该生产函数表示长期内在技术不变的条件下由两种可变生产要素投入量的一定组合所能生产的最大可能产量。

多数情况下，两种生产要素的数量不仅可以改变，且两者之间可以相互替代，因此，同一产量可以由两种要素的多种组合来生产。企业可以选择多使用资本少使用劳动的生产方式，或者选择少使用资本多使用劳动的生产方式，这对企业来说就面临着多种选择，究竟选择哪种生产方式，就要确定两种生产要素数量组合的合理比例。为分析这一问题，我们引入等产量曲线和等成本线。

二、等产量曲线

(一)等产量曲线的含义及特征

生产理论中的等产量曲线与效用理论中的无差异曲线是很相似的。

等产量曲线(isoquant curve)是指在技术水平不变的前提下,生产同一产量的两种生产要素投入数量的不同组合的轨迹,如图 4-2 所示。图中横坐标表示劳动 L 投入数量,纵坐标表示资本 K 投入数量,Q 表示既定产量水平,则与等产量曲线相对应的生产函数为:

$$Q=f(L,K)=Qi(i=1.2.3\cdots) \tag{4-14}$$

等产量曲线的纵坐标与横坐标所表示的并不是因变量与自变量的关系。图中,L 与 K 都是自变量,Q 才是因变量。图中三条等产量曲线,它们分别表示产量为 100、200 和 300 单位。以代表 100 单位产量的等产量曲线为例,既可以使用 A 点的要素组合(OL_1,OK_1)生产,也可以使用 B 点的要素组合(OL_2,OK_2)或 C 点的要素组合(OL_3,OK_3)生产。

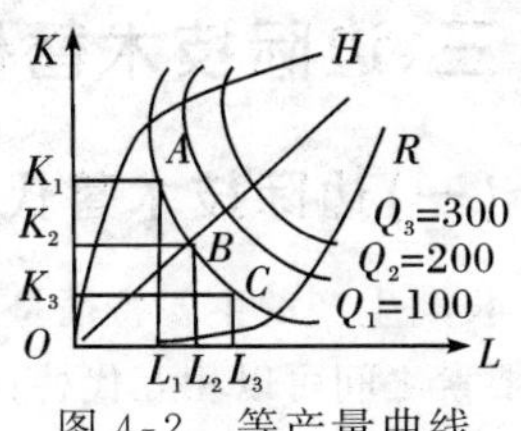

图 4-2 等产量曲线

等产量曲线具有以下特点

第一,等产量曲线的斜率可以为正,也可以为负。当等产量曲线斜率为正时,表明资本和劳动同时增加或减少,才可以维持总产量不变。这意味着,其中一种生产要素的投入量达到饱和状态,再增加这一要素的投入量,其边际产量反而为负值,这时为了保持总产量不变,只有增加另一种要素的投入量。图中的 OH 和 OR 曲线把等产量曲线分为两部分:一部分在 OH 和 OR 曲线以内,其斜率为负;另一部分在 OH 和 OR 曲线以外,其斜率为正。曲线 OH 和 OR 又称为等产量曲线的脊线,脊线说明了生产要素替代的有效范围。实际上,理性的厂商不会在脊线以外的区域生产,而只会在脊线以内的区域从事生产活动,因此两条脊线围成的生产区域又叫生产的“经济区域”。该区域相当于短期分析中生产三个阶段的第二阶段。

第二,距原点越远的等产量曲线表示的产量水平越高;反之,则越低。

第三,同一平面坐标上的任何两条等产量曲线不会相交。

第四,在经济区域内,等产量曲线凸向原点,其斜率为负,且斜率的绝对值递减。

最后要注意:由等产量曲线图的坐标原点引出的射线代表两种可变生产要素投入量的比例固定不变情况下的所有组合方式,射线的斜率等于固定不变的两要素投入量的比例,这条射线表示要素投入量的不变比例的组合和可变的产量之间的关系。

(二)等产量曲线的类型

1.直角型等产量线

在技术条件不变时,如果两种生产要素只能采用一种固定比例进行生产,且两种生产要素不能互相替代,则等产量曲线呈直角形,如图 4-3 所示。图中等产量线的顶角(如 A、B、C 点)代表投入要素最优组合点。比如生产 Q_1 的产量,以用劳动 L_1 和资本 K_1,如果资本固定在 K_1 上,无论 L 如何增加,产量也不会变化。同样的道理也适用于劳动固定不变的情形。只有当劳动和资本同时按固定比例增加,图中从 A 点到 B 点,才会使产量从 Q_1 增加到 Q_2。在这种等产量曲线中,单独增加的生产要素的边际产量为 0。

2.直线型等产量线

在技术条件不变时,两种投入要素之间可以完全替代,且替代比例为常数。此时,等产量曲线为一条直线,如图 4-4 所示。这种等产量曲线下,企业可以资本为主(如点 A),或以劳动为主(如点 C),两者按特定比例的任意组合(如点 B)生产相同的产量。

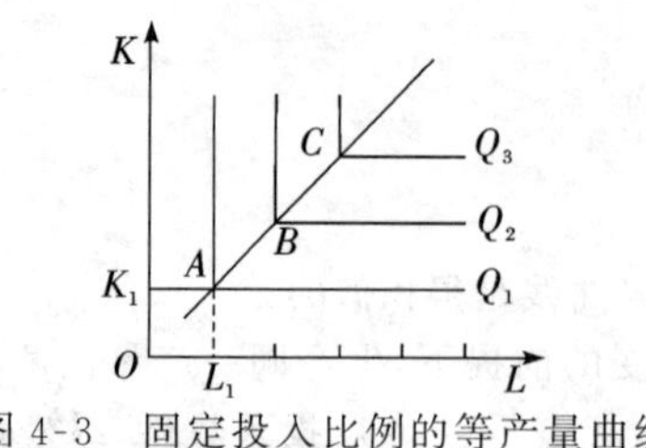

图 4-3 固定投入比例的等产量曲线

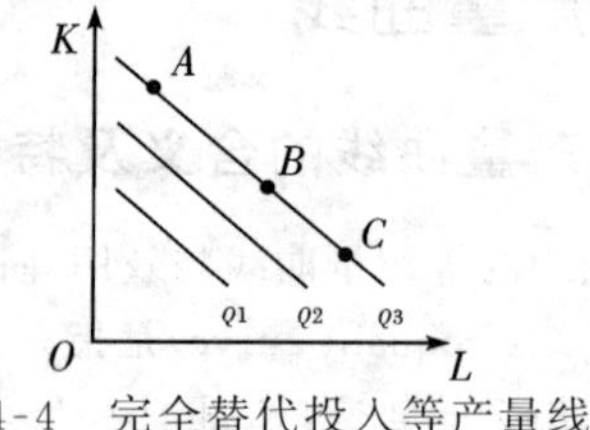

图 4-4 完全替代投入等产量线

三、边际技术替代率

(一)边际技术替代率

长期生产的主要特征是不同比例的要素组合可以生产同一产量水平,即在维持同一产量水平时,要素之间可以相互代替。边际技术替代率是研究要素之间替代关系的一个重要概念,它是指在维持产量水平不变的条件下,增加一单位某种生产要素投入量时所减少的另一种要素的投入数量。以 $MRTS_{LK}$ 表示劳动对资本的边际技术替代率,则:

$$MRTS_{LK}=-\frac{\Delta K}{\Delta L}\text{或}MRTS_{LK}=\lim_{\Delta L\to 0}-\frac{\Delta K}{\Delta L}=-\frac{\mathrm{d}K}{\mathrm{d}L} \tag{4-15}$$

式中:ΔK 和 ΔL 分别表示资本投入量的变化量和劳动投入量的变化量,加负号是为了使 $MRTS_{LK}$ 为正值,以便于比较。式(4-15)说明等产量曲线上某一点的边际技术替代率就是等产量曲线上该点斜率的绝对值。边际技术替代率还可以表示为两要素的边际产量之比,即:

$$MRTS_{LK}=-\frac{\Delta K}{\Delta L}=\frac{MP_L}{MP_K} \tag{4-16}$$

上述关系是因为边际技术替代率是建立在等产量曲线的基础上,所以对于任意一条给定的等产量曲线来说,用劳动投入代替资本投入时,在维持产量水平不变的前提下,由增加劳动投入量所带来的总产量的增加量和由减少资本量所带来的总产量的减少量必然相等。

(二)边际技术替代率递减规律

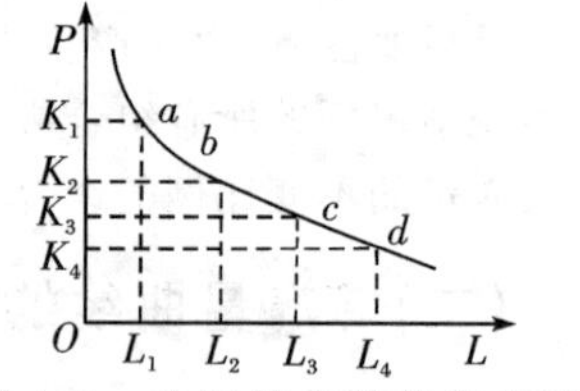

图 4-5 边际技术替代率递减

边际技术替代率递减规律是指在维持产量水平不变的前提下,当一种生产要素的投入量不断增加时,每一单位该生产要素所能替代的另一种生产要素的数量是递减的。以图 4-5 为例,当要素组合沿着等产量曲线由 a 点按顺序移动到 b、c 和 d 点的过程中,劳动投入等量的由 L_1 增加到 L_2、L_3 和 L_4。即:$L_2L_1=L_3L_2=L_4L_3$,相应的资本投入量减少为 $K_1K_2>K_2K_3>K_3K_4$,这恰好说明了边际技术替代率是递减的。

边际技术替代率递减的原因在于边际报酬递减。以劳动对资本的替代为例,随着劳动对资本的不断替代,劳动的边际产量逐渐下降,而资本的边际产量逐渐上升,因此,作为逐渐下降的劳动的边际产量与逐渐上升的资本的边际产量之比的边际技术替代率是递减的。

四、等成本线

生产理论中等成本线类似于效用理论中的预算线,因此也称为企业的预算线,是在企业成本和生产要素价格既定的条件下,生产者所能购买的两种生产要素数量的各种组合点的轨迹。假定厂商既定的成本支出为 C,要素市场上劳动的价格用工资率 ω 表示,资本的价格用利息率 γ 表示,则成本方程为:

$$C=\omega L+\gamma K \tag{4-17}$$

或

$$K=-\frac{\omega}{\gamma}L+\frac{C}{\gamma} \tag{4-18}$$

根据以上式子可得到等成本线，如图 4-6 所示。图中的等成本线在横轴的截距$\frac{C}{\omega}$表示全部成本支出用于购买劳动时所能购买的最大数量，等成本线在纵轴上的截距$\frac{C}{\gamma}$表示全部成本支出用于购买资本时所能购买的最大数量，等成本线的斜率为$-\frac{\omega}{\gamma}$，其大小取决于劳动和资本两要素相对价格的高低。

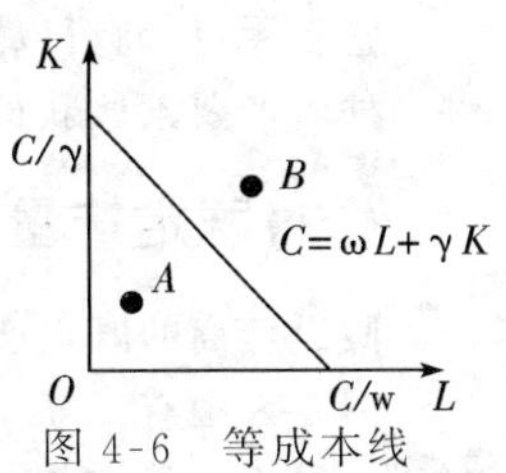

图 4-6　等成本线

在图 4-6 中，等成本线将坐标平面分为三部分。在等成本线以内的区域，其中的任意一点（如 A 点）表示既定的总成本没有用完；等成本线以外的区域其中的任意一点（如 B 点）表示既定的成本不够购买该点的劳动和资本的组合；等成本线其上的任意一点表示既定的全部成本刚好能购买的劳动和资本的组合。

通过以上的分析可知，如果两种生产要素的相对价格不变，等成本线的斜率就不会发生变化，在同一平面上，可以有许多条等成本线，距离原点越远的等成本线代表成本水平越高。如果厂商的成本或要素的价格发生变动，都会使等成本线发生变动。其变动情况同效用理论中预算线的变动类似。

五、生产要素投入的最优组合

生产要素的最优组合是指在既定的成本条件下实现最大产量或既定产量条件下实现最小成本的生产要素组合。生产要素的最优组合也称为生产者的均衡。在长期生产中，生产要素的投入数量都是可变的，所以任何一个理性的生产者都会选择最优的生产要素组合进行生产，从而实现利润的最大化。下面对两种生产的均衡情况分别进行分析。

(一)既定成本条件下的产量最大化

假定厂商的既定成本为 C，劳动的价格为 ω，资本的价格为 γ，把等成本线和等产量线画在同一个坐标平面中，就可确定企业在既定成本下实现最大产量的最优要素投入组合点，即生产均衡点，如图 4-7 所示。

图 4-7 中只有一条等成本线 AB，说明厂商的成本既定，可供厂商选择的产量水平有很多，图中画出了 3 个产量水平 Q_1、Q_2、Q_3。图中等产量线 Q_1 代表的产量水平最高，但处于等成本线以外的区域，表明厂商在既定成本条件下，不能购买到生产 Q_1 产量所需的要素组合，因此 Q_1 代表厂商在既定成本下无法实现的产量。等产量线 Q_2 和 Q_3 代表的产量水平表示厂商在既定成本下都可买到所需的要素组合，但 $Q_2>Q_3$，所以在既定成本下可生产的最大产量是等产量线 Q_2 代表的产量水平，即生产要素最佳投入组合在 E 点，生产者均衡的条件是代表既定成本线与它可能达到的最高等产量曲线相切，在切点处有：

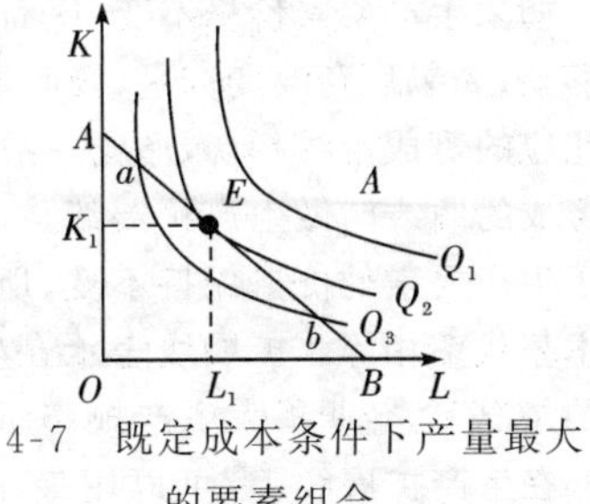

图 4-7　既定成本条件下产量最大的要素组合

$$MRTS_{LK}=\frac{\omega}{\gamma} \tag{4-19}$$

它表示：为了实现既定成本条件下的最大产量，厂商必须选择最优的生产要素组合，使得两要素的边际技术替代率等于两要素的价格比例。这就是两种要素的最优组合原则。

进一步有：

$$\frac{MP_L}{\omega}=\frac{MP_K}{\gamma} \tag{4-20}$$

它表示：厂商可以通过对两要素投入量的不断调整，使得最后一单位的成本支出无论用来购买哪一种生产要素所获得的边际产量都相等，从而实现既定成本条件下的最大产量。

(二)既定产量条件下的成本最小化

假设厂商的既定产量为Q，则可用图4-8来分析既定产量下的最优生产要素组合。

图4-8中有一条等产量线Q，三条等成本线AB、$A'B'$和$A''B''$。等产量线Q代表既定的产量，三条等成本线斜率相同，但总成本支出不同：$C_{AB}>C_{A'B'}>C_{A''B''}$。

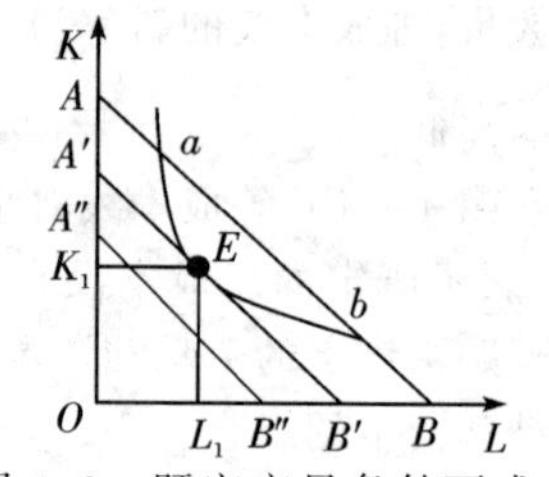

图4-8 既定产量条件下成本最小的要素组合

图4-8中等成本线$A''B''$与等产量线Q没有交点，等产量线Q在等成本线$A''B''$以外，所以产量Q是在$A''B''$成本水平下无法实现的产量水平。等成本线AB与等产量线Q有两个交点a、b，但其代表的成本过高。等成本线$A'B'$与等产量线Q相切于E点，所以，等成本线$A'B'$所代表的成本是既定产量下的最低成本，只有在切点E，才是厂商的最优生产要素组合。在切点有：

$$MRTS_{LK}=\frac{\omega}{\gamma} \tag{4-21}$$

进一步有：

$$\frac{MP_L}{\omega}=\frac{MP_K}{\gamma} \tag{4-22}$$

由此可见，厂商在既定产量条件下实现最小成本与既定成本条件下实现最大产量的两要素的投入组合条件是相同的。

六、扩展线

在其他条件不变时，当生产的产量或成本发生变化时，企业会重新选择最优的生产要素组合，在变化了的产量条件下实现最小成本，或者在变化了的成本条件下实现最大产量。图4-9说明了这种情况。

如果生产要素价格不变，厂商的经费支出增加，等成本线会平行地向上移动；如果厂商改变产量，等产量线也会发生平移。这些等产量曲线将与相应的等成本线相切，形成一系列生产者均衡点，把所有这些点连接起来形成的曲线叫做生产扩展线。图4-9中的曲线ON就是一条扩展线。由于生产要素的价格保持不变，所以扩展线上的所有生产均衡点的边际技术替代率相等。扩展线表示在生产要素价格、生产技术和其他条件不变的情况下，企业扩大生产规模所引起的生产要素最优组合点移动的轨迹。在生产扩展线上，可以用最小成本生产最大产量，从而获得最大利润，所以厂商愿意沿此路径扩大生产，但厂商究竟会把生产推进到扩展线上的哪一点上，单凭扩展线是不能确定的，还要看市场上需求的情况。

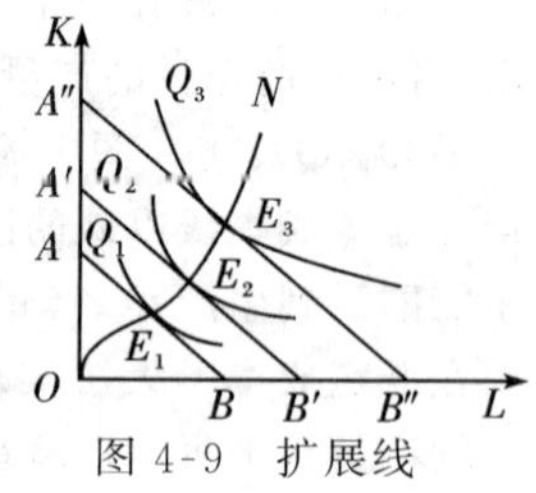

图4-9 扩展线

七、规模报酬

长期中，厂商生产规模变动与所引起的产量变化的关系即为规模报酬问题。在生产理论中，常以全部生产要素以相同的比例变化来定义企业的生产规模变化。因此,所谓规模报酬是指在其他条件不变的情况下,各种生产要素按相同比例变动所引起的产量的变动。根据产量变动与投入变动之间的关系可以将规模报酬分为三种:规模报酬不变、规模报酬递增和规模报酬递减三种情况。

(一)规模报酬不变

规模报酬不变是指产量增加的比例等于各种生产要素投入增加的比例。如图 4-10 所示,生产要素的投入数量扩大某一倍数,产出也增加相应的倍数。如图中当劳动和资本投入分别为 2 个单位时,产出为 100 个单位,当劳动和资本分别为 4 个单位时,产出为 200 个单位。产出与投入增加相同的倍数。

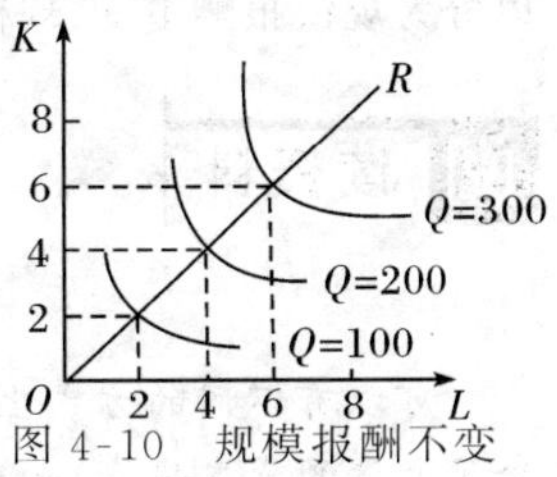

图 4-10 规模报酬不变

(二)规模报酬递增

规模报酬递增是指产量增加的比例大于各种生产要素投入增加的比例。如图 4-11 所示,劳动和资本扩大一个很小的倍数就可以导致产出扩大很大的倍数。当劳动和资本分别投入为两个单位时,产出为 100 个单位,但生产 200 单位产量所需的劳动和资本投入分别小于四个单位。产出是原来的 2 倍,投入却不到原来的 2 倍。现实中,一些规模较大的企业在其生产过程中都享有一定程度的规模报酬递增,这是因为企业生产规模扩大所带来的生产效率的提高。

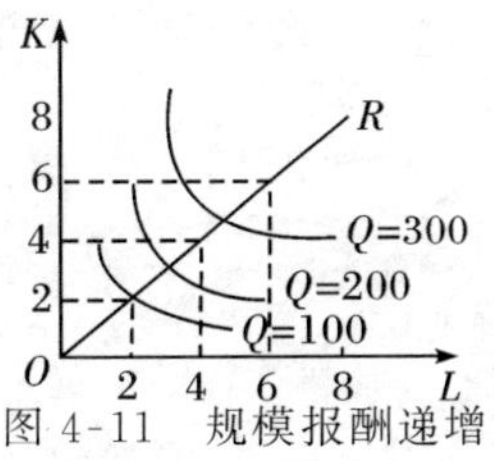

图 4-11 规模报酬递增

(三)规模报酬递减

规模报酬递减是指产量增加的比例小于各种生产要素增加的比例。如图 4-12 所示,劳动与资本扩大一个很大的倍数,而产出只扩大很小的倍数;劳动与资本扩大一个很大的倍数,而产出只扩大很小的倍数。如图中,当劳动与资本投入为 2 个单位时,产出为 100 个单位;但当劳动与资本分别投入为 4 个单位时,产出低于 200 个单位,投入是原来的 2 倍,但产出却不及原来的 2 倍。产生规模报酬递减的原因是企业生产规模过大,使生产的各方面难以协调,从而降低了生产效率。

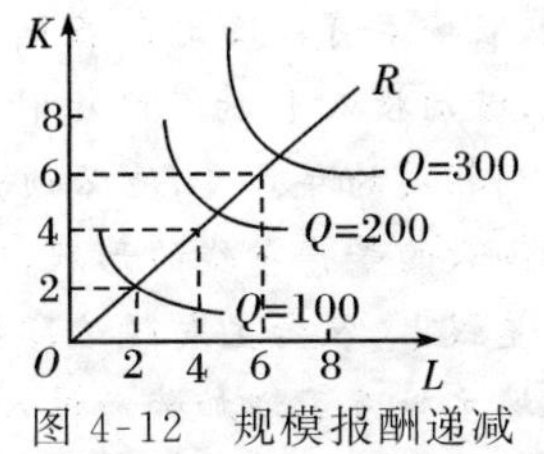

图 4-12 规模报酬递减

规模报酬变化一般呈现如下规律:当企业从最初很小的生产规模开始逐渐扩大时,面临的是规模报酬递增的阶段。在企业得到了由生产规模扩大所带来的产量递增的全部好处后,一般会继续扩大生产规模,这时企业将进入规模报酬不变的阶段,且这个阶段可能会很长。此后,企业若继续扩大生产规模,将进入规模报酬递减的阶段。

本章小结

(1)生产函数表示在一定时期内,在技术水平不变的情况下,生产中所用的各种生产要素的数量与所能生产的最大产量之间的关系。常见的生产函数有柯布—道格拉斯生产函数、固定比例生产函数等。

(2)通过对一种可变要素的生产函数的分析,可以学到总产量曲线、边际产量曲线和平均产量曲线之间的关系及厂商合理的生产阶段等。

(3)边际报酬递减规律是指:在技术水平不变的条件下,当把一种可变的生产要素投入到一种或几种不变的生产要素中时,最初这种生产要素的增加会使产量增加,但它增加超过一定限度时,增加的产量将会递减,最终使产量下降。

(4)两种可变要素的生产函数的分析介绍了边际技术替代率递减规律、生产要素的最优组合及扩展线等概念。

(5)厂商的生产规模变动与所引起的产量变化的关系即为规模报酬问题。企业的规模报酬可以分为规模报酬不变、规模报酬递增和规模报酬递减三种情况。

阅读资料

小麦的生产函数

可以有不同的方式生产谷物,在美国的大型农场中,粮食的生产一般是资本密集型的,其中包含了大量的资本投资,如建筑物、设备和少量的劳动投入;但是,粮食的生产也可以采用精耕细作的方式,用较少的资本、较多的人力来完成。描述农业生产过程的方式之一是用一条(或多条)等产量线,描出生产出特定产量的投入组合。

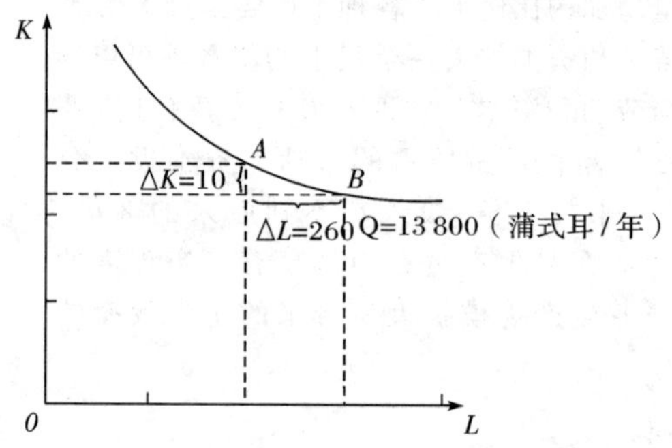

图 4-13 小麦生产统计图示

图 4-13 中的等产量线对应 13 800 蒲式耳的小麦年产量,它与生产函数相关,利用这条等产量线,农场主可以决定在雇佣劳动和使用机器之间何者更合算。假设农场的经营状况目前处于 A 点,劳动投入 L 为 500 小时,资本投入 K 为 100 台机器时,农场主决定减少机器的使用时间。为了得到相同的年产量,他必须多投入 260 小时的劳动。农场主的这个尝试使他逐步了解了小麦的生产函数的等产量线的形状,比较图中的 $A(L=500,K=100)$ 与 $B(L=760,K=90)$,它们都位于等产量线上,农场主发现边际技术替代率等于 0.04,即 $-\Delta K/\Delta L=-(-10)/260=0.04$。$MRTS$ 使农场主知道了增加劳动投入与减少机器使用之间的权衡关系。因为 $MRTS$ 永远小于 1,农场主明白当工人的工资等于机器运行的成本时,他将付出更多的资本(在目前的生产水平上,他必须以 260 单位的劳动去替代 10 单位的资本)。事实上,农场主知道,除非劳动的价格比机器单位时间的使用成本低廉得多,否则,他的生产方式应更趋向于资本密集型。我们在下一章中会具体讨论劳动与资本的投入数量。尽管如此,这个例子已经表明,了解等产量线和边际技术替代率对一个经理人员而言是十分有益的,它同时说明了为什么在劳动相对昂贵的加拿大和美国,生产大多处于 $MRTS$(资本—劳动比)比较高的阶段,而一些劳动力成本较低廉的发展中国家,则处于较低的 $MRTS$ 阶段。

本章习题

一、名词解释

生产函数　短期　长期边际产量　边际报酬递减规律　等产量曲线　边际技术替代率　生产者均衡　扩展线　规模报酬

二、选择题

(1)当生产函数 $Q=f(L,K)$ 的 AP_L 为正且递减时,MP_L 可以是(　　)。

A.递减且为正　　B.递减且为负

C.为零　　D.上述任何一种情况

(2)关于生产函数 $Q=f(L,K)$ 的生产的第二阶段应该(　　)。

A.开始于 AP_L 开始递减处(即 AP_L 的最高点),终止于 MP_L 为零处

B.开始于 AP_L 曲线和 MP_L 曲线的相交处,终止于 MP_L 曲线和水平轴的相交处

C.上述两种说法都对

D.上述两种说法都不对

(3)在维持产量水平不变的条件下,如果企业增加二个单位的劳动投入量就可以减少四个单位的资本投入量,则有(　　)。

A.$MRTS_{LK}=2$,且 $MP_K/MP_L=2$

B.$MRTS_{LK}=1/2$,且 $MP_K/MP_L=2$

C.$MRTS_{LK}=2$,且 $MP_K/MP_L=1/2$

D.$MRTS_{LK}=1/2$,且 $MP_K/MP_L=1/2$

(4)在以横轴表示劳动数量和纵轴表示资本数量的坐标平面内所绘出的等成本线的斜率为(　　)。

A.ω/γ　　B.$-\omega/\gamma$　　C.γ/ω　　D.$-\gamma/\omega$

(5)对于生产函数 $Q=f(L,K)$ 和成本方程 $C=\omega L+\gamma K$ 来说,在最优的生产要素组合点上应该有(　　)。

A.等产量曲线和等成本相切　　B.$MRTS_{LK}=\omega/\gamma$

C.$MP_L/\omega=MP_K/\gamma$　　D.上述说法都对

(6)生产理论中扩张线类似于消费者理论中的那种曲线(　　)。

A.恩格尔曲线　　B.收入—消费线

C.价格—消费线　　D.预算线

(7)边际技术替代率沿着等产量曲线从左上方向右下方的变化规律是(　　)。

A.呈递减趋势　　B.呈递增趋势

C.呈不变趋势　　D.呈先增后减趋势

(8)如果连续地增加某种生产要素,在总产量达到最大值时,边际产量曲线与(　　)相交。

A.平均产量曲线　　B.纵轴

C.横轴　　D.总产量曲线

(9)当边际产量大于平均产量时,则(　　)。

A.平均产量增加　　B.平均产量减少

C.平均产量不变　　D.平均产量达到最低点

(10)无数条等产量曲线与等成本线的切点连接起来的曲线是(　　)。

A.无差异曲线　　B.消费可能线

C.收入消费线　　D.生产扩展线

三、计算题

(1)已知生产函数为 $Q=(L,K)=KL-0.5L^2-0.32K^2$,$Q$ 表示产量,K 表示资本,L 表示劳动。令上式的 $K=10$ 单位。

①写出劳动的平均产量(AP_L)函数和边际产量(MP_L)函数。

②分别计算当总产量、平均产量和边际产量达到极大值时厂商雇佣的劳动。

③证明 AP_L 达到极大时 $AP_L=MP_L=2$。

(2)已知某企业的生产函数为 $Q=L^{2/3}K^{1/3}$，劳动的价格=2，资本的价格=1，求：

①当成本 $C=3\ 000$ 时，企业实现最大产量时的 L、K、和 Q 的均衡值。

②当产量 $Q=800$ 时，企业实现最小成本时的 L、K、和 C 的均衡值。

(3)在下列生产函数中，哪些属于规模报酬递增、不变和递减？

①$f(K,L)=K^2L$。

②$f(K,L)=K+2L$。

③函数 $f(K,L)$ 具有如右的特性：$f(bK,bL)=fb^{1/2}(K,L)$。

(4)某企业以变动要素 L 生产食品，短期生产函数为 $Q=12L+6L^2-0.1L^3$。

求：①AP_L 最大时，需雇佣多少工人？

②MP_L 最大时，需雇佣多少工人？

(5)某服装厂的长期生产函数为 $Q=20L+65K-0.5L^2-0.5K^2$，每期总成本 $TC=2\ 200$ 元，要素价格 $\omega=20$ 元，$\gamma=50$ 元，求企业 L 和 K 的最优投入量以及最大产量。

(6)下面是一张一种可变要素的短期生产函数的产量表：

可变要素的数量	可变要素的总产量	可变要素的平均产量	可变要素的边际产量
1		2	
2			
3	24	12	
4			
5	60		
6	1		6
7	70		
8			0
9	63		

要求：①在表中填空；

②该生产函数是否表现出边际报酬递减？若是，从第几单位的可变要素投入量开始。

四、思考题

(1)什么是边际报酬递减规律，结合实际分析说明生产中存在着这一现象。

(2)生产中的规模报酬呈现什么样的规律。

第五章　成本理论

■ 学习要点

☆ 机会成本与会计成本
☆ 成本函数
☆ 短期成本
☆ 长期成本
☆ 规模经济与规模不经济

成本的高低决定利润的多寡，所以成本是企业、政府乃至消费者进行经济决策的重要因素。厂商的利润最大化理论也是以成本分析为基础的，因此本章实际上是上一章所讨论问题的延续。在前面的生产函数分析中，已经揭示了厂商要素的经济投入区间、资源合理配置的原则以及适度规模的确定。本节要从成本函数的角度，分析不同生产时期内厂商成本的变动规律和相互关系，从而揭示厂商的成本决策。

第一节　成本的概念

企业的生产成本通常被看成是企业对所购买的生产要素的货币支出。即生产中投入的生产要素数量与单位要素的价格乘积。因此该乘积的大小取决于两个基本因素：产量 Q 和各种生产要素的价格 P。成本函数可表示为：

$$C=f(Q,P) \tag{5-1}$$

然而，西方经济学家指出，在经济学的分析中，仅从这样的角度来理解成本概念是不够的。西方经济学的成本概念与会计学上的成本概念是有区别的，不能将其混为一谈。

一、机会成本

通常认为，企业发生的成本，仅包括企业为了获得资源的使用而必须发生的货币支出。然而，企业的货币支出只是企业成本的一部分。西方经济学是从稀缺资源配置的角度来研究生产一定数量某种产品所必须支付的代价，这意味着必须用机会成本概念来研究厂商的生产成本。所谓机会成本是指厂商将一定资源用做某种用途时所放弃的其他各种用途中的最大收入，或者是将一定资源保持在这种用途上必须支付的成本。例如，金属铝能够用来制造飞机、炊具、门窗和易拉罐等，当铝被用来生产飞机时，一些其他可选择的产品的价值就要被放弃。按照经济学家的定义，生产某一特定的产品的成本，是生产该产品时所使用的资源如果用来生产其他产品时其他产品的价值。例如，生产飞机的成本，是飞机生产中所使用的人力、机器设备和原材料如果不用于飞机的生产而用于生产其他商品或服务时，这些商品或服务的价值。对一个企业来说，要素的成本是这些要素的可选择用途中最有价值的用途的价值，要素的成本和企业的生产函数一起决定生产该产品的成本。

西方经济学中生产成本概念与会计成本概念的区别在于后者不是从机会成本而是从各项直接费用的支出来统计成本的。例如，当一个厂商决定将一吨原油用做燃料时，就不能再用这一吨原油生产化纤等其他产品。假定原油价格为 1 000 元，可发电 1 000 度，或可生产化纤 500 吨。假定化纤收入是各种产品中最高的，则用一吨原油发电的机会成本就是一吨原油所能生产的化纤。即发电 1 000 度的机会成本是 500 吨化纤，每一度电的机会成本为 0.5 吨化纤。假定化纤价格为 10 元每吨，则用货币表示的每一度电的机会成本是5元，而会计成本仅为1元。

经济分析的目的在于考察资源的最优配置，采用机会成本能够促使各种要素用于最优的途径。需要注意的是机会成本并不是企业实际支付的成本，而是人们在决策中必须考虑到的一个重要概念，因而可以将这一概念推广到任何有关人类行为的决策过程中去。

利用机会成本概念进行经济分析的前提条件是：资源是稀缺的；资源具有多种用途；资源已经得到充分利用；资源可以自由流动。

二、社会成本与私人成本

社会成本是指对整个社会来说所发生的成本，它反映了社会可获得的资源的最好替代用途。私人成本是指对生产者来说所发生的成本，它反映了生产者可以得到的资源的最好替代用途。

私人成本通常是按照企业所使用的资源的市场价格来计算的。如果资源的市场价格准确地反映了资源的最好替换用途所体现出来的对社会的价值，私人成本与社会成本就是一致的。然而，并不是所有的资源都有市场价格，资源的市场价格也并不总是能够准确反映该资源的社会价值，这样，生产一种商品的私人成本就常常与它的社会成本不一致。例如，一个造纸厂可能会向附近的河流排放废水，对于工厂来说，排放废水的成本仅仅是把废水从工厂输送到河流里所发生的费用，然而，河流被污染后，它供人们生活的用途就被破坏了。这样，对其他人、对社会就发生了额外的成本，此时的私人成本与社会成本就不一致。

由于私人成本与社会成本常常不一致，这就要求通过公共政策措施来补救。

三、显性成本与隐性成本

对于生产的私人成本，我们还有必要区分它的两种类型：一种是显性成本，一种是隐性成本。

显性成本就是一般会计学上的成本概念，是指厂商在生产要素市场上购买或租用所需要的生产要素的实际支出，这些支出是在会计账目上作为成本项目记入账上的各项费用支出。它包括厂商支付所雇佣的管理人员和工人的工资、所借贷资金的利息、租借土地、厂房的租金以及用于购买原材料或机器设备、工具和支付交通能源费用等支出的总额，即厂商对投入要素的全部货币支付。

隐性成本是对厂商自己拥有的，且被用于该企业生产过程的那些生产要素所应支付的费用。这些费用并没有在企业的会计账目上反映出来，所以称为隐性成本。企业在计算成本时，隐性成本常被忽略。例如，厂商将自有的房屋建筑作为厂房，在会计账目上并无租金支出，不属于显性成本。但西方经济学认为既然租用他人的房屋需要支付租金，那么当使用厂商自有房屋时，也应支付这笔租金，所不同的是这时厂商是向自己支付租金。从机会成本的角度看，隐性成本必须按照企业自有生产要素在其他最佳用途中所能得到的收入来支付，否则，厂商就会把自有生产要素转移到其他用途上，以获得更多的报酬。例如，如果他为别人工作每月可以收到1 000元的工资，把钱投资到其他企业可以收到3 000元股息，他就应该按照1 000元和3 000元来分别计算自己的劳动和资本的价值，这些价值是他自己办企业时所发生的隐性成本。隐性成本应该包括在企业的总成本中，不计隐性成本将会导致严重的错误。因此在经济分析中，除了考虑显性成本外，还要考虑隐性成本，也就是企业的经济成本既包括显性成本，也包括隐性成本。

经济学中的成本概念与会计学成本概念之间的关系，可以用下列公式表示：

会计成本＝显性成本

经济成本＝机会成本

机会成本＝隐性成本＋显性成本

四、可回收成本与沉没成本

在经济学家眼中，企业生产的真实成本不仅会被低估，而且也会被高估。这是因为经济学中把成本区分为可回收成本与沉没成本两种类型。已经发生的成本，有的（如办公楼、汽车、计算机等）可以通过出售或出租的方式在很大程度上加以回收，属于可回收成本；有的则不可能回收，属于沉没成本。因而，沉没成本是指已经支出并且无法收回的成本。在经济生活中，沉没成本也有大量表现。例如，企业因为广告支出发生的成本，在办公楼悬挂企业标志发生的成本，按企业要求设计的专用设备，在企业重组中雇佣财务、法律专家所发生的成本，等等。企业在进行决策时，不应考虑沉没成本，也就是说如果当未来市场和赢利等条件表明企业应当从某个市场退出时，不应该因为广告和其他沉没成本支出而改变或延迟退出的决策。

五、利润

利润是收益与成本的差额。一般在计算利润时减去的成本是会计成本，而经济学中的成本是指机会成本，既包括显成本也包括隐成本。因此，经济学中的利润概念与会计利润不一样。经济学中的利润概念是指经济利润。

从前面的介绍已经知道，隐成本是指稀缺资源投入任一种用途中所能得到的正常的收入，如果在某种用途上使用经济资源所得的收入还抵不上这种资源正常的收入，该厂商就会将这部分资源转向其他用途以获得更高的报酬。因此，西方经济学中隐成本又被称为正常利润。将会计利润再减去隐成本，就是经济学中的利润概念，即经济利润。企业所追求的利润就是最大的经济利润。可见正常利润相当于中等的或平均的利润，它是生产某种产品所必须付出的代价。因为如果生产某种产品连正常或平均的利润都达不到，资源就会转移到其他用途中去，该产品就不可能被生产出来。而经济利润相当于超额利润，亦即总收益超过机会成本的部分。所以经济利润可以为正、负或零。

在西方经济学中经济利润对资源配置和重新配置具有重要意义。如果某一行业存在着正的经济利润，这意味着该行业内企业的总收益超过了机会成本，生产资源的所有者将要把资源从其他行业转入这个行业中。因为他们在该行业中可能获得的收益超过该资源的其他用途。反之，如果一个行业的经济利润为负，生产资源将要从该行业退出。经济利润是资源配置和重新配置的信号。正的经济利润是资源进入某一行业的信号，负的经济利润是资源从某一行业撤出的信号，只有经济利润为零时，企业才没有进入某一行业或从中退出的动机。

利润与成本之间的关系可用下列公式表示：

会计利润＝总收益－会计成本

正常利润＝隐性成本

经济利润＝总收益－机会成本＝总收益－（显成本＋正常利润）

第二节　短期成本

一、短期成本函数

在短期内，因为有固定要素的存在，使得厂商只能在既定规模下进行短期产量调整，从而厂商的生产成本变化直接依存于短期产量的变化。短期成本函数，就是用来反映短期内厂商的生产成本对产量的依存关系的函数。

假定厂商在短期内使用劳动和资本这两种要素生产一种产品，其中，劳动投入量是可变的，资本投入量是固定的，且假定要素市场上劳动的价格 ω 和资本的价格 γ 是给定的，则可以用下式来表示厂商在每一产量水平上的短期总成本：

$$STC(Q)=\omega\cdot L(Q)+\gamma\cdot\overline{K} \tag{5-2}$$

式中：$\omega\cdot L(Q)$ 为可变成本部分；$\gamma\cdot\overline{K}$ 为固定成本部分，两部分之和构成厂商的短期总成

本 STC。

二、短期成本的分类

在短期中，由于企业根据其所要达到的产量只能调整部分生产要素，因此短期中的成本相应地区分为总成本、总固定成本、总变动成本、平均总成本、平均固定成本、平均变动成本和边际成本等七个成本概念。

(一)总固定成本

总固定成本(TFC)是指那些企业在短期内无法改变的固定投入所带来的成本，这部分成本不随产量的变化而变化。一般包括厂房和资本设备的折旧费、地租、利息、财产税、广告费、保险费等项目支出，它不随产量的变化而变化，是企业固定发生的一部分生产费用。即使在企业停产的情况下，也必须支付这些费用。

表 5-1 是我们一个企业发生的各种成本。从表中第一栏和第二栏的关系可以看出，无论产量为多少，企业的总固定成本都是 1 000 元。

(二)总变动成本

总变动成本(TVC)是指企业在可变要素上发生的总成本，它随产量的变化而变化。例如，原材料、燃料、动力支出、雇佣工人的工资等。当产量为零时，变动成本也为零，产量越多，总可变成本也在上升，这是因为较高的产量需要投入较多的可变要素，从而导致较高的总可变成本。例如，食品厂要增加面包产量，它就需要使用较多的面粉，面粉这种可变要素的总成本就会增大。总可变成本随产量的变化而变化，可表示为：

$$TVC = TVC(Q) \tag{5-3}$$

表 5-1 的第三栏为总变动成本 TVC，根据以上的定义，当 Q 为零时，TVC 为零。从该表中可以看出，随着产量的增加，总可变成本也在增加，但在达到一定的产量水平(4 个单位的产量)前，其增长率是递减的，之后开始递增。这是因为在较低的产量水平上，可变要素的增加可能会导致它们的生产率上升，结果是总可变成本的增长率递减。产出水平超过 4 个单位后，总可变成本不仅增加，而且它的增长率是递增的，这是边际报酬递减规律开始起作用的结果。

(三)短期总成本

短期总成本(STC)是厂商在短期内为一切投入要素所支付的价格，因此短期总成本是短期总固定成本和短期总变动成本之和，即：

$$STC(Q) = TVC(Q) + TFC \tag{5-4}$$

由于短期总固定成本不随产量变化，所以短期总成本的变动完全取决于短期总变动成本的变化。把每一产量水平上的总固定成本和总可变成本相加，我们得到表 5-1 第四栏中的总成本。

表 5-1　七个短期成本和产量的关系

产量/ Q	总固定成本/ TFC	总变动成本/ TVC	总成本/ STC	平均固定成本/ AFC	平均变动成本/ AVC	平均总成本/ SAC	边际成本/ MC
0	1 000	0	1 000				
1	1 000	800	1 800	1000	800	1 800	800
2	1 000	1 200	2 200	500	600	1 100	400
3	1 000	1 350	2 350	333.3	450	783.3	150
4	1 000	1 400	2 400	250	350	600	50
5	1 000	1 900	2 900	200	380	580	500
6	1 000	3 000	4 000	166.7	500	666.7	1 100

(四)平均固定成本

平均固定成本(AFC)是指厂商短期内平均每生产一单位产品所消耗的固定成本。用短期总固定成本与产量之比来表示,即:

$$AFC(Q)=\frac{TFC}{Q} \tag{5-5}$$

表 5-1 的第五栏为平均固定成本 AFC。AFC 随产量的变化呈现的规律是,产量越少 AFC 越大;产量越多,AFC 越小,这是因为固定的 TFC 被越来越多的产量分摊了。

(五)平均变动成本

平均变动成本(AVC)是指厂商短期内平均每生产一单位产品所消耗的变动成本。用总可变成本除以产量,即单位产量的总可变成本。用公式表示为:

$$AVC(Q)=\frac{TVC(Q)}{Q} \tag{5-6}$$

表 5-1 的第六栏为平均变动成本 AVC。AVC 的变化规律是,随着产量的增加,AVC 的量呈现先下降后上升的变化趋势。

(六)平均总成本

平均总成本(SAC)是指厂商短期内平均生产每一单位产品所消耗的全部成本,它等于平均不变成本和平均可变成本之和。用公式表示为:

$$SAC(Q)=\frac{STC(Q)}{Q}=AFC(Q)+AVC(Q) \tag{5-7}$$

表 5-1 的第七栏为平均总成本 SAC。SAC 的变化规律是:当产量为 1 时,平均成本等于总成本,随着产量的增加,SAC 的值先下降后上升。值得注意的是,在平均固定成本和平均变动成本都下降的区间内,平均总成本也一定下降。但是,在平均变动成本达到它的最低点之后,平均总成本才达到它的最低点,这是因为平均变动成本的增加数值,要经过一段时间才能够超过平均固定成本的减少数值而不被抵消。

(七)边际成本

边际成本(MC)是指厂商在短期内增加一单位产量所引起的总成本的增加量。用公式表示为:

$$MC(Q)=\frac{\Delta STC(Q)}{\Delta Q} \tag{5-8}$$

或表示为:

$$MC(Q)=\lim_{\Delta Q\to 0}\frac{\Delta STC(Q)}{\Delta Q}=\frac{\mathrm{d}STC}{\mathrm{d}Q} \tag{5-9}$$

由式(5-9)可以看出,每一个产量水平的边际成本值就是相应的总成本曲线的斜率。

表 5-1 的第八栏为边际成本(MC)。从表中可以看出边际成本在下降,但是在达到一个最低点后,随着产量的进一步增加,边际成本又会上升,这是由于边际报酬递减规律的作用。

三、短期成本曲线

(一)总成本曲线

总成本、总固定成本、总变动成本的曲线形状及相互关系可以用图 5-1 说明。

图中,TFC 是一条水平线,表明 TFC 与产量无关。TVC 与 TC 曲线形状完全相同,都是先以递减的速度上升，再以递增的速度上升。不同的是 *TVC* 的起点是原点，而 *TC* 的起点是 *TFC* 与纵坐标的交点。这是因为总成本是由总固定成本和总变动成本加总而成的，而总固定成本是一个常数，所以任一产量水平的 *TC* 与 *TVC* 之间的距离均为 *TFC*。

(二)平均成本曲线和边际成本曲线

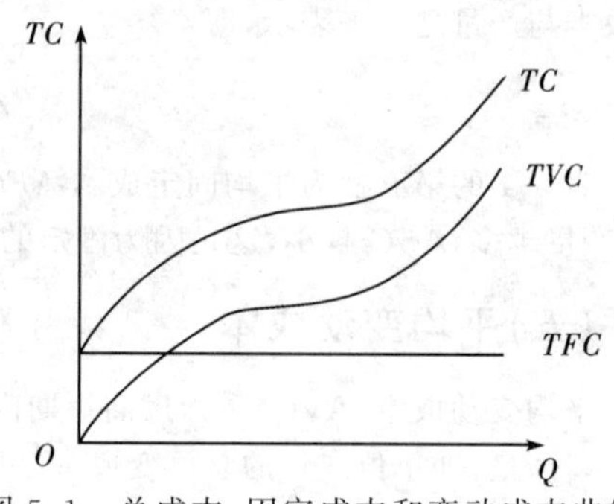

图 5-1 总成本、固定成本和变动成本曲线

平均总成本、平均固定成本、平均变动成本和边际成本曲线由图 5-2 表示。

在图 5-2 中可以看出，*AFC* 曲线随产量的增加一直呈下降趋势，这是因为短期中总固定成本保持不变。由式(5-5)$AFC=TFC/Q$ 可知，随产量 *Q* 的增加平均固定成本递减，*AFC* 曲线不断向横轴逼近，但 *AFC* 曲线不会与横坐标相交，这是因为短期中总固定成本不会为零。

平均变动成本 *AVC* 曲线呈"U"形。根据平均变动成本的公式 $AVC=TVC/Q$ 可知，*AVC* 是 *TVC* 曲线上相应点与原点连线的线段的斜率。从图 5-2 可以看出，当产量在达到一定值之前，*AVC* 随产量的增加而下降，达到最小值后，随产量的增加而上升。

平均总成本 *SAC* 曲线呈"U"形。由定义可知，$SAC=AVC+AFC$，所以短期平均总成本曲线 *SAC* 可由平均固定成本 *AFC* 曲线和平均变动成本 *AVC* 曲线垂直相加得到。由图 5-2 可看出，当产量较低时，*AVC* 曲线和 *AFC* 曲线都下降，*SAC* 曲线肯定也随产量的增加而下降。但由于 *AFC* 曲线一直是下降的，而且，当 *AFC* 曲线下降的速率快于 *AVC* 曲线上升的速率时，*SAC* 曲线仍随产量的增加而下降，也就是 *SAC* 的最低点对应的产量水平比 *AVC* 曲线最低点对应的产量水平要高。当 *AVC* 和 *AFC* 变化的速率相同时，*SAC* 达到最低点，当 *AVC* 上升速率大于 *AFC* 下降速率时，*SAC* 曲线开始上升。

边际成本 *MC* 曲线也呈"U"形。由边际成本的公式 $MC=\mathrm{d}STC/\mathrm{d}Q=\mathrm{d}TVC/\mathrm{d}Q$ 可知，任何产量水平的 *MC* 的值等于短期总成本 *STC* 曲线上相应点的斜率。也等于总变动成本 *TVC* 曲线上相应点的斜率。由于 *STC* 曲线和 *TVC* 曲线的变化规律是：当产量到达某个值之前是以递减的速率上升，到达该值后以递增的速率上升，所以 *MC* 曲线是先下降后上升。

SAC、*AVC*、*MC* 曲线都呈"U"形。*SAC* 曲线在 *AVC* 曲线的上方，它们之间的距离相当于 *AFC*，而且 *MC* 曲线在 *AVC* 曲线、*SAC* 曲线的最低点分别与之相交，即 *M*、*E* 点。

四、短期成本曲线之间的相互关系

(一)MC 曲线与 STC 曲线、TVC 曲线的关系

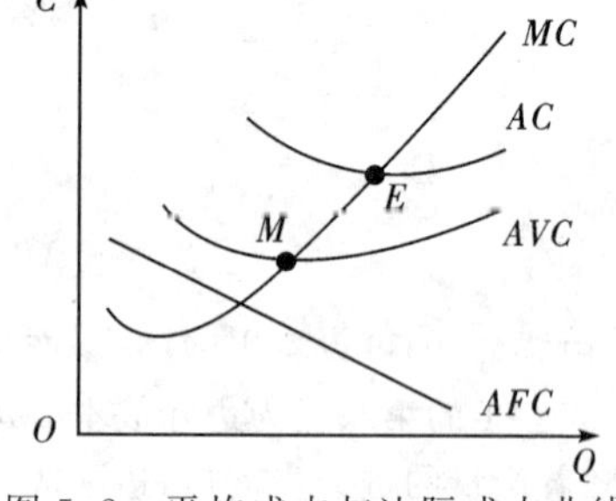

图 5-2 平均成本与边际成本曲线

每一个产量水平上的 *MC* 值就是相应的 *STC* 曲线的斜率，也是相应的 *TVC* 曲线的斜率。于是，*TVC* 曲线和 *MC* 曲线之间表现出这样的相互关系：与边际报酬递减规律作用的 *MC* 曲线的先降后升的特征相对应，*STC* 曲线和 *TVC* 曲线的斜率也由递减变为递增。而且，*MC* 曲线的最低点与 *STC* 曲线的拐点和 *TVC* 曲线的拐点相对应。

(二)SAC 曲线、AVC 曲线和 MC 曲线之间的相互关系

对于任何一对边际量和平均量而言，只要边际量小于平均量，边际量就把平均量拉下；只要边际量大于平均量，边际量就把平均量拉上；当边际量等于平均量时，平均量必定达到本身的极值点。

将此关系具体到 SAC 曲线、AVC 曲线和 MC 曲线的相互关系上，可以得知，由于在边际报酬递减规律作用下的 MC 曲线有先降后升的 U 形特征，所以，SAC 曲线和 AVC 曲线也必定是呈现先降后升的 U 形特征。而且，MC 曲线必定会分别与 SAC 曲线相交于 SAC 曲线的最低点，与 AVC 曲线相交于 AVC 曲线的最低点。正如图 5-2 所示，U 形的 MC 曲线分别与 U 形的 SAC 曲线相交于 SAC 曲线的最低点 E，与 U 形的 AVC 曲线相交于 AVC 曲线的最低点 M。在 SAC 曲线的下降段，MC 曲线低于 SAC 曲线；在 SAC 曲线的上升段，MC 曲线高于 AC 曲线。

此外，对于产量变化的反应，边际成本 MC 要比平均总成本 SAC 和平均可变成本 AVC 敏感得多。反映在图 5-2 中，不管是下降还是上升，MC 曲线的变动都快于 SAC 曲线和 AVC 曲线。

最后，比较图中 SAC 曲线和 MC 曲线的交点 E 与 AVC 曲线和 MC 曲线的交点 M，可以发现，前者的出现慢于后者，并且前者的位置高于后者。也就是说。AVC 曲线降到最低点 M 时，SAC 曲线还没有降到最低点 E，而且 SAC 曲线的最小值大于 AVC 曲线的最小值。这是因为：在平均总成本中不仅包括平均变动成本，还包括平均固定成本。正是由于平均固定成本的作用，才使得 SAC 曲线的最低点 E 的出现既慢于、又高于 AVC 曲线的最低点 M。

五、短期成本曲线与短期产量曲线之间的关系

分析完各短期成本的相互关系后，我们将进一步分析短期生产条件下的生产函数和成本函数之间的对应关系，或者说，分析短期产量曲线和短期成本曲线之间的关系。

假定短期生产函数为：

$$Q=f(L,\overline{K}) \tag{5-10}$$

短期成本函数为：

$$TC(Q)=TVC(Q)+TFC \tag{5-11}$$

$$TVC(Q)=\omega\cdot L(Q) \tag{5-12}$$

且假定生产要素劳动的价格 ω 是给定的。

(一)边际产量与边际成本

MC 曲线呈现先下降后上升的“U”特征是由于边际报酬递减规律所致。根据式(5-11)和式(5-12)有：

$$TC(Q)=TVC(Q)+TFC=\omega\cdot L(Q)+TFC$$

式中：TFC 为常数。

由上式可得：
$$MC=\frac{\mathrm{d}TC}{\mathrm{d}Q}=w\ \frac{\mathrm{d}L}{\mathrm{d}Q}+0$$

即：
$$MC=\omega\cdot\frac{1}{MP_{\mathrm{L}}} \tag{5-13}$$

式(5-13)表明边际成本 MC 和边际产量 MP_{L} 两者的变动方向是相反的。具体地讲，由于边际报酬递减规律的作用，可变要素的边际产量 MP_{L} 是先上升，达到一个最高点以后再下降，所以，边际成本 MC 是先下降，达到一个最低点以后再上升。这种对应关系如图 5-3 所示：MP_{L} 曲线的上升段对应 MC 曲线的下降段；MP_{L} 曲线的下降段对应 MC 曲线的上升段；MP_{L} 曲线的最高点对应 MC 曲线的最低点。

由以上的边际产量和边际成本的对应关系可以推知，总产量和总成本之间也存在着对应关系。当总产量 TP_{L} 曲线下凸时，总成本 TC 曲线和总变动成本 TVC 曲线是上凹的；当总产量 TP_{L} 曲线下凹时，总成本 TC 曲线和总变动成本 TVC 曲线是上凸的；当总产量 TP_{L} 曲线存在一个拐点时，总成本 TC 曲线和总变动成本 TVC 曲线也各存在一个拐点。

(二)平均产量和平均变动成本的关系

根据式(5-12)有：$AVC=\frac{TVC}{Q}=\omega\cdot\frac{L}{Q}=\omega\cdot\frac{1}{AP_{\mathrm{L}}}$ (5-14)

上式表明平均变动成本 AVC 和平均产量 AP_{L} 两者的变动方向是相反的。前者呈递增时，后者呈递减；前者呈递减时，后者呈递增；前者的最高点对应后者的最低点。由于 MC 曲线与 AVC 曲线相交于 AVC 曲线的最低点，MP_{L} 曲线与 AP_{L} 曲线相交于 AP_{L} 曲线的最高点，所以，MC 曲线和 AVC 曲线的交点与 MP_{L} 曲线和 AP_{L} 曲线的交点是对应的。从图 5-3 中就可看出平均产量和平均变动成本的相互关系。

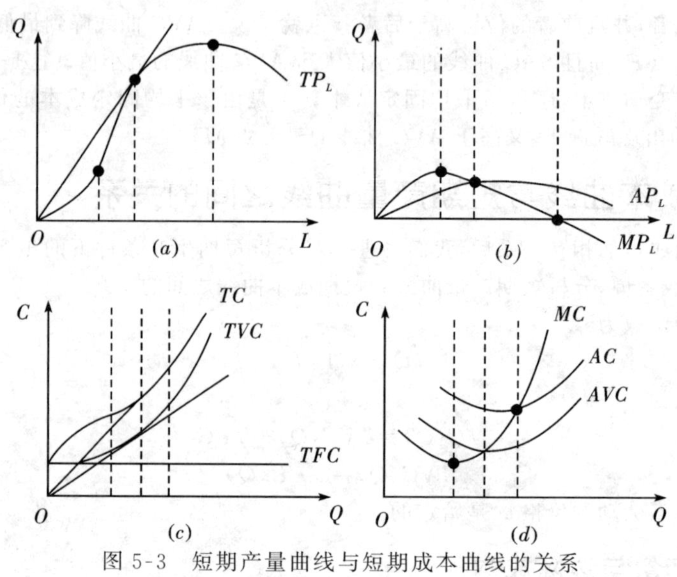

图 5-3 短期产量曲线与短期成本曲线的关系

第三节 长期成本

经济学中所讲的长期是指企业能根据所要达到的产量来调整其所有生产要素的投入数量的时间。因为所有的生产要素都是可变的，因此长期中没有固定成本和变动成本的区别。这样，长期中用到的成本概念只有三个：长期总成本(LTC)、长期平均成本(LAC)和长期边际成本(LMC)。

在进行长期分析中，一种很有用的方法是将长期视为一个计划的阶段。企业在短期内经营时，必须不断制订出今后的计划，并决定它的长期战略，企业的长期决策决定了企业在未来短期内的地位。例如，当企业做出在生产线上增加一种新产品的决策之前，它是处于长期的情形中，因为这时它可在多种类型和规格的机器设备中进行选择，然而一旦做出投资决策，企业就是处在一个短期的情形中了，因为这时机器设备的品种和规格在很大程度上已经固定了。

一、长期总成本函数与长期总成本曲线

(一)长期总成本函数

长期总成本 LTC 是指厂商在长期中在每一个产量水平上通过选择最优的生产规模所能达到的最低总成本。长期中所有生产要素都是可变的，生产要素投入的变动意味着规模的调整，也就意

味着厂商可以任意调整其生产规模。因此，长期中厂商总是可以在每一个产量水平上选择最优的生产规模进行生产。长期总成本函数形式为：

$$LTC = LTC(Q) \tag{5-15}$$

(二)长期总成本曲线

1.由短期总成本曲线推导长期总成本曲线

根据对长期总成本函数的规定，可以由短期总成本曲线出发，推导长期总成本曲线。前面我们已经说了理解长期计划最为有效的方法是将长期计划视为企业的计划阶段。因此，长期总成本曲线可以视为由一系列短期组成的计划周期。而长期计划中厂商总是可以在每一个产量水平上选择最优的生产规模进行生产，所以长期总成本曲线是短期总成本曲线的包络线。

如图5-4所示，假设长期计划中只有三种可供选择的生产规模，分别由图中的三条 STC 曲线表示。这三条 STC 曲线都不是从原点出发，每条 STC 曲线在纵坐标上的截距也不同。从图5-4中看，生产规模由小到大依次为 STC_1、STC_2 和 STC_3。现在假定要达到 Q_2 的产量，厂商面临三种选择：第一种是在 STC_1 曲线所代表的较小生产规模下进行生产，相应地其总成本在 d 点；第二种是在 STC_2 曲线代表的中等生产规模下生产，相应地其总成本在 b 点；第三种是在 STC_3 所代表的较大生产规模下生产，相应地其总成本在 e 点。

长期计划中所有的要素都可以调整，因此，厂商可以通过对要素的调整选择最优生产规模，以最低的总成本达到每一产量水平。在 d、b、e 三点中 b 点代表的成本水平最低，所以长期中厂商在 STC_2 曲线所代表的生产规模要达到 Q_2 的产量，所以 b 点在 LTC 曲线上。这里 b 点是 LTC 曲线与 STC 曲线的切点，代表着要达到的 Q_2 产量的最优规模和最低成本。通过对每一产量水平进行相同的分析，可以找出长期中厂商在每一产量水平上的最优生产规模和最低长期总成本，也就是可以找出无数个类似的 b(如 a、c)点，连接这些点即可得到长期总成本曲线。

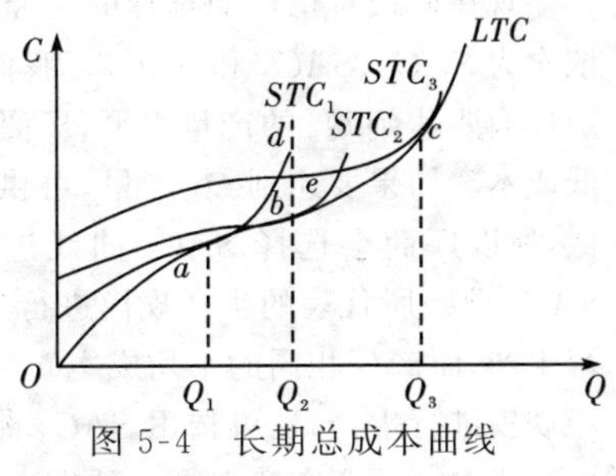

图5-4 长期总成本曲线

长期总成本 LTC 曲线是从原点出发向右上方倾斜的，它表示当产量为零时，长期总成本为零，以后随着产量的增加，长期总成本增加，但增加的速率不同，其斜率是先递减，经拐点后又递增。

2.从生产扩展线推导长期总成本曲线

长期总成本曲线是如何从生产扩展线中推导出来的，对我们理解长期成本概念很有帮助，如图5-5所示。从前面的分析中可知，生产扩展线上的每一点都是最优生产要素组合，代表长期生产中某一产量的最低总成本投入组合，而且长期总成本又是指长期中各种产量水平上的最低总成本，因此可以从生产扩展线推导出长期总成本曲线。以图中 E_1 点为例进行分析。E_1 点生产的产量水平为50单位，所应用的要素组合为 E_1 点所代表的劳动与资本的组合，这一组合在总成本线 A_1B_1 上，其成本即为 A_1B_1 所表示的成本水平，假设劳动价格为 ω，则 E_1 点的成本为 $\omega \cdot OB_1$。将 E_1 点的产量和成本表示在图5-5(b)中，即可得到长期总成本曲线上的一点。同样的道理，找出生产扩展线上每一个产量水平的最低总成本，并将其标在图5-5(b)中，连接这些点即可得到 LTC 曲线。

由此可见，LTC 曲线表示厂商在长期内进行生产的最优生产规模和最低总成本。

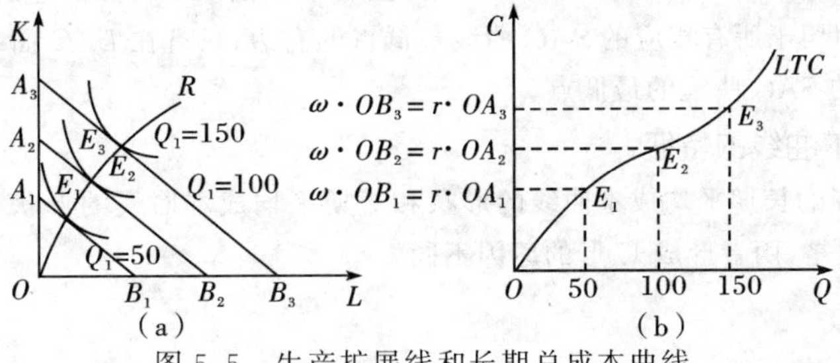

图5-5 生产扩展线和长期总成本曲线

二、长期平均成本函数和长期平均成本曲线

(一)长期平均成本函数

长期平均成本 LAC 表示厂商在长期内按产量平均计算的最低总成本。长期平均成本函数可以表述为：

$$LAC(Q)=\frac{LTC(Q)}{Q} \tag{5-16}$$

从上式可以看出，LAC 是 LTC 曲线连接相应点与原点连线的斜率。因此，可以从 LTC 曲线推导出 LAC 曲线。此外，根据长期和短期的关系，也可由 SAC 曲线推导出 LAC 曲线。在此主要介绍后一种方法。由于长期总成本 LTC 是指企业在长期内在各种产量水平上生产产品所支付的最低总成本，所以，长期平均成本也可视为企业在长期内在各种产量水平上生产单位产品所支付的最低平均成本。

(二)长期平均成本曲线

1.长期平均成本曲线的推导

现在假设可供厂商选择的生产规模只有三种：SAC_1、SAC_2 和 SAC_3（见图 5-6）规模从大到小依次为 SAC_3、SAC_2 和 SAC_1。我们来分析长期计划中厂商如何根据产量选择最优生产规模。假定厂商要达到 Q_1 的产量水平，厂商选择 SAC_1 进行生产，此时的成本 OC_1 是要达到 Q_1 产量的最低成本。如果要达到 Q_2 产量，可供厂商选择的生产规模是 SAC_1 和 SAC_2，因为 SAC_2 的成本较低，所以厂商会选择 SAC_2 曲线进行生产，其成本为 OC_2。如果要达到 Q_3 产量，则厂商会选择 SAC_3 曲线所代表的生产规模进行生产。有时某一种产出水平可以用两种生产规模中的任一种进行生产，而产生相同的平均成本。例如，要达到 Q_1'产量水平，即可选用 SAC_1 曲线所代表的较小生产规模进行生产；也可选用 SAC_2 曲线所代表的中等生产规模进行生产，两种生产规模产生相同的生产成本。厂商究竟选哪一种生产规模进行生产，要看长期中产品的销售量是扩张还是收缩。如果产品销售量可能扩张，则应选用 SAC_2 所代表的生产规模；如果产品销售量收缩，则应选用 SAC_1 所代表的生产规模。由此可以得出只有三种可供选择的生产规模时的 LAC 曲线，即图中 SAC 曲线的实线部分。

在理论分析中，常假定存在无数个可供厂商选择的生产规模，从而有无数条 SAC 曲线，于是便得到如图 5-7 所示的长期平均成本曲线，LAC 曲线是无数条 SAC 曲线的包络线。在每一个产量水平上，都有一个 LAC 与 SAC 的切点，该切点对应的平均成本就是生产相应产量水平的最低平均成本，该 SAC 曲线所代表的生产规模则是生产该产量的最优生产规模。

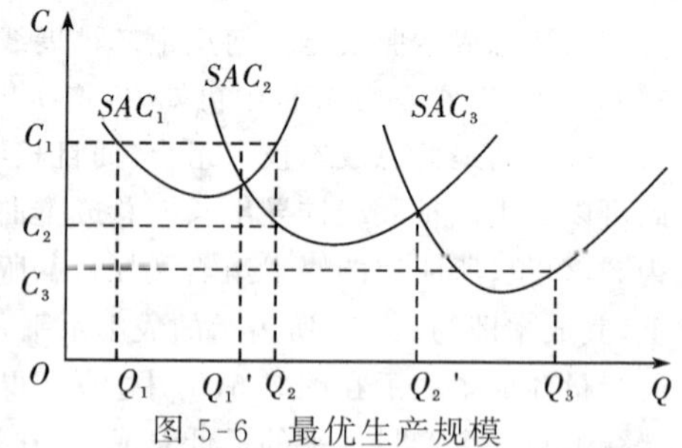

图 5-6 最优生产规模

但要注意的是，短期平均成本曲线与长期平均成本曲线的切点，并不一定是短期平均成本曲线的最低点。在 LAC 曲线的下降阶段，LAC 曲线相切于所有相应的 SAC 曲线最低点的左边；在 LAC 曲线的上升阶段，LAC 曲线相切于所有相应的 SAC 曲线最低点的右边；只有在 LAC 曲线的最低点上，LAC 曲线才相切于相应的 SAC 曲线的最低点。

2.长期平均成本曲线的特征

在图 5-7 中所画的长期平均成本曲线的形状和短期平均成本曲线的形状很相似，都呈现先下降后上升的 U 形，但是，两者形成 U 形的原因不同。

使短期平均成本曲线呈现U形的原因是短期生产中存在边际报酬递减规律的作用。但在长期所有要素投入都是可变的，边际报酬递减规律不起作用，长期平均成本曲线呈现U形的原因是由长期生产中的规模经济和规模不经济所决定的。规模经济是指厂商由于扩大生产规模而使经济效益得到提高，此时产量增加倍数大于成本增加倍数。规模不经济是指厂商由于生产规模扩大而使经济效益下降，此时，产量增加倍数小于成本增加倍数。规模经济、规模不经济与生产理论中提到的规模报酬不同，两者的区别在于前者在扩大生产规模时，各种要素投入数量增加的比例可能相同也可能不同，而后者在扩大生产规模时，多种要素投入数量增加的比例是相同的。在企业生产规模由小到大扩张过程中，一般先出现规模经济，产量增加倍数大于成本增加倍数，因而 LAC 曲线下降，然后再出现规模不经济 LAC 曲线上升。当然，究竟在多大的产量范围内平均成本下降？这在不同的行业是不同的。不仅如此，即使在一个给定的行业中，平均成本函数下降的产量范围在不同时期也是不同的，尤其是在技术变化的条件下，产量增加倍数小于成本增加倍数，LAC 曲线上升。由于规模经济与规模不经济的作用，LAC 曲线呈U形。

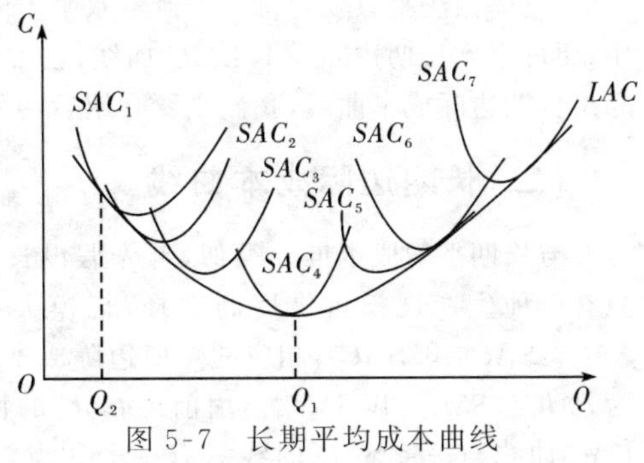

图5-7 长期平均成本曲线

那么为什么长期平均成本又会上升呢？一般认为是超过了某一点，规模的增加又会导致管理的低效率。这是因为随着单个企业规模的不断扩大，企业最高管理层必须把越来越多的权力和责任交给其下级，企业内部的协调变得越来越困难，处理问题的程序变得更繁琐，灵活性在减弱，从而导致管理效率的降低和长期平均成本的上升。要具体确定究竟在哪一点上会出现规模不经济从而抵消规模经济是困难的。已经得到的许多经验研究似乎表明，在不少行业中，长期平均成本在最初阶段下降之后，在相当大的产量范围内是保持不变的。但无论如何，可以预期长期平均成本曲线最终会上升。

3.长期平均成本曲线的位置

上面提到的企业的规模经济和规模不经济（即企业的内在经济和内在不经济）是就一条给定的长期平均成本 LAC 曲线而言的。至于长期平均成本 LAC 曲线的位置的变化原因，则需要用企业的外在经济和外在不经济的概念来解释。企业外在经济是由于厂商的生产活动所依赖的外界环境得到改善而产生的。例如，整个行业的发展，可以使行业内的单个厂商从中受益。相反，如果厂商的生产活动所依赖的外界环境恶化了，则是企业的外在不经济。例如，整个行业的发展，使得生产要素的价格上升，交通运输紧张，从而给行业内的单个厂商的生产带来困难。外在经济和外在不经济是由企业以外的因素所引起的，它影响厂商的长期平均成本曲线的位置。

三、长期边际成本函数与长期边际成本曲线

（一）长期边际成本函数

长期边际成本 LMC 表示厂商在长期内增加一单位产量所引起的最低总成本的增量。长期边际成本函数可以表述为：

$$LMC=\frac{\Delta LTC(Q)}{\Delta Q} \tag{5-17}$$

或者表述为：

$$LMC=\lim_{\Delta Q\to 0}\frac{\Delta LTC(Q)}{\Delta Q}=\frac{\mathrm{d}LTC(Q)}{\mathrm{d}Q} \tag{5-18}$$

从上式中可以看出 LMC 是 LTC 曲线上相应点的斜率。因此，可以从 LTC 曲线推导出 LMC

曲线；具体做法是只要把每一个产量水平上的 LTC 曲线的斜率值描绘在产量和成本的平面坐标图中，便可得到长期边际成本 LMC 曲线；也可根据短期和长期的关系由短期边际成本 SMC 曲线推导出长期边际成本曲线，我们主要介绍后一种。

(二)长期边际成本曲线

与长期平均成本推导类似，首先假设长期计划中只有三种生产规模可供厂商选择，规模大小依次为 SAC_3、SAC_2 和 SAC_1，相应的短期边际成本曲线分别为 SMC_3、SMC_2 和 SMC_1。由前述 LAC 的特点可知，LAC 曲线与每条 SAC 曲线只有一个切点，设切点分别为 A、B、C。在 A 点 $LAC=SAC$，对应的产量是 Q_1，此时亦有 $LTC=STC$。根据边际成本的公式得 $LMC(Q)=\dfrac{\mathrm{d}LTC(Q)}{\mathrm{d}Q}$，$SMC=\dfrac{\mathrm{d}STC}{\mathrm{d}Q}$，因此可以推知，在长期内的每一个产量水平上 LMC 值都与代表最优生产规模的 SMC 值相等，即 $LMC=SMC$。根据这种关系，便可以由 SMC 曲线推导 LMC 曲线，如图 5-8 所示。但是，与长期总成本曲线和长期平均成本曲线的推导不同，长期边际成本曲线不是短期边际成本曲线的包络线。

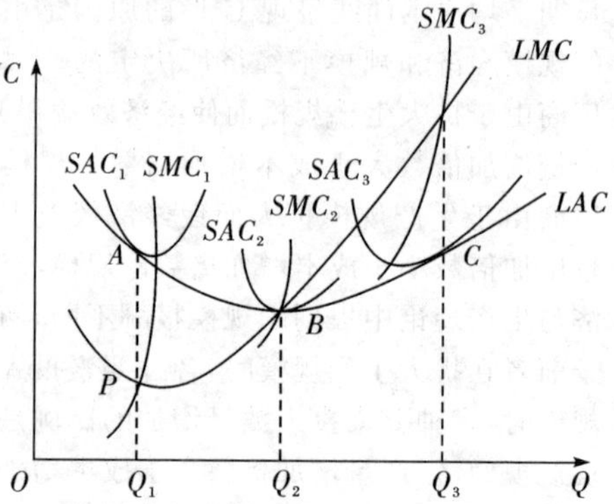

图 5-8 长期边际成本曲线

当 $LAC=SAC$ 时，LTC 与 STC 的斜率相等，LMC 等于 SMC。从图形上看，Q_1 是 $LAC=SAC$ 时的产量水平，P 点是 Q_1 产量水平与 SMC 曲线的交点，所以 P 点表示的成本水平即是 Q_1 产量水平上的长期边际成本。同样的道理找出 B、C 点的产量水平与 SMC 曲线的交点，连接这些交点即可得出 LMC 曲线。在生产规模无限细分的情况下，可得到无数个 A、B、C 点，连接起来即可得到一条光滑的长期边际成本曲线。

从图中可看出 LMC 与 LAC 的关系：当 $LMC<LAC$ 时，LAC 呈下降趋势；当 $LMC>LAC$ 时，LAC 呈上升趋势；当 $LMC=LAC$ 时，LMC 曲线与 LAC 曲线在 LAC 的最低点相交，此时：

$$LMC=LAC=SAC=SMC \tag{5-19}$$

本章小结

(1)西方经济学中的成本、利润概念与会计学上的成本、利润概念是有区别的。一种产品的生产成本，是由于资源用于生产该种产品而不得不放弃的其他产品的价值，即它的机会成本。生产一种产品的社会成本也并不总是等于它的私人成本。

(2)利润是收益与成本的差额。利润有正常利润、会计利润和经济利润之分。西方经济学中隐成本又被称为正常利润。将会计利润再减去隐成本，就是经济学中的利润概念，即经济利润，经济利润相当于超额利润，亦即总收益超过机会成本的部分。所以经济利润可以为正、负或零。

(3)成本函数反映企业的生产成本与产量之间的关系。企业的生产函数及其在投入要素上支付的价格决定了企业的成本函数。企业的成本函数分为短期成本函数和长期成本函数。

短期成本是指在短期内固定要素的存在，使得厂商只能在既定规模下进行短期产量调整，从而厂商的生产成本变化直接依存于短期产量的变化。短期成本函数就是用来反映短期内厂商的生产成本对产量的依存关系的函数。长期计划是指企业能根据所要达到的产量来调整其所有生产要素的投入数量的时间，所以在长期计划内发生的成本称为长期成本。

(4)在短期成本中，有总成本、总固定成本、总变动成本、平均总成本、平均固定成本、平均变动成本和边际成本等七个成本概念。①总固定成本(TFC)是指那些企业在短期内无法改变的固定投入所带来的成本，这部分成本不随产量的变化而变化；②总变动成本(TVC)是指企业在可变要素上发生的总成本,它随产量的变化而变化;③短期总成本(STC)是指厂商在短期内为一切投入要素所支付的价格,因此短期总成本是短期总固定成本和短期总变动成本之和,即:$TC(Q)=TVC(Q)+TFC$;④平均固定成本(AFC)是指厂商短期内平均每生产一单位产品所消耗的固定成本。用短期总固定成本与产量之比来表示;⑤平均变动成本(AVC)是指厂商短期内平均每生产一单位产品所消耗的变动成本,是总可变成本除以产量,即单位产量的总可变成本;⑥平均成本(SAC)是指厂商短期内平均生产每一单位产品所消耗的全部成本,它等于平均不变成本和平均可变成本之和;⑦边际成本(MC)是指厂商在短期内增加一单位产量所引起的总成本的增加量。

(5)在长期成本中,所有的生产要素都是可变的,因为长期中没有固定成本和变动成本的区别。所以,长期成本中用到的成本概念只有三个:长期总成本、长期平均成本和长期边际成本。短期成本曲线与长期成本曲线之间存在密切的关系。①长期总成本 LTC 是指厂商在长期计划中在每一个产量水平上通过选择最优的生产规模所能达到的最低总成本。长期计划中所有生产要素都是可变的,生产要素投入的变动意味着规模的调整,也就意味着厂商可以任意调整其生产规模。长期总成本曲线是短期总成本曲线的包络线。②长期平均成本 LAC 表示厂商在长期计划内按产量平均计算的最低总成本。LAC 曲线是无数条 SAC 曲线的包络线。在每一个产量水平上,都有一个 LAC 与 SAC 的切点,该切点对应的平均成本就是生产相应产量水平的最低平均成本,该 SAC 曲线所代表的生产规模则是生产该产量的最优生产规模。③长期边际成本 LMC 表示厂商在长期计划内增加一单位产量所引起的最低总成本的增量。在长期计划内的每一个产量水平上,LMC 值都与代表最优生产规模的 SMC 值相等,即 $LMC=SMC$。根据这种关系,便可以由 SMC 曲线推导 LMC 曲线,所以长期边际成本曲线是由无数的交点组成。

(6)长期平均成本曲线的形状和短期平均成本曲线的形状很相似,都呈现先下降后上升的 U 形,但是,两者形成 U 形的原因不同。短期平均成本曲线形成 U 形的原因是短期生产中存在边际报酬递减规律的作用。但在长期平均成本曲线形成过程中所有要素投入都是可变的,边际报酬递减规律不起作用,长期平均成本曲线形成 U 形的原因是由长期生产中的规模经济和规模不经济所决定的。规模经济是指厂商由于扩大生产规模而使经济效益得到提高,此时产量增加倍数大于成本增加倍数。规模不经济是指厂商由于生产规模扩大而使经济效益下降。此时,产量增加倍数小于成本增加倍数。

阅读资料

上大学值吗?

最近有一报刊报道,天津市投资教育的支出是全国第一,北京是私家车消费支出全国第一,上海是投资保险支出全国第一,广州是旅游支出全国第一。是否准确,我们暂且不论。我们用经济学的观点分析一下,为什么家长舍得把大把的钱花在子女教育上?

我们简单地介绍经济学所说的成本。经济学所说的成本有两种:一是实际发生的成本,即会计成本;另一个是机会成本。会计成本是厂商在生产过程中按市场价格直接支付的一切费用,这些费用一般均可以通过会计账目反映出来。利用这个原理我们计算一个大学生上大学四年的会计成本是上大学的学费、书费和生活费,按照现行价格标准,一个普通家庭培养一个大学生的这三项费用之和是 4 万。机会成本是指某种东西的成本是为了得到它而放弃的东西。大学生如果不上学,会找份工作,按照现行劳动力价格标准,假如也是 4 万,也就是说一个大学生上大学四年的机会成本也是 4 万。大学生上大学经济学概念的成本是 8 万。这还没算上在未进大学校门前,家长为了让孩子接受最好的教育从小学到中学的择校费用。

上大学成本如此之高,为什么家长还选择让孩子上大学,因为这种选择符合经济学理论,收益的最大化原则。我们算一下上大学与不上大学一生的成本与收益。不上大学。18 岁工作,工作到

60岁，共42年，平均每年收入是1万，共42万。上大学22岁工作，工作到60岁，共38年，平均收入是2万元，共76万，减去上大学的经济学成本8万，剩下68万。与不上大学收入比较，上大学多得到的收入是26万。这里还没考虑学历高所带来的名誉、地位等其他效应。为什么家长舍得在子女教育上投入，就在情理之中了。这里说的"选择"是有两种机会，你能考上大学的情况下。另外，我们说的只是一般情况。

在这里顺便纠正一个错误的说法，有人说教育是消费行为，其实教育不是消费而是投资。消费与投资的区别是消费不会给你增值一分钱。比如，你今年买一台电视，明年再卖，会大大地贬值，不会增值；投资是有可能增值，一个大学生尽管投资8万，但与不投资的多得的收益是26万。但投资是有风险的，如果一个家长不考虑孩子的实际情况，从小学到中学在教育上的高投入，如果考不上大学或考上大学毕不了业，其投入与产出之比是可想而知的。

但对一些特殊的人，情况就不是这样了。比如，一个有足球天才的青年，如果在高中毕业后去踢足球，每年可收入200万人民币。这样，他上大学的机会成本就是800万人民币。这远高于一个大学生一生的收入。因此，有这种天才的青年，即使学校提供全额奖学金也不去上大学。这就是把机会成本作为上大学的代价。不上大学的决策就是正确的。同样，有些具备当模特气质与条件的姑娘，放弃上大学也是因为当模特时收入高，上大学机会成本太大。当你了解机会成本后就知道为什么有些年轻人不上大学的原因了。可见机会成本这个概念在我们日常生活决策中是十分重要的。

本章习题

一、名词解释

机会成本　显成本　隐成本　经济利润　正常利润　沉没成本　可回收成本　短期成本　固定成本　变动成本　边际成本　长期总成本　长期平均成本　长期边际成本　规模经济　规模不经济　外在经济　外在不经济

二、选择题

(1)某厂商每年从企业的总收入中取出一部分作为自己所提供的生产要素的报酬，这部分资金被视为(　　)。

A.显成本　　B.隐成本　　C.超额利润　　D.会计利润

(2)对应于边际报酬的递增阶段，STC 曲线(　　)。

A.以递增的速率上升　　B.以递增的速率下降

C.以递减的速率上升　　D.以递减的速率下降

(3)短期内在每一产量上的 MC 值应该(　　)。

A.是该产量上的 TVC 曲线的斜率，但不是该产量上的 TC 曲线的斜率

B.是该产量上的 TC 曲线的斜率，但不是该产量上的 TVC 曲线的斜率

C.是该产量上的 TVC 曲线的斜率，也是该产量上的 TC 曲线的斜率

D.是该产量上的 TFC 曲线的斜率，也是该产量上的 TC 曲线的斜率

(4)在短期内，随着产量的增加，AFC 会越变越小，于是，AC 曲线和 AVC 曲线之间的垂直距离会越来越小(　　)。

A.直至两曲线相交　　B.但决不会相交

C.都有可能　　D.都不可能

(5)在从原点出发的射线与 TC 曲线的相切的产量上，必有(　　)。

A.AC 值最小　　B.$AC=MC$

C.MC 曲线处于上升阶段　　D.上述说法都对

(6)在规模内在经济作用下的 LAC 曲线呈(　　)。

A.下降趋势　　B.上升趋势　　C.不变　　D.都有可能

(7)在任何产量上的 LTC 曲线决不会大于该产量上由最优生产规模所决定的 STC，这句话(　　)。

A.总是对的　　B.肯定错了

C.有可能对　　D.视规模经济的具体情况而定

(8)在 LAC 曲线与一条最优生产规模的 SAC 曲线相切的产量上必定有(　　)。

A.相应的 LMC 曲线和代表最优生产规模的 SMC 曲线的一个交点，以及相应的 LTC 曲线和代表最优生产规模的 STC 曲线的一个切点

B.代表最优生产规模的 SAC 曲线的最低点

C.LAC 曲线达最低点

D.以上说法都不正确

(9)长期总成本曲线是各种产量的(　　)。

A.最低成本点的轨迹　　B.最低平均成本点的轨迹

C.最低边际成本点的轨迹　　D.平均成本变动的轨迹

(10)在原点出发的直线(射线)与 TC 曲线的切点上，AC(　　)。

A.是最小　　B.等于 MC

C.等于 $AVC+AFC$　　D.上述都正确

(11)假设增加一单位产量所带来的边际成本大于产量的增加前的平均可变成本，那么在产量增加后平均可变成本(　　)。

A.减少　　B.增加　　C.不变　　D.都有可能

(12)短期平均成本曲线成为 U 形的原因是与(　　)。

A.规模报酬有关　　B.外部经济与不经济有关

C.要素的边际生产力有关　　D.固定成本与可变成本所占比重有关

三、计算题

(1)假定某企业的短期成本函数是 $TC(Q)=Q^3-10Q^2+17Q+66$，写出下列相应的函数：$TVC(Q)$、$AC(Q)$、$AVC(Q)$、$AFC(Q)$和 $MC(Q)$

(2)已知某企业的短期总成本函数是 $STC(Q)=0.04Q^3-0.8Q^2+10Q+5$，求最小的平均可变成本值。

四、思考题

(1)为什么短期平均成本曲线和长期平均成本曲线都是 U 形曲线？为什么由无数短期平均成本曲线推导出来的长期平均成本曲线必有一点也只有一点才和最低短期平均成本相等？

(2)试用图从短期成本曲线推导出 LAC、LTC 和 LMC 曲线。

(3)试用图说明短期成本曲线之间的关系。

(4)有人说，因为 LAC 曲线是 SAC 曲线的包络线表示长期生产计划中在每一个产量上厂商都将生产的平均成本降到最低水平，所以，LAC 曲线应该相切于所有 SAC 曲线的最低点，你认为这句话对吗？为什么？

第六章 市场理论

■ 学习要点

- ☆ 市场的概念及类型
- ☆ 完全竞争市场的条件与完全竞争的需求曲线和收益曲线
- ☆ 完全竞争厂商的短期均衡与长期均衡
- ☆ 完全垄断厂商的短期均衡与长期均衡
- ☆ 垄断竞争市场的特征
- ☆ 垄断竞争厂商的短期均衡和长期均衡
- ☆ 寡头垄断市场的特征
- ☆ 古诺模型和斯威齐模型

第一章分析了市场供求均衡决定价格的一般原理,但没有研究各类市场结构中厂商和居民户的供求行为是如何决定价格的。市场理论,就是要分析厂商根据所面临的市场需求确定产量和价格,以实现利润最大化,故市场理论又被称为厂商均衡理论或市场定价理论。

第一节 完全竞争市场

各类不同的厂商所面临的市场是不同的:一个小农场面临着无数小农场的竞争,而一个大汽车制造厂则只面临着几个汽车制造厂的竞争。面对不同的市场,厂商的定价是不尽相同的,因此在分析厂商的具体定价行为之前,我们要先研究市场结构的类型和利润最大化原则。

一、厂商和市场的类型

(一)市场和行业

市场(market)是指商品或劳务交换的场所,买卖双方在市场上决定商品交换的价格。通常每种商品都有一个市场,商品在同一市场上一般只有一个价格。一个市场不一定是单一的地点,而是一个区域,它可能有固定场所,也可以通过电话、传真、互联网等买卖成交。随着市场经济的发展,市场已不仅仅是从事商品买卖的交易场所。市场可以是一个有形的买卖商品的交易场所,也可以是利用现代化通讯工具进行各种交易的接触点,总之市场是交换关系的总和。任何一种商品都有一个市场,有多少种商品,就有多少个市场。譬如这种市场可以是汽车市场、电视机市场、谷物市场等。为同一个商品市场生产和提供同一类产品的所有厂商的总体即是一个行业。行业与市场是紧密联系的,同一种商品的市场类型与行业类型是一致的,竞争的市场对应的是竞争的行业,垄断的市场对应的是垄断的行业。

(二)市场结构

市场结构是指某一经济市场的组织特征,而最重要的组织特征,是那些影响竞争性质及市场价格确定的因素。市场在组织和构成方面的特点,影响着厂商的行为和结构。市场结构的特点主要包括以下几个方面：

1.厂商数目

厂商(firm)是指依据一定的目标(通常为追求利润最大化)为市场提供某种商品或劳务的独立经营单位。市场中厂商的数目直接决定了市场的竞争程度。

2.产品差异度

同一市场出售的商品或劳务可能完全没有差别，即产品同质，也可能具有某些自然或人为的差别。例如，一张餐桌可以是木质的，也可以是铁质的。此类由于采用的原材料的不同造成的差异称之为自然差异。而如果一张餐桌是熊猫牌，另一张是光明牌，这种由于品牌等因素导致的产品差异称之为人为差异。

3.进入壁垒

市场的进入壁垒是指厂商进入市场的难易程度。一般说来，生产成本较低，生产规模较小，政府管制少的行业容易进入；反之则较难进入。

4.市场权利

市场权利是指个别厂商对价格控制程度的大小。如果个别厂商能够左右产品的市场价格，则说明其具有相当的市场权利；反之，若厂商只是市场价格的接受者，不能控制市场价格，则说明其不具备市场权利。

(三)市场类型及特点

根据以上四个因素，也就是市场竞争的强弱程度将市场划分为完全竞争市场、垄断竞争市场、寡头垄断市场和完全垄断市场四种类型。各类市场结构和厂商的划分及各自的特征概括于表6-1。

表6-1 市场类型的划分及特征

市场类型	厂商数目	产品差异程度	进入壁垒	市场权力	接近的市场
完全竞争	很多	完全无差别	自由进入	没有	一些农产品
垄断竞争	较多	差别小	比较自由	有一些	糖果 牙膏
寡头垄断	几个	有或没有差别	很难进入	相当程度	钢铁 汽车
完全垄断	一个	唯一产品，无替代品	不能进入	很大，但常受政府管制	公用事业如水、电

不难看出，在上述四种市场结构中，完全竞争市场竞争最为充分，而完全垄断市场不存在竞争，垄断竞争与寡头竞争市场则是既有竞争又有垄断的市场结构。因此，垄断竞争与寡头垄断市场也被称为不完全竞争市场。

大多数经济学家认为市场经济制度之所以是一个“好”的制度，是由于市场的竞争。市场的竞争使得厂商追逐自身利润的同时也导致了社会资源的最优配置，实现消费者的最大福利。但是，激烈的市场竞争通常会导致某种程度的垄断或完全的垄断(虽然垄断的存在不仅仅是竞争的结果)，而垄断会损害消费者的利益。因此，限制垄断，维护竞争是市场经济的重要内容。

二、厂商利润最大化的条件

尽管各厂商处于不同的市场结构中，但经济学假定厂商的生产目标都是追求利润最大化。利润是收益与成本之差。在上一章中已经研究了成本，这里必须先研究收益。

(一)总收益、平均收益和边际收益

收益是指厂商销售产品得到的收入。在市场价格不变时，收益主要取决于产量，因而收益是产量的函数，即$R=f(Q)$。经济学主要研究总收益、平均收益和边际收益。

总收益(TR)是厂商出售一定数量产品得到的价格总额，它可以表示为产品价格与产品数量的

乘积，即：

$$TR=P\cdot Q \tag{6-1}$$

平均收益(AR)是厂商平均每个单位产品所得到的货币额。平均收益始终等于产品价格，它通常用总收益与总产量之比来表示，即：

$$AR(Q)=\frac{TR(Q)}{Q} \tag{6-2}$$

边际收益(MR)是厂商增加单位产品的销售所增加的总收益，即总收益增量与产出增量之比，即：

$$MR(Q)=\frac{\Delta TR}{\Delta Q} \tag{6-3}$$

或者表示为：

$$MR(Q)=\lim_{\Delta Q\to 0}\frac{\Delta TR(Q)}{\Delta Q}=\frac{\mathrm{d}TR(Q)}{\mathrm{d}Q} \tag{6-4}$$

从厂商的收益概念看，厂商收益取决于两个因素：价格 P 和产量 Q。产量 Q 可根据厂商的生产函数和所投入的要素数量来确定；而价格 P 与 Q 之间的关系则是由市场需求曲线确定的。因此，厂商收益从根本上取决于厂商产品的需求曲线，而需求曲线又是由市场结构确定的。在分析市场结构之前，无从知道厂商产品的需求曲线的形状，因而也无从确定厂商的收益。如果假定厂商产品的需求曲线既定，收益就成了产量的函数，随产量的变化而变化。

由于在不同的市场结构中，对厂商的需求及厂商的收益有不同的特点和变动趋势，决定了厂商决策行为的差异。

(二)利润最大化的条件

经济学假定厂商的经营目标只有一个：利润最大化。在经济学上，利润最大化是指经济利润最大化。在一定的生产技术和市场需求约束下，厂商要实现利润最大或者亏损最小，必须遵循边际成本等于边际收益的原则，即：

$$MR=MC \tag{6-5}$$

如果边际收益大于边际成本，意味着厂商每多生产一单位产品所增加的收益大于厂商生产这一单位产品所增加的成本。这时，对该厂商来说，还有潜在的利润没有得到，厂商增加生产还能增加利润。因此，$MR>MC$ 时，厂商没有达到利润最大化。如果边际收益小于边际成本，这表明厂商每多生产一单位产品所增加的收益小于厂商生产这一单位产品所增加的成本。这对该厂商来说，增加这一单位产品生产是亏损的，厂商减少生产可以减少亏损。因此，$MR<MC$ 时，厂商也没达到利润最大化。无论是边际收益大于边际成本，还是边际收益小于边际成本，厂商都要调整其产量，说明厂商在这两种情况下都没有达到利润最大化。只有在边际收益等于边际成本时，厂商才不会调整其产量，表明此时厂商实现了利润最大化。

三、完全竞争市场的特征

完全竞争市场是指不包含任何垄断因素的市场，它具有以下四个特征：

(一)市场上有大量的买者和卖者

作为众多参与市场经济活动的经济单位的个别厂商或个别消费者，单个的销售量和购买量都只占很小的市场份额，其供应能力或购买能力对整个市场来说是微不足道的。这样，无论卖方还是买方都无法左右市场价格，或者说单个经济单位将不把价格作为决策变量，他们是价格接受者。显然，在交换者众多的市场上，若某厂商要价过高，顾客可以从别的厂商购买商品和劳务；同样，如果某顾客压价太低，厂商可以拒绝出售给该顾客而不怕没有别的顾客光临。

(二)产品同质

参与经济活动的厂商出售的产品没有任何差别,具有同质性。这里的产品同质不仅是指商品之间的质量、性能等无差别,还包括在销售条件、装潢等方面也是相同的。因为产品是相同的,对于购买商品的消费者来说哪一个厂商生产的产品并不重要,他们没有理由偏爱某一厂商的产品,也不会为得到某一厂商的产品而必须支付更高的价格。同样,对于厂商来说,没有任何一家厂商拥有市场优势,他们将以可能的市场价格出售自己的产品。

(三)厂商可以自由地进入或退出市场

厂商可以无成本地进入或退出一个行业,即所有的资源都可以在各行业之间自由流动。劳动可以随时从一个岗位转移到另一个岗位,或从一个地区转移到另一个地区;资本可以自由地进入或撤出某一行业。资源的自由流动使得厂商总是能够及时地向获利的行业运动,及时退出亏损的行业。这样,效率较高的企业可以吸引大量的投入,缺乏效率的企业会被市场淘汰。资源的流动是促使市场实现均衡的重要条件。

(四)信息完全

参与市场活动的经济主体具有完全信息。市场中的每一个卖者和买者都掌握与自己决策和与市场交易相关的全部信息,这一条件保证了消费者不可能以较高的价格购买,生产者也不可能以高于现行价格出售,每一个经济行为主体都可以根据所掌握的完全信息,确定自己最优购买量或最优生产量,从而获得最大的经济利益。

显然,理论分析上所假设的完全竞争市场的条件是非常严格的,在现实的经济中没有一个市场真正具有以上四个条件,通常只是将某些农产品市场看成是比较接近的完全竞争市场类型。但是完全竞争市场作为一个理想经济模型,有助于我们了解经济活动和资源配置的一些基本原理,解释或预测现实经济中厂商和消费者的行为。

四、完全竞争厂商的需求曲线和收益曲线

(一)完全竞争市场和完全竞争厂商的需求曲线

在任何一个商品市场中,市场需求是针对市场上所有厂商组成的行业而言的,消费者对整个行业所生产的商品的需求称为行业所面临的需求,相应的需求曲线称为行业所面临的需求曲线,也就是市场的需求曲线,它一般是一条从左上方向右下方倾斜的曲线。图 6-1(a)中的 D 曲线就是一条完全竞争市场的需求曲线,是向右下方倾斜的。

消费者对行业中的单个厂商所生产的商品的需求量,称为厂商所面临的需求量,相应的需求曲线称为厂商所面临的需求曲线,简称为厂商的需求曲线。在完全竞争条件下,厂商所面临的需求曲线是一条由既定的市场均衡价格出发的水平线。图 6-1(b)中的 d 曲线就是一条完全竞争厂商的需求曲线,是一条与横轴平行的水平线。

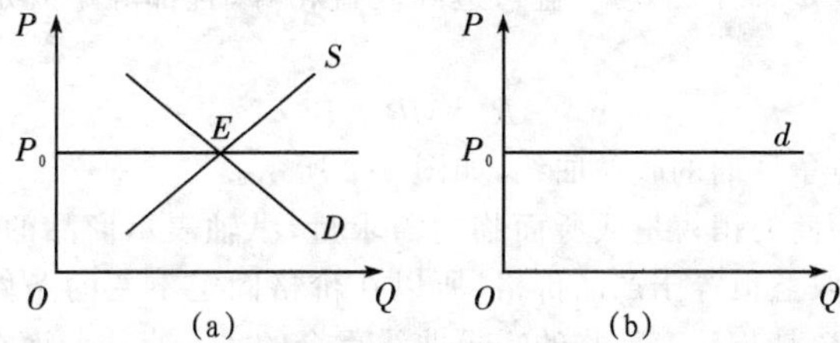

图 6-1 完全竞争市场和完全竞争厂商的需求曲线

(a)完全竞争市场的需求曲线;(b)完全竞争厂商的需求曲线

在完全竞争市场上，单个厂商是市场价格的接受者，而不是价格的设定者。这是因为在完全竞争市场上，由于厂商数目多且规模小，单个厂商的产量调整无力影响市场供给和市场价格；同样，因买者众多且规模极小，单个居民户的购买调整也无力影响市场需求和市场价格；同时，由于产品的同质性，各厂商之间的产品可以完全互相替代，如果单个厂商试图提高价格，拥有充分信息的居民户就会转而购买其他厂商的产品，该厂商就会丧失掉其全部市场份额。此外，由于厂商的产品卖价是市场均衡价格，规模甚小的单个厂商可以按此价格销售其全部产量，厂商也没有必要降低价格销售；规模极小的单个居民户也能按此价格购买其所需的全部商品，消费者也没有必要高价购买。因此，完全竞争厂商只是既定市场价格的接受者，而不是市场价格的设定者，它只能在既定价格水平上调整产量。

需要注意的是，图(b)中的厂商的需求曲线 d 是相对于图(a)中的市场需求曲线 D 和市场供给曲线 S 共同作用所决定的均衡价格 P_0 而言的。如果市场的供给曲线或需求曲线的位置发生移动，就会形成新的市场均衡价格，相应地，在图(b)中便会形成另一条从新的均衡价格水平出发的呈水平线形状的厂商的需求曲线。

(二)完全竞争厂商的收益曲线

厂商的收益取决于市场上对其产品的需求状况，或者说，厂商的收益取决于厂商的需求曲线的特征。在不同的市场类型中，厂商的需求曲线具有不同的特征。接下来将说明完全竞争条件下厂商的需求曲线是如何决定相应的收益曲线。在以后的分析中，我们均假定厂商的销售量等于厂商所面临的需求量。

总收益 TR 是指厂商按一定价格出售一定量产品时所获得的全部收入，即价格与销售量的乘积，以 P 表示商品的市场价格，以 Q 表示销售量，则有：

$$TR(Q)=P\cdot Q \tag{6-6}$$

由于完全竞争市场的一个基本特征是单个厂商无法通过改变销售量来影响市场价格，相反厂商每销售一单位的商品都接受相同的价格，也就是说厂商只能被动地接受价格。这样，随着厂商销售量的增加，它的总收益是不断增加的。但由于商品的单位市场价格是固定不变的，所以总收益曲线是一条从原点出发的斜率不变的直线。

平均收益 AR 是指厂商出售一定数量商品，每单位商品所得到的收入，也是平均每单位商品的卖价。它等于总收益与销售量之比。由于完全竞争市场厂商只能按既定价格出售，因此平均收益也等于商品的单位价格。即：

$$AR=\frac{TR}{Q}=\frac{PQ}{Q}=P \tag{6-7}$$

边际收益 MR 是指厂商增加一单位产品销售所获得的收入增量。商品价格为既定时，边际收益就是每单位商品的卖价。即：

$$MR=\frac{\Delta TR}{\Delta Q}=\frac{P\Delta Q}{\Delta Q}=P \tag{6-8}$$

可见在完全竞争市场，厂商的平均收益与边际收益相等，且都等于既定的价格，或者说在任何销售量水平上都有：

$$AR=MR=P \tag{6-9}$$

相应可以绘出完全竞争厂商的收益曲线，如图 6-2 所示。

图 6-2 中横轴表示厂商的销售量或所面临的需求量，纵轴表示商品的价格。图中的收益曲线具有如下特征：由于平均收益恒等于产品价格，所以在价格固定不变的条件下，平均收益也不随产量变动，平均收益曲线 AR 是与厂商面临的需求曲线重合的水平直线。而在价格固定的条件下，厂商增加单位产品销售所增加的收益等于不变的产品价格或平均收益，所以厂商的边际收益曲线 MR 是与 d 曲线和 AR 曲线重合的水平线。如图 6-2 所示，以既定价格为高度的水平线，既是厂商

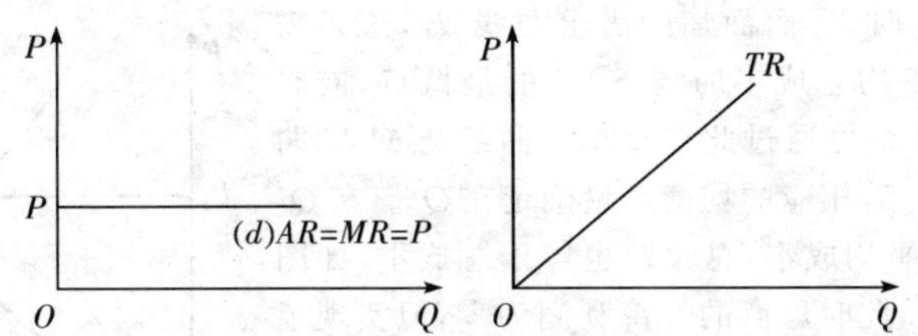

图 6-2 完全竞争厂商的总收益、平均收益与边际收益曲线

面临的需求曲线，又是平均收益曲线和边际收益曲线，即 $P=AR=MR$。

值得指出的是，在各类产品市场上，平均收益与其市场价格都是相等的。但只有在完全竞争市场上的厂商，其平均收益、边际收益与价格才相等，所以 $P=AR=MR$ 是完全竞争厂商的收益特征。

五、完全竞争厂商的短期均衡和短期供给曲线

(一)完全竞争厂商的短期均衡

完全竞争厂商是既定价格的接受者，它的均衡只是产量均衡。为了实现利润最大化的生产，厂商将根据 $MR=MC$ 或者 $P=MC$ 的原则来决定均衡产量。完全竞争市场是一个资源自由流动的市场。在短期内，现存企业可能改变供给量，但是行业中并不会有新企业进入，也没有现存企业的退出，行业供给量不变。因此，研究厂商的短期均衡就是要在行业供给和成本条件不变时，厂商根据 $MR=MC$ 原则确定产量，以实现利润最大化或亏损最小化的状态。

在短期里，不仅产品的市场价格是既定的，而且生产中的不变要素投入量是无法改变的，或者说厂商只能通过变动可变要素的投入量来调整产量，从而通过对产量的调整来实现 $MR=MC$ 的利润最大化均衡条件。在完全竞争的市场中，市场供给和需求相互作用形成的产品价格，可能高于、等于、低于厂商的平均成本，因此在短期内，厂商出售产品就有可能处于盈利、盈亏平衡或亏损等不同状态。

由于在短期内市场供给不变，所以短期收益水平或市场价格的变化是由市场需求变化引起的。下面分别以图 6-3～图 6-7 说明在不同市场价格下完全竞争厂商实现短期均衡的产量决策。

1.盈利状态下的短期均衡

价格或平均收益大于平均总成本，即 $P=AR>SAC$，厂商处于盈利状态，如图 6-3 表示。

当市场价格较高，达到 P_1 时，厂商面临的需求曲线为 d_1，为获取最大利润，厂商根据 $MR=SMC$ 的利润最大化原则，把产量确定在 Q_1 上，SMC 曲线与 MR_1 曲线的交点 E_1 即为厂商的短期均衡点。这时平均收益为 OP_1，平均总成本为 Q_1F，单位产品获得的利润为 E_1F，总收益为 $OQ_1\times OP_1$，总成本为 $OQ_1\times Q_1F$，利润总量为 $OQ_1\times E_1F$，即图中矩形 HP_1E_1F 的面积。如果产量超过 Q_1 以后，$MC>P_1$，增加产量会降低总利润；若产量小于 Q_1，增加产量都能增加总利润，只有使产量确定在 Q_1，$MR=P=SMC$，总利润达到最大。

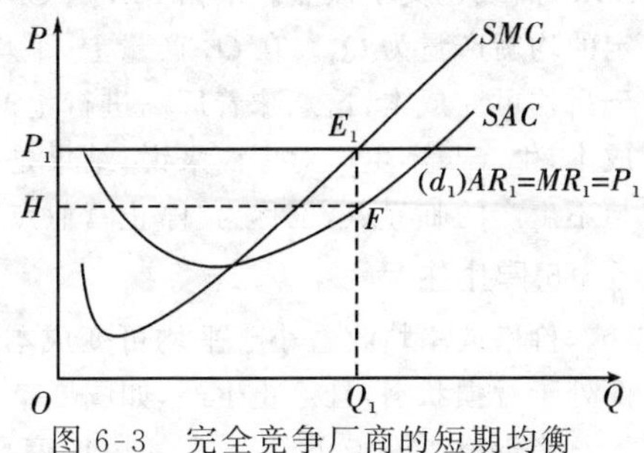

图 6-3 完全竞争厂商的短期均衡

2.盈亏平衡状态下的短期均衡

价格或平均收益等于平均总成本，即 $P=AR=SAC$，厂商的经济利润恰好为零，处于盈亏平衡状态，如图 6-4 表示。

当市场价格为 P_2 时，厂商面临的需求曲线 d_2，这条需求曲线刚好切于短期平均总成本曲线 SAC 的最低点，同时短期边际成本 SMC 曲线也通过此点，SMC 曲线与 MR_2 曲线的交点 E_2 就是均衡点，相应的均衡产量确定在 Q_2。在 Q_2 产量上，平均收益等于平均成本，总收益也等于总成本，如图中矩形 $OP_2E_2Q_2$ 面积，此时厂商的经济利润为零，但实现了全部的正常利润。由于在该点上，厂商既无经济利润，又无亏损，所以也把 SMC 与 SAC 的交点称为“盈亏平衡点”或“收支相抵点”。

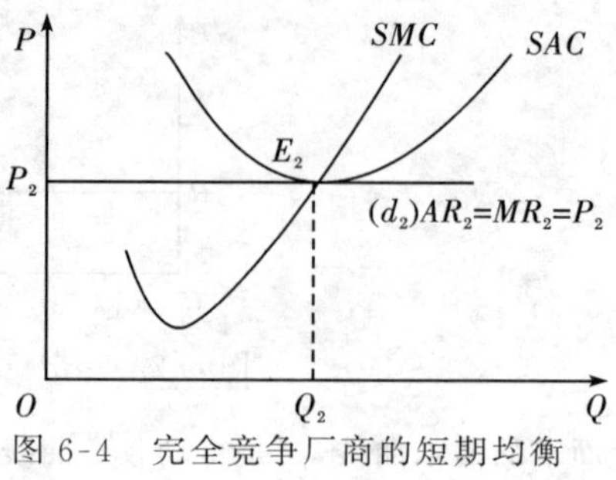

图 6-4 完全竞争厂商的短期均衡

3.亏损但继续生产的短期均衡

价格或平均收益小于平均总成本，但仍大于平均可变成本，即 $AVC<AR<SAC$，厂商亏损，由于是短期，不能退出市场且存在沉没成本，厂商还应继续生产，如图 6-5 表示。

当市场价格为 P_3 时，厂商的平均总成本已经高于产品的市场价格，整个平均总成本曲线 SAC 处于价格 P_3 线之上，出现了亏损。为使亏损达到最小，产量由 SMC 曲线和 MR_3 曲线相交的均衡点 E_3 决定，在 Q_3 的均衡产量上，平均收益为 OP_3，平均总成本为 OG，总成本与总收益的差额构成厂商的总亏损量，如图中矩形 P_3GIE_3 面积。不过平均可变成本小于平均收益，厂商在这种情况下，应立即停止生产，还是应继续进行生产？正确的选择是继续生产。当价格或平均收益介于平均总成本和平均可变成本之间时，虽然出现亏损，厂商仍会继续生产，因为此时厂商获得的全部收益，不仅能够弥补全部的可变成本，还能够收回一部分固定成本，即厂商继续生产所获得的收益超过继续生产所增加的成本，所以应该选择继续生产。

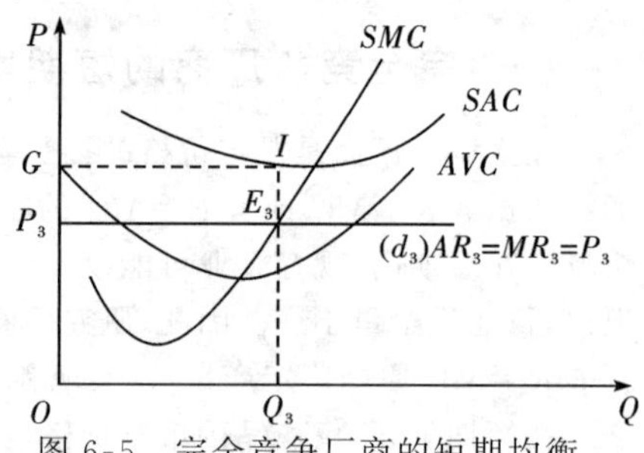

图 6-5 完全竞争厂商的短期均衡

4.生产与停产边缘的短期均衡

价格或平均收益等于平均可变成本，即 $P=AR=AVC$，厂商处于亏损状态，且处于生产与停产的临界点，如图 6-6 表示。

当价格为 P_4 时，厂商面临的需求曲线为 d_4，此线恰好切于平均可变成本 AVC 曲线的最低点，SMC 曲线也交于该点。根据 $MR_4=SMC$ 的利润最大化原则，这个点就是厂商短期均衡点 E_4，决定的均衡产量为 Q_4。在 Q_4 产量上，平均收益小于平均总成本，必然是亏损的。同时平均收益仅等于平均可变成本，这意味着厂商进行生产所获得的收益只能弥补可变成本，而不能收回任何的不变成本，生产与不生产对厂商来说，结果是一样的。所以，SMC 曲线与 AVC 曲线的交点是厂商生产与不生产的临界点，也称为“停止营业点”或“关闭点”。

5.停止生产

价格或平均收益小于平均可变成本，即 $AR<AVC$，厂商处于亏损状态，且停止生产，如图 6-7 表示。

当价格进一步下降至 P_5 时，厂商面临的需求曲线为 d_5，MR_5 曲线与 SMC 曲线相交之点为短期均衡点 E_5，相对应的产量为 Q_5。在这一产量上，平均收益已小于平均可变成本，意味着厂商若继续生产的话，所获得的收益连可变成本都收不回来，更谈不上收回固定成本了，所以厂商停止

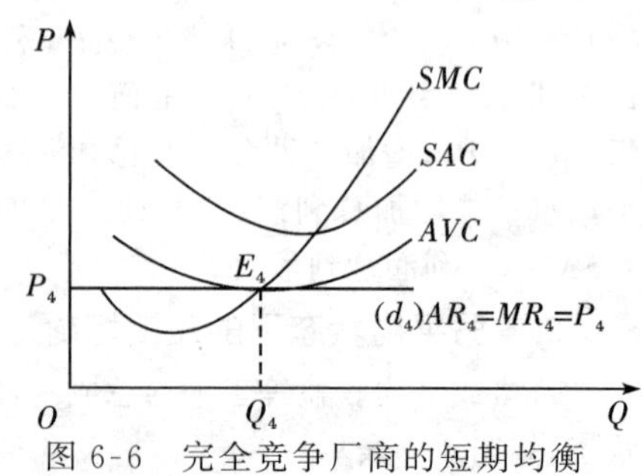

图 6-6 完全竞争厂商的短期均衡

生产。

根据以上分析可知：在市场供给和成本条件一定时，完全竞争厂商将根据所面临的需求的变化，按照 $MR=MC$ 原则确定产量。它可能在停止生产点以上的任何价格水平上达到短期均衡，尽管它可能是盈利条件下的均衡，也可能是收支相抵时的均衡，甚至是亏损条件下的均衡。总之，厂商达到短期均衡的条件是 $P=SMC$。

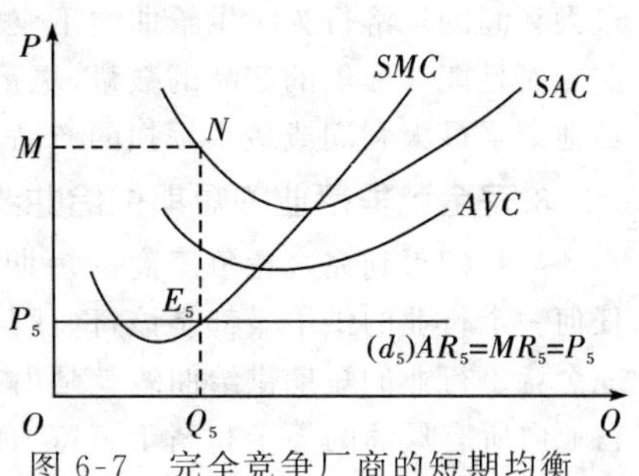

图 6-7　完全竞争厂商的短期均衡

(二)完全竞争厂商的短期供给曲线

1.完全竞争厂商的短期供给函数

完全竞争厂商的短期均衡是停止营业点之上的均衡。在停止营业点之上的任何价格水平，沿 MC 曲线都可获得完全竞争厂商一个确定的短期均衡产量。前面的论证已经表明使利润最大化的产量是由边际收益等于边际成本决定的，而在完全竞争市场上，厂商的产量并不会影响价格，它面对的需求是水平的，因此厂商多出售一单位产品所增加的收益就等于价格，即厂商的边际收益等于价格。于是厂商利润最大化的产量也可由如下条件表示：

$$P=SMC(Q) \tag{6-10}$$

该式表明，完全竞争厂商为了获得短期最大利润，应该把最优产量确定在使得商品的价格和边际成本相等的水平上，就是说在每一个短期均衡点上，厂商的产量与价格之间都存在着一种对应的关系。在图 6-3～图 6-7 中可以看到，根据 $P=SMC(Q)$ 或 $MR=SMC(Q)$ 的短期均衡条件，当商品市场价格为 P_1 时，厂商所选择的最优产量为 Q_1；当商品市场价格为 P_2 时，厂商所选择的最优产量为 Q_2，等等。由于每一个商品价格水平都是市场给定的，所以，在短期均衡点上商品价格与厂商的最优产量之间的对应关系可以明确地表示为以下的函数关系：

$$Q_S=f(p) \tag{6-11}$$

式中：P 表示商品的市场价格，Q_S 表示厂商的最优产量或供给量。

同时，在图 6-3～图 6-7 中还可以看到，根据 $P=SMC(Q)$ 或 $MR=SMC(Q)$ 的短期均衡条件，商品的价格和厂商的最佳产量的均衡点 E_1、E_2、E_3、E_4，都出现在厂商的边际成本 SMC 曲线上。若进一步严格地说，商品价格与厂商愿意提供的产量的组合点，并非出现在全部的边际成本曲线上。我们知道，边际成本曲线穿过平均可变成本的最低点，价格低于这一点，厂商停业，产量为零；价格超过这一点，产量与价格的关系由边际成本曲线所决定。既然是通过边际成本曲线来确定厂商在该价格下的产量，因此边际成本曲线反映了产量与市场价格之间的关系。所以，停止生产点之上的 MC 曲线，表达了短期内厂商提供的产量对价格的依存关系，成为完全竞争厂商的短期供给曲线 S。因此，供给曲线上的每一点都可以是厂商最大化利润或最小化亏损的均衡点。

2.完全竞争厂商的短期供给曲线

基于以上分析，可以得到如下结论：完全竞争厂商的短期供给曲线，就是完全竞争厂商的短期边际成本 SMC 曲线上等于和高于平均可变成本 AVC 曲线最低点的部分。毫无疑问，完全竞争厂商的短期供给曲线是向右上方倾斜的。图 6-8 中实线部分所示即为完全竞争厂商短期供给曲线。

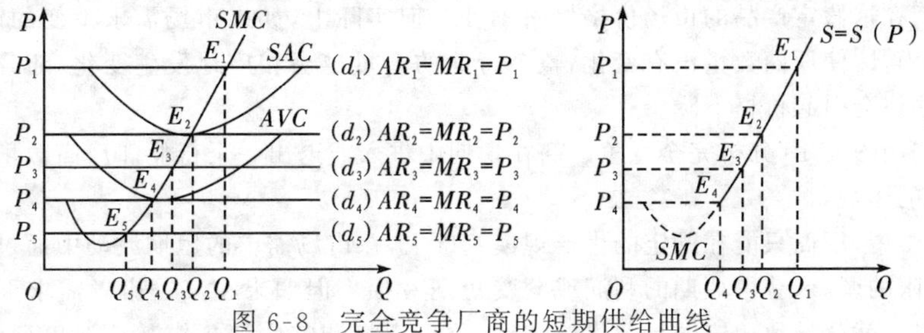

图 6-8　完全竞争厂商的短期供给曲线

从对完全竞争厂商短期供给曲线的推导过程中，可以清楚地看到供给曲线背后的生产者追求最大利润的经济行为。供给曲线不仅仅是表示在其他条件不变的情况下，生产者在每一价格水平愿意而且能够提供的产品的数量，更重要的是，生产者所提供的产品数量是在既定价格水平下能够给他带来最大利润或最小亏损的产品数量。

3.完全竞争行业的短期供给曲线

当我们得到完全竞争厂商的短期供给曲线，也就可以说明完全竞争行业的短期供给曲线了。任何一个行业的供给量都是该行业所有厂商供给量的总和。若假定生产要素价格是不变的，那么完全竞争行业的短期供给曲线就是由行业内所有厂商的短期供给曲线水平相加构成的，或者说把行业内所有厂商的等于和高于 AVC 曲线最低点以上的那部分 SMC 曲线水平相加，便可得到整个行业的短期供给曲线。正由于行业的短期供给曲线是单个厂商短期供给曲线水平相加，所以行业的短期供给曲线也是向右上方倾斜的，并且，该曲线上的每一点都表示在相应价格水平下能够使所有厂商获得最大利润或最小亏损的行业短期供给量。

六、完全竞争厂商的长期均衡和长期供给曲线

(一)完全竞争厂商的长期均衡

在长期，厂商能够调整生产规模，行业内也可能出现新厂商的进入和原厂商的退出，因而行业供给会发生变化。也就是说企业在长期内的调整可以表现为两个方面：一方面表现为对最优生产规模的调整；另一方面表现为进入或退出一个行业的决策。研究完全竞争厂商的长期均衡就是要研究在行业供给和成本条件变动的情况下，厂商如何进行产量决策，以实现利润最大化。

在图 6-9 中，假定完全竞争市场的价格为 P_0。在 P_0 的价格水平，厂商应该选择哪一个生产规模，才能获得最大的利润呢？在短期内，假定厂商已拥有的生产规模以 SAC_1 曲线和 SMC_1 曲线所表示，由于在短期内生产规模是给定的，所以，厂商只能在既定的生产规模下进行生产。根据 $MR=SMC$ 短期利润最大化的均衡条件，厂商选择的最优产量为 Q_1，所获得的利润为图中较小的那一块面积 FP_0E_1G。而在长期内，情况就不相同了。在长期内，根据 $MR=LMC$ 长期利润最大化的均衡条件，厂商会达到长期均衡点 E_2，并且选择 SAC_2 曲线和 SMC_2 曲线所代表的最优生产规模进行生产，相应的最优产量 Q_2，所获得的利润为图中较大的那一块阴影部分的面积 HP_0E_2I。很清楚，在长期，厂商通过对最优生产规模的选择，使自己的状况得到改善，从而获得了比在短期内所能获得的更大的利润。

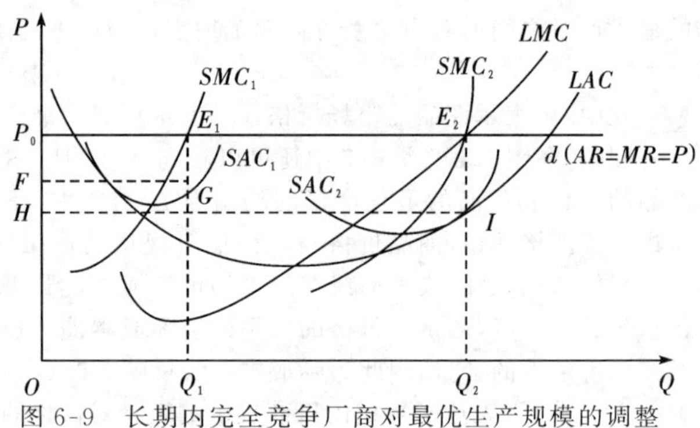

图 6-9 长期内完全竞争厂商对最优生产规模的调整

不过，我们在这假定产品的市场价格始终不变。但实际上，如果市场需求不变的话，各个厂商自身都调整规模，即使厂商数量没有变化，整个行业的产量也会相应地发生变化，随着整个市场供给量的增加，往往会引起价格下降。

其次，我们用图 6-10 分析完全竞争厂商在长期中进入或退出一个行业即厂商数量的调整及对单个厂商利润的影响。

在短期调整中，厂商只能在既定的生产规模基础上，在市场需求的短期波动中通过调整可变投入要素进行有限的调整，获得短期的利润或蒙受短期亏损。但如果在某一市场需求下行业内普遍存在赢利或亏损，就会导致相应的行业供给调整：原厂商将调整生产规模甚至退出行业，新厂商则

可能进入行业，从而改变行业供给和市场价格；这种行业供给调整反过来又会改变该行业厂商的盈利水平，进一步导致行业供给和市场价格的变动；经过行业供给的反复调整，最终将导致厂商的长期均衡。

我们在前面已经指出，在完全竞争市场上，要素可以在不同部门之间自由流动，或者说厂商可以自由进入或退出一个行业。实际上，生产要素总是会流向能获得更大利润的行业，也总是会从亏损的行业退出，正是由于行业之间生产要素的自由流动或厂商的自由进出，导致了完全竞争厂商长期均衡时的经济利润为零。

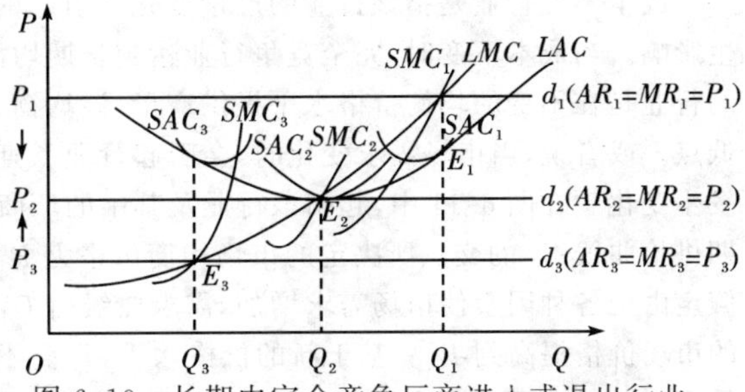

图 6-10 长期内完全竞争厂商进入或退出行业

在图 6-10 中，如果当某一行业开始时的产品价格较高为 P_1，厂商根据利润最大化均衡条件，将选择最优生产规模进行生产，如图 6-10 中的 Q_1 产量。此时厂商获得了利润，这会吸引一部分厂商进入到该行业中。随着行业内厂商数量的增加，市场上的产品供给就会增加，在市场需求相对稳定的情况下，市场价格就会不断下降，单个厂商的利润随之逐步减少，厂商也将随着价格的变化进一步调整生产规模。只有当市场价格水平下降到使单个厂商的利润减少为零时，新厂商的进入才会停止，至此厂商的生产规模调整至 Q_2 产量上。相反，如果市场价格较低为 P_3，厂商根据 $MR=MC$ 的条件，相应的最优生产规模选择在 Q_3 产量上。此时，厂商是亏损的，这会使得行业内原有厂商中的一部分退出该行业的生产，随着行业内厂商数量的逐步减少，市场上产品的供给就会减少，若市场需求相对稳定，产品的市场价格就会上升，单个厂商的利润又会随之逐步增加。只有当市场价格水平上升到使单个厂商的亏损消失即利润为零时，厂商的退出才会停止。总之，不论是新厂商的加入，还是原有厂商的退出，最终这种调整将使市场价格达到等于长期平均成本最低点的水平，如图中的价格水平 P_2。在这一水平，行业中的每个厂商既无利润，也无亏损，但都实现了正常利润，实现了长期均衡。

图 6-10 中 E_2 点是完全竞争厂商的长期均衡点。在这个长期均衡点上，LAC 曲线达到最低点，代表最优生产规模的 SAC_2 曲线相切于该点，相应的 SMC_2 曲线和 LMC 曲线都从该点通过，厂商面对的需求曲线与 LAC 曲线相切于这一点。总而言之，完全竞争厂商的长期均衡出现在 LAC 曲线的最低点。此时不仅生产的平均成本降到长期平均成本的最低点，而且商品的价格也等于最低的长期平均成本。因此，我们得到完全竞争厂商的长期均衡条件为：

$$MR=SMC=LMC=LAC=SAC=AR=P \tag{6-12}$$

此时单个厂商的利润等于零。

(二)完全竞争厂商的长期供给曲线与行业的长期供给曲线

1.完全竞争厂商的长期供给曲线

从完全竞争厂商长期均衡的分析可以看到，如果总收益小于总成本，或者说，$P<LAC$，厂商就退出；如果总收益大于总成本，或者说 $P>LAC$，厂商就进入。所以在长期中，完全竞争厂商的供给曲线是位于长期平均成本 LAC 曲线最低点以上的那部分长期边际成本 LMC 曲线。

2.完全竞争行业的长期供给曲线

在完全竞争条件下，单个厂商产量的增减所引起的对生产要素需求量的变化，不会对生产要素价格产生影响。但是整个行业产量的变化就有可能引起生产要素价格的变化，所以在分析行业长期供给曲线时就必须考虑行业供给增加或减少对要素价格的影响。

根据生产要素价格变动对行业的不同影响，可以把行业区分为三类：当一个行业扩大生产时，使用的生产要素价格保持不变的则称为成本不变行业；使用的生产要素价格上涨的则称为成本递增行业；使用的生产要素价格下降的称为成本递减行业。

1）成本不变行业的长期供给曲线

成本不变行业是指该行业的产量变化所引起的生产要素需求的变化，不对生产要素的价格发生影响。当成本不变时，完全竞争行业达到长期均衡的供给曲线是一条水平线。它表明：成本不变的行业是在不变的均衡价格水平提供产量，该均衡价格水平等于厂商的不变的长期平均成本的最低点。或者说，当市场需求变化时，会引起行业长期均衡产量的同方向变化，但长期均衡价格不会发生变化。在图 6-11 中，起初该行业及其中的厂商都处于均衡状态，由市场需求曲线 D_1 和市场短期供给曲线 S_1 的交点所决定的市场均衡价格为 P_1，行业的生产量是厂商生产量的总和 Q_1。现在假定由于各种因素使市场需求增加，需求曲线由 D_1 向右移到 D_2，与原来的供给曲线 S_1 相交，相应的市场价格提高到 P_2。基于新的价格水平，厂商不仅可以获得净利润，而且在原有规模上扩大产量至 Q_{i2}，获得更多的利润。

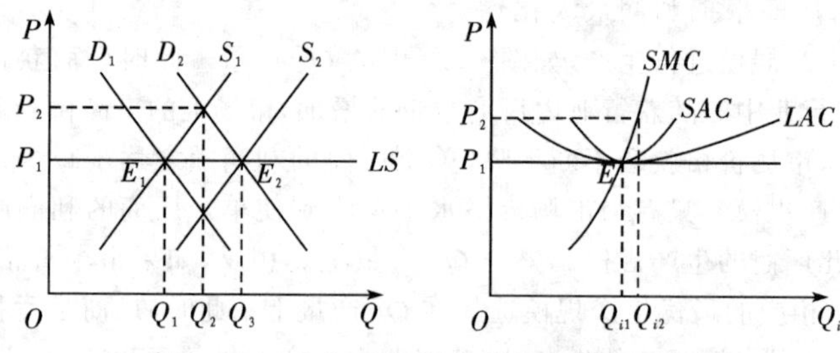

图 6-11 成本不变行业的长期供给曲线

从长期看，新的厂商受着利润的吸引，会不断进入到该行业中来，新厂商的加入，虽然没有引起生产要素价格的变化，从而企业的成本曲线位置不变，但却使供给曲线不断向右移动，总产量增加使价格下降，单个厂商的利润也随之下降，原有厂商沿着它们的边际成本曲线削减生产。这个过程一直要延续到单个厂商的利润消失为止，即供给曲线移动到 S_2 的位置，使得市场价格又回到原来的长期价格水平，单个厂商在原来的长期平均成本曲线 LAC 的最低点实现均衡，仍然生产原来的产量，市场的均衡产量的增加量为 Q_1Q_3，它是由新加入的厂商提供的。将各个短期需求曲线和相应的供给曲线的长期均衡点连接起来，就是完全竞争行业成本不变时的长期供给曲线 LS。总之，不变成本行业有着一条水平的长期供给曲线。如果需求增加，产品价格将提高，随着新厂商加入该行业，供给曲线向右移动，最终迫使价格恢复到原有水平。厂商能长期维持成本不变，主要是由于生产要素的供给是完全弹性的。

2）成本递增行业的长期供给曲线

成本递增行业是指该行业的产量增加所引起的生产要素需求的增加，会导致生产要素的价格上升。当成本递增时，完全竞争行业达到长期均衡的供给曲线是一条向右上方倾斜的曲线，如图 6-12所示。它表明当行业实现长期均衡时，虽然产量增加了，但是其价格也上涨了。这是由于外部不经济提高了投入物的价格或降低了投入物的生产效率引起的。例如，增加投入物的供应量必须提高其价格才能获得；或者由于行业扩大生产后不得不增雇效率较低的工人；再或者一些产业随着行业的扩展，它的产出率发生递减现象，等等，这些都使行业的长期平均成本曲线 LAC 上移。

图 6-12 表明需求增加时，成本递增行业调整供给的过程。假设该行业和其中的厂商在价格为 P_1 时达到初始的均衡状态。如这时需求增加，需求曲线向右移动，短期价格上涨，厂商在短期内仍以短期的边际成本曲线所代表的既定的生产规模调整生产，并因此获得利润。长此以往，净利润的出现吸引新厂商进入到该行业，使整个行业的供给增加。行业供给增加，会增加对生产要素的需求，生产要素需求的增加使得生产要素的市场价格上升，从而使得厂商的长期平均成本曲线 LAC 的位置上移。同时行业内有新厂商的加入，行业供给也增加了，供给增加使供给曲线向右移动为

S_2。最终在 LAC_2 曲线和 SMC_2 曲线的位置及 S_2 曲线的位置，实现厂商和行业的长期均衡。虽然新厂商的进入增加了全行业的产量，但成本的上升不会使价格跌回到原来的水平，而是形成一个新的均衡价格水平 P_2，厂商在 LAC_2 曲线的最低点实现长期均衡，每个厂商的利润又都为零。连接行业的两个长期均衡点的直线就是行业的长期供给曲线 LS。它是一条向右上方倾斜的长期供给曲线。很显然，对于成本递增行业，在长期内，行业的产品价格和供给量呈同方向变动，市场需求的变动不仅会引起行业长期均衡价格同方向变动，还引起行业长期均衡产量的同方向变动。

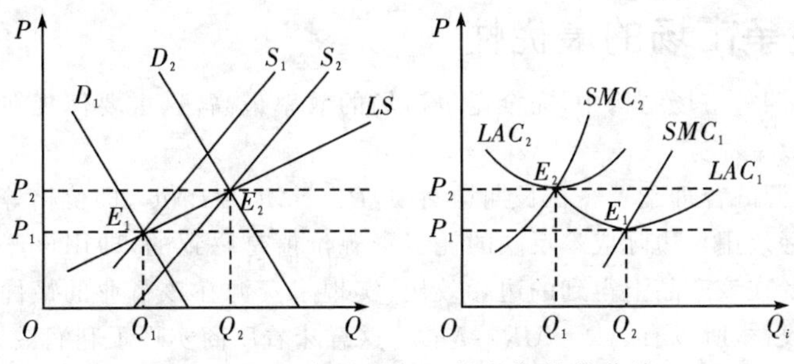

图 6-12　成本递增行业的长期供给曲线

3)成本递减行业的长期供给曲线

成本递减行业是指该行业的产量增加所引起的生产要素需求的增加，会导致生产要素的价格下降。当成本递减时，完全竞争行业达到长期均衡的供给曲线是一条向右下方倾斜的曲线，如图6-13所示。它表明当行业实现长期均衡时，不但产量增加，而且其价格也降低了。这主要是由于外在经济起作用。随着一个行业的发展而产生的外在经济可以概括为两个方面：一是降低了投入物的价格；二是提高了投入物的生产效率。例如，由于行业的扩大，改善了运输条件，使得行业中各家厂商降低了运输成本。行业的扩大，有条件大量供应原材料和半成品，它们的价格将会降低，质量也会提高，从而降低采购成本。行业的扩大也有可能使公共资金随之扩大，就有可能资助人员培训，从而提高劳动力的技术水平和更有效地利用已知的技术。总之，外在经济使得厂商的长期平均成本降低。

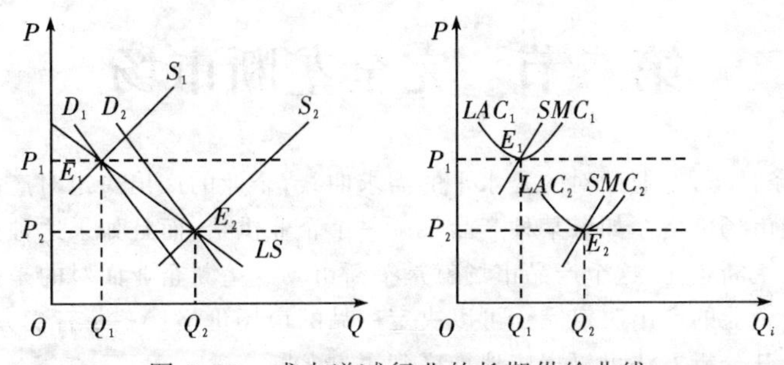

图 6-13　成本递减行业的长期供给曲线

图 6-13 表明需求增加时，成本递减行业调整供给的过程。假设该行业和其中的厂商是在价格为 P_1 时达到初始的均衡状态。假如这时需求增加，需求曲线向右移动，短期价格上涨，厂商在短期内仍以短期的边际成本曲线所代表的既定的生产规模调整生产，并因此获得利润。长期以往，净利润的出现吸引新厂商进入到该行业，整个行业的供给增加，行业供给增加，会增加对生产要素的需求，但生产要素需求的增加使得生产要素的市场价格下降了，从而使得厂商的长期平均成本曲线 LAC 的位置下移。同时行业内新厂商的加入，行业供给增加了，供给增加使供给曲线向右移动为 S_2。最终在 LAC_2 曲线和 SMC_2 曲线的位置及 S_2 曲线的位置，实现厂商和行业的长期均衡。虽然新厂商的进入增加了全行业的产量，但成本的下降不会使价格回复到原来的水平，而是形成一个新

的均衡价格水平 P_2，厂商在 LAC_2 曲线的最低点实现长期均衡，每个厂商的利润又都为零。连接行业的两个长期均衡点的直线就是行业的长期供给曲线 LS，它是一条向右下方倾斜的长期供给曲线。很显然，对于成本递减行业，长此以往，行业的产品价格和供给量呈反方向变动。市场需求的变动引起行业长期均衡价格反方向变动，引起行业长期均衡产量的同方向变动。

一般来说，上述三种类型的行业，成本递增行业是较普遍存在的，成本不变行业和成本递减行业则较少存在，只是对于一些新兴行业，或者某些行业成长的初期，才会存在成本递减的情况。

七、完全竞争市场的最优性

经济学家认为，四种市场结构中，完全竞争市场的效率最高，这主要体现在完全竞争厂商的长期均衡具有明显的效率优势。

第一，实现了资源的合理配置。在长期均衡中，$P=SMC=LMC$，即价格等于边际成本。这表明以价格反映的边际效用与边际成本反映的耗费资源价值是一致的，即用该产品生产的最后单位资源价值等于消费者在该产品上得到的边际效用，实现了资源在该行业的最优配置。由于价格等于平均收益和边际收益，所以有 $AR=MR=MC$。这意味着厂商实现了利润最大化，从而使厂商的数目及行业的供给处于稳定状态，并与市场的需求相吻合。因此，长期均衡实现了该部门资源的最优配置。

第二，保证了生产有效率进行。在长期均衡中，$SAC=LAC=SMC=LMC$，即长期平均成本、长期边际成本、短期平均成本和短期边际成本相等。这表明在长期竞争中只有生产效率最高、成本最低的厂商才能在竞争中生存，行业内各厂商均在最优规模下进行生产，充分利用了社会分配给它们的资源。

第三，实现了消费者最大化满足。在长期均衡中，由于 $P=SAC=LAC$，意味着长期厂商仅能获得正常利润而没有经济利润。消费者得到按最低平均成本所支付的价格，这个价格是消费者长期可能支付的最低价格，从而使消费者剩余达到最大值。

虽然完全竞争市场是不现实的，但是完全竞争厂商的长期均衡的最优性质，提供了一个基本分析模型，为我们分析其他厂商提供了理论基础。

第二节　完全垄断市场

在完全竞争的条件下，企业面对的是水平的需求曲线，企业的产出决定对产品的市场价格毫无影响，企业只能接受市场价格。如果某种产品仅由一个企业供给，而且如果这种产品没有相似的替代品，这个企业就是垄断企业，这个产品市场就是垄断市场。垄断企业面对的是整个市场即整个行业的需求曲线，垄断企业的产出决定完全可以决定产品的市场价格。垄断有卖方垄断和买方垄断。我们分析卖方垄断，其分析方法可以相应地推广到买方垄断。

一、完全垄断市场的特征与垄断形成的原因

(一)完全垄断市场的特征

如果一个厂商是其产品唯一的卖者，而且如果其产品并没有相近的替代品，这个厂商就是垄断(monopoly)者。完全垄断又称独占、卖方垄断或纯粹垄断，与完全竞争市场结构相反，完全垄断市场结构是指一家厂商控制了某种产品全部供给的市场结构。完全垄断市场，具有以下特征：

1.一家厂商控制了某种产品的全部供给

与完全竞争市场上有众多卖者相反，完全垄断市场上垄断企业排斥其他竞争对手，独自控制了

一个行业的供给。由于整个行业仅存在唯一的供给者，企业就是行业。

2.完全垄断企业是市场价格的制定者

由于垄断企业控制了整个行业的供给，也就控制了整个行业的价格，成为价格制定者。完全垄断企业可以有两种经营决策：以较高价格出售较少产量，或以较低价格出售较多产量。

3.完全垄断企业的产品不存在任何相近的替代品

完全垄断企业的产品不存在任何相近的替代品，否则，其他企业可以生产替代品来代替垄断企业的产品，完全垄断企业就不可能成为市场上唯一的供给者。

4.其他任何厂商进入该行业都极为困难或不可能

完全垄断市场上存在进入障碍，其他厂商难以参与生产。

完全垄断市场和完全竞争市场一样，都只是一种理论假定，是对实际中某些产品的一种抽象，现实中绝大多数产品都具有不同程度的替代性，几乎找不到真正意义上的完全垄断企业。

(二)形成垄断的原因

垄断厂商之所以能够成为某种产品的唯一供给者，是由于该厂商控制了这种产品的供给，使其他厂商不能进入该市场并生产同种产品。导致垄断的原因一般有以下几方面：

1.对资源的控制

如果一家厂商控制了用于生产某种产品的全部资源或基本资源的供给，其他厂商就不能生产这种产品，从而该厂商就成为一个垄断者。第二次世界大战前的制铝业是人们一再引用来说明这种情况的实例。矾土是制铝过程中所需用的一种投入品，美国铝业公司(Alcoa)曾一度控制着美国矾土矿的所有来源，因而使该公司在很长时期内独霸美国的铝制品行业。

2.规模经济

如果某种商品的生产具有十分明显的规模经济性，需要大量固定资产投资，规模报酬递增阶段要持续到一个很高的产量水平，此时，大规模生产可以使成本大大降低。那么由一个大厂商供给全部市场需求的平均成本最低，两个或两个以上的厂商供给该产品就难以获得利润。这种情况下，该厂商就形成自然垄断(natural monopolies)。许多公用事业，如电力供应、煤气供应、地铁等是典型的自然垄断行业。

3.专利权

专利权是政府和法律允许的一种垄断形式。专利权是为促进发明创造，发展新产品和新技术，而以法律的形式赋予发明人的一种权利。专利权禁止其他人生产某种产品或使用某项技术，除非得到发明人的许可。一家厂商可能因为拥有专利权而成为某种商品的垄断者。不过专利权带来的垄断地位是暂时的，因为专利权有法律时效。美国专利法准许发明人从专利权归档之日起，拥有期限为20年的生产某种产品或使用一种独特工艺的排他性权利。专利权在排挤竞争者进入方面至关重要。例如，美国的Alcoa就曾在制铝的基本工艺上拥有重要的专利权，这些权利有助于Alcoa保持它的垄断力量。

4.特许权

某些情况下，政府通过颁发执照的方式限制进入某一行业的人数，如大城市出租车营运证等。很多情况下，一家厂商可能获得政府的特许权，而成为某种产品的唯一供给者。执照特权使某行业内现有厂商免受竞争，从而具有垄断的特点。作为政府给予企业特许权的前提，企业同意政府对其经营活动进行管理和控制。例如，美国政府赋予NetworkSolutions公司以垄断，让该公司保存所有网上数据库与互联网地址，其根据是这些数据需要集中与全面。中国政府对烟草实行国家专营，中国烟草总公司是唯一一家能够经营烟草专卖、进出口等业务的公司。烟草专卖制度的确立，使烟草行业从分散管理走向集中管理，从自由发展变成国家垄断经营，对扭转当时烟草行业盲目发展的混乱局面、促进产供销协调发展、改善和提高卷烟产品结构和提高卷烟质量、满足群众消费需求等方面都起了积极作用，尤其是为国家财政积累做出了重大贡献。

二、完全垄断厂商的需求曲线和收益曲线

(一)完全垄断厂商的需求曲线

完全垄断条件下，市场上只有一家企业，企业和行业合二为一，企业就是行业。因此垄断厂商所面临的需求曲线就是整个市场的需求曲线，这是垄断厂商的重要特征。垄断厂商的需求曲线向右下方倾斜，斜率为负，销售量与价格成反比关系。因为完全垄断厂商是价格的制定者，可以通过减少销售量来提高市场价格，在其产量水平较高时，市场价格也随之下降。这一点与完全竞争市场上厂商是价格的接受者不同。

(二)完全垄断厂商的收益曲线

知道了完全垄断厂商的需求曲线，就可以分析垄断厂商的收益曲线。如图 6-14 所示。

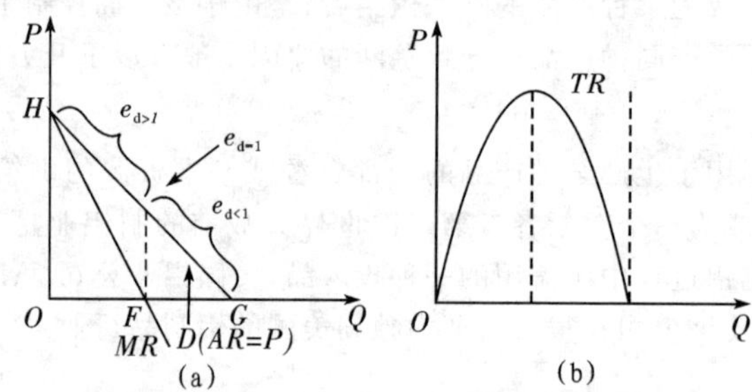

图 6-14 完全垄断厂商的需求曲线和收益曲线

1.完全垄断厂商的平均收益曲线

在垄断市场上，每一单位产品的卖价就是它的平均收益，也就是说，在每一个销售量上的商品价格就等于企业的平均收益。由于厂商的需求曲线向右下方倾斜，说明价格与销售量成反比。由于厂商的平均收益 AR 总是等于商品的价格 P，所以，在图中，垄断厂商的 AR 曲线和需求曲线 d 重叠，都是同一条向右下方倾斜的曲线。

2.完全垄断厂商的边际收益曲线

由于 AR 曲线是向右下方倾斜的，则根据平均量和边际量之间的相互关系可以推知，垄断厂商的边际收益 MR 总是小于平均收益 AR。因此，图中 MR 曲线位于 AR 曲线的左下方，且 MR 曲线也向右下方倾斜。

3.完全垄断厂商的总收益曲线

由于每一销售量上的边际收益 MR 值就是相应的总收益 TR 曲线的斜率，所以在图中，当 $MR>0$时，TR 曲线的斜率为正；当 $MR<0$ 时，TR 曲线的斜率为负；当 $MR=0$ 时，TR 曲线达最大值点。

垄断厂商的需求曲线 D 可以是直线型的，也可以是曲线型的。图 6-14 中垄断厂商的需求曲线 d 是直线型的，该图体现了垄断厂商的 AR 曲线、MR 曲线和 TR 曲线相互之间的一般关系。具体分析如下：

假定线性的反需求函数为：

$$P=a-bQ \tag{6-13}$$

式中：a、b 为常数，且 $a,b>0$。由上式可得总收益函数和边际收益函数分别为：

$$TR(Q)=PQ=aQ-bQ^2 \tag{6-14}$$

$$MR(Q)=\frac{\mathrm{d}TR(Q)}{\mathrm{d}Q}=a-2bQ \tag{6-15}$$

根据式(6-14)和式(6-15)可求得需求曲线和边际收益曲线的斜率分别为：

$$\frac{\mathrm{d}P}{\mathrm{d}Q}=-b \tag{6-16}$$

$$\frac{\mathrm{d}MR}{\mathrm{d}Q}=-2b \tag{6-17}$$

由此可得到以下结论，当垄断厂商的需求曲线 D 为直线型时，D 曲线和 MR 曲线的纵截距是相等的，且 MR 曲线的横截距是 D 曲线横截距的一半，即 MR 曲线平分由纵轴到需求曲线 D 的任何一条水平线。

垄断厂商的边际收益不仅与价格也就是平均收益相关，还与需求弹性相关，分析如下：

假定反需求函数为 $P=P(Q)$

则可以有 $TR(Q)=P(Q)Q$

$$MR(Q)=\frac{\mathrm{d}TR(Q)}{\mathrm{d}Q}=P+Q\frac{\mathrm{d}P}{\mathrm{d}Q}=P(1+\frac{\mathrm{d}P}{\mathrm{d}Q}\cdot\frac{Q}{P})$$

即
$$MR=P(1-\frac{1}{e_{\mathrm{d}}}) \tag{6-18}$$

式中：e_{d} 为需求的价格弹性，即 $e_{\mathrm{d}}=-\frac{\mathrm{d}P}{\mathrm{d}Q}\cdot\frac{Q}{P}$

式(6-18)就是表示垄断厂商的边际收益、商品价格和需求的价格弹性之间关系的式子。

由式(6-18)可得以下三种情况：

当 $e_{\mathrm{d}}>1$ 时，有 $MR>0$。此时，TR 曲线斜率为正，表示厂商总收益 TR 随销售量 Q 的增加而增加。

当 $e_{\mathrm{d}}<1$ 时，有 $MR<0$。此时，TR 曲线斜率为负，表示厂商总收益 TR 随销售量 Q 的增加而减少。

当 $e_{\mathrm{d}}=1$ 时，有 $MR=0$。此时，TR 曲线斜率为零，表示厂商的总收益 TR 达极大值点。

以上三种情况在图 6-14 中都得到了体现。

最后要指出的是，以上对垄断厂商的需求曲线和收益曲线所作的分析，对于其他非完全竞争市场条件下的厂商也同样适用。只要非完全竞争市场条件下厂商所面临的需求曲线是向右下方倾斜的，相应的厂商的各种收益曲线就具有以上所分析的基本特征。

三、完全垄断厂商的短期均衡

垄断厂商可以通过调整产量和价格来实现利润最大化。与完全竞争市场类似，垄断厂商利润最大化时的产量也是由需求状况和成本状况共同决定的。其利润最大化条件为 $MR=MC$，这也是垄断厂商短期均衡的条件。垄断厂商的短期均衡有三种情况：获得超额利润、获得正常利润或蒙受损失。我们分别用图 6-15～图 6-17 来予以说明。

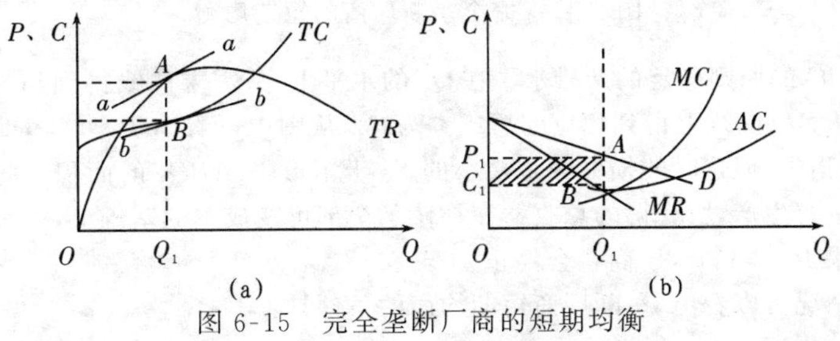

图 6-15 完全垄断厂商的短期均衡

(一)完全垄断厂商获得超额利润时的短期均衡

图 6-15 反映了垄断厂商获得超额利润时的短期均衡状态。

其中(a)图采用的是总成本—总收益分析法,(b)图采用的是边际收益—边际成本分析法。完全垄断厂商按照 $MR=MC$ 的原则确定产量水平 Q_1,与 Q_1 产量水平对应的价格可由需求曲线得到为 P_1,对应的成本由 AC 曲线得到为 C_1,显然 $P_1>C_1$,厂商存在超额利润。超额利润为矩形 P_1C_1BA 的面积。

从图 6-15(a)中看出,在 Q_1 产量水平上,TC 曲线与 TR 曲线的斜率相等,这意味着 $MR=MC$,这时 TR 与 TC 之间的垂直距离最大,所以 Q_1 是垄断厂商利润最大化时的均衡产量。

(二)完全垄断厂商获得正常利润的短期均衡

如图 6-16 所示,此时按照 $MR=MC$ 确定的产量水平在 Q_2,这一产量水平与需求曲线的交点正好是 AC 曲线与需求曲线 D 的切点,因此在这一产量水平上 P 与 C 相等,即平均收益等于平均成本,因而垄断厂商的 TR 等于 TC,厂商的经济利润为零,只获得正常利润。从图 6-16(a)中可以看出 TR 曲线与 TC 曲线相切。

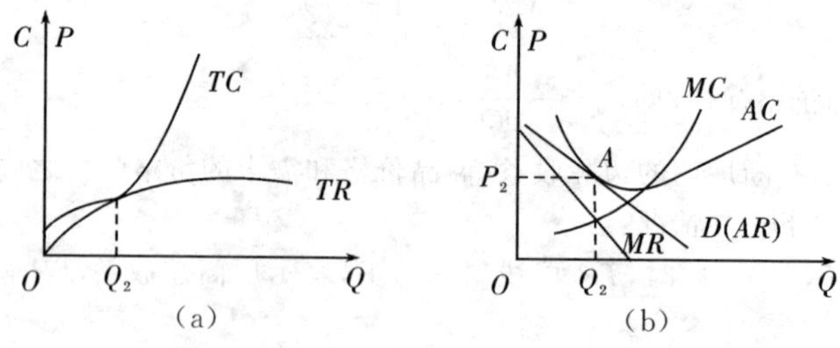

图 6-16 完全垄断厂商的短期均衡

(三)垄断厂商亏损时的短期均衡

垄断厂商虽然可以通过控制产量和价格获得利润,但并不意味着总能获得利润,垄断厂商也可能发生亏损。这种情况可能是由于既定生产规模的生产成本过高,也可能是由于面临的市场需求过小。图 6-17 反映垄断厂商亏损时的短期均衡。

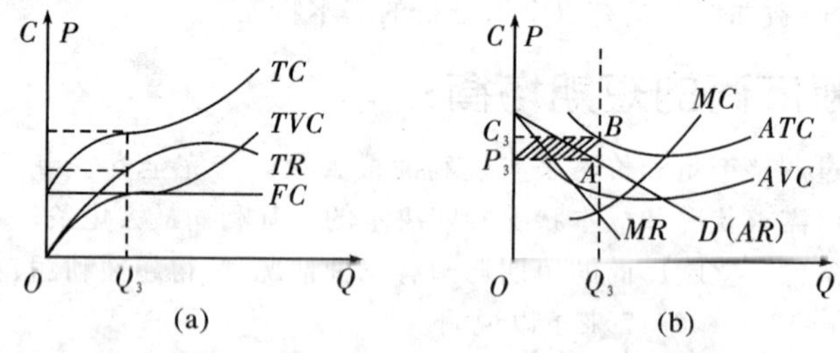

图 6-17 完全垄断厂商的短期均衡

按照 $MR=MC$ 的原则确定的产量水平在 Q_3 的水平上,从需求曲线得到与这一产量水平相对应的价格为 P_3,从 AC 曲线上得到相应的总成本为 C_3,从图中可看出 $P_3<C_3$,即平均收益小于平均成本,厂商蒙受损失,但这时的损失额是最小的,等于矩形 P_3ABC_3 的面积。此时 $P_3>AVC$,因此垄断厂商继续进行生产,所获得的总收益在补偿了全部可变成本的基础上,最大限度地补偿了部分固定成本。如果 $P_3<AVC$,厂商将会停止生产。

从以上三种情况可以看出,垄断厂商短期均衡的条件是:

$$MR=SMC \tag{6-19}$$

四、完全垄断厂商的短期供给曲线

在完全竞争市场上，厂商的停止营业点之上的 MC 曲线表达了确定的价格—产量组合关系，成为厂商的短期供给曲线。然而，在完全垄断市场上，厂商的边际收益曲线与需求曲线是相互分离的，均衡产量由 MC 和 MR 的交点决定，而价格却决定于与之相分离的需求曲线。由于需求弹性和需求水平的不同，在不同的价格之下，厂商可能生产相同的产量；而在相同的价格之下，厂商也可能生产不同的产量。所以，完全垄断厂商的价格与产量之间并不存在唯一的对应关系，因而不可能建立起完全垄断厂商的供给曲线。进一步讲，完全垄断厂商的停止营业点之上的边际成本曲线也不是其短期供给曲线。

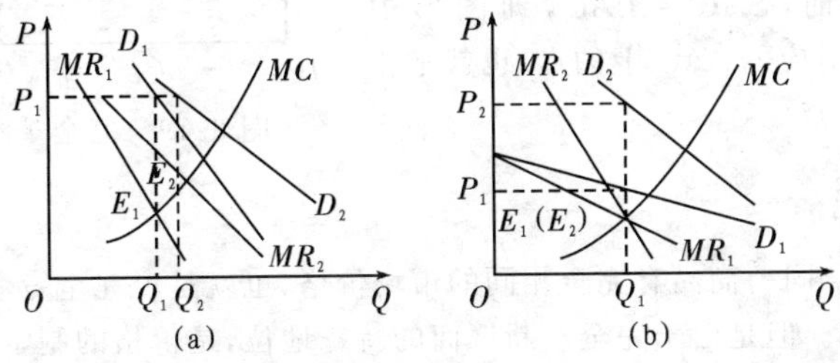

图 6-18 完全垄断厂商的价格和产量

在图 6-18(a)中，MC 曲线是固定的，当需求曲线为 D_1 时，相应的边际收益曲线为 MR_1，按照 $MR=MC$ 的原则，垄断厂商生产 Q_1 的产量水平，对应的价格是 P_1，如果需求曲线由 D_1 移到 D_2，相应的边际收益曲线移到 MR_2，此时厂商生产的产量为 Q_2，对应的价格仍为 P_1。

在 6-18(b)中，MC 曲线也是固定的，假定需求曲线由 D_1 移到 D_2，则相应的边际收益曲线由 MR_1 移到 MR_2，产量水平保持不变，仍然生产 Q_1 的产量水平，对应的价格分别为 P_1 和 P_2。

由此可知，垄断厂商的产量和价格之间不存在唯一的对应关系，因而完全垄断市场上也不存在供给曲线。这一结论可推广到带有不同程度垄断因素的不完全竞争市场中。

五、完全垄断厂商的长期均衡

在短期调整中，完全垄断厂商无法改变其生产规模或成本条件，所以如果市场需求太小，完全垄断厂商短期可能不能获得垄断利润，甚至承担亏损。但是在长期过程中，完全垄断厂商将根据对其产品的长期需求进行规模调整，建立最适当的工厂规模来生产最适当的长期产量。完全垄断厂商还可以通过做广告、提高服务质量等手段扩大产品需求，使需求曲线向右上方移动。当然，这样也会增加产品的成本。如果完全垄断厂商经过综合考虑，发现即使采用优化规模和广告促销这些措施仍然不能获得最低限度的垄断利润，就会退出行业。不过，一般而论，完全垄断厂商总能通过控制产量而操纵价格，获得经济利润，并可以凭借其垄断力将其长期保持下去。

在完全垄断条件下，长期内不会有新的厂商进入该市场。垄断厂商可以通过生产规模调整来实现长期利润最大化。完全垄断市场长期均衡形成过程中不存在厂商数量的调整，因而垄断行业的长期均衡并不以利润消失为标志。如果垄断厂商短期内获得利润，长期内只要需求状况不发生变化，厂商仍然可以获得利润。垄断厂商短期均衡有三种状态，因此厂商的调整过程分别从这三种状态开始，其调整过程非常类似，本书以第一种情况为例分析垄断厂商长期均衡的形成过程，如图 6-19所示。

假定垄断厂商目前的生产规模为 SAC_1、SMC_1 表示的生产规模，在 $SMC_1=MR$ 所确定的产量水平 Q_1 上，垄断厂商实现了短期的利润最大化。其利润为矩形 HP_1AB 所表示的面积。但是从长期看，这并不是最优的生产规模。由于长期中其他厂商不能进入，垄断厂商可以通过规模调整实现更大的利润。垄断厂商将会把产量调整到 $MR=LMC=SMC$ 所确定的产量水平 Q_2 上，此时对

应的生产规模为 SAC_2 和 SMC_2 所表示的生产规模。对应的总利润为矩形 IP_2FG 所表示的面积，此时的总利润大于短期内所获得的总利润。

从图 6-19 中可以看出在 Q_2 产量水平上，MR 曲线、LMC 曲线、SMC 曲线交于一点，这表明厂商利润最大化的条件 $MR=MC$，不仅在短期得到满足，而且在长期也得到满足，所以垄断厂商的长期均衡条件是：

$$MR=LMC=SMC \tag{6-20}$$

当这一条件满足时，$SAC=LAC$，即图形中 SMC_2 和 LMC 的交点对应的 LAC 上的点，也就是相应的 SAC 与 LAC 的切点。

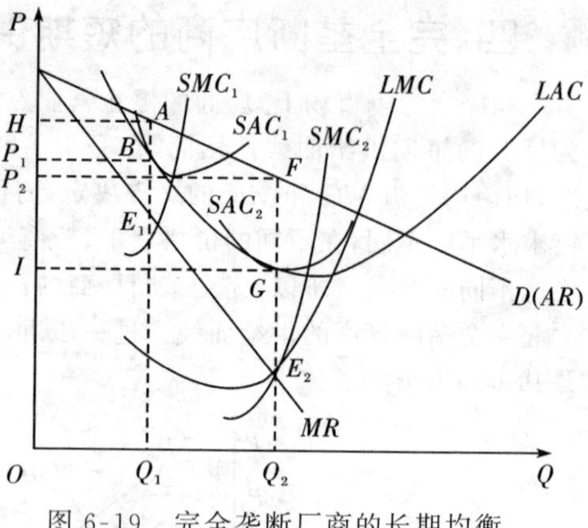

图 6-19 完全垄断厂商的长期均衡

六、价格歧视

在完全竞争市场上，同一商品有完全相同的市场价格，也就是说完全竞争厂商在价格上对任何消费者均是一视同仁的。但是由于完全垄断厂商的特殊地位，是价格的制定者，使得它可以实行价格歧视。

价格歧视是指同一厂商在同一时间对同一产品向不同的购买者索取两种或两种以上的价格，或者对销售给不同购买者的同一产品在成本不同时索取相同的价格。现实生活中有很多这样的例子，比如，假期学生乘火车可以买半票、工业用电和生活用电的价格不同等。垄断厂商实行价格歧视必须具备以下两个条件：

一是不同市场之间可以有效地分离，否则消费者将在价格低的市场购买商品，或者把低价购进的商品在价格更高的市场上重新出售，从而使价格歧视难以维持。

二是被分隔开的多个市场上需求弹性不同。只有在这种情况下，垄断者根据不同的需求弹性对同一商品索取不同的价格，方能获得多于索取相同价格时的利润，否则最佳策略是对同一商品收取相同价格。

一般来说价格歧视分为三类：一级价格歧视、二级价格歧视和三级价格歧视。

(一)一级价格歧视

一级价格歧视，又称完全价格歧视，是指厂商根据消费者愿意为每单位产品付出的最高价格而为每单位产品制定不同的销售价格。从消费者行为理论已知，需求曲线反映了消费者对每一单位商品愿意并且能够支付的最高价格。如果厂商已知消费者的需求曲线，即已知消费者对每一单位产品愿意并且能够支付的最高价格，厂商就可以按此价格逐个制定商品价格，如图 6-20 所示。

在图 6-20 中，第一单位产品出售的价格为 P_1，第二单位产品出售的价格为 P_2，最后一单位产品出售的价格等于企业的边际成本。这样，消费者剩余全部归垄断企业所有。一级价格的典型事例是乡村的一个医生，他根据不同患者愿意支付的最高价格，对同样的治疗收取不同的费用。一级价格歧视在现实世界中是少见的，因为它要求垄断者准确了解每个消费者的需求曲线，这在实际上是无法做到的。

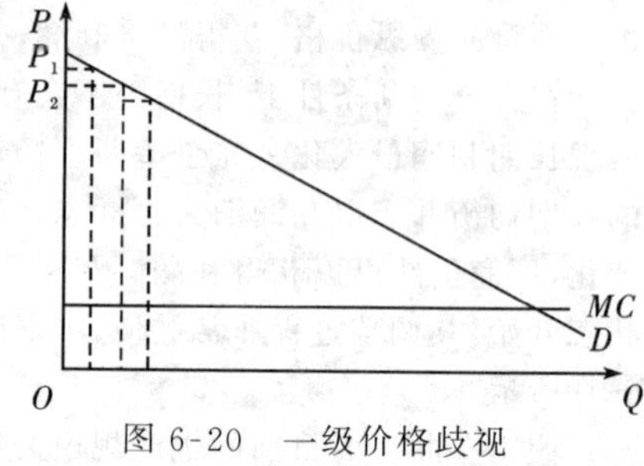

图 6-20 一级价格歧视

(二)二级价格歧视

二级价格歧视是指垄断厂商根据不同的购买量和消费量确定的价格。日常生活中,二级价格歧视比较普遍,如电力公司实行的分段定价等。二级价格歧视主要适用于那些容易度量和记录的产品和劳务,如煤气、电力、水、电话通讯等的出售,如图 6-21 所示。

假定某一煤气公司的每位消费者都具有如图 6-21 所示的需求曲线。如果消费者每月煤气购买量低于 X 单位,那么,该公司索要高价 P_0。对每月超出 X 单位购买量的消费者,索要中价 P_1。而对每月超出 Y 单位购买量的消费者,则索要低价 P_2。该煤气公司从每位消费者手中获得的总收益等于图 6-21 中的阴影面积。这是因为,消费者以 P_0 价格购买 X 单位,以 P_1 价格购买 $(Y-X)$ 单位,而以 P_2 价格购买 $(Z-Y)$ 单位。

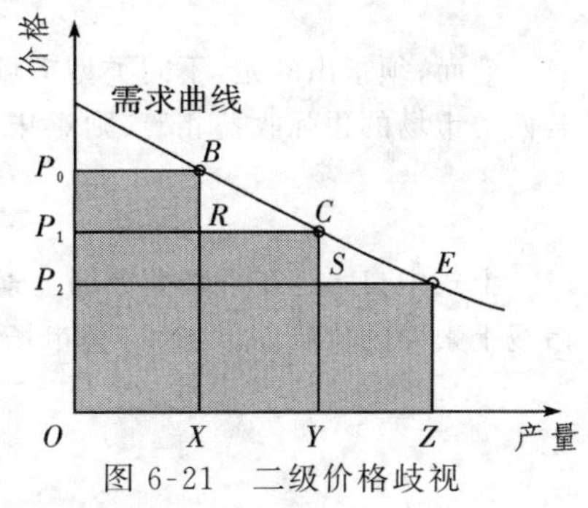

图 6-21　二级价格歧视

显而易见,该煤气公司采取对不同煤气购买量的消费者索要不同价格的策略,买得越多,价格越低,这样可以显著地增加其收益和利润。如果该公司只索要一种价格,则它想卖出 Z 单位,只能索要 P_2 价格。那么,该企业的总收益仅为图 6-21 中长方形 OP_2EZ 的面积,这一面积要比阴影的面积小得多。由此可见,由于有不同的索价,企业可以获得部分消费者剩余。

(三)三级价格歧视

三级价格歧视是指垄断厂商对同一种产品在不同的市场上(或对不同的消费者群体)收取不同的价格。实际中的例子很多,如同一种产品,国内市场和国际市场价格不一样,黄金时间和非黄金时间的广告费不一样等。三级价格歧视下资源配置效率的分析比较复杂,下面对最简单的、两个子市场的情况进行分析,所得结论,很容易推广到多个市场的情况。

如果某一企业要实行三级价格歧视,必须作出两种决策:一是分配到不同子市场上的产出量应该有多大?二是向各类买者索要何种价格?为了考察这两种决策是如何作出的,我们假定存在两个子市场,且企业的总产量决策已经作出。当然,这种假定是从为了简化分析而作出的,实际情况要远比这种假定复杂。现在要讨论的问题是,企业如何在两个市场间分配其总产量。就每一个子市场而言,都有一条显示各种价格的商品需求量的需求曲线,还各有一条边际收益曲线,如图 6-22 所示。

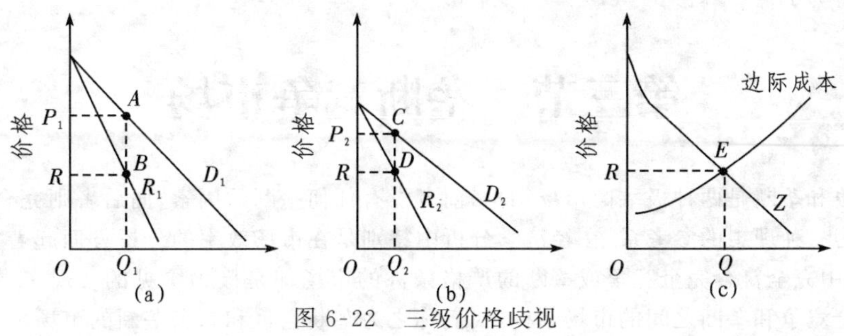

图 6-22　三级价格歧视

(a)市场 1;(b)市场 2;(c)整个市场

面对这两条给定的边际收益曲线,垄断企业为求利润最大化,可按如下方式在两类市场间配置总产量:在两类市场上售出的最后 1 单位商品的边际收益相等。如果市场多于两类,那么,垄断企业要实现利润最大化,则须使各类市场上售出的最后 1 单位商品的边际收益相等。其理由是不难理解的。假定,在第一类市场上售出的最后 1 单位商品的边际收益为 5 元,而在第二类市场上售出的最后1单位商品的边际收益是3元，则此时的配置不是最佳配置。因为如在第一类市场多售出1单位，同时在第二类市场少售出1单位，就可增加利润。在这种场合下，成本未变，但净收益可增加2元。由此可见，在实施三级价格歧视的情况下，垄断企业实现利润最大化的唯一条件是，不同类型市场的边际收益相等。

即：

$$MR_1=MR_2 \tag{6-21}$$

然而，须指出的是，不同类型市场的边际收益相等，并不意味着不同市场上商品的价格要相等。若两类市场的边际收益相等，则意味着

$$P_1(1-\frac{1}{e_1})=P_2(1-\frac{1}{e_2}) \tag{6-22}$$

上式中：P_1 是在第一类市场上索要的价格，e_1 为第一类市场的需求价格弹性；P_2 是在第二类市场上索要的价格，e_2 为第二类市场的需求价格弹性。于是：

$$\frac{P_1}{P_2}=\frac{1-\frac{1}{e_1}}{1-\frac{1}{e_2}} \tag{6-23}$$

若两类市场上的价格弹性相等，则垄断企业搞价格歧视将无利可图。而要使价格歧视有利可图，则须降低需求更富有弹性的一类市场上商品的价格。

下面考察企业还须作总产量决策这一更为现实的情形。现在，企业不仅必须关注需求，而且必须关注成本。企业会将产量定位在总产量的边际成本等于企业的总的边际收入处，如图6-22所示。

图6-22(a)中的 D_1 和 R_1 分别描述了第一类子市场上的需求曲线和边际收益曲线；图6-22(b)中的 D_2 和 R_2 分别描述了第二类子市场上的需求曲线和边际收益曲线。企业为实现利润最大化，要决定其总产量，将通过两条边际收益曲线 R_1 和 R_2 的水平加总为 Z 曲线，这条合成的曲线 Z 显示的是为维持两个市场相应边际收益水平所需要的总产量。此时，利润最大化的产出量是6-22(c)图中的 Q，Q 是从总的边际收益曲线 Z 与边际成本曲线相交之点确定的，这一产量的边际成本与各类市场的边际收益之和相等。如果情况不是这样，那么，利润可通过产量扩张（如果边际成本小于边际收益）或产量收缩（如果边际成本大于边际收益）而得以增加。再者，Q 单位的产量如何在两个市场间配置？前面已经说明了，在第一类市场中要出售 Q_1 单位商品，在第二类市场中要出售 Q_2 单位商品，这是因为，$MR_1=MR_2$，且 $Q_1+Q_2=Q$。至于价格，第一类市场的价格将为 P_1，第二类市场的价格将为 P_2。

第三节 垄断竞争市场

完全竞争和垄断是两种极端的市场结构，前者没有任何垄断的因素，而后者则完全排除了竞争的因素。作为一种理想的参考系，在经济学分析中特别是在市场效率的分析方面起着重要的作用。然而，在现实中完全符合完全竞争或垄断的严格条件的市场却是极为罕见的。现实中的市场则主要是介于完全竞争和垄断之间的市场结构，我们称之为垄断竞争和寡头垄断的市场。

一、垄断竞争市场的特征

垄断竞争是一种既有完全竞争成分，又有垄断因素的市场结构。它处在完全竞争和纯粹垄断两极之间，却又比较接近完全竞争。20世纪30年代以前，整个价格理论几乎一直仅由完全竞争理论和完全垄断理论所组成，因为经济学家们认为这两个理论模型已足够他们分析任何类型的市场

之用了。这方面的情况在20世纪30年代初发生了明显的变化，经济学家们开始重视进行更多的实际研究，把原来的模型发展成为能够解决处于完全竞争和完全垄断之间的情况的模型，由此产生了不完全竞争理论。不完全竞争理论包括垄断竞争理论和寡头垄断理论。

对垄断竞争的研究做出重要贡献的是英国经济学家琼·罗宾逊和美国经济学家爱德华·张伯伦，两人于1933年不约而同地分别发表了研究垄断竞争市场的《不完全竞争经济学》和《垄断竞争理论》，这两部著作成为研究垄断竞争市场的开山之作，其所提出的基本理论及研究方法影响至今。

作为垄断竞争的市场应具有如下基本的特征：

(一)产品存在着差异

与完全竞争的假设不同，垄断竞争市场中的产品并不是单一的、同质的，而是存在着一些差别。以服装市场为例，尽管服装大体上差不多，但每个厂商都能在物质材料、细部结构、品牌形象和服务方式等方面，将自己的产品与其他厂商的产品区别开来。又如在牙膏市场上，虽然各种产品没有本质的区别，但各个厂商还是在口味、稠度甚至名气上使自己的产品具有与众不同的地方。由于这些产品之间的差别不大，因而它们之间具有高度的可替代性；又因为它们之间终归有些差别，因而不可以完全替代。换句话说，它们的需求交叉弹性是大的，但不是无穷大。

(二)厂商的数目很多

在完全竞争条件下，行业是按照生产完全相同的产品来定义的，因此，某一行业中的厂商数目，就是生产相同产品的厂商数目。但由于在垄断竞争条件下，不同厂商的产品略有差异，这样就无法按照生产同一种产品来定义行业中的厂商数目。张伯伦将生产类似产品的厂商加以归类，称之为产品群(product group)。例如，将生产服装的所有厂商定义为服装产品群，将生产牙膏的所有厂商定义为牙膏产品群。这样，行业中的厂商数就变成了产品群中的厂商数。垄断竞争的一个特征是，产品群中的厂商数目足够多，以至于每个厂商都认为它的行动不会被竞争对手所察觉，而且不受竞争对手报复性措施的干扰。

(三)进出自由

与完全竞争的情况相似，拥有新品牌的新厂商进入市场比较容易，已有厂商在它的产品无利可图时退出也比较容易，进入和退出基本上不存在法律上的、社会上的、资金上的和技术上的障碍。这样，在长期一个厂商不可能获得经济利润。

(四)厂商对价格略有影响力

垄断性使厂商具有一定的定价自主权，竞争性又使厂商的定价权十分有限。例如，北京市的餐饮业大致就是个垄断竞争行业。遍布京城的大小餐馆数不胜数，经常有新的餐馆开业，同时也有一些餐馆关门。比起全北京市餐饮业的营业额，每一个餐馆的营业额是微乎其微的。但是，这些餐馆又各有特点，他们在地点、风味、服务等方面相互区别。

二、垄断竞争厂商的需求曲线与收益曲线

垄断竞争厂商生产的是有差别的产品，因而对该产品具有一定的垄断能力，与完全竞争的厂商只是被动地接受市场的价格不同，垄断竞争厂商对价格有一定的影响力。比如，厂商如果将它的产品的价格提高一定的数额，则习惯于消费该物品的消费者(消费者可能是由于商品的外观、质量或其他特性形成对该商品的特殊偏好)可能不会放弃该物品的消费，该产品的需求不会大幅度下降。但若厂商大幅度提价的话，由于存在着大量的替代品(这一点和垄断厂商区别)，消费者就可能舍弃这种偏好，转而购买该商品的替代品。因此，垄断竞争厂商所面临的需求曲线相对于完全竞争厂商

而言要更陡一些(即更缺乏弹性),而相对于垄断厂商来讲需求曲线要更缓一些,即更富有弹性。

由于在垄断竞争行业中厂商生产的产品都是有差别的替代品,因而市场对某一厂商产品的需求不仅取决于该厂商的价格—产量决策,而且取决于其他厂商对该厂商的价格—产量决策是否采取对应的措施。比如一个厂商采取降价行动,如果其他厂商不降价,则该厂商的需求量可能上升很多,但如其他厂商也采取降价措施,则该厂商的需求量不会增加很多。这样在分析垄断竞争厂商的需求曲线时,就要分两种情况进行讨论。因为在市场中有大量的企业存在,因而单个厂商会认为自己的行动不会引起其他厂商的反应,于是它便认为自己可以像垄断厂商那样,独自决定价格。这样,单个厂商在主观上就有一条斜率较小的需求曲线,称为主观需求曲线。所谓的主观需求曲线指的是假定只有代表性厂商的产品价格变化,而其他厂商产品价格不变条件下而导出的代表性厂商的需求曲线。

但是这一假定并不符合事实。在现实中,一个垄断竞争厂商降低价格时,其他厂商为了保持自己的市场,势必也会跟着降价,该厂商因而会失去一部分顾客,需求量的上升不会如厂商想象的那么多,因而还存在着另外一条需求曲线,称之为客观需求曲线或比例需求曲线。客观需求曲线是指假定在代表性厂商产品价格变化时,其他厂商产品价格也发生相同变化条件下而导出的代表性厂商的需求曲线,如图 6-23 所示。

在图 6-23 中,垄断竞争厂商的主观需求曲线为 d_1,厂商最初的产量为 Q_1,最初的价格为 P_1,因而位于主观需求曲线上的 A 点。当该厂商将产品的价格由 P_1 下调至 P_2 后,按照其主观需求曲线 d_1,厂商预期其需求量将提高至 Q_2。但是,由于该厂商降价时,其他厂商也将采取同样的措施,以维护自己的市场占有率,因此,该厂商的需求量实际只有 Q_3,即介于 Q_1 和 Q_2 之间,厂商实际只能移动到 B 点。当厂商意识到这点之后,厂商的主观需求曲线就会做出相应的调整,改为通过 B 点的 d_2。相反,如果厂商将它的价格由 P_1 提高至 P_3,厂商按照主观需求曲线 d_1 会预期自己的需求量将降低至 Q_4,但由于其他厂商也同样采取提价措施,该厂商需求量的下降并不像预期的那么多,实际的需求量为 Q_5,即厂商实际移动到 C 点,厂商的主观需求曲线也将随之调整至通过 C 点的 d_3。根据客观需求曲线的定义,连接 A、B、C 三点的曲线 D 即是客观需求曲线。有时为了方便,我们称客观需求曲线为 D 需求曲线,而称主观需求曲线为 d 需求曲线。可以知道,客观需求曲线比主观需求曲线要更陡峭一些,即更缺乏弹性。

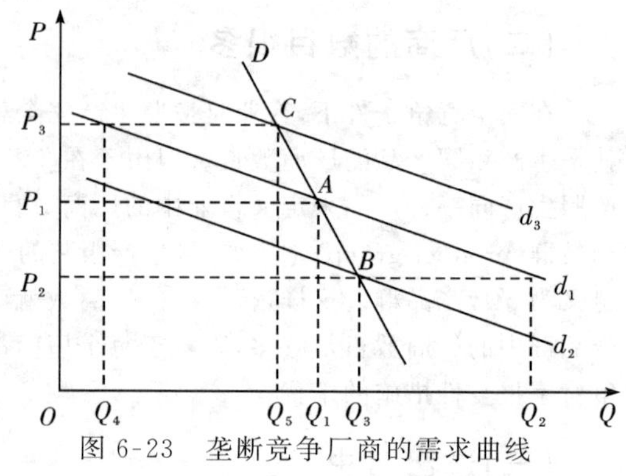

图 6-23　垄断竞争厂商的需求曲线

由于厂商的价格 P 总是等于平均收益 AR,因此平均收益曲线就是厂商的主观需求曲线。与垄断厂商类似,垄断竞争厂商的边际收益(MR)曲线也是位于平均收益 AR 曲线之下且较 AR 曲线更为陡峭。

三、垄断竞争厂商的短期均衡

(一)垄断竞争厂商短期生产调整过程

追求最大化利润的垄断竞争厂商,与完全垄断厂商和完全竞争厂商一样,也要按 $MR=MC$ 原则来确定价格和产量。我们以一个代表性厂商为例来分析垄断竞争厂商的短期均衡问题。

如图 6-24 所示,SMC 是代表性厂商的边际成本曲线,d_1 是厂商的主观需求曲线,D 是厂商的客观需求曲线。假定厂商一开始处于 A 点,此时产量是 Q_0,价格为 P_0。厂商为了实现利润最大化,会按照 $MR_1=MC$ 的原则来调整其价格和产量,即沿着主观需求曲线调整至 B 点,此时价格是

P_1，产量为Q_1。由于本行业中的其他厂商也面临着相同的情况，每个厂商都在假定其他厂商不改变产量和价格的条件下根据自己的利润最大化原则降低了价格。于是，当其他厂商都降低了自己产品的价格时，代表性厂商实际的需求量不能增加到Q_1，而只能是Q_0和Q_1之间的一点C，需求量只有Q_2。厂商的主观需求曲线也要修正到通过C点的d_2，边际收益曲线也相应调整至MR_2。这样该厂商在P_1的价格下无法实现最大利润，必须进一步做出调整。按照厂商利润最大化的条件$MR_2=MC$，厂商将会把价格进一步降低至P_2，厂商预期自己的需求量将会增加至Q_3。但是由于其他厂商采取同样的行动，该厂商的需求量实际只能沿客观需求曲线增加到Q_4，厂商在P_2价格下仍无法实现最大利润。依此类推，厂商的价格还需做出进一步的调整，其主观需求曲线也将沿客观需求曲线不断移动。

上述调整过程实际是一个“试错”的过程，这一“试错”过程不断进行，一直持续到实现短期均衡状态为止。

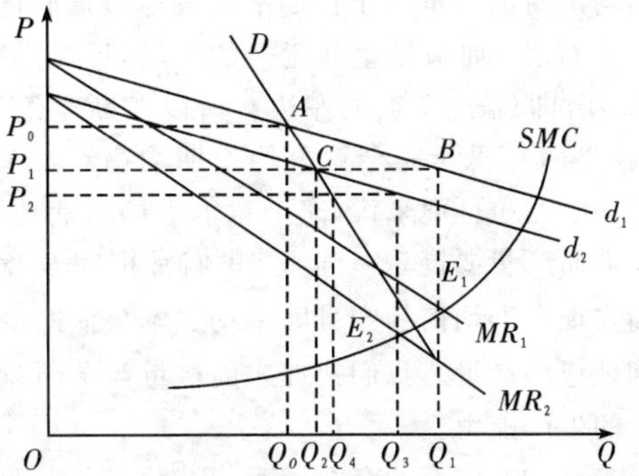

图 6-24 垄断竞争厂商在短期内生产调整过程

(二)垄断竞争厂商的短期均衡

如图 6-25 所示，厂商实现短期均衡时，必须满足如下条件：

(1)厂商的产量Q_E符合$MR=MC$的原则，厂商实现了利润最大化，因而厂商没有动力改变目前的状态。

(2)厂商此时的产量和价格决策恰位于主观需求曲线与客观需求曲线的交点H，亦即厂商按自己能够感觉到的主观需求曲线所做出的价格产量决策恰和其他厂商也做出同样调整的价格产量决策相一致。

垄断竞争厂商实现短期均衡时的利润如图 6-25 中阴影部分所示。在短期内，垄断竞争厂商的经济利润可以大于零、小于零或者等于零：当$P=AR>AC$时，厂商获得超额利润，如图 6-25 所示；当$P=AR<AC$时，厂商处于亏损状态。当$P=AR=AC$时，厂商的经济利润为零，厂商获得正常利润。需要说明，与完全竞争市场的情形相同，当垄断竞争厂商亏损时，即$P=AR<AC$时，只有在价格P高于平均可变成本时，厂商才会生产。

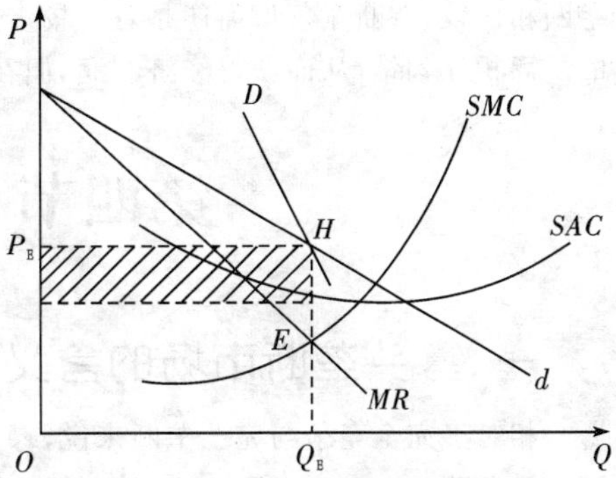

图 6-25 垄断竞争厂商在短期均衡

四、垄断竞争厂商的长期均衡

在长期内，垄断竞争厂商可以通过扩大或缩小其生产规模来与其他企业进行竞争，也可以根据自己能否获得经济利润来选择是进入还是退出一个行业。假设垄断竞争厂商在短期内能够获得经济利润，在长期内所有的厂商都会扩大生产规模，也会有新的厂商进入该行业进行生产，在市场总的需求没有改变的情况下，代表性厂商的市场份额将减少，虽然主观需求曲线不变，但客观需求曲线将向左下方移动，从而厂商的产品的实际需求量低于利润最大化的产量。厂商为了实现长期均衡必须降低其价格提高其产量来适应这种变化，从而主观需求曲线和客观需求曲线都会向左下方移动。这一过程会一直持续到行业内没有新的厂商进入，也没有企业愿意扩大生产规模为止，此时厂商的利润为零。

厂商实现长期均衡时的所处状态如图 6-26 所示。在长期均衡时，厂商的主观需求曲线d与长期平均成本曲线LAC相切于E点，客观需求曲线也与d和LAC曲线相交于E点，此时厂商的均

衡产量 Q_E。由此可见满足垄断竞争厂商长期均衡的要求是

$$MR=LMC \tag{6-24}$$

而此时

$$P=AR=LAC \tag{6-25}$$

所以厂商的利润为零。

五、理想产量与多余产量

我们将完全竞争的厂商和垄断竞争的厂商进行一个简单的对比。在图 6-26 中，如果是完全竞争的市场，厂商长期均衡时的产量等于长期平均成本最低时的产量，即均衡点为 G 点；如果是垄断竞争的市场，厂商的长期均衡点为 E 点，即位于 G 点的左边。所以垄断竞争厂商的长期均衡产量 Q_E 低于完全竞争的长期均衡产量 Q_P。显然相对于垄断竞争厂商来说，完全竞争市场所能达到的平均成本要低而产量要高。基于此，我们常把完全竞争条件下，厂商实现长期均衡的产量即平均成本最低时的产量称为理想的产量。显然，垄断竞争的市场无法达到理想的产量。我们把理想的产量与垄断竞争厂商长期均衡的产量之间的差（即 Q_P-Q_E）称为多余的生产能力。

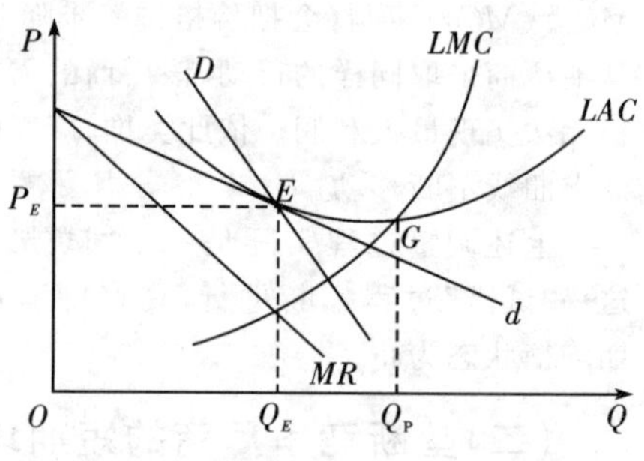

图 6-26 垄断竞争厂商在长期均衡

多余生产能力的存在说明了垄断竞争企业尚有一部分生产能力没有被有效利用，如果它扩大产量，平均成本可能降低。站在社会的角度来看，如果让一部分企业增加产量，其平均成本可以降低，而让另外少数企业退出市场，则整个社会的效率得到提高。

虽然与完全竞争相比较，垄断竞争中厂商的产量较低而价格较高（尽管差别不是很大），但是与垄断相比较，垄断竞争厂商还是具有较多的产量、较低的价格和较少的利润。即使是某一产品群内的厂商相互勾结，从而获得经济利润，但在长期中出现这种情况的可能性还是很小的。

第四节 寡头垄断市场

一、寡头垄断市场的含义与成因

相对于完全竞争与完全垄断来说，寡头垄断市场在现代经济中是最常见的一种市场结构。所谓寡头垄断(oligopoly)是指极少数企业提供了一种工业产品的大部分。比如在美国，寡头垄断是很普遍的市场结构，有很多的行业仅由少数几个企业所控制。例如，美国的汽车行业主要由三家公司——通用汽车公司(GeneralMotors)、福特公司(Fords)和克莱斯勒公司(Chrysler)所控制，绝大部分的电器设备市场由通用电器公司(GeneralEletric)和西屋公司(Westinghouse)两家公司所占领，而罐头行业仅由美洲罐头公司和大陆罐头公司所控制。但这些例子并不是说明所有的寡头垄断企业都是大公司，即使两个杂货店，要是处于很偏僻的地带，它们也是寡头垄断者，它们虽然是小企业，但并不会改变它们的地位。寡头又可分为纯粹寡头和差别寡头，生产完全相同产品的几家企业称为纯粹寡头，而生产有差别产品的几家企业称为差别寡头。这两种类型的寡头都不是完全垄断者，但每家企业都可以对价格产生十分重要的影响。

寡头垄断形成的原因有很多，归纳起来主要有两个方面：①行业中可能有明显的规模经济性。在某些行业中，比较适宜大规模生产，只有当企业的生产量在整个市场上占一定的比例时，才能获得和其他企业相近的利润，这促使几家大企业占据整个市场的局面形成。②存在着许多行业进入

障碍。由于某些类型的工厂新建投资大,熟练的技术工人难以及时雇到或培训出来,其产品的市场销路也不是在短期内就能打开。因此,新的企业很难进入这样的行业。

二、寡头市场的特征

与其他市场结构相比,寡头市场具有一个重要特征:寡头垄断厂商之间存在着相互依存、相互制约的关系。由于市场中厂商的数目较少,每个厂商在市场中都占有一个很大的份额,对市场都有举足轻重的影响力。一个厂商的价格和产量变动,不仅影响到它自己的市场份额和所得利润,而且会直接影响到其他厂商的市场份额和利润的多寡,因而厂商所做的价格—产量决策也很容易遭到其竞争对手的报复。所以,寡头厂商在做出决策的时候必须把其竞争对手可能采取的对策考虑进去,而竞争对手的可能对策又是难以推测的。正因为如此,我们不但无法推导出寡头厂商的有规律的供给曲线,而且无法推导出寡头厂商的有规律的需求曲线。这一点和其他厂商非常不同,完全竞争厂商在做出决策的时候无须考虑竞争对手的反应,垄断厂商则根本就没有竞争对手可以考虑,垄断竞争厂商由于所占市场份额很小,所以其他厂商的反应也可忽略。这正是寡头市场区别于其他市场结构的重要特点。

由于寡头厂商在进行决策的时候必须考虑到其他厂商的可能对策,而其竞争对手的策略又是千变万化的,对手如何反应是它事前所无法准确预计的,因此,寡头垄断厂商的决策具有重要的不确定性。所以,寡头厂商的价格—产量决策过程就是该寡头厂商与其他寡头厂商之间相互博弈的过程,价格的确定实际上是一个搜寻的过程。我们知道,完全竞争厂商是价格的被动接受者,而垄断厂商则是价格的主动制定者,但寡头厂商则只能是"价格搜寻者"。正是由于寡头厂商之间价格决策的不确定性,厂商之间往往尽力避免打"价格战"。在寡头行业中除价格竞争之外,更经常进行的是非价格竞争,比如广告竞争、品牌竞争、服务竞争等。

由于寡头厂商的价格和产量决策直接受其他厂商可能的决策的影响,每个厂商的行为都将取决于其对手的行为或者对其对手行为的预期。因此,各厂商的均衡价格和均衡产量很难确定,要想建立寡头厂商的行为模型就显得异常困难。在理论上还没有提出可以适应于任何情况的一种寡头垄断模型。但是,根据对企业间相互作用的假设,可以用不同模型来分析寡头垄断企业的决策。下面我们就来分析寡头垄断的两个经典模型:古诺模型和斯威齐模型。

三、古诺模型

古诺模型是由法国经济学家奥古斯丁·古诺于1838年最早提出的,在其出版的《财富理论的数学原理研究》一书中分析了两个寡头企业的产量和价格的决定问题,故也被称为"双寡头模型"。古诺模型属于独立行动条件下的寡头企业模型,是早期的寡头模型,通常被作为寡头理论分析的出发点。

古诺模型的基本假设是:第一,两个寡头厂商A和B生产同一种产品;第二,每个寡头均以实现利润最大化为目的,以对方产量维持前一时期水平为前提,来决定自己每一时期的产量;第三,两家厂商面临相同的需求曲线;第四,两个厂商生产的边际成本为零。

假设A厂商和B厂商所生产的产量分别为Q_A和Q_B,市场需求函数为:

$$P=90-Q \tag{6-26}$$

由于市场供给量是Q_A+Q_B,所以需求函数也可以写成:

$$P=90-Q_A-Q_B \tag{6-27}$$

由于成本为零,厂商A的利润可以写成:

$$\pi_A=PQ_A=(90-Q_A-Q_B)Q_A=90Q_A-Q_AQ_B-Q_A^2 \tag{6-28}$$

假定厂商B的产量不变,则厂商A要实现利润最大化,必须要满足一阶条件:

$$\frac{d\pi_A}{dQ_A}=90-Q_B-2Q_A=0 \tag{6-29}$$

可以求出：

$$Q_A=45-0.5Q_B \tag{6-30}$$

式 6-29 称为厂商 A 的反应函数。它表示了在厂商 B 的各种产量水平上，厂商 A 在最大利润原则下所要生产的产量组合。也可以说，对于厂商 B 的每一个产量 Q_B，厂商 A 都会做出最优反应，确定自己能够带来最大利润的产量 Q_A。同样的方法，可以求得厂商 B 的反应函数为：

$$Q_B=45-0.5Q_A \tag{6-31}$$

可以看出，只要一个厂商变动产量，另一个厂商也必须跟着变动自己的产量。所以市场实现均衡时就意味着两家厂商的产量引起对方的反应是相容的，这时两个厂商都没有变动产量的意愿，所以上述两个反应函数必须同时成立。将两个反应函数联立，即可解得厂商的均衡解为：

$$Q_A=Q_B=30 \tag{6-32}$$

由于市场总容量是 90，也就是说，两个厂商均衡的产量都是市场容量的 1/3，两个寡头厂商的总产量实际只有市场总容量的 2/3。剩余的 1/3 的市场容量是寡头垄断的市场所无法满足的，因而可以看做是寡头垄断给社会所造成的损失。

以上双头古诺模型的结论可以推广。令寡头厂商的数量为 m，则可以得到一般的结论如下：

每个寡头厂商的均衡产量＝市场总容量 $\cdot \dfrac{1}{m+1}$

行业的均衡总产量＝市场总容量 $\cdot \dfrac{m}{m+1}$

古诺模型的价格和产量的决定也可以用图 6-27 来说明。

图中的横轴 Q_A 和纵轴 Q_B 分别表示两个寡头企业的产量，由于市场的需求曲线是线性的，所以两个寡头企业的反应函数也是线性的，图中的两条反应函数曲线的交点 E，就是古诺均衡点。在均衡点上，两个寡头企业的均衡产量都是 30。

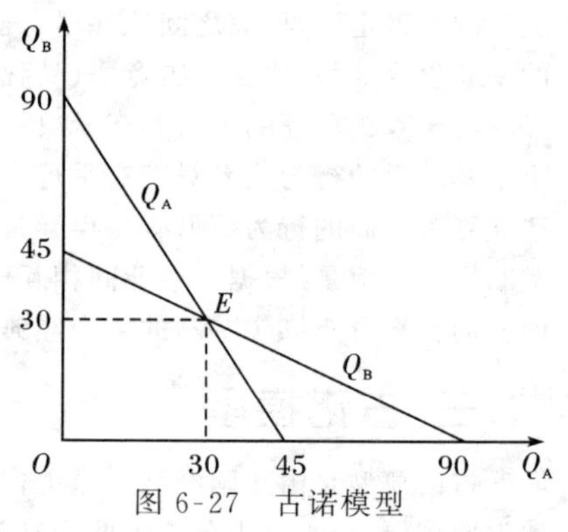

图 6-27 古诺模型

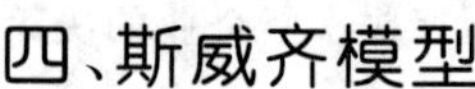

四、斯威齐模型

斯威齐模型为美国经济学家保罗·斯威齐于 20 世纪 30 年代所建立。寡头厂商之间的价格战带来的结果往往是两败俱伤，竞争的双方利润都趋向于零，所以在寡头垄断市场上，产品的价格往往比较稳定，厂商比较喜欢采用非价格竞争方式，即便采用价格战的方式也是非常慎重的。寡头厂商不愿轻易地变动产品价格，价格能够维持一种比较稳定的状态的情况，被称为价格刚性。斯威齐建立该模型就是为了解释在寡头垄断市场上出现的这种价格刚性现象。

斯威齐首先假定：当一个寡头厂商降低价格的时候，其他厂商会跟着降价；当 个寡头厂商提高价格的时候，其他厂商会保持价格不变。做这样的假定的原因是，当一个厂商降低它的产品的价格的时候，其他厂商如果不跟着降价，那么其他厂商的市场份额就会减少，从而产量下降，利润下跌；而当一个寡头厂商提高它的产品价格的时候，如果其他厂商价格保持不变，那么提价的厂商的一部分市场份额将会自动被其他厂商瓜分，从而其他厂商的产量会上升，利润会增加。所以需求曲线呈现弯折的形状，称为折弯的需求曲线。

斯威齐模型的具体形式如图 6-28 所示。假定厂商原来处于 A 点，即产量为 Q_1，价格为 P_1。按照斯威齐的假定，厂商提价的时候，其他厂商价格不变，因而厂商的需求量将会下降很多，即产品富有弹性，相当于图中 AE 段的需求曲线；当厂商降价的时候，其他厂商的价格也下降，因而厂商的需求量不会增加很多，从而产品是缺乏弹性的，相当于图中 AD。与该需求曲线相对应的边际收益曲线也标绘在图 6-28 中，可以看出，在 H 点与 N 点之间，边际收益曲线有一个较大的落差。如果

厂商的边际成本为 MC_2 所代表，厂商的产量和价格分别将是 Q_1 和 P_1；如果厂商边际成本提高至 MC_1，厂商的产量和价格仍然是 Q_1 和 P_1；如果厂商的边际成本降低到 MC_3，厂商的利润最大化的产量和价格仍然不变。由此可见，厂商的成本即使在一个很大的范围内发生变动，只要是在 H 和 N 之间，厂商的产量和价格也将保持稳定。

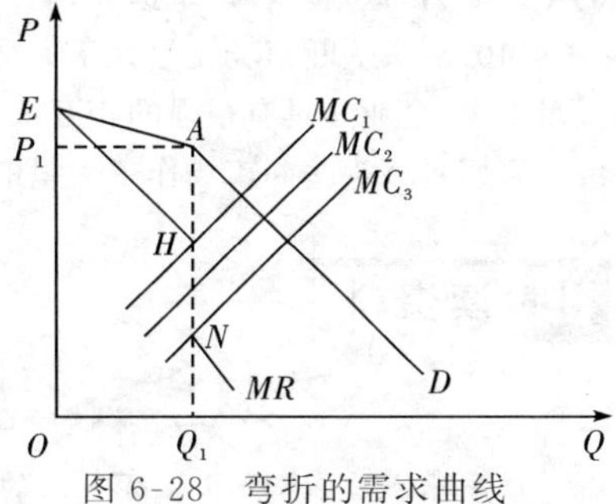

图 6-28　弯折的需求曲线

虽然斯威齐模型有助于说明寡头市场的价格刚性现象，但也有许多经济学家对此提出了批评意见。这些批评主要集中在两点：①如果按照斯威齐模型，寡头市场应该具有比垄断市场更为刚性的价格，但是实证的结论与此正好相反；②斯威齐模型只是解释了价格一旦形成，则不易发生变动，但这个价格是如何形成的，却没有给出说明。

本章小结

(1)完全竞争为 4 个条件所限定：①没有一个市场参与者能影响价格；②产品必须同质；③资源必须具有流动性；④所有参与者充分掌握有关的经济和技术信息。

(2)在短期内，对于完全竞争的厂商来说，在边际成本等于价格的产量水平可使其利润最大化(或损失最小化)。然而，若市场价格在所有的产量水平均小于企业的平均可变成本，那么，停止生产将使企业损失最小。只要价格超过平均可变成本，企业的短期供给曲线就与其边际成本曲线完全相同。市场上供给与需求双方的交互作用决定产品的短期价格。可将行业的短期供给曲线视为单个企业短期供给曲线的水平总和。

(3)在长期内，企业能调整其生产规模且可以退出或者进入行业。企业的长期均衡位于其长期平均成本等于价格之点。并且，这一点是位于长期平均成本曲线的最低点，同时，价格亦与长期边际成本相等。

(4)可将行业分成三种类型：成本不变、成本递增和成本递减。成本不变的行业具有水平的长期供给曲线；成本递增行业具有斜率为正的长期供给曲线；成本递减行业具有斜率为负的长期供给曲线。在上述三种类型中，成本递增行业是最常见的。

(5)当市场上有一个卖者且只有一个卖者时，就会出现垄断。垄断产生的原因有：①单独一家企业控制着某一基本投入品的全部供给；②企业拥有产品生产专利或某些基本工艺的专利权；③企业被授予特许权，或者有其他原因。

(6)垄断企业面对的需求曲线就是该种产品的市场需求曲线。垄断条件下，企业若将其产量确定在边际成本等于边际收益之点，则将使利润最大化。然而，不能据此得出结论说，拥有某一特定产品生产垄断权的企业一定会获利，如果垄断者不能收回其可变成本，那么，他将停产。一个垄断企业的产品价格与供给量之间不存在唯一关系。

(7)垄断行业的长期均衡与完全竞争行业的长期均衡之间存在若干重大差别。在完全竞争下，每个企业都在其长期和短期平均成本的最低值处运营，但是，在完全垄断的情况下，为实现利润最大化，处于长期均衡状态的企业，有时将在高于其长期和短期平均成本的最低值处运营。与垄断行业相比，完全竞争行业一般产量较多，价格较低。完全竞争性企业是在价格等于边际成本点运营，而垄断企业的运营点却是价格超过边际成本(因为价格超过边际收益)。

(8)现实中的很多市场既不是完全竞争的，也不是完全垄断的。在完全竞争与完全垄断这两个极端之间，存在着垄断竞争和寡头垄断的市场结构。

(9)垄断竞争市场的特征是产品存在着差异、产品群中厂商的数目较多以及进入退出的自由。在这种市场中，虽然每个厂商都具有少量的垄断力量，但由于厂商能够自由地进入和退出，所以在长期均衡中，经济利润为零。由于对厂商的产品需求曲线是向下倾斜的，所以在长期均衡时，厂商有过剩的生产能力，这是一种产率损失，但另一方面，社会从产品多样化中得到的利益也可能是很大的。

(10)寡头垄断市场就是处于完全竞争和完全垄断两个极端之间的市场类型之一，其特点是企业数量很少，企业间具有很强的相互依存性，企业的决策结果是不确定的，存在着较大的进入障碍。经济学家们对寡头垄断市场作了大量的研究，提出了许多定价模型，主要有古诺模型和斯威齐模型。

阅读资料

微软垄断案

近年来最重要，而且最有争议的反托拉斯案件是美国政府在1998年对微软(Microsoft)公司的起诉。可以肯定的是，这个案件并不缺乏戏剧性。它使世界上最富有的人(比尔·盖茨)和世界上最有力的监管机构(美国司法部)对抗。为政府作证的是一个著名经济学家(ME的教授富兰克林·费希尔)。为微软作证的同样是一个著名经济学家(ME的教授理·查德·西曼列斯)。生死攸关的是经济中增长最快的行业(电脑软件)中一个世界最有价值的公司(微软)的未来。

微软案的中心问题涉及搭售，特别是，是否应该允许微软把它的互联网浏览器与视窗操作系统放在一起。政府声称，微软把这两种产品捆绑在一起是为了把它在电脑操作系统市场上的市场势力扩大到不相关的市场(互联网浏览器)。政府认为，允许微软把这些产品结合为操作系统，会阻止网通这样的新软件公司进入市场和提供新产品。微软的反应是，指出把新特点放入老产品中是技术进步自然而然的一部分。今天的汽车包括音响和空调，这些东西曾经是分开销售的，而且，照相机也有内装的闪光灯。对操作系统同样正确。随着时间推移，微软把许多特点加到以前是单一产品的视窗上，这使电脑更可靠和更容易使用，因为消费者相信，这些东西可以同时运作。微软认为，互联网技术的一体化是自然而然的下一步。

关于微软的市场势力程度是一个分歧点。政府注意到用微软操作系统的新个人电脑超过了80%，认为该公司已有相当大的垄断势力，而且还在努力扩大这种市场势力。微软答辩说，软件市场总在变动，而且，微软的视窗一直受到竞争对手的挑战，如大苹果和Linux操作系统。它还认为，对视窗收取的低价格——50美元左右，或者只有普通电脑的3%——是市场势力受到严重限制的证据。

2002年11月1日，美国联邦法官裁决，对微软公司与美国司法部和9个州就反垄断案达成和解协议的大部分内容表示认可，从而结束了微软被控非法打压竞争对手而拖了四年半的官司。

有媒体将这场官司称为“世纪反托拉斯案”。美国司法部和微软公司都对上述裁决表示欢迎。美国司法部认为有关和解协议处理了微软非法的行为，使微软的竞争者受益。微软主席盖茨则说：“这是一个重要里程碑。这项和解协议使微软肩负了新的责任，我们接受法官的裁决。”

美国司法部同微软在2001年11月达成的协议，并未曾给予微软金钱上的处罚，但强制微软公布其敏感的技术资料，禁止微软产品出售时附带的违反竞争的条款。有关和解条款规定，微软须向竞争者公开其软件源代码，以便使竞争对手能够开发不同的电脑软件系统。法院批准的和解协议内容包括：规定微软必须对其软件制定统一的授权条件、不得对使用竞争对手产品的电脑制造商进行报复，以及必须让竞争对手的“中间设备”产品——诸如媒体播放器、即时资讯传递软件和浏览器等——可以和微软的视窗操作系统相兼容。

和解协议将阻止微软参与可能损及竞争对手的排他性交易；允许制造商和客户去除显示一些微软特征的图符；要求微软公布部分技术数据，使软件开发商编写的视窗应用程序能够具有与微软产品相当的性能。

与原来的和解协议相比，法官还提出了一些修改建议，如要求微软提早数月向同业公开部分敏感科技资料，并取消和解协议中要求设立一个独立的技术委员会来评估微软是否履行协议，改为成立由三人组成的委员会以确保微软落实相关协议。

但许多问题仍没有解决。审判法庭的决定会阻碍上诉吗？如果是这样的话，政府应该寻求什么补救措施呢？政府要监控视窗操作系统的未来设计变动吗？政府能努力把微软分为小的、更有竞争性的公司集团吗？对这些问题的回答将影响未来一些年的软件行业。

本章习题

一、名词解释

总收益　平均收益　边际收益　完全竞争市场　收支相抵点　停止营业点　完全垄断　价格歧视　垄断竞争　寡头垄断

二、选择题

(1)根据完全竞争市场的条件，最接近完全竞争行业的是(　　)。

A.自行车行业　　B.玉米行业　　C.糖果行业　　D.服装行业

(2)完全竞争厂商所面临的需求曲线是一条水平线，它表示(　　)。

A.完全竞争厂商可以通过改变销售量来影响商品的价格

B.完全竞争厂商只能接受价格

C.完全竞争厂商可以制定价格

D.以上说法均不正确

(3)在 $MR=MC$ 的均衡产量上，企业(　　)。

A.必然得到最大利润　　B.不可能亏损

C.若获利，利润最大，若亏损，怎亏损最小　　D.以上说法均不正确

(4)如果在厂商的短期均衡产量上，AR 小于 SAC，但大于 AVC，这厂商(　　)。

A.亏损，立即停产　　B.亏损，但继续生产

C.亏损，生产不生产都可以　　D.获得正常利润继续生产

(5)在厂商的停止营业点上，应该有(　　)。

A.$AR=AVC$　　B.总亏损等于 TFC

C.$P=AVC$　　D.以上说法都对

(6)完全竞争厂商的短期供给曲线应该是(　　)。

A.SMC 曲线上超过停止营业点的部分

B.SMC 曲线上超过收支相抵点的部分

C.SMC 曲线上的停止营业点和超过停止营业点以上的部分

D.一整条 SMC 曲线

(7)在完全竞争厂商的长期均衡产量上必然有(　　)。

A.$MR=LMC=SMC$，其中 $MR=AR=P$

B.$MR=LMC=SMC=LAC$，其中 $MR=AR=P$

C.$MR=LMC=SMC=LAC=SAC$，其中 $MR=AR=P$

D.$MR=LMC=SMC=LAC=SAC$

(8)当一个完全竞争行业实现长期均衡时，每个企业(　　)。

A.都实现了正常利润　　B.利润都为零

C.行业中没有任何厂商进出　　D.以上说法都对

(9)某完全竞争行业的价格和供给量在长期内呈同方向变动，该行业的长期供给曲线呈(　　)。

A.水平　　B.向右下方倾斜

C.向右上方倾斜　　D.以上说法都对

(10)如果在需求曲线某一点上的需求价格弹性 $E=5$，商品的价格 $P=6$，则相应的边际收益 MR 为(　　)。

A.7.5　　B.4.8　　C.1　　D.24

(11)在垄断厂商的短期均衡时，垄断厂商可以(　　)。

A.亏损　　B.利润为零

C.获得利润　　D.以上说法都对

(12)在完全垄断厂商长期均衡点上，长期平均成本曲线处于(　　)。

A.上升阶段　　B.下降阶段

C.水平阶段　　D.以上三种情况都有可能

(13)完全垄断市场中，如果A市场的价格高于B市场的价格，则(　　)。

A.A市场的需求弹性大于B市场的需求弹性

B.A市场的需求弹性小于B市场的需求弹性

C.两市场的需求弹性相等

D.以上都正确

(14)完全垄断厂商的总收益与边际收益同时下降的前提条件是(　　)。

A.$e_d>1$　　B.$e_d<1$　　C.$e_d=1$　　D.$e_d=0$

(15)当垄断市场的需求富于弹性时(　　)。

A.边际收益与边际成本之间的差额较大　　B.边际收益与价格之间的差额较大

C.边际收益与价格之间的差额为0　　D.边际收益与价格之间的差额较小

(16)垄断会降低经济效益的原因是(　　)。

A.当利润最大化时，总收益超过总成本　　B.当利润最大化时，价格超过边际成本

C.当利润最大化时，边际成本超过边际收益　　D.当利润最大化时，边际收益超过边际成本

三、计算题

已知某完全竞争市场的成本不变行业中的单个厂商的长期总成本函数 $LTC=Q^3-12Q^2+40Q$

试求：①当市场商品价格为 $P=100$ 时，厂商实现 $MR=LMC$ 时的产量、平均成本和利润。

②该行业长期均衡时的价格和单个厂商的产量

③当市场需求函数为 $Q=66-15P$ 时，行业长期均衡时的厂商数量

四、思考题

(1)为什么完全竞争厂商的需求曲线、平均收益曲线和边际收益曲线是重叠的?

(2)运用图形说明完全竞争厂商短期均衡的形成及其条件。

(3)分析推导完全竞争厂商与行业的短期供给曲线。

(4)结合图形分析完全竞争厂商长期均衡的形成及其条件

(5)简述当垄断厂商面临需求曲线为向右下方倾斜的直线时，AR 曲线和 MR 曲线的特征及相互关系。

(6)简述实行价格歧视的条件和类型。

(7)试述垄断竞争厂商的两条需求曲线的含义及其关系，并说明垄断竞争厂商的短期均衡和长期均衡的形成及其条件。

(8)寡头垄断市场有什么特点?

(9)试述古诺模型的主要内容和结论。

第七章　市场失灵

■ 学习要点

☆ 市场失灵的原因
☆ 对市场势力的公共管制
☆ 外部性如何引起市场失灵
☆ 公共产品的市场失灵问题
☆ 市场失灵与政府失灵

在完善的市场经济制度下，市场作用的充分发挥能达到最高的经济效益。不过，在现实经济中，由于存在着诸多意外因素，上述理想境界是无法实现的。本章将主要探讨影响市场机制发挥作用的一些限制——市场失灵。所谓市场失灵是指市场无法有效率地分配商品和劳务的情况。导致市场失灵有四种基本原因：垄断、信息不对称、外部性和公共物品。另外，需要指出的是，政府的作用并非尽善尽美，同样存在着政府失灵情况。

第一节　垄　断

一、垄断与低效率

垄断是指少数大企业或企业集团，为了获得高额利润，通过相互协议或联合，对一个或几个部门商品的生产、销售和价格进行操纵和控制。它是引起市场失灵的一个首要原因，极端的情况是完全垄断，即一个行业只存在唯一卖者或买者。西方经济学家认为，完全垄断只是垄断的特例，更多的垄断情况表现为几个厂商互相竞争而共同控制某个行业的全部或大部分市场，即不完全垄断。按照这一说法，美国的汽车工业、钢铁工业、飞机制造业、化学工业、制铝业以及大部分的自然垄断行业，如电力、电话、自来水供应等都属于垄断市场。应当注意，西方经济学把工会组织也归入垄断。

在垄断市场上，一个厂商或几个厂商有能力影响或决定产品价格，如电话公司能影响电话服务收费水平。当存在这样的市场势力时，社会的产出将会从生产可能性边界上移至边界之内，即过高的价格对应着过少的产出，消费者剩余将会减少，而生产者剩余将会增加。但是，消费者剩余的减少将大于生产者剩余的增加，社会福利因为垄断的存在而产生了无谓损失，即资源配置无效率。

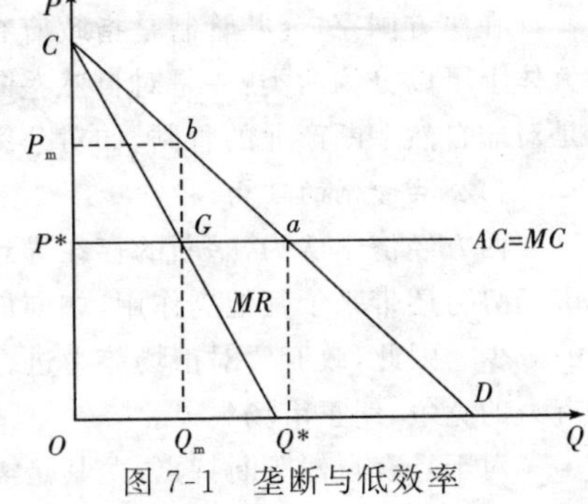

图 7-1　垄断与低效率

某完全垄断厂商的利润最大化情况如图 7-1 所示。图中曲线 D 和 MR 分别为该厂商的需求曲线和边际收益曲线。此外，为简单起见，假定平均成本和边际成本相等且固定不变，它们由图中水平直线 $AC=MC$ 表示。垄断厂商的利润最大化原则是边际成本等于边际收益。因此，垄断厂商的利润最大化产量为 OQ_m。在该产量水平上，垄断价格为 OP_m，这个价格高于边际成本。

从图 7-1 中可以看出，该垄断厂商的产量 OQ_m 小于完全竞争条件下整个行业的产量 OQ^*，而价格 OP_m 却高于完全竞争条件下整个行业的价格 OP^*。显而易见，上述垄断厂商的利润最大化状况并没有使资源得到充分利用，而且，由于其价格高于完全竞争市场，消费者剩余减少了。在完全竞争条件下，消费者剩余为三角形 acP^* 的面积，而在垄断条件下，消费者剩余只为三角形 bcP_m 代表的面积。在所减少的消费者剩余中，GbP_mP^* 部分转化成了垄断者的利润，另一部分 abG 则为社会福利的损失。

上述关于垄断情况的分析，也适用于垄断竞争或寡头垄断等其他非完全竞争的情况。实际上，只要市场不是完全竞争的，只要厂商面临的需求曲线不是一条水平线，而是向右下方倾斜，则厂商的利润最大化原则就是边际收益等于边际成本，而不是价格等于边际成本。当价格大于边际成本时，就出现了低效率的资源配置状态。由于垄断具有这样一些危害，为了保护竞争，维护经济效益，经济学家通常主张政府应对垄断及其行为采取一定的措施。

有些西方经济学家赞成某些情况下的垄断，理由是，大企业的联合比单个厂商更能展开有效竞争，更能从事大规模生产，更能从事技术研究和开发。然而，更多的西方经济学家反对市场垄断，理由是，市场垄断会产生诸多副作用：①垄断厂商通过控制产量、提高价格来获取高额利润，这不仅导致资源配置的无效率，而且带来收入分配的不公平，加剧了社会收入分配的差距。②垄断可能导致企业管理的松懈。在完全竞争市场上，以利润最大化为目标的企业都会在需求既定的条件下尽可能地降低成本，而拥有市场势力的垄断厂商，却不必经过激烈的竞争就能获取利润乃至超额利润，这会使它缺乏尽可能地降低成本的动力。由此而表现出来的低效率被称作管理松懈。③垄断可能导致寻租行为的产生。由于拥有市场势力，垄断厂商可以获取超额利润，因而可以把他们获取的超额利润花在保持这种垄断地位的非生产性活动上。特别是，如果垄断来源于政府的某些规则，则垄断厂商就更有可能去游说政府官员，即产生寻租行为。一般来讲，垄断厂商在某一行业获得的利润会鼓励竞争者进入该行业。为了维持垄断地位，垄断厂商会甘愿支付费用来维持超额利润。将资源用于获得或维持垄断地位或阻止竞争者进入市场时，社会遭受的损失，甚至远远高于产量所造成的损失。④垄断可能造成研究、开发费用的减少。一般来讲，为了在激烈的竞争中生存，企业会竭力开发新产品和寻求降低生产费用的方法，而具有市场势力的垄断厂商有时却更愿意维持现状和坐收利润。

鉴于此，西方经济学家认为，要对垄断进行公共管制和制定反托拉斯法，以达到防止垄断或寡头垄断滥用市场势力的目标。

二、制约垄断的公共政策

西方经济学家认为，与竞争市场相比，存有垄断的不完全竞争市场，因生产的产量小于社会最大的产量，结果实际交易价格高于边际成本，从而不能有效地配置资源。对此，政府应该采取以下措施：

1.对市场势力进行公共管制

在西方国家，公共管制是指政府有关部门对公用事业的价格和产量等进行的管制。公共管制大体上可以分为两类：一是对自然垄断产业的管制，如对电话、电力、煤气、自来水等行业的管制；二是对非自然垄断产业的管制，如对公路运输等行业的管制。

1)公共管制的理由

西方经济学认为，垄断的存在导致资源配置缺乏效率，来自市场势力的垄断利润是不公平的。市场势力还带来了其他副作用，如前面所提到企业管理的松懈、寻租行为的产生以及研究开发费用的减少。因此，政府要对市场势力进行必要的干预——对企业数目太少的行业实行管制，以激发强有力的竞争，纠正市场失灵。

对于具有自然垄断特点，尤其是需求价格弹性低的必需品产业如电力、煤气、自来水、电信、铁路、邮政等自然垄断行业，更应该实行管制。其理由在于：①这类产业有自然垄断性。自然垄断性的产生源于这类产业有独特的技术特征。一是自然垄断产业具有规模经济的特征,其成本具有劣加性。如电力、煤气、热力供应、自来水、电信、铁路、邮政等自然垄断行业,在提供服务时形成网络系统,需要庞大的固定资本投资。但随着提供的服务增多,即产品需求量增大,固定成本能分摊在每一单位需求上,平均成本和边际成本相应地随产量增加而大幅度降低,因而收到规模经济效益。这一特征决定了一家企业生产全部产品比两家以上企业生产时生产成本要低,即成本具有劣加性。二是这类产业的资本专用性极强(沉没成本),投入了就很难收回,也难以改为其他用途。如果多个企业之间进行自由竞争,其破坏性和杀伤力将是巨大的。这一特征也决定了一家企业生产全部产品比两家以上企业生产具有资本优势。简言之,自然垄断性造成了自然垄断厂商相对于竞争者来说,享有极大的成本优势。而且,政府通常会保持已有厂商的垄断地位,而这进一步强化了自然垄断厂商的成本优势和垄断力量。②自然垄断产业提供的产品往往面对的是需求价格弹性低的需求,企业能够大幅度地提高价格,获得巨大的垄断利润,最终有可能损害了经济效益。因此,政府要对该类产业进行严格的价格管制,防止其垄断定价。

2)公共管制的措施

公共管制的措施主要有:价格管制,即政府规定自然垄断企业产品的最高限价,以限制这些自然垄断企业的利润率;市场准入和退出管制,即政府规定市场准入的条件和标准,限制不符合管制标准的企业进入市场,对达不到标准的企业责令其退出市场;对企业既定的产品提出数量、质量和安全要求。以上管制通常又被称作经济管制。

尽管公共管制的措施有多种,但对垄断进行管制的一个重要理由是防止垄断定价。因此,价格管制就成为西方国家公共管制中最常见的一项措施。

3)公共管制的争议

目前,西方国家的公共管制已远远超出了自然垄断产业的范围,航空、铁路运输、公路运输、公共汽车、广播电视、石油和天然气、金融市场等产业都由政府管制。但是,关于公共管制仍有两派观点,一派主张应该放松管制,另一派主张应该加强管制。这是当代西方两大经济思潮——新自由主义和新国家干预主义在具体问题上的观点分歧。新自由主义学派主张,应该放松管制。他们通过对管制的成本和效益进行研究发现,经济管制的主要后果是效率的损失和大量的收入再分配。最近 20 年来,管制过程实际是增强而不是遏制了垄断势力。因此,应该取消对这些行业的管制。事实上,美国自 1975 年以来,就对航空、公路运输、铁路、证券经纪、长途电话和天然气等产业取消了管制。在电力业、银行业也逐渐放松了管制。但是,新国家干预主义学派却主张要加强政府在经济生活中的作用,认为价格管制的失败并不意味着所有的政府计划都是无效的。他们认为,对于银行业的管制不充分,已经导致了银行业缺乏效率;电力工业竞争的加剧,也导致一些发电厂削减了保安方面的投资。因此,他们主张,政府管制不仅仅限于价格管制,而应包含更广泛的内容。

2.反托拉斯法

限制垄断更为严厉的措施是制定反托拉斯法。西方有不少国家都不同程度地制定了反托拉斯法,以增强竞争,其中最为突出的是美国。

19 世纪末 20 世纪初,美国企业界出现了第一次大并购浪潮,结果形成了一大批经济实力雄厚的大企业,这些大企业被叫做垄断厂商或托拉斯。垄断的形成和发展,深刻地影响到美国社会各个阶级和阶层的利益。为了遏制垄断的市场势力,美国国会在 1890 年通过《谢尔曼法》,这是美国第一个反托拉斯法。此后,美国国会通过了一系列法案和修正案。反对垄断,其中包括《克莱顿法》(1914 年)、《联邦贸易委员会法》(1914 年)、《罗宾逊—帕特曼法》(1936 年)、《惠特—李法》(1938 年)和《塞勒—凯弗维尔法》(1950 年)。这些法律统称为反托拉斯法。在其他的西方国家也先后出现了类似的法律。

美国的这些反托拉斯法规定,限制贸易的协议或共谋、垄断或企图垄断市场、兼并、排他性规定、价格歧视、不正当的竞争或欺诈行为等,都是非法的。根据反托拉斯法,政府可以采取各种措施来促进竞争。政府可以禁止兼并，可以分解公司。例如，1984 年美国政府通过法律程序将实际垄断了美国电信市场的贝尔系统分解为 8 个公司：美国电话电报公司和 7 家大型地区性电话公司。此外，政府还可以禁止公司用削弱市场竞争的方法来协调它们的活动。

大多数西方经济学家认为，反托拉斯法的实施有好处，也有代价。代价的产生在于有时一定的垄断有积极作用：①有时公司合并并没有减弱竞争，而是通过联合更有效率地降低成本；②有时企业间的联合或兼并虽然可能垄断了国内的行业，但却使企业在国际竞争中保持优势，而且还有利于技术创新。这些是政府在制定和执行反托拉斯法的过程中必须考虑的。20 世纪后期，美国政府在执行反托拉斯法的过程中，在考虑防止垄断的危害的同时，也考虑了上述因素。例如，近年来许多美国银行合并，并没有遭到政府的反对。再如，20 世纪 90 年代中期，美国政府没有禁止波音和麦道两大飞机制造公司合并，两公司合并后占据了美国国内飞机制造业的 95%以上的市场份额，是典型的垄断企业。但是，正是这样的巨型企业有利于美国在国际航空制造业中与欧洲的空中客车公司竞争。又如，美国地方法院曾在 2000 年 6 月做出分拆微软公司的判决。分拆微软公司虽然有利于软件行业的竞争，但却削弱了微软公司的研究开发实力，不利于技术创新。因而 2001 年 6 月，美国联邦法院驳回地方法院做出的将微软一分为二的判决，要求重新审理微软公司垄断案。

因此，一些西方经济学家认为，如果反托拉斯法是为了增进社会福利，政府就必须能够衡量且比较合并效应的利益与竞争减少的社会成本。不过，反对反托拉斯法的西方学者对政府的这一能力表示怀疑。

三、寻租理论

根据传统的经济理论，垄断尽管会造成低效率，但这种低效率的经济损失从数量上来说却相对很小。例如，还是在图 7-1 中，完全竞争厂商的产量为 Q^*，价格为 P^*，经济利润为零，消费者剩余为 acP^*，总的经济福利（生产者的经济利润加上消费者剩余）也等于 acP^*；垄断厂商的产量为 Q_m，价格为 P_m，经济利润为 bGP^*P_m，消费者剩余为 bcP_m，总的经济福利为 bGP^*C。两者相比，垄断的总经济福利减少了，但减少的数量较小，仅仅等于图中的小三角形 abG。

然而，从 20 世纪 60 年代后期以来，西方一些经济学家开始认识到，上述传统的垄断理论可能大大低估了垄断的经济损失。按照他们的看法，传统垄断理论的局限性在于它着重分析的是垄断的“结果”，而不是获得和维持垄断的“过程”。一旦把分析的重点从垄断的结果转移到获得和维持垄断的过程，就会很容易地发现，垄断的经济损失不再仅仅包括图 7-1 中那块被叫做“纯损”的小三角形 abG，而是要大得多，它还要包括图 7-1 中垄断厂商的经济利润即 bGP^*P_m 的一部分，或者全部，甚至可能更多一些。这是因为，为了获得和维持垄断地位从而享受垄断的好处，厂商常常需要付出一定的代价。例如，向政府官员行贿，或者雇佣律师向政府官员游说，等等。这种为获得和维持垄断地位而付出的代价与三角形 abG 一样也是一种纯粹的浪费：它不是用于生产，没有创造出任何有益的产出，完全是一种“非生产性的寻利活动”。这种非生产性的寻利活动被概括为所谓的“寻租”活动是为获得和维持垄断地位从而得到垄断利润（亦即垄断租金）的活动。

寻租活动的经济损失到底有多大呢？就单个的寻租者而言，他愿意花费在寻租活动上的代价不会超过垄断地位可能给他带来的好处，否则就不值得了。因此，从理论上来说，单个寻租者的寻租代价要小于或者等于图 7-1 中的垄断利润或垄断租金 bGP^*P_m。在很多情况下，由于争夺垄断地位的竞争非常激烈，寻租代价常常要接近甚至等于全部的垄断利润。这意味着，即使局限于考虑单个的寻租者，其寻租损失也往往大于传统垄断理论中的“纯损”三角形。如果进一步来考虑整个寻租市场，问题就更为严重。在寻租市场上，寻租者往往不只是一个，单个寻租者的寻租代价只是这个寻租活动的一部分。整个寻租活动的全部经济损失等于所有单个寻租者寻租活动的代价的总和。而且，这个总和还将随着寻租市场竞争程度的不断加强而不断增大。显而易见，整个寻租活动的经济损失要远远超过传统垄断理论中的“纯损”三角形。

第二节 信息不对称

信息不对称是许多商业活动的特点。通常，销售者比起消费者更了解产品的质量，雇员们也比雇主更了解自己的能力，企业经理对于企业状况也比企业的所有者知道得多。本节，将介绍商品市场上的信息不对称问题。

一、"柠檬"市场

"柠檬"在美国俚语中指的是"次品"或"不中用的东西"。在信息不对称的情况下，对于所接触到的商品，消费者总是对它的质量有所怀疑，怀疑它中看不中用，由此导致出价较低。而真正的好东西又不会按低价出售，也就是说，按低价销售的东西质量真得不行。这将会进一步降低消费者对质量的期望值，最终的结果是所出售的东西确实低劣，消费者出的价钱也极低，高质量的产品被驱逐出这一市场。这种劣货驱逐良货的现象还存在于保险、金融以及就业市场等地方。我们借助阿克洛夫的旧车市场模型来说明这一问题。

在一个旧车市场上，有两种旧的轿车，高质量的和低质量的。如果信息对称，买卖双方都对旧车有相同的信息，那么，就会出现如图 7-2 所示的情况：

在图 7-2 中，S'是高质量车的供给曲线，D'是高质量车的需求曲线，D 是低质量车的需求曲线，S 是低质量车的供给曲线。注意 S'高于 S，因为高质量车的卖主必须得到较高的价钱才会出让他的车。同样，D'须高于 D，这是因为买主愿意为得到一辆高质量的车支付更多的钱。这样，不同的交易就会分开进行。结果是高质量车的均衡价格为 10 000 元，而低质量车的价格为 5 000 元，每种车的出售数量都为 50 000 辆。

现在假定，旧车市场出现信息不对称的情况，卖主比买主对旧车的质量了解得更多。这时，买主会估计他遇到一辆旧车为高质量车的概率为多少。由前面已知，在信息对称的情况下，市场上的高质量的车和低质量的车愿意出售数量都一样。因此，他将会预计遇到高质量车的概率为 50%。这样，在购买时，买主会把所有的车都看做是"中等"质量的。我们用 D''表示对这类车的需求。结果，需求曲线就变成了 D''，它低于 D'，高于 D。如图 7-2 所示，结果将有较少的高质量的车(25 000)和较多低质量的车(75 000)出售。

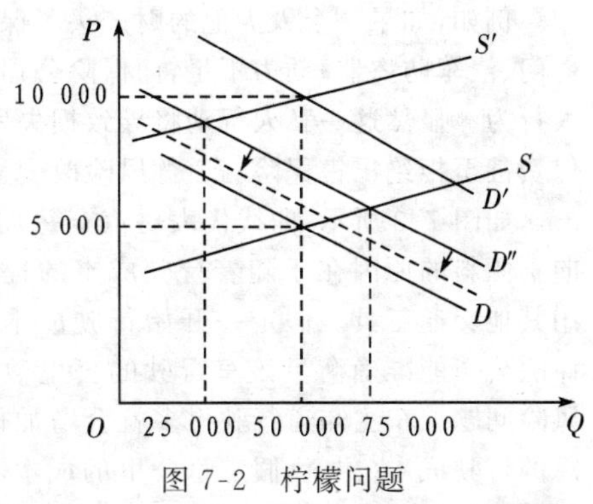

图 7-2 柠檬问题

当消费者明了市场上大多数(约 3/4)出售的车都是低质量车时，他们的需求就会发生转移。如图 7-2 所示，新的需求曲线可能移动到虚线。它就意味着平均来说，轿车是中低质量的。结果会导致高质量旧车的供给进一步减少，从而使消费者需求又会发生进一步变动，虚线继续往下移动，使出售的旧车质量进一步转向中低质量。这一结果会持续下去，直到低质量的旧车全部卖完。这时由于价格过低，任何高质量的车都不会进入市场销售。因此，消费者又会进一步假定他们所购买的任何车都是低质量的，从而需求曲线将就是 D。可见，由于信息不对称，低质量商品会把高质量的商品驱逐出市场，这实际上是一个逆向选择的过程，即把好东西都淘汰掉了。

这个例子说明了不对称信息是如何导致市场失灵的。在一个市场运转完善的理想世界里，消费者将能够在低质量的车和高质量的车之间做出选择，但信息的不完全却使高质量车的市场消失。

下面我们来看私人部门和政府是如何解决这一问题的。对于政府来说，在商品市场上，政府可以通过组织中介机构对商品的质量做出评价，并向市场公布。这里，我们假定政府是一个社会中公正的提供者，对于它来说，不会因为私利而传递虚假信息。有这样的一个政府机构存在，显然会出现两个分离的市场，并达到各自的均衡，从而消除了逆向选择带来的市场混乱。

假如政府没有在商品市场上设置中介机构，这时私人可以通过自己向市场传递信号或建立自己好的声誉来解决这一问题。由于高质量的产品或服务的销售者极想让消费者相信他们的产品质量确实很高，因此，他们可能会作出低质量产品销售者不敢作出的保证或承诺。比如，他会同意你退回有缺点的商品，或作出保修很长时间的承诺。总之，他有积极性通过一切手段向市场传递出他的产品是高质量的信息。

另外，建立自己的声誉也是一个有效的手段。我们在消费过程中，会注意消费品的品牌。比如，你会购买一个或几个特定品牌的衣服，因为它们的质量有保证，你会经常光顾一两家餐馆，因为它们在服务方面的信誉很好等。但应指出，建立信誉需要产品或服务的提供者和消费者经常地互动，也就是说，生产者的行为是一种长期行为。实际上，在特定条件下，生产者没有积极性建立自己的信誉。例如，大多数旅游景区的餐馆、市场上流动销售的小贩，他们所做的大多是一锤子买卖，回头客很少，从而他们没有积极性建立自己的声誉，在他们那里消费者经常会面对无奈的欺诈，最终导致交易的萎靡。这时，如果政府能够制定某些标准并强制执行的话，将会减少这些商人的投机行为，使交易得以实现和扩展。

二、道德风险

下面我们来考察保险市场上的道德风险问题。这是一个事后信息不对称问题，因为它是指在交易的双方签订契约后，具有私人信息或私人行动的一方采取自利的行为，使交易的另一方所面对不利的情况或风险。就保险市场来说，投保的一方往往在签约后具有私人行动，当这种行动能够影响导致赔偿的事件的可能性或程度时，对承保方来说，道德风险就发生了。

例如，如果一个人为他的财产买了保险，那么，他就可能对采用较为昂贵的防盗措施（如高级防盗门、汽车防盗器）动力不足，而保险公司对于这些行为也无法一一监督，也就是说，投保方具有私人行为。显然这一私人行动将导致损失发生的概率增加。在这种情况下，保险公司可能被迫提高保费甚至拒绝出售保险。道德风险改变了市场配置资源的能力。

如图 7-3 所示，曲线代表对汽车每周行驶公里数的需求。向下倾斜的原因在于随着行驶成本的提高，有些人会选择改用其他交通工具。假定一开始行驶成本包括保险成本，并且保险公司能准确衡量该车行驶的公里数，那么就不会有道德风险问题。车主知道行驶得多就会增加他们的保费从而提高总的行驶成本（注意，假定每公里的成本不变）。例如，如果行驶成本是每公里 1.50 元（其中 0.50 元为保费），车主就会每周行驶 100 公里，这是一个有效率的行程。

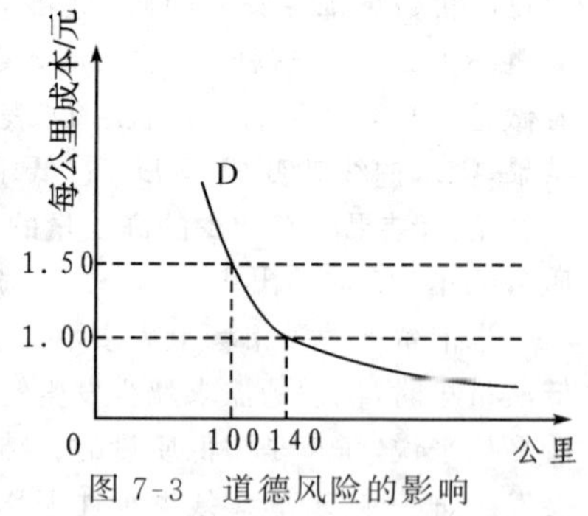

图 7-3　道德风险的影响

如果保险公司难以检查个人驾驶的公里数，这时保费将不取决于行驶的公里数。结果，对于车主来说，多走 1 公里的额外成本将是 1.00 元（但就社会来说仍是 1.50 元），这时行驶的公里数就会从 100 增加到 140，而这是一个社会无效率的水平，因为它没有包含全部的驾驶成本。

对于道德风险的消除，固然需要一定的监督技术条件，但主要是对契约的设计提出一个特别的要求：激励相容。也就是说，要求该契约具有私人行为或私人信息的交易方的自利行为得到激励的引导，以符合或不违背缺乏信息的另一方的利益。

第三节 外部性

外部性是指人们的经济行为有一部分的利益不能归自己享受，或有部分成本不必自行负担。如果有自己不能享受到的利益发生时，那一部分利益就称为外部经济或外部利益；当有自己不能承担的成本发生时，那种成本则称为外部不经济或外部成本。外部经济与外部不经济可统称为外部性。这实际上是从效果作用的对象来谈外部性的。

一、外部不经济

由于外部性并不反映在市场价格中，因此它们会成为经济无效率的一个来源。我们以钢厂向河中倾倒废物为例来说明，如图 7-4 所示。

图 7-4(a)表示钢厂在竞争性市场中的生产决策，图 7-4(b)是假设所有厂商都产生相同外部性时的市场需求和供给曲线。我们假设厂商要减少废水的排放只有降低产量。下面分两步来分析：首先是只有一家钢厂产生污染，然后是所有的钢厂都以同样的方法产生污染。

由图 7-4(b)可知，钢的价格为 P'，这是由供给曲线和需求曲线的交点所确定的。图 7-4(a)的 MC 曲线给出了典型钢厂的边际生产成本，该厂商的产出为 q'时可达到利润最大化，这时边际成本等于价格。然而，随着厂商的产出改变，给下游的渔民带来的外部不经济也在改变。这一外部成本由图 7-4(a)中的边际外部成本(MEC)曲线给出。对于大多数形式的污染来说，这一曲线是向上倾斜的，因为厂商产出的增加使排污增加，它对渔业的危害也是在迅速增加的。

从社会的角度看，厂商的产出太多了。有效产出水平应当是价格等于生产的边际社会成本——边际生产成本加上倾倒废水产生的边际外部成本。这在图 7-4(a)中，边际社会成本曲线 MSC 是用每一产出水平上的边际成本加上边际外部成本得到的，即 $MSC=MC+MEC$ 与价格曲线在 q^* 处相交，较之于这一产出 q'太多了并产生了太多的污水。

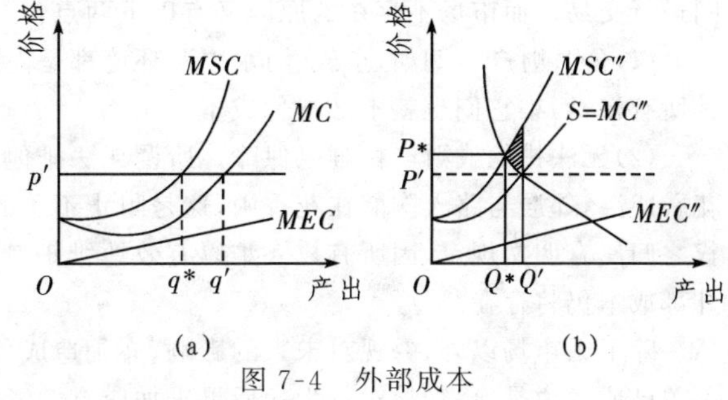

图 7-4 外部成本

现在考虑全部厂商都把污水倒入河中将发生什么情况。在图 7-4(b)中，MC''是该产业的供给曲线。MEC''是把每个渔民在每种产出水平下受害的边际成本相加得到的，MSC''表示所有钢厂的边际生产成本和边际的外部成本的总和，即 $MSC''=MC''+MEC''$。当存在外部性时，产业的产出也是无效率的。由于有效的产出水平应是边际社会收益(由需求曲线表示)等于边际社会成本，所以 Q^* 表示有效产出。但是，产业的竞争性产出却为 Q'，高于 Q^*，产生了经济无效率。

无效率的来源在于产品的不正确定价，并产生了社会成本，如图 7-4(b)中阴影部分所示。这部分面积是产出的边际成本和边际收益之间的差额的总和。另外，外部性也将导致长期的无效率。因为，存在外部不经济时，平均私人生产成本将低于平均社会成本，这使得本来应该离开这一行业的厂商选择留在行业内。因而，负的外部性鼓励太多的厂商留在了行业内。

二、外部经济

外部经济又叫正的外部性。我们考虑一个修理房屋美化家园的例子。显然，这种活动将使社会从中收益。

在图 7-5 中，房屋修理的边际成本曲线是水平的，表明这一成本不受修理量的影响。需求曲线衡量修理对房主的边际私人收益。房主将选择在他的需求曲线与边际成本曲线相交处，投资 q' 对房子进行修理。但是，正如边际外部收益曲线 MER 所示，修理给邻居带来外部收益。我们这里假定它是向右下方倾斜，即外部边际收益随修理工作量的扩大而下降。

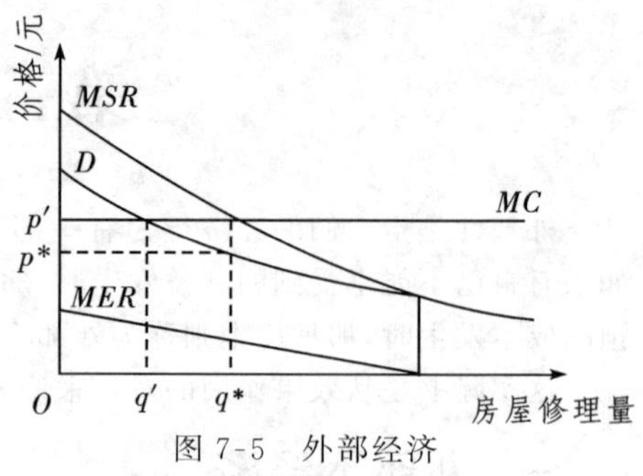

图 7-5 外部经济

边际社会收益曲线 $MSR=D+MER$ 是通过把每个产量水平上的边际收益和边际外部收益相加得到的。有效产出水平为处于 MSR 和 MC 曲线相交之处的 q^*，这时增加的边际社会收益等于这些修理的边际成本。由于房主没有得到他对修理和美化投资的所有收益，就出现了无效率。结果是价格 P' 太高，不能鼓励他对房屋修理的投资达到社会理想的水平。要鼓励达到有效率的供给水平 q^*，就需要较低的价格 p^*。

另一个比较常见的具有正的外部性的例子就是厂商的研究与开发($R\&D$)，研究与开发所带来的创新常常难以得到保护。例如，假定一家厂商设计了一种新的产品，如果该设计能够申请专利，厂商可能通过生产和销售该产品获利。但是如果该设计没有专利保护，则其他厂商将会模仿制造和销售，从而使得该厂商利润减少，甚至赔本。这样，进行研究与开发就没有什么回报，市场对此提供的资金就不足。

三、外部性的防治

外部性之所以发生，最根本的原因在于无法建立适当的市场以供外部性的制造者和承受者之间进行交易。而市场不存在的原因又有以下两点：

(1)公共财产。例如，空气、河水以及环境都是由社会大众共同拥有，法律上通常不能明确划分其所有权，污染它们也就不必支付成本。

(2)无法排他或财产权难以保障。所谓无法排他是指很难禁止别人坐享其成。例如，某人庭院花香四溢，邻居与路人陶醉在花香中，这是阻止不了的；在空气污染的例子中，即使法律对空气所有权之归属有明文规定，因所有权人难以有效地维护其空气财产权，不让废气侵袭，故污染所形成的外部成本仍将存在。

除了无市场以外，忽视对未来的影响，亦是造成外部性的另一个原因。人们因为无知、短视、事不关己或者说是冷漠，故对行为的后果未加应有的考虑，以至于造成对环境的破坏。

针对上述外部性的成因，可采用的补救办法，主要有以下几种：

(1)赋予财产权。可对原为公共财产的物品赋予私人财产权，如公海变私海，街巷变成私人土地等。只要无主物一旦变成有主物，要使用或污染就必须付费给所有者，否则所有者将可以提请诉讼。如此，资源的使用就不会流于过量和浪费以及不足了。

(2)课税和补贴。在成熟的市场经济中，可以赋予私人财产权的客体大多已经私有化了，因此对产生外部效果的行为，只有借助政府的公共权力进行干预了。干预的原则就是将外部效果内部化。

如何内部化呢？即对产生外部不经济的行为进行课税，并对提供外部经济的行为加以补贴，让外部效果由产生者自行负担或享受，这就是外部性的内部化。

(3)政府的直接管制。这是在污染防治上面最通用的手段。例如，政府对各种污染制造者与污染物，制定可容忍的污染标准。这样，在某种程度内可降低污染率，或减轻污染所造成的社会成本。

以上三种措施虽然都有助于外部性的解决，但各有其缺点：①财产权明晰后，如有侵权，虽然可以借助法律来解决问题，但这不仅费事耗时，且在涉事方众多的情况下，意见纷纭，难以确定被告、以及应向原告方赔偿的金额；②课税与补贴的办法必须能精确地衡量出外部成本与外部经济的大小,这在实际执行时并不容易;③政府在防治污染标准的制定上,难有客观标准,且一旦标准定下后,厂商只要符合该标准,就不再有进一步降低其污染程度的动机,此外,政府进行直接管制所需花费的监督与执行成本,通常也极为可观。因此,外部性问题并无可全部适用的最佳解决办法,我们必须依问题的性质,考虑每一个情况的特殊之处,再提出适当的解决办法。

第四节 公共物品

上面我们提到,公共物品因通常具有外部性而影响市场作用的发挥。事实上,公共物品最关键的特征并不在于它的外部性,而在于它可共享,且这种特性将影响市场的作用。从邻居的噪声、朋友的二手烟这些“小事”,到交通、环保乃至教育、外交这些“大事”,实际上都是“人与人相处”的问题。

一、公共物品的含义

公共物品是相对于私人物品而言的。我们日常生活所消费的物品或劳务,大都具有独享及可排他两种特性。对此,我们称为私人物品。独享指的是东西让一个人消费之后,无法再让他人享受;而可排他性指的是可以防止其他人坐享其成。兼具独享和排他性的物品,一般都是私人物品,即只能归所有者和付费者私人享用。

1.公共物品的特点

与私人物品相对应的,就是公共物品。公共物品具有非竞争性和非排他性两种特性。当消费的人数增加而供给成本并不随之增加时,这种产品或服务在消费上就具有非竞争性。一个人打开电视机接收电视信号,并不会使其他人因此而看不成电视;一个人在空旷的操场上跑步,也不会影响到其他人对操场的使用。“非竞争性”主要是指消费上的特点,而“非排他性”则主要是指供给上的特点。当供给某种产品或服务时,如果不容易作选择性的供应而必须一视同仁,那么这种产品或服务的供给就具有非排他性。灯塔不能选择性地单独让某些船只接收灯光指引,而让其他船只一片漆黑;收音机的无线电波不能只让某些用户收听,而不让其他听众使用;防空设施不太可能只防御某些街道,而让其他地区暴露在外。这些都是“非排他性”的例子。

界于私人物品和公共物品之间还有准公共物品。戏院、有线电视、收费的高速公路等。

公共物品并不是一般所说的“公物”。公物通常是指多数人共有所有权的东西。实际上,大部分公物都是本节定义的私人物品。

2.搭便车

在一个人的世界里,受影响的只有自己,所以没有外部性的问题。在两个人的世界里,一旦个人行为产生外部影响,就出现外部性。人数增加之后问题就会变得更加微妙而复杂,搭便车就是其中一个较普遍的现象。我们先用一个例子来说明搭便车的概念。

当你走进电梯,发现里面还有两个人:一个和你一样,身材适中;另一个则身材魁梧,身高超过1.9米。门关上之后,电梯开始慢慢上升。虽然电梯上明明白白贴着禁止吸烟的标志,那位大汉却慢条斯理地掏出香烟,开始吞云吐雾。你开始觉着呼吸困难、口干舌燥,于是向另外那位受难者看了一眼,而他也正好向你看来。他的眼神里好像有点向你求助的意思,希望你能挺身而出,仗义执言,要那位大汉把烟熄掉。但是你转念一想,如果自己开口,而那位大汉冷笑之后抛出一句:你要怎么样?甚至朝你脸上大大地喷出一口烟,此时另外那个人是否会袖手旁观?所以为什么自己要见义勇为,不是让另外那个人去主持公道、自己乐享其成?最后,在这种复杂矛盾的心情下,结果可能是:电梯到了顶层,大汉昂首阔步而出,留下两个不知如何是好的“受害者”!

如果由自己采取某些行为(制止别人抽烟),那么自己一定要付出成本。但是该行为所带来的好处却不仅限于个人，其他人（电梯里另外的那个人）也能同蒙其利。如果自己不采取行动，而由其他人着手，那么由别人付出成本，自己则可以享受好处。所以，权衡之下，一个人很可能就选择让别人付出，自己采取袖手旁观、坐享其成的态度。这种行为就称为“搭便车”或“吃白食”，而这种人就称为“搭便车者”。

二、公共物品与经济效益

1.公共牧地的悲剧

当人数增多时，外部性和搭便车的问题会变得更加复杂。在经济学的文献里，人多的时候出现的问题往往称为公共牧地的悲剧。当草原附近住了一群牧羊人时，每一个人都会把自己的羊群带到草原上来放牧。因为草原上的草有限，所以最好大家能控制养羊的数目以及放牧的次数。但是，对任何一个牧羊人而言，即使自己能自我约束，别人也不见得会自我控制，或许别人正好因此而得到好处。因此最后往往是每人各扫门前雪，尽可能地让自己的羊群吃得越多越好。人皆有此心的结果是大家都这么做，最后草原因为过度放牧而终至荒漠化，羊群和放羊人也不知去向——于是出现公共牧地的悲剧。

这一理论给出的论断，非常不幸地屡屡为现实所证实。我国西北地区在历史上曾经森林密布、草原丰美、生态环境优越，但是由于长期以来人们的肆意毁坏、滥垦滥伐以及过度放牧等，许多沙漠绿洲和天然植被遭到严重破坏，由此造成了严重的土地荒漠化现象。其原因则恰为上述模型的真实写照。长期以来，我国的草原资源实行的是公有产权制度（国有或集体所有），而在实际执行中“所有者”实际上是缺位的，从而造成事实上的产权界定不清。再加上我国现有的天然放牧方式和高昂的管理成本，使天然草原和胡杨林近于“无主财产”。在此情况下，人人追求短期利益的结果自然是发生公共牧地的悲剧。

2.公共物品的供给

公共物品具有非竞争性和非排他性这两个特点，对市场达到最高经济效益都构成了严重障碍。由于无法排他的缘故，若公共物品由私人生产，并在市场销售，其产量一定偏低。因为无法排他使得不付费的人也可以同享公共物品的好处，那么社会上必存在着许多想“搭便车”、坐享其成的人。即使有部分消费者不存在“搭便车”的心理，愿意自己付费购买，他也只会按照他所得到的边际收益来出价，而不会按整个社会所得到的好处来出价。这样，就像具有正的外部性的物品一样，这类产品的供给小于社会福利最大的产量。

此外，公共物品的共享性，还会给市场带来另一种困扰。共享使公共物品的市场需求曲线（即社会总需求）与个人需求曲线之间的关系，迥异于私人物品市场上两条曲线的关系：因为后者是个人的需求曲线水平加总得到总需求曲线，而前者是将个人需求曲线垂直加总得到市场需求曲线，因为同一种供给量既可满足一个人的需求，也可满足其他人的需求。

因此，公共物品通常无法由私人来充分提供，而必须由政府或其他可强迫摊收费用的团体来生产。政府提供这类公共物品可用来自消费者的全体税收来支持，或其他方式分摊。

第五节　公共决策与政府失灵

由以上各节，我们知道了现实社会对市场机制的发挥确实存在着不少限制。而这些限制多少可借助政府的作用以求得某种程度的缓解或解决。因此，在一个自由经济社会中，政府应执行的公共决策，除了制定并且有效地执行健全法规外，还应从事以下工作：

（1）成立公营事业，经营自然垄断产业或对民营的自然垄断产业进行价格管制。

（2）对制造外部成本者课税或管制，并对产生外部受益者进行补贴。

(3)提供具有“共享”以及“无法排他”之特性的公共物品。

(4)采取适当的收入分配与公共开支措施,改善贫富不均或福利状况不均的现象。

此外,在宏观经济学部分,我们将看到,政府还须采取适当的财政政策和货币政策等宏观经济政策来维持经济的稳定,减少失业,平衡国际收支,并促进经济发展。因此,政府在经济活动中可以发挥“防弊”与“兴利”的双重功能。

然而,我们有必要探讨的是,经由政府的介入,市场失灵是否确实能得到妥善的弥补呢?固然,在理论上,政府可以修正许多市场的缺点,但在实际执行上,却存在许多障碍,以至于政府干预的结果未必能真正解决问题,虽然解决了部分问题,但也引出了新的困扰。相对于市场失灵,我们把政府干预所引发的副作用以及能力的限制,称之为政府失灵。引发政府失灵的障碍,主要包括下列几个方面:

第一,由于每个人偏好不同,意见各异,如何通过民主政治的运作来选出对整个社会最有利的情况是一个至今仍无圆满答案的问题。我们以经常使用的投票表决为例来说明这一问题。

假设有甲、乙、丙三个投票人来投票决定造桥经费的来源。可选择的方法有三:收过桥费(A)、课税(B)、发行公债(C)(注:发行公债最后仍需课税偿还。因此,目前发行公债等于对未来子孙课税)。设这三个投票人的偏好顺序如下:

甲:A、B、C

乙:B、C、A

丙:C、A、B

三人中的多数(甲和乙)偏好 B 甚于 C,故若让三人就 B 与 C 进行投票,B 会被采取;三人中的多数(甲和丙)偏好 A 甚于 B,故若就 A 与 B 进行投票,通过的就是 A。根据这两次投票的结果,我们是否可确定最好的选择呢?不能,因为三人中的多数(乙和丙)偏好 C 甚于 A。因此,采取多数的原则,就会产生玩游戏剪刀石头布那样的循环情况。这种可能的选举结果,成为投票循环,是英国经济学者布雷克首先提出的。这种无一个选择优于其他选择的投票结果,又称为投票的悖论。若采用其他的决策方式,也有类似的麻烦。

政治为管理众人之事,所做的任何决定,都具有公共物品的性质,即众人将同享其利或同蒙其弊。而参与投票活动是必须花费成本的,如参加投票前,须花时间看候选人的资料,投票时也必须花费时间与交通费到投票点去投票。故存在“搭便车”的心理,不愿过问政治,这在现实社会中极为普遍(欧美一些国家的投票率甚至低于50%)。这种政治冷漠当然对政治决策的品质带来不利影响,故政府干预之结果也未必理想。

第二,政府官员与民意代表一样,也具私心,不能指望他们无私地做到一切决策皆以全民利益为重。公共选择理论认为,一个人从私人部门进入公职后,其行为动机不可能会从追逐私利转变为讲求公益。公共选择理论就以此为基础,讨论公共决策实际是在“做什么”、“如何做”以及“为谁做”等实证问题。由于政府的许多决策都涉及利益分配,从而许多利益团体都将游说政府官员,以争取对他们有利的决定。因此,政府决策所考虑的,未必是全民的利益,而可能是某些团体的利益,或者只是决策人个人的利益。

既然民主政治通常都是取决于多数,那么,为什么少数的压力集团得到好处而人数占大多数的民众却吃亏呢?其中的奥妙就在于,公共决策本身具有公共物品的特点——共享且无法排他。仔细说来,人数较多的一方,若团结起来的话,诚然可使那些有利于压力集团而不利于大众的决策无法通过;但问题是,人多易形成一盘散沙,难以凝聚。因为人多时,不利于众人的决策对每个人平均造成的伤害就不会太大,每个人也就可能觉得无关痛痒而懒得去理会。即使有人觉得有所谓,并起而反对,则他需要投入时间与金钱等成本;一旦反对成功,不会参与反对行动的人却可坐享其成。如此,真正愿意去努力反对的人也就寥寥无几了。这与三个和尚没水吃的道理是一样的。相反,压力集团虽然人数较少,但因每个成员都有休戚与共的切身利害关系,故较有凝聚力,众志成城,终能影响决策。

因此，在现实社会中，政府虽有必要采用公共权力，对市场的缺陷进行补救，但我们对其效果不能抱太大的期望。不过，从积极一面来看，若我们能设计出较为有效的政治运作方式，以使公共决策能确实发挥改善社会福利的功能，倒也幸莫大焉。在经济学理论中，公共选择作为研究政府行为的一门理论正方兴未艾，人们可以从中得到许多有益的启示。

本章小结

(1)当边际社会收益和边际社会成本不相等时，对整个社会而言，资源的配置就没有达到最有效率的状态，这就是市场失灵。

(2)垄断是市场失灵的一个重要原因。垄断超额利润的存在说明在该行业中资源配置太少。为了追求和维护垄断地位而花费的代价是一种纯粹的浪费，是社会的净损失。政府对付垄断的办法包括公共管制和反垄断法，等等。

(3)外部性是造成市场机制低效率的又一个重要原因。

(4)市场机制主要是在私人物品的场合起作用，而不适用于公共物品。由于在公共物品场合存在着“搭便车”之类的现象，市场机制提供的产品数量往往太少。因此，政府有必要承担起提供公共物品的任务。

(5)在现实的经济生活中，常常存在着信息不对称，市场机制的作用也受到很大的限制。市场机制本身只能解决一部分信息不足的问题。因此，需要政府在信息方面进行调控，以保证消费者和生产者能够得到充分和正确的信息。

阅读资料

科斯定理

假定一个工厂周围有5户居民户，工厂排放的烟尘使居民晒在户外的衣物受到污染而每户损失75美元，5户居民总共损失375美元。解决此问题的办法有三种：一是在工厂的烟囱上安装一个防尘罩，费用为150美元；二是每户装一台除尘机，除尘机价格为50元，总费用是250美元；第三种是给每户居民户75美元的损失补偿。补偿方是工厂或者是居民户自身。假定5户居民户之间以及居民户与工厂之间达到某种约定的成本为零，即交易成本为零，在这种情况下：如果法律规定工厂享有排污权(这就是一种产权规定)，那么，居民户会选择每户出资30美元去共同购买一个防尘罩安装在工厂的烟囱上，因为相对于每户拿出50元钱买除尘机，或者自认了75美元的损失来说，这是一种最经济的办法。如果法律规定居民户享有清洁权(这也是一种产权规定)，那么，工厂也会选择出资150美元购买一个防尘罩安装在工厂的烟囱上，因为相对于出资250美元给每户居民户配备一个除尘机，或者拿出375美元给每户居民户赔偿75美元的损失，购买防尘罩也是最经济的办法。因此，在交易成本为零时，无论法律是规定工厂享有排污权，还是相反的规定即居民户享有清洁权，最后解决烟尘污染衣物导致375美元损失的成本都是最低的，即150美元，这样的解决办法效率最高。

通过以上例子说明，在交易成本为零时，无论产权如何规定，资源配置的效率总能达到最优，这就是“科斯定理”。

从“科斯定理”本身也许看不出中国经济学家成天鼓噪的“产权”有多重要；相反，在“科斯定理”中你甚至看出，在交易成本为零时，产权一点也不重要，因为它根本不影响效率。如果你有这种感觉，你就对了。因为张五常也这么说：交易成本为零时，产权界定根本就不必要。但是，你要知道，在现实世界中，从来都存在交易成本。所谓交易成本为零，是一个假设的静态的理想化世界。而一旦在交易成本不为零的现实世界，产权界定就变得极其重要，因为它直接决定效率高低。

还是上述的例子。现在假定5户居民户要达到集体购买防尘罩的契约,需要125美元的交易成本,暂不考虑其他交易成本。在这种情况下,如果法律规定工厂享有排污权,那么居民户会选择每户自掏50美元为自己的家庭购买除尘机,不再会选择共同出资150美元购买防尘罩了。因为集体购买防尘罩还需要125美元的交易成本,意味着每户要分担55美元(买防尘罩30美元加交易成本25美元),高于50美元。如果法律规定居民户享有清洁权,那么,工厂仍会选择出资150美元给烟囱安装一个防尘罩。

由此可以看出,在存在125美元的居民户之间交易成本的前提下,权利如何界定直接决定了资源配置的效率:如果界定工厂享有排污权,消除外部性的总成本为250美元(即每户居民选择自购除尘机);而如果界定居民户享有清洁权,消除外部性的总成本仅为150美元。在这个例子中,法律规定居民户享有清洁权,资源配置的效率高于法律规定工厂享有排污权。

在交易成本不为零的现实世界中,产权如何界定的重要性通过上述例子就清楚了。

产权界定的功能是节约交易成本。在上述例子中,产权规定居民户享有清洁权,就可以节省下125美元的交易成本。当然,你可以将上述例子做各种变通。比如,你假定那是一个国有工厂,因为官僚与腐败十分严重,买一个150美元的防尘罩,需要到各种政府衙门盖100个以上的图章,交易成本极其昂贵,远高于居民户之间达成买防尘罩合约所需要的125美元的交易成本,在这种情况下,产权规定工厂享有排污权,相比较产权规定居民户享有清洁权,更能节省交易成本,因而也更有助于提高效率。

产权规定越清楚,节省的交易成本可能会越多。比如,一个残疾人考上了大学,但大学却以其身体有缺陷为理由不录取他,如果法律本身没有作出相关规定,"产权不清楚",那么,这个残疾人为了能上大学也许就要与这所大学陷入无休止的扯皮之中,但现在法律有规定,每个人都享有平等的受教育权利,这个青年就可以凭此"说法"与高校"谈判";如果法律有更清楚的规定"只要是生活能够自理,任何高校都不得拒收已符合其他录取条件的残疾人",这个青年就根本无须与大学扯皮。所以,产权规定得越清楚,扯皮的必要性就越小,交易成本也就越低。

需要注意的是,产权清晰有利于提高资源配置的效率,而不是有利于交易的双方。所有的产权清晰过程,都是权利再分配的过程。因此,必定是有利于某些人、某些利益集团,而不利于某些人、某些利益集团。由于主流经济学家强大的话语霸权,已经在经济学界以及整个知识界造就了一种"产权崇拜":大家不去具体分析产权改革有利于谁、不利于谁,而是一听到"产权改革",就莫名其妙地跟着叫起好来。而实际上,在中国社会阶层分化如此之快、既得利益集团如此强大、社会底层如此弱势的时候,包括"产权改革"在内的任何一项具体改革都不会是利益均沾,而是有人得利,有人失利;有人多得,有人少得。在此形势下,经济学家以及整个知识界如何选择的确很重要。

本章习题

一、名词解释

市场失灵　信息不对称　逆向选择　道德风险　外部性　公共物品　政府失灵　搭便车

二、选择题

(1)市场失灵是指(　　)。

A.市场价格机制的运行不再具有灵活性

B.商品需求对价格变化的敏感程度下降

C.市场对稀缺性资源配置的无效率

D.收入分配不均

(2)不完全竞争市场中产品价格(　　)其边际成本导致低效率的资源配置结果。

A.大于　　　　B.小于

C.等于　　D.以上都有可能

(3)垄断缺乏效率的经济学含义是(　　)。

A.垄断厂商没有在平均成本曲线的最低点进行生产

B.消费者购买最后一单位商品得到的边际效用超过生产该商品的边际成本

C.垄断厂商没有遵循边际收益等于边际成本的利润最大化原则

D.垄断厂商的经济利润为零

(4)为提高资源配置的效率,政府对待竞争性行业中厂商垄断行为的原则是(　　)。

A.限制　　B.提倡　　C.放任　　D.支持

(5)某人的行为给其他人带来经济利益,但其他人并不为此支付费用,这种现象称之为(　　)问题。

A.公共物品　　B.搭便车　　C.外部经济　　D.外部不经济

(6)下列哪一种说法体现了外部不经济概念(　　)。

A.连天下雨减少了小麦的产量　　B.小麦减产引起农民收入下降

C.吸烟有害于自身健康　　D.吸烟有害于他人健康

(7)经济活动具有消费的外部经济性的含义是(　　)。

A.私人收益小于社会收益　　B.私人收益大于社会收益

C.私人成本小于社会成本　　D.私人成本大于社会成本

(8)工厂排放的废水、废气、废料对社会产生的效应属于(　　)。

A.生产的外部经济　　B.生产的外部不经济

C.消费的外部经济　　D.消费的外部不经济

(9)个人乱扔生活垃圾对社会产生的效应属于(　　)。

A.消费的外部经济　　B.消费的外部不经济

C.生产的外部经济　　D.生产的外部不经济

(10)有关社会成本的正确说法是(　　)。

A.与私人成本没有关系　　B.包含私人成本

C.不包含私人成本　　D.以上都不正确

(11)吸烟行为属于(　　)。

A.生产外部经济　　B.消费外部经济

C.生产外部不经济　　D.消费外部不经济

(12)对于造成污染的生产活动,适当的征税额(　　)。

A.等于治理污染设备的成本

B.等于社会边际成本

C.等于社会边际成本和私人边际成本之间的差

D.等于私人边际成本

(13)解决外部不经济问题可以采取的方法是(　　)。

A.征税　　B.明确产权

C.补贴　　D.以上都可以

(14)一项公共物品是否值得生产,主要看(　　)。

A.生产的效益　　B.政府的意志

C.公众的意志　　D.成本和效益比较

(15)公共物品消费的性质是(　　)。

A.非竞争性或非排他性　　B.非竞争性与排他性

C.竞争性与非排他性　　D.竞争性与排他性

(16)消费的非竞争性是指(　　)。

A.只有一个消费者

B.只有一个生产者

C.生产成本为零

D.增加一个消费者的边际成本为零

(17)消费的非排他性是指(　　)。

A.只有支付价格才能获得消费权利

B.不支付价格也能获得消费权利

C.只有一个消费者

D.只有一个生产者

(18)“搭便车”现象源于(　　)问题。

A.公共物品

B.私人物品

C.社会福利

D.不完全信息

(19)政府在提供公共物品上的优势是(　　)。

A.不受资源稀缺性的制约

B.无须面对公共物品需求的不确定性

C.能劝说公民为公共物品付款

D.不需要保持理性

(20)卖主比买主知道更多关于商品生产和质量信息的情况称为(　　)。

A.道德风险

B.搭便车

C.排他性

D.不对称信息

三、思考题

(1)导致市场失灵的原因有哪些?

(2)垄断的存在如何导致市场失灵?

(3)简述寻租理论。

(4)信息不对称是如何导致市场机制不能达到最大效率的?

(5)外部性是如何造成市场失灵的?如何解决外部性问题?

(6)公共物品如何会导致市场失灵?

(7)什么是政府失灵?为什么会产生政府失灵?

第八章　国民收入核算

■ 学习要点

☆ 国内生产总值的定义
☆ 国内生产总值与国民生产总值的异同
☆ 名义 GDP 和实际 GDP 的区别
☆ 国内生产总值以外其他国民收入总量的概念
☆ 名义 GDP 的计算方法

国民收入核算是对国民经济运行过程的系统描述，是在一定经济理论指导下，综合应用统计、会计、数学等方法，为衡量一国或一地区在特定时期内的经济活动和经济成果而构成的一个相互联系的指标系统。目的在于构建完善的宏观经济调控体系，为国家宏观经济决策提供依据。

第一节　国内生产总值

一、国内生产总值的涵义

（一）国内生产总值的概念

国内生产总值（*Gross Domestic Product*）是一国境内一定时期所生产的最终产品的市场价值，常被简称为 *GDP*。根据以上定义我们应当注意以下几个方面：

1.*GDP* 的核算对象

GDP 的核算对象是最终产品，即为了最终使用而购买的产品。所谓最终使用是指不再进行商业加工（转售也被视为商业加工）而直接使用。与最终产品对应的是中间产品，所谓中间产品是指为了再进行商业加工（包括转售）而购买的产品。一件产品是否为最终产品并不取决于产品本身而取决于其用途。我们无法简单地判断一袋面粉是否为最终产品。只有当它被家庭购买，才能判定它是最终产品。当它被面包厂或面粉商购买时，就成了中间产品。只将最终产品计入 *GDP* 是为了避免重复计算。

下面这个例子可以帮助我们理解这一点：

假设服装的生产分为三个阶段：农场生产棉花，纺织厂将棉花织成布匹，制衣厂将布匹加工为成衣。表 8-1 列出了各阶段产品的市场价值和相应生产阶段的增加值。因为这一增加值恰好被相应生产阶段的各种要素瓜分，所以它也是这一生产阶段的生产投入价值。

表 8-1　服装的生产阶段和增加值

生产者	产品	产品的市场价值/元	增加值/元
农场	棉花	100	100
纺织厂	布匹	300	200
制衣厂	成衣	1000	700

表 8-1 中棉花、布匹都是中间产品从而不能计入 GDP。只有成衣才是最终产品，因而计入 GDP 的就是其市场价值 1 000 元。如果将中间产品的市场价值也计入，将是 100＋300＋1 000＝1 400 元。这一重复计算的结果是毫无意义的。

2.GDP 是一个流量

GDP 的核算对象是最终产品，这些产品必须是在一定的时期(通常为 1 年)内生产出来的。换言之，凡是在这一时期生产的最终产品都要计入 GDP，凡不是在这一时期生产的则不能计入 GDP。某厂商在我们所考察的那一年生产了市场价值为 100 万元的产品，若当年只卖掉了 80 万元，则未售出的 20 万元产品就是厂商自己买下的存货投资。相反，虽然当年厂商只生产了 100 万元的产品，但卖掉了 130 万元的产品，这使厂商的商品存货减少了 30 万元。不论是哪一种情况，计入 GDP 的都是 100 万元。

GDP 是一个流量概念。这个量是在这个时间段里新生的，不包括以前生产的产品。如花 10 万元购买(其中包括 1 万元运输和安装费)了一台往年生产的旧机器，除了本年所生产的劳务 1 万元，其余 9 万元都不能计入 GDP，因为它早已计入这台机器诞生那一年的 GDP 中了。

3.GDP 的核算口径

作为 GDP 核算对象的最终产品必须产自一国境内。不管是本国居民还是外国居民生产的最终产品，只要产地在本国境内就必须计入 GDP。如果最终产品的产地不在本国境内，哪怕是由本国居民所生产，也不能计入 GDP。

4.GDP 的核算形式

GDP 计算的是最终产品市场价值的总和。这有两方面的含义：一方面，只有通过了市场交换活动的产品才能计入 GDP。家务劳动、自给自足的生产没有经过市场，地下经济、犯罪活动所产生的经济活动，都没有被统计在 GDP 中。另一方面，全部最终产品都按市场价格来计算。因此，GDP 是一个市场价值概念。

(二)名义 GDP 和实际 GDP

在 GDP 的核算中，产品的市场价值就是用这些最终产品的产品数量乘以单位价格获得的。然而，产品每年的市场价格往往都不相同，究竟应按哪一年的市场价格计算呢？一般有两种计算法：一种是按当年的价格计算；另一种是按基期价格计算。两种方法计算的结果当然不相同，因此就有两种 GDP。前者称为名义 GDP，后者称为实际 GDP。

假定某国境内在考察期共生产了 n 种最终产品，其产量和当期价格分别为 $Q_1, Q_2, \cdots, Q_n$ 和 $P_1, P_2, \cdots, P_n$。我们还假设这些产品的基期价格 $p_1, p_2, \cdots, p_n$，那么该国考察期的名义 GDP 就等于

$$\text{GDP}_{\text{名义}} = \sum_{i=1}^{n} = (P_i \cdot Q_i) = P_1Q_1 + P_2Q_2 + \cdots + P_nQ_n \tag{8-1}$$

而该国考察期的实际 GDP 等于

$$\text{GDP}_{\text{实际}} = \sum_{i=1}^{n} = (p_i \cdot Q_i) = p_1Q_1 + p_2Q_2 + \cdots + p_nQ_n \tag{8-2}$$

非常明显，名义 GDP 的高低取决于考察期的产出和当期的价格，它不便于用来对不同时期的产出进行比较。实际 GDP 只与当期的产出有关而与当期的价格无关，因此实际 GDP 较大也就意味着产出较高。

应该说明的是，名义 GDP 与实际 GDP 虽然在经济学意义上有着较为明显的区别，但是它们在统计方法上却是相同的。政府统计部门公布的结果多为名义 GDP，而经济学家在进行经济分析时大多使用实际 GDP 来说明各种经济问题。

(三)GDP 折算指数

又称 GDP 缩减指数,GDP 平减指数,是指名义 GDP 和实际 GDP 的比率。这一指数能够更加准确地反映一般物价水平走向,是对价格水平最宏观的测量。

$$\text{GDP}_{\text{实际}} = \frac{\text{GDP}_{\text{名义}}}{\text{GDP 折算数}} \tag{8-3}$$

(四)流量与存量

经济学中将变量分为流量(flow)和存量(stock)。流量是指变量在一个时间段内累积的数量;存量是指变量在一个时间点上测量出来的数量。给出一个流量必须指出相应的时段,给出一个存量则必须指出相应的时点。例如,某地区 2008 年的人口净增量是一个流量,该地区 2008 年年底的人口数量是一个存量;每分钟注入水池的水量是一个流量,该水池在某一时刻的蓄水量是一个存量;某国 2008 年的净投资额是一个流量,该国在 2008 年初所拥有的全部资本品的货币价值是一个存量。

流量与存量有着密切的关系。两个不同时点上的存量之差就是相应时段内的流量。例如,某地区 2008 年年底的人口数量与 2008 年初的人口数量之差等于该地区该年的人口净增量;水池此时的蓄水量与 1 分钟前的蓄水量之差等于这 1 分钟的注入量;某国 2008 年年底所拥有的资本量与 2008 年初拥有的资本量之差等于该国在这一年的净投资额。

如图 8-1 所示,某国的"总财富"是一个存量,在年初这个时点上度量则为年初总财富,在年末这个时点上度量则为年末总财富。这个量是不能在时段上度量的,因为它在任意时段内的每一时点上通常都有不同的值。"新生产的财富"是一个流量,它是在一定时段(如某一年)内度量的量。这个量是不能在时点上度量的,因为新生产的财富绝不可能在某一瞬间冒出来。同理,"漏出的财富"也是一个流量。这两个流量之差亦为流量,它就是所考虑时段上的"财富净增量",即

财富净增量=新生产的财富-漏出的财富

这个量可以是正数,也可以是负数或零,它与期初和期末总财富的关系是:

期末总财富=期初总财富+财富净增量

一般而言,某期间的流量就等于期末存量与期初存量之差:

期末存量=期初存量+期间流量

图 8-1 流量与存量

资本存量表示某一时点上的资本品总额,净投资表示某一时段上的资本品净增量,总投资表示某一时段上新生产的资本品,折旧表示某一时段上消耗掉的资本品。由此得到

$$\text{净投资}=\text{总投资}-\text{折旧}=\text{期末资本存量}-\text{期初资本存量} \tag{8-4}$$

二、国民生产总值

(一)国民生产总值的涵义

国民生产总值(Gross National Product)是指一国居民一定时期所生产的最终产品的市场价值,常被简称为 GNP。GNP 核算一国居民的收入,包括他们从国外取得的收入,但要减去支付给国外的同类报酬。与 GNP 不同,GDP 不考虑从国外获得的报酬和支付给国外的报酬,它是在一国境内实际生产的最终产品价值。GDP 被欧洲大多数国家用作衡量产出的主要指标,因为这些国家的对外贸易一度比美国的对外贸易重要得多。国际贸易在美国变得越来越重要,所以美国从 20 世纪 90 年代以后也开始用 GDP 作为产出的主要测量指标。这种转变也可以使美国与其他国家的经济比较更容易些。一般来说,一个国家对外经济往来的开放度越大,用 GDP 测量收入的必要性也越

大。来自国外的要素收入的数据较难准确获得，而 GDP 的数据较易获得，这也使得 GDP 的使用更为广泛。相对 GNP 而言，GDP 是经济中对就业潜力的一个较好的测量指标。比方说，外国人到东道国投资，解决的是东道国而不是投资国的就业问题。所有这些原因都表明把 GDP 作为基本测量指标更合理一些。

GDP 和 GNP 都是对一国一定时期内生产的最终产品的市场价值总和的度量。它们的区别仅仅在于度量的口径不同，前者度量一国境内的产出而不论生产者是谁；后者则度量一国居民的产出而不论产地是境内还是境外。表 8-2 列出了两者的区别。

(二)GDP 和 GNP 的区别

表 8-2　GDP 与 GNP 的区别

	GDP	GNP
定义	一国境内在一定时期内生产的全部最终产品的市场价值	一国居民在一定时期内生产的全部最终产品的市场价值
区别	地域概念(强调产地为“一国境内”)	国民概念(强调生产者为“一国居民”)

表 8-2 显示了 GDP 与 GNP 的关系，其中“境内”和“境外”都是就本国而言的。如，“外国居民的境内产品”是指生产者是外国居民，而产地是本国(就生产者看来是外国)境内。由此表容易得到 GDP 与 GNP 的关系：

GDP－外国居民的境内产值＝GNP－本国居民的境外产值

或　GNP＝GDP＋(本国居民的境外产值－外国居民的境内产值)　(8-5)

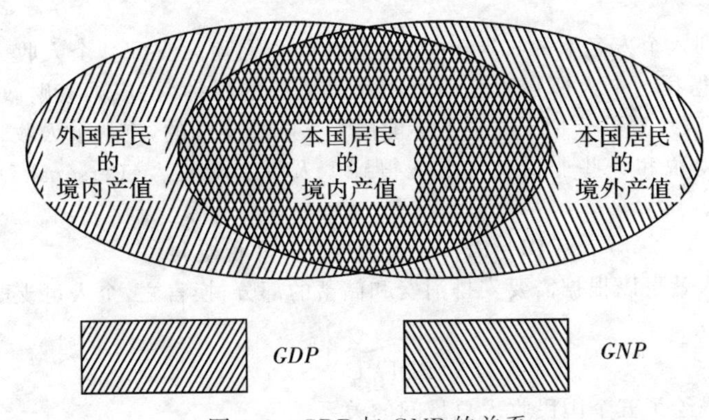

图 8-2　GDP 与 GNP 的关系

以生产者为核算口径的另外四个总量与以地域为核算口径的相应的四个总量也是对应的，其间的差异仅仅在于核算口径不同，这里就不再赘述了。

三、其他几个重要的核算指标

GDP 的核算口径限于一国境内。这一核算口径的国民收入核算指标共有五个，除了国内生产总值外其余四个分别是国内生产净值、国民收入、个人收入和个人可支配收入。

(一)国内生产净值

从一国一年中的国内生产总值中扣除生产过程中消耗掉的资本(折旧费)，就得到国内生产净值(Net Domestic Product，NDP)，即

NDP＝GDP－折旧　(8-6)

由于 GDP 计量的是最终产品的市场价值，并未扣除为生产这些产品而消耗掉的资本设备的价

值，因而还不是该国新增加的财富。从 GDP 中扣除了折旧后的 NDP 表示考察期一国境内产值的净增量。

（二）国民收入

狭义的国民收入（National Income，NI）是指考察期一国境内所有生产要素得到的收入。根据这一定义就有：

$$NI=工资+利息+租金+利润 \tag{8-7}$$

间接税和企业转移支付都进入产品价格中，但都不成为任何要素的收入，而政府给企业的补贴却成为要素收入的一部分，所以前者应当从 NDP 中扣除，而后者应当加入才能得到国民收入，即

$$NI=NDP-间接税-企业转移支付+政府给企业的补贴 \tag{8-8}$$

（三）个人收入

个人收入（Personal Income，PI）是指考察期一国境内个人所得到的收入。一方面，狭义的国民收入（工资、利息、租金和利润之和）并不能完全归个人所得。例如，工资的一部分要以社会保险费的形式上缴有关机构。又如，以红利和股息形式分给个人的也只是公司利润的一部分，另一部分作为未分配利润暂不分配给个人（待将来分配给个人时成为那一时期的个人收入）。另一方面，个人也以各种非要素收入的形式从政府那里得到转移支付（如失业补助和贫穷救济等）。因此，我们得到：

$$PI=NI-公司所得税-公司未分配利润-社会保险费+政府给个人的转移支付 \tag{8-9}$$

（四）个人可支配收入

个人收入只是列入个人名下的收入，并非能完全由个人随意支配。个人收入中不能由个人支配的主要是个人所得税。个人所得税是西方国家最主要的税种，构成国家财政收入的重要项目。此外，罚款、教育费、医疗费等非税支付也是不能由个人随意支配的，应从个人收入中扣除。从个人收入中扣除个人所得税和一些非税支付后就得到个人可支配收入（Personal Disposable Income，PDI）：

$$PDI=PI-个人所得税-非税支付 \tag{8-10}$$

个人可支配收入就可以根据需要安排消费和储蓄的部分，换言之，个人可支配收入只有消费和储蓄两个用途：

$$PDI=C+S \tag{8-11}$$

图 8-3 粗略地描绘了五个国民收入总量间的关系。

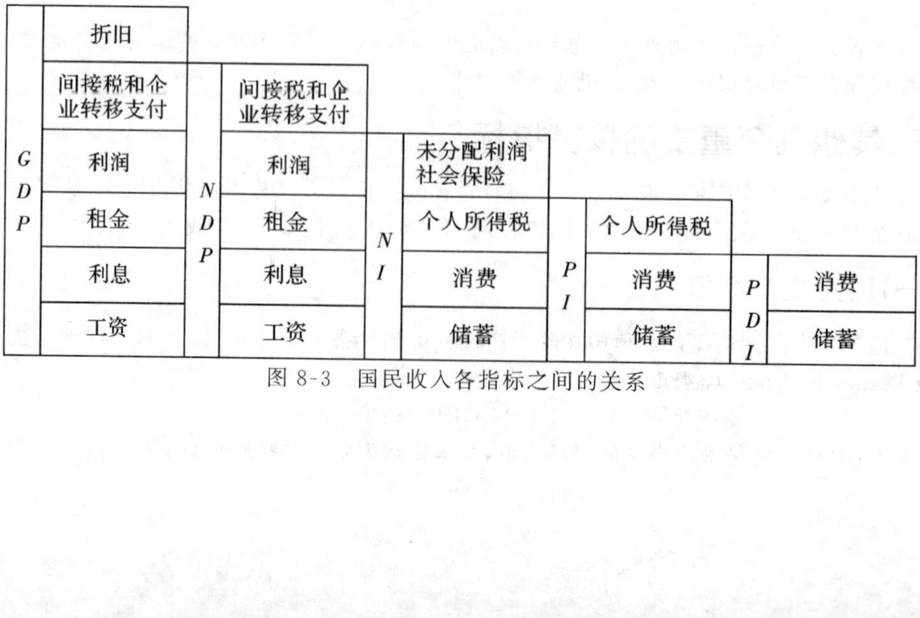

GDP		NDP		NI		PI		PDI	
	折旧								
	间接税和企业转移支付		间接税和企业转移支付						
	利润		利润		未分配利润 社会保险				
	租金		租金		个人所得税		个人所得税		
	利息		利息		消费		消费		消费
	工资		工资		储蓄		储蓄		储蓄

图 8-3 国民收入各指标之间的关系

第二节 国民收入核算方法

名义 GDP 就是按当期的市场价格来计算的这一期间所生产的最终产品的市场价值。对于任何一项最终产品的市场价值,就购买者来说是对该项产品的支出,就销售者来说是由该项产品所获得的收入,两者显然是相等的。因此,GDP 既可以看成是对所有当期生产的最终产品的支出总和,也可以看成是这些产品的收入总和。这样就产生了两种计算 GDP 的基本方法:支出法和收入法。此外,我们还要给大家简单介绍一下生产法。

一、支出法

是指直接从产品的使用角度出发,将所考察时期内购买各项最终产品的支出加总起来而得到 GDP 的一种方法。这是计算 GDP 最基本的也是最常用的方法。因为参与一国经济活动的有四个部门,故将这四个部门对本国境内所生产的最终产品的支出加总起来便得到 GDP。

1.家庭部门的消费支出(C)

这是指由家庭和非营利机构购买的商品和劳务的市场价值总额以及他们自己提供自己消费的商品和劳务折合的收入。家庭部门的消费支出可以分为三个部分:即耐用品、非耐用品和劳务。一般把使用时间在一年以上的商品看作耐用品,把使用时间在一年以内的看作非耐用品。

2.私人部门的总投资(I)

包括固定投资和存货投资。固定投资是指非居民购买的新生产的建筑和耐用生产设备的市场价值总额加上居民购买的新建造的住房的市场价值。存货投资是指厂商持有的存货价值的变动。从总投资的用途来看,可以把它分为两个部分,即净投资和重置投资。重置投资是指弥补当期资本设备的生产消耗和意外损坏的投资支出,总投资减去重置投资就是净投资。只有净投资才能增加资本存量。

3.政府部门的购买支出(G)

是指各级政府部门对商品和劳务的购买支出,包括政府在军事设施和物资方面的支出和政府雇员的薪金支出。需要注意的是,并不是所有的政府支出都记入国民收入。这主要是就政府的转移支付而言的。政府的转移支付包括社会保障支出,失业救济金和退伍军人的津贴等。虽然政府转移支付是政府的支出,但是它不涉及当期商品和劳务的生产,因此不被记入国民收入。事实上,政府的转移支付构成个人收入的一部分,通过消费支出来影响国民收入。

4.国外部门对一国产品和服务的购买(X-M)

家庭部门的消费支出 C 不应全部计入 GDP,因为 C 中不仅包含对该国境内生产的最终产品的支出,而且还包含了对进口产品的支出,后者是不能计入本国 GDP 的。因此,计入 GDP 的消费支出不是全部的 C,而应为 $C-C_M$,其中 C_M 是家庭部门购买的进口产品。同理,计入 GDP 的厂商购买(投资)、政府购买和外国购买(出口)应分别为 $I-I_M$、$G-G_M$ 和 $X-X_M$。其中,I_M 是厂商购买的进口品,G_M 是政府购买的进口品,X_M 是用于出口的进口品。这样,我们就得到

$$\begin{aligned}\text{GDP} &= (C-C_M)+(I-I_M)+(G-G_M)+(X-X_M)\\ &= C+I+G+X-(C_M+I_M+G_M+X_M)\end{aligned}$$

式中:$C_M+I_M+G_M+X_M$ 就是该国全部的进口产品,即 $C_M+I_M+G_M+X_M=M$,于是就得到用支出法计算 GDP 的公式:

$$\text{GDP}=C+I+G+(X-M) \tag{8-12}$$

表 8-3 就是根据支出法计算的 2005 年美国的名义 GDP。

表 8-3　2005 年美国的 GDP

项目	金额/亿美元	比例/%
国内生产总值	124 871	100
消费支出	87 457	70
耐用品	10 265	
非耐用品	25 644	
服务	51 549	16.9
私人国内总投资	21 050	
固定资产投资	20 861	
非居民住宅	13 298	
居民住宅	7 563	18.9
私人存货变动	189	
政府购买	23 629	
联邦政府购买	8 777	
国防支出	5 871	
非国防支出	2 906	−5.8
地方政府购买	14 852	
净出口	−7 265	
出口	13 012	
商品出口	9 056	
服务出口	3 956	
进口	20 277	
商品进口	17 007	
服务进口	3 270	

资料来源：美国商务部经济分析局，http://www.bea.gov.

二、收入法

从表 8-1 列举的例子中不难得出这样的结论：不必区分最终产品和中间产品，只需将各产品生产的增加值加总便得到 GDP。一种产品生产的增加值用来支付劳动的工资、资本的利息和土地的租金，剩下的部分就是利润，即支付给企业家才能的报酬。换言之，一种产品的增加值恰好等于生产它的各种要素的收入。于是，按收入法 GDP 就等于投入生产的各种要素的收入，即工资、利息、租金和利润之和。但是，表 8-1 是一个简化了的例子，它没有考虑折旧、间接税和企业转移支付等因素，因此我们还应作出以下调整：

1.折旧

在采用支出法计算 GDP 时，投资是一个值得仔细研究的项目。一国境内一年的投资总额并不能代表这一年来资本存量的增加数，一年的生产将一部分资本消耗掉了。正如同要从一年的出生人口数中扣除死亡人口数才等于人口增加数一样，从一年的投资总额中减去这一年被消耗掉的资本量才是资本存量的净增加量。我们把投资总额称为总投资，被消耗的资本称为资本折旧，简称折旧，而将这两者之差称为净投资。因此，总投资是一年中新生产出来的资本品，折旧是一年中死亡的资本品，而净投资则是这一年净增加的资本品，三者都是流量。总投资虽然是新投入的资本，但其中一部分要用来顶替同期死亡的资本，剩下的部分才是真正新生的资本。由此可见，采用支出法计算的 GDP 中包含折旧，这是符合 GDP 的定义的。

现在采用收入法来计算 GDP。工资、租金、利息和利润分别是将劳动、土地、资本和企业家才能等要素投入到生产中而获得收入，其总和显然没有包含折旧。前已说明折旧包括在总投资中，因而应计入 GDP。

2.间接税

间接税是指对产品销售征收的税，因纳税人与税负的实际承担者不一致，故称间接税。间接税的纳税人是厂商，但厂商将其列入成本而转嫁给消费者。征收间接税的后果是使商品的市场价格高于厂商对各要素的支付，高出的部分即间接税由政府拿走。按支出法，计入 GDP 的是商品的市场价格。因此按收入法计算 GDP 时，除了各种要素的收入和折旧外，应将间接税也计入 GDP。

与间接税的征收相反，政府也时常对某些商品的生产给予补贴。此时商品的市场价格低于投入生产各要素的收入，其差额即为政府补贴。这种补贴可以看成负的间接税，故采用收入法计算 GDP 时还应减去这种补贴。

3.企业转移支付

包括企业对非营利组织的捐款和因赊销而导致的坏账等。这些当然都不是任何要素的收入，但与间接税一样要通过产品价格转嫁给消费者。于是，用收入法计算 GDP 时还应将企业转移支付计入。

这样，用收入法计算 GDP 的公式就是：

$$GDP = 工资 + 利息 + 租金 + 利润 + 折旧 + 间接税 + 企业转移支付 \tag{8-13}$$

三、生产法

生产法是指按提供产品与劳务的所有部门的增加值来计算的国内生产总值。用生产法计算时，各物质生产部门要把所有使用的中间产品价值扣除，只计算本部门的增加值。商业和服务业等部门也按增加值方法计算，卫生、教育、行政、家庭服务等部门用工资收入计算服务的价值。

按照生产法计算国内生产总值，包括的部门有：①林业、渔业；②采掘业；③建筑业；④制造业；⑤交通运输通信和公用事业；⑥商业；⑦金融保险、不动产业；⑧服务业；⑨政府服务和政府企业。以上各部门增加值的和即为国内生产总值。

国民经济运行包括了生产、分配、消费各个环节，形成了一个完整的循环过程。生产创造了收入，收入成为支出的源泉，支出又使生产得以最终完成。所以，在社会生产各环节上所表现出的经济总量应该是相等的，以上三种计算国内生产总值的方法只不过是从不同角度去考察而已。这就是所谓的“国内生产总值”三方等价原则。但在实际计算中，由于各种原因，用这三种方法计算的国内生产总值结果可能并不完全一致，通常是以支出法计算的结果为标准，而将收入法或部门法计算的结果与支出法计算结果的差额视为统计误差。

第三节 国民收入核算资料的作用和局限性

一、国民收入核算资料的作用

因为国民收入核算资料是反映一国总体经济活动的综合性指标，所以其应用是十分广泛的。国民收入核算资料的主要作用体现在以下五个方面：

(1)官方经济文件的主要参考依据。西方国家政府有关经济的文件和活动。例如，由美国总统经济顾问委员会协助准备的美国总统的经济咨文、预算咨文，以及美国财政部的税制变动、美国农业部的农情研究、美国劳工部的就业水平研究和工资计划的研究等，几乎没有一项不以国民收入核算资料为主要参考依据。

(2)国家经济周期变化的指标。经济衰退和经济复苏都以国民收入的变动为主要判断依据。以美国为例，通常是在国内生产总值统计数字连续两个季度处于停滞或下降状态时，经济学家才开始认为有迹象表明会发生经济衰退。

(3)衡量国家经济实力的指标。目前国际上普遍以国内生产总值和人均国内生产总值来表示一个国家的经济实力，通过不同时期的国内生产总值增长率来表示一国的经济增长速度，并通过国与国之间的对比来表明发达国家与发展中国家的收入差距，从而为制定和执行其经济政策提供依据。

(4)有关经济单位进行经济活动和预测的依据。在美国，不仅政府机构和官员经常进行经济预测，一些大企业和大银行也经常雇佣一批经济学家进行国内生产总值的分析和预测工作，将这些分析和预测结果作为进行生产和投资活动的参考，并经常在各类报纸杂志上发表他们有关分析和预测的意见。就连私人企业在研究产品销路时，大体上都要分析国民收入及其各项目的变化。美国的很多报纸杂志也经常发表有关国民收入的报道。著名的《新闻周刊》曾聘请诺贝尔经济学奖得主萨缪尔森和弗里德曼等人担当经济撰稿人，发表有关国民收入的文章。肯尼迪和约翰逊总统任内的经济顾问委员会主席海勒和约翰逊总统任内另一位经济顾问委员会主席欧肯等人曾组成《时代周刊》经济理事会，为该刊撰写经济文章，并于每年年初进行有关国民收入的经济预测。

(5)推行经济稳定政策时政府与经济学间的桥梁。正如我们在《微观经济学》中介绍的内容一样，20 世纪 30 年代以前经济学一向以价格理论为中心。随着凯恩斯宏观经济理论的产生，经济学逐渐转变为注重国民收入的理论。这种转变不仅明显地表现在，论述国民收入的理论和实践的文章在西方国家有关的出版物中占有相当大的分量，而且还反映在经济学教材编写体制的变化上。20 世纪 40 年代以前，经济学教材都是以价格分析为主线，此后就逐渐转变为以国民收入分析为中心并辅之以价格分析，近年则是两者并重。在凯恩斯主义产生以后，西方经济学家认为凯恩斯的理论使得经济理论和政府所实行的稳定经济政策密切地联系起来，作为这种联系的桥梁就是对国民收入核算资料的分析。此外，西方国家政府还根据国民生产总值的变动情况实行各种稳定经济的宏观经济政策。这就使得国民收入核算体系和西方国家的日常经济活动紧密地联系起来了。

二、国民收入核算资料的局限性

虽然通过国民收入各总量可以大致了解一国总体经济活动的状况，但这些总量并不能完全准确地反映出一国的实际经济情况。这是因为国民收入核算本身存在着一些缺陷，这些缺陷主要反映在以下三个方面：

1.国内生产总值不足以充分反映社会的经济福利

由于国内生产总值只计算人们通过了市场交易的产品，所以还有一些与生活水平有重要关系的方面没有包括进来。此外，对包括进国内生产总值的产品的估价也存在诸多问题。

(1)未通过市场的产品，如家庭成员所做的家务劳动和为社会服务的义务劳动等。与此类似的还有农民消费的自产农产品和医生为家人诊病等，它们虽未计入 GDP 但的确对生产水平的提高有所贡献。

(2)闲暇和环境保护水平等虽然直接影响人们的福利，但它们并不能计入 GDP。20 世纪 70 年代初，诺德豪斯和托宾提出了计算经济净福利量的方法，其中不但包括国民收入，还包括闲暇时间、环境污染水平和家庭自我服务等项目。虽然许多经济学家怀疑这种方法的计量可行性和合理性，但他们普遍认同对闲暇等的忽视的确是国民收入核算的重要缺陷。

(3)国民收入核算体系对耐用消费品的处理是不合适的。像汽车和电冰箱之类的耐用消费品一般都能使用多年，然而其价值只计入生产它们那一年的 GDP 中。国民收入核算资料却告诉我们，这些耐用消费品在它们被生产出来的那一年就已使用完毕，消费者并不能在以后各年享受它们所提供的福利。在衰退时期，许多旧的耐用品仍在被使用而新产品却减少了，耐用消费品向人们提供的福利要多于 GDP 所列出的数字。在繁荣时期，耐用消费品的产量大大提高，相对 GDP 所提供的数字(耐用消费品在报废前所提供服务的总和)，人们实际享受的福利(耐用消费品在当年所提供的服务)要低得多。

(4)国民收入核算资料不能准确地度量人们的精神收入。当一个人十分热爱他的工作时，他除了得到工资(货币收入)外，还能从工作中得到特殊的满足(精神收入)。反之，当一个人十分厌倦他的工作时，负的精神收入将部分抵消其货币收入。诺德豪斯和托宾还将社会的民主自由水平列入了精神收入应当考虑的范围。如果精神收入对人们的福利非常重要的话，忽视这种收入的那些核算资料的有用性就值得怀疑了。

(5)国民收入核算资料不能说明产品的种类。传统经济学认为，在私有经济条件下产品生产大致上反映了消费者的购买愿望。对这一看法的正确性姑且不论，我们只指出当政府参与购买后这一愿望就不能保证必然实现。比如，政府用 1 亿美元的税收来建造一座桥梁，这是否比让公众自己来消费这 1 亿美元更能增进社会的经济福利呢？国民收入核算资料无法说明这一问题。

2.国内生产总值不足以真实反映各国的生活水平差距

用国民收入核算资料来比较不同国家和不同时期的生活水平虽具有一定的实际意义，但这种比较常常会产生一定的甚至较为严重的失真。这主要表现在以下四个方面：

(1)利用人均 GDP 来比较各国间的生活水平掩盖了因贫富不均而造成的社会经济福利低下，*GDP* 是以一国作为一个整体而计量的，它不能反映收入的分配状况。例如，A 国有 100 人每人年收入 100 美元。B 国有 200 人，其中 180 人每人年收入 50 美元，而另外那 20 人每人年收入 550 美元。容易看出，A 国的社会经济福利要优于 B 国的，但两国的人均都是 100 美元。

(2)GDP 不能说明地理、气候条件和社会习惯的不同所导致的社会经济福利差异。一个有着四通八达的河流系统、气候温暖适宜和人口不多的小国比起一个人口分散、缺乏自然水道系统和四季冷热变化很大的国家来说，并不需要大规模的交通、高质量的住房和发达的服务业。因此，仅用人均 GDP 不一定能正确反映一个国家的社会经济福利状况。另外，习惯于大家庭生活方式的民族能为自己提供较多的诸如照看小孩一类的非市场服务，而这类服务在城市化的工业国家就必须通过市场才能提供。还有，比起依靠农业为生的社会来说，一个工业社会很少有机会靠自己的产品来生活。农业社会的家庭不但为自己生产所需要的大部分食品和衣物，而且还经常通过物物交换得到其他物品。在农业社会中以货币为媒介进行产品交换的机会是有限的，尤其是在银行业务不发达的情况下更是如此。在这样的情况下，GDP 就不能正确地反映出各国的生活水平差异。

(3)由于 GDP 不能对整个社会所享受的闲暇进行计量，所以在对具有不同工作条件和工作时间的国家进行对比时就会发生困难。一周工作 48 小时还是 30 小时对人们的福利水平会产生很大的影响，但 *GDP* 却反映不出这一差别。

(4)一国的政治局势能够影响国民的生活水平，这在 GDP 中是得不到反映的。比如，一国由于受到侵略的威胁而不得不将其资源更多地用于国防。该国购买大炮的费用越多，能用来购买黄油的费用就越少。然而不论大炮还是黄油，都不加区别地计入了 GDP。

3.货币估价产生的问题

各个国家都按本国货币估算自己的 GDP。当进行国际比较时，以一国货币核算的 GDP 通常都折算成以美元表示的数字，但许多国家都缺乏一个稳定的国内货币制度，故折算的汇率不一定能反映进出口商使用的比价，从而通过折算的 GDP 就不一定能够准确地计量实际的生活水平。除了计量方面的困难，还必须考虑货币本身价值的变动。进行比较的时期越长，由于货币价值变动而引起的误解也就越大。

第四节 国民收入的流量循环

整个国民经济是一个庞大的有机整体，运行过程十分复杂。真正参与经济活动的主体不胜枚举，但我们根据它们在其中的作用可把它们分为家庭、厂商、政府和国外四个部门。考察一国的总体经济活动应针对这四个部门进行。为了简化我们的讨论，先从最简单的两部门模型入手，研究国民经济循环，然后抽象出三部门模型（封闭经济模型）与四部门模型（开放经济模型）。

一、两部门经济收入流量循环模型

1.两部门经济的基本循环流动

本部分假设只有家庭和厂商两个部门参与一国总体经济活动。总体经济的循环流动中最基本的是生产要素和产品的循环流动以及为交换这些要素和产品所进行的货币支付的流动。如图 8-4 所示，外圈代表产品和要素的流动，内圈代表购买这些产品和要素的货币支付（即货币的循环流动）。由于没有考虑金融市场和另外两个部门的存在，所以这是一种最简单的循环流动形式。这里假定家庭出卖生产要素所获得的收入全部用来购买消费品，而厂商的产品一旦生产出来就全部销售给家庭。

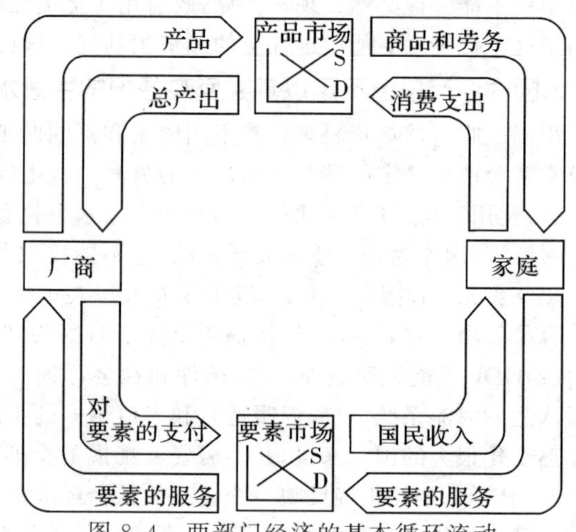

图 8-4 两部门经济的基本循环流动

从家庭部门来看，这个部门出卖要素的收入（即国民收入）全部用来购买厂商所生产的产品（即消费），两者恰好相等；从厂商部门来看，这个部门出售产品的收入（即总产出）全部用来购买家庭所提供的生产要素（即对要素的支付），两者也必然相等。我们也可以分别从产品市场和要素市场来理解这一点。一方面，家庭的消费支出通过产品市场向厂商支付而转化为总产出；另一方面，厂商对要素的支付通过要素市场流向家庭而转化为国民收入。这就是说在两部门经济的基本循环流动中，国民收入、总产出、消费和对要素的支付四者在数值上相等。

2.加入储蓄和投资后二部门经济的循环流动

以上所讨论的基本循环流动只说明了家庭和厂商间最基本的联系，这里假定家庭部门将全部收入都用来购买厂商部门所生产的全部产品。这样，图 8-4 所示的循环流动将以既定的规模不断重复。在实际经济中，一方面家庭部门会有一些收入没有用来购买厂商所生产的产品（储蓄）从而由这一循环流动中漏出，这就会使得循环流动中的货币量减少；另一方面，厂商部门也会在产品市场上购买产品（投资）从而给这一循环流动注入资金。这种漏出（leakage）和注入（injection）会改变循环流动的规模。现通过图 8-5 来对这一问题进行补充。

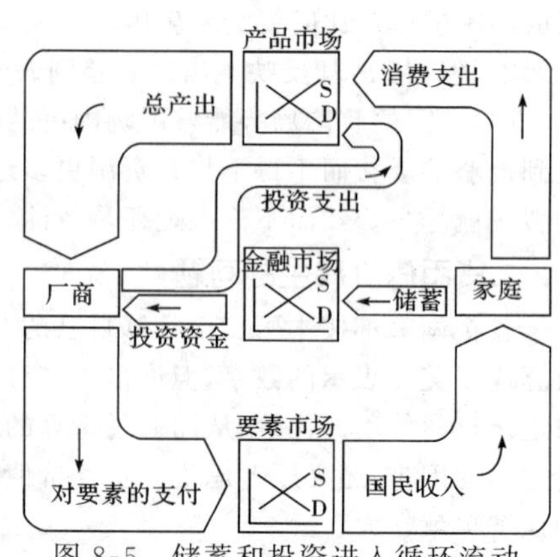

图 8-5 储蓄和投资进入循环流动

基本循环流动中加入储蓄和投资这两个流量后，家庭与厂商之间的循环流动又增加了一条渠道，即家庭的储蓄通过金融市场转化为厂商的投资支出。家庭部门通过金融市场进行储蓄，而不是像图 8-4 所示的基本循环流动中将全部国民收入用来购买厂商所生产的产品，这是总体经济活动中的一种漏出。作为对这种漏出的弥补，厂商通过金融市场获得投资资金并向产品市场进行投资，这是总体经济活动中的一种注入。那么，储蓄决策和投资决策来自两个不同的部门，漏出与注入会相等吗？会不会因为漏出大于注入而导致总体经济活动的货币流量越来越小而逐渐枯竭呢？

3.两部门经济国民收入恒等式

两部门经济中，要想使循环流动正常进行，投资与储蓄必然相等，即恒有

$$I=S \tag{8-14}$$

这就是两部门经济国民收入恒等式。厂商生产的产品或者被家庭购买，或者自己买下（经济学将未售出的产品视为厂商自己购买的资本品），两者必居其一。其中，厂商买下的产品可分成两类：一类是意愿投资，即厂商购买的机器设备、原材料和按计划储存的产品存货等；另一类是非意愿投资，即厂商希望出售而没有卖掉的产品（非意愿存货）。被家庭买下的就是实际的消费 C，被厂商买下的就是实际的投资 I，故产出$=C+I$。厂商所生产的产品价值由投入生产的各要素瓜分，即产出$=$收入。注意到要素的所有者是家庭，这些收入全部由家庭部门获得。收入只有两个用途：消费和储蓄，即收入$=C+S$。于是有 $C+I=C+S$。这就是两部门经济国民收入恒等式(8-14)，它表明厂商的投资恰好来自家庭的储蓄。

需要注意的是，作为事前计划的意愿量，投资与储蓄就不一定相等了，$i=s$（i 为意愿投资）只是偶然成立，因为投资与储蓄的计划分别由厂商和家庭两个部门独立作出，两者很难恰好相等。

二、三部门经济收入流量循环模型

在两部门模型的基础上加入政府部门就得到三部门模型，其中政府通过净税收和购买与另外两个部门发生经济联系，如图 8-6 所示：

从欧美等国的实践来看，政府向其他部门征缴的税收中大部分来自家庭部门的个人收入所得税。为简化我们的讨论，假定政府仅向家庭征缴个人收入所得税。政府将税收 T 的一部分以转移支付 T_r 的形式退还给家庭，这种转移支付主要由失业补助和贫穷救济构成。除了政府会进行这种转移支付外，其他部门也可能这样做。为了区别转移支付的源泉，就有所谓政府转移支付和企业转移支付等术语，但我们仅将政府转移支付简称为转移支付。税收 T 与转移支付 T_r 的差额 $T-T_r$ 被称为净税收。政府购买表现为政府在产品市场的购买和在劳动市场的购买（向政府雇员支付薪金）。政府购买 G 与政府转移支付之和构成了政府支出。当政府税收大于政府支出时，其差额称为财政预算盈余。如果财政预算盈余为负数，则称其绝对值为财政预算赤字或财政赤字。财政预算平衡是指财政预算盈余为零的状况。为简明起见，政府在要素市场购买劳动这一支付没有画在图 8-6 中。与两部门经济比较，三部门经济又增加了净税收这一项漏出，同时也增加了政府购买这一项注入。

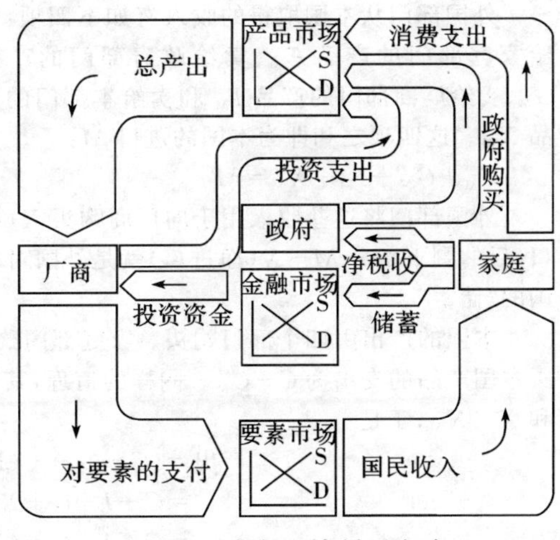

图 8-6　三部门经济循环流动

三部门经济中的产出由家庭、厂商和政府所购买，数额分别为消费 C、投资 I 和政府购买 G，即产出$=C+I+G$。这一产出同样由各生产要素瓜分，它在数值上仍然与国民收入相等。由于增加了政府部门，家庭部门所获得的国民收入除了用于消费和储蓄外还必须向政府交税，即国民收入$=$

$C+S+NT=C+S+(T-T_r)$，于是：

$$C+I+G=C+S+(T-T_r)$$

消去 C 并整理得：

$$I=S+(T-G-T_r) \tag{8-15}$$

这就是三部门经济国民收入恒等式。政府的财政盈余 $T-G-T_r$ 可看作政府的“储蓄”，这样我们可将式(8-15)记忆为厂商部门的投资来自于其他两个部门的“储蓄”。

三、四部门经济收入流量循环模型

在三部门经济模型中加入国外部门就得到了四部门模型或称开放经济模型。在这个模型中，整体经济活动的循环由家庭、厂商、政府和国外四个部门共同参与。如图 8-7 所示，增加的第一个支流是进口支出。由于整个循环是以现行价格表示的货币流动，它与实物流动的方向相反，故图中的进口指的是对进口的货币支付，如图中箭头所指，其流动方向是从本国流向外国。进口支出与储蓄和净税收一样，都是经济循环中的漏出。为了保持图的简明，我们只画出了家庭对进口的支付，实际上其他部门都有这种支付。

与三部门模型比较，四部门经济增加的第二个支流是出口收入。出口收入与投资和政府购买一样，都是经济循环中的注入。增加的第三个支流是国际借贷，这是因为产品的进出口之间难以完全平衡需要进行抵补而产生的。当一国的进口大于出口(发生贸易逆差)，出口收入不足以支付进口，就需要从外国借款进行支付。借款资金如箭头所指是从外国流向本国的金融市场。如果本国在某一时期出口大于进口，则本国获得贸易顺差，逆差国就会向本国借款以支付其逆差，本国资金就会从金融市场流向外国。

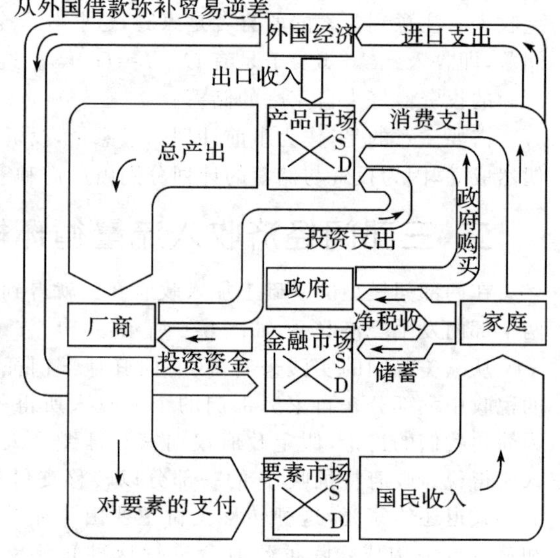

图 8-7　开放经济的循环流动

外国部门从本国取得的收入有如下四项：卖给家庭部门的产品 C_M、卖给政府部门的产品 G_M、卖给厂商部门的产品 I_M 和卖给本部门的产品 X_M。这四项之和即为本国的进口 M：

$$C_M+G_M+I_M+X_M=M$$

外国部门将这些收入用于向厂商购买 X(出口)后的剩下部分 $M-X$(净进口)就是外国对本国的“储蓄”。

本国的产出由四个部门购买。家庭部门购买产品的支出为消费 C，扣除其中的进口品 C_M 后购买本国产品的支出为 $C-C_M$。同样的道理，其他三个部门购买本国产品的支出分别 $I-I_M$、$G-G_M$ 和 $X-X_M$，于是

$$\begin{aligned}产出&=(C-C_M)+(I-I_M)+(G-G_M)+(X-X_M)\\&=C+I+G+X-(C_M+G_M+I_M+X_M)\\&=C+I+G+(X-M)\end{aligned}$$

它在数值上与国民收入相等，即

$$C+I+G+(X-M)=C+S+(T-T_r)$$

整理即得四部门经济国民收入恒等式：

$$I=S+(T-G-T_r)+(M-X) \tag{8-16}$$

国民收入恒等式(8-14)、式(8-15)、式(8-16)可统一记忆为：厂商部门的投资恒等于其他各部门的“储蓄”之和。

本章小结

(1)国民收入是衡量社会经济活动成就的一个广泛概念,实际上包括国内生产总值、国内生产净值、国民生产总值、国民生产净值、国民收入、个人收入和个人可支配收入,这些概念通过一定的关系相互关联着。

(2)GDP是核算国民经济活动的核心指标,它是经济社会(一国或一地区)在一定时期内运用生产要素所生产的全部最终产品(物品和劳务)的市场价值。

(3)核算GDP的方法主要有两种:支出法是将经济中各部门对最终产品的购买加总来计算GDP的方法;收入法是将经济中各要素的收入加总来计算GDP的方法。

(4)国民收入核算体系中存在着储蓄和投资的恒等式。在两部门、三部门和四部门经济中,这一恒等式分别是$I=S$,$I=S+(T-G-T_r)$以及$I=S+(T-G-T_r)+(M-X)$。

(5)因当期价格水平影响名义GDP,故剔除了价格影响的实际GDP能更准确地反映一国的产出水平。

阅读资料

GDP与GNP

以前各国在进行国民收入核算时所用的指标是国民生产总值(*GNP*)。1993年联合国统计司要求各国以后一律不用*GNP*,而改用国内生产总值(*GDP*)。*GDP*与*GNP*之间有什么区别?为什么要把*GNP*改为*GDP*呢?在这两个词的改变中包含了极为深刻的含义。从字面上说,*GDP*和*GNP*都是一国一年内所生产的最终产品(物品与劳务)市场价值的总和。关键在于对"一国"的解释不同。*GDP*的"一国"是指在一国的领土范围之内。这就是说,只要在某一国的领土上,无论是本国人生产的还是外国人生产的,都是该国的*GDP*。*GNP*的"一国"是指一国的公民。这就是说,只要是一国的公民,无论在国内生产的,还是在国外生产的,都是该国的*GNP*。

在国民收入核算体系中,这两者之间有固定的关系。这就是说在*GNP*中加上外国公民在本国生产的产值(外企在本国的产值)减去本国公民在外国生产的产值(本国企业在外国的产值)就是*GDP*。或者说*GDP*中减去外国公民在本国生产的产值加上本国公民在外国生产的产值就是*GNP*。一般国家*GDP*与*GNP*在数值上的差额也就1%～2%。

既然这两者之间有数量上确定的关系,从一个可以推算出另一个,而且差别又不大,为什么联合国统计司要求各国把过去用的*GNP*改为*GDP*,实际上已经放弃了*GNP*这个概念,而且,各国也都这么做了呢?

从*GNP*变为*GDP*不是一个简单的概念变化,它反映了经济全球化这个重要的趋势。

首先,在经济全球化的今天,各国经济已经是你中有我,我中有你,许多产品很难分清是哪一国生产的。例如,美国福特公司生产的福特牌伊斯柯特型汽车,零部件来自15个国家,你说是美国公民的产品呢,还是外国公民的产品?看看当今世界,很少有什么东西是纯粹由一国公民生产的。别说飞机、电脑这种复杂的产品了,就连巨无霸汉堡包这种东西也很可能牛肉是欧洲的,面粉是加拿大的,番茄酱来自墨西哥,而生菜来自美国。你说这只小小汉堡包是哪国公民的产品?

工业革命以后,人们无法分清某种产品是哪个人或企业生产的。今天的全球一体化使人们无法分清某种产品是哪国人生产的,也许将来我们都无法分清某一种产品是哪个星球的人生产的。在全球化的今天,不可能也无必要分清哪一国人生产了什么。因此,用*GDP*代替*GNP*不仅在统计上简便,而且也是对全球经济一体化的反映。

其次,更重要的是这种名词的变化反映了人们观念上的变化。过去人们强调的是民族工业,即由本国人所办的工业。保护民族工业往往被作为一个爱国主义的口号,颇有号召力。在全球一体化的今天，民族工业应该用境内工业的概念来替代。境内工业是在一国领土上所兴办的工业，无论是国人办的，还是外国人办的，还是合资的。一些人担心，外资企业太多岂不要由外国人控制本国经济命脉？所以，总有人呼吁要限制外国人控制本国工业，甚至把经济全球化作为一种灾难。其实外资在一个国家里要遵守该国法律，并向该国政府纳税。这哪里有主权的丧失？外国企业雇佣本国工人，繁荣本国经济，带来先进的技术和管理经验，又解决了国内资本不足，何乐而不为？把外资作为帝国主义侵略的一种形式，已经是过时的观念。说得严重一点，也是一种“冷战思维”的表现。当然，对外的开放要有一个过程，引进外资要有一定的规章，在开放中也会与他国产生各种矛盾，但全球经济一体化进程是无法阻挡的。经济一体化之潮流浩浩荡荡，顺之者昌，逆之者亡。不放弃冷战思维，还固守陈旧的民族工业概念，在今天是没有前途的。

最后，还要看到，*GNP* 变为 *GDP* 对宏观经济学的研究和政策制定具有重要的意义。在凯恩斯主义经济学中研究的是一个封闭经济，20 世纪 80 年代以前的宏观经济学即使考虑到开放经济，也是把封闭经济与开放经济分开，先研究封闭经济，然后再分析开放经济。这样的方法已不能适应全球经济一体化的现实。许多经济学家都探讨从全球的角度来分析宏观经济问题，即从一开始起就从全球经济一体化的角度来分析一国的宏观经济。这就为宏观经济学指明了新的发展方向。

在封闭经济与开放经济之下，经济政策的影响也是不同的。美国经济学家芒德尔早在 20 世纪 60 年代就注意到封闭经济和开放经济下财政与货币政策的作用是不同的。在实行浮动汇率和资本自由流动的开放经济中，货币政策对经济的影响大于财政政策。在实行固定汇率和限制资本流动的封闭经济中，财政政策对经济的影响大于货币政策。他获得 1999 年诺贝尔经济学奖的重大贡献之一正是这种开放经济下的政策分析。根据这种理论，克林顿政府采取了紧缩性财政政策和扩张性货币政策的结合。在开放经济下，紧缩性财政政策对国内经济的抑制作用不大，但又可以减少赤字，而扩张性货币政策对国内经济的刺激作用大，有助于繁荣。这样，克林顿政府既减少了财政赤字，实现了财政平衡略有节余，又保持了长期繁荣。可见 *GNP* 变为 *GDP* 还有更多值得我们研究的问题。

本章习题

一、名词解释

最终产品　国内生产总值　名义 *GDP*　实际 *GDP*　国内生产净值　国民收入　个人收入　个人可支配收入

二、选择题

(1)期初存量(　　)期间流量(　　)期末存量。

A.加上，大于　　*B*.等于，加上

C.加上，等于　　*D*.等于，减去

(2)某国的资本品存量在年初为 5 000 亿美元。该国本年度生产了 500 亿美元的资本品，磨损和报废了 300 亿美元的资本品。该国本年度的总投资和净投资分别为(　　)。

A.5 800 亿美元和 800 亿美元　　*B*.5 500 亿美元和 5 200 亿美元

C.500 亿美元和 200 亿美元　　*D*.500 亿美元和 300 亿美元

(3)已知数据同上题，该国年末的资本品存量是(　　)。

A.5800 亿美元　　*B*.5200 亿美元

C.4700 亿美元　　*D*.800 亿美元

(4)净税收是指税收与(　　)之差。

A.政府转移支付　　*B*.家庭储蓄

C.国内总投资　　*D*.政府支出

(5)国内生产总值是指一定时期一国境内生产的(　　)的市场价值总和。

A.所有商品和劳务　　B.中间商品和劳务

C.最终商品和劳务　　D.所有通过了市场的商品和劳务

(6)国内生产总值(　　)国民生产总值。

A.大于　　B.小于

C.等于　　D.以上都有可能

(7)某期名义国内生产总值相对上期变化的原因是本期(　　)的变化。

A.产出水平　　B.价格水平

C.产出水平或价格水平　　D.产出水平且价格水平

(8)某期实际国内生产总值相对上期变化的原因是本期(　　)的变化。

A.产出水平　　B.价格水平

C.产出水平或价格水平　　D.产出水平且价格水平

(9)今年的实际 *GDP* 大于去年的实际 *GDP*,说明(　　)。

A.今年的产出比去年多

B.今年的价格水平比去年高

C.今年的产出水平和价格水平都比去年高

D.或者是今年的产出比去年多或者是今年的价格水平比去年高

(10)下列交易中应计入今年 *GDP* 的是(　　)。

A.去年生产今年售出的一辆小汽车

B.今年生产交货但在去年就已经预收货款的一辆小汽车

C.去年赊销并已列入坏账却在今年意外地收回了货款的一辆小汽车

D.汽车制造厂今年购入的 10 吨钢板

(11)下列(　　)是经济学意义上的投资。

A.某企业增加一批积压商品　　B.某人买进一批股票

C.政府新建一条铁路　　D.某人高价买入一张清代邮票

(12)下列(　　)不属于经济学上的投资。

A.某企业增加一批积压商品　　B.某家庭新建一座别墅

C.政府新建一条铁路　　D.某企业新修一幢厂房

(13)下列项目中(　　)不是要素收入。

A.总统的薪水　　B.股息

C.企业对灾区的捐款　　D.家庭从银行取得的利息

(14)增加一笔进口将使国内生产总值(　　)。

A.增加　　B.减少

C.不变　　D.以上均有可能

(15)下列项目中(　　)不是政府购买。

A.政府办一所学校　　B.政府修建三峡大坝

C.政府向公务员发放工资　　D.政府向失业者发放救济金

(16)某国由甲、乙两个地区组成,其国内生产总值为 Y。若将这两个地区视为两个独立的国家,其国内生产总值分别为 Y_1 和 Y_2,则(　　)。

A.$Y>Y_1+Y_2$　　B.$Y<Y_1+Y_2$

C.$Y=Y_1+Y_2$　　D.以上均有可能

(17)增加社会保险税将影响(　　)。

A.国内生产总值　　B.国内生产净值

C.国民收入　　D.个人收入

(18)不属于国民收入但属于个人收入的项目是(　　)。

A.租金　　B.红利　　C.养老金　　D.存款利息

(19)用支出法计算国内生产总值是(　　)。

A.人们取得的收入(包括资本所得)的总和

B.所有厂商的收入减去使用的中间投入品后的加总

C.厂商支出的劳动者工资、银行的利息、租金、间接税加上厂商利润后的数额

D.依据最终使用者的类型将最终产品和劳务的货币价值加总

三、计算题

(1)某年发生了以下活动:(*a*)一银矿公司支付 7.5 万美元给矿工开采了 50 千克银卖给一银器制造商,售价 10 万美元;(*b*)银器制造商支付 5 万美元工资给工人造了一批项链卖给消费者,售价 40 万美元。

①用最终产品生产法计算 *GDP*。

②每个生产阶段生产多少价值?用增值法计算 *GDP*。

③在生产活动中赚得的工资和利润各阶段共为多少?用收入法计算 *GDP*。

(2)一经济社会生产三种产品:书本、面包和菜豆。它们在 1998 和 1999 年的产量和价格如表 8-4 所示,试求:

①1998 年的名义 *GDP*。

②1999 年的名义 *GDP*。

③以 1998 年为基期,1998 年和 1999 年的实际 *GDP* 是多少?这两年的实际 *GDP* 变化为多少百分比?

④以 1999 年为基期,1998 年和 1999 年的实际 *GDP* 是多少?这两年的实际 *GDP* 变化为多少百分比?

⑤"*GDP* 的变化取决于我们用哪一年的价格作衡量实际 *GDP* 的基期的价格。"这句话对吗?

⑥以 1998 年作为基期,计算 1998 年和 1999 年的 *GDP* 折算指数。

表 8-4　1998 年和 1999 年三种产品的数量和价格

内容 \ 年份	1998 年		1999 年	
	数量	价格	数量	价格
书本	100	10 美元	110	10 美元
面包/条	200	1 美元	200	1.5 美元
菜豆/千克	500	0.5 美元	450	1 美元

(3)假定一国的国民收入统计资料如表 8-5 所示,试计算:①国内生产净值;②净出口;③政府税收减去转移支付后的收入;④个人可支配收入;⑤个人储蓄。

表 8-5　一国国民收入统计资料

国内生产总值	4 800
总投资	800
净投资	300
消费	3 000
政府购买	960
政府预算盈余	30

(4)假设国内生产总值是 5 000,个人可支配收入是 4 100,政府预算赤字是 200,消费是 3 800,贸易赤字是 100(单位都是万元),试计算:①储蓄;②投资;③政府支出。

(5)已知下列资料:国内生产总值 6 000 亿元,总投资 800 亿元,净投资 300 亿元,消费 400 亿

元,政府购买 1 100 亿元,政府预算盈余 300 亿元。试计算:①国内生产净值;②净出口;③政府税收减去政府转移支付后的收入;④个人可支配收入;⑤个人储蓄。

四、思考题

(1)下列项目是否计入 GDP,为什么?

①政府转移支付。

②购买一辆用过的卡车。

③购买普通股票。

④购买一块地产。

(2)在统计中,社会保险税增加对 GDP、NDP、NI、PI 和 DPI 这五个总量中的哪个总量有影响?为什么?

(3)如果甲乙两国并成一个国家,对 GDP 总和会有什么影响(假定两国产出不变)?

(4)储蓄—投资恒等式为什么不意味着计划的储蓄恒等于计划的投资?

(5)简单说明用支出法如何计算国内生产总值。

(6)简单说明用收入法如何计算国内生产总值。

(7)在计算国内生产总值时为什么只计入最终产品的市场价值而不计入中间产品的市场价值?

第九章　简单国民收入决定理论

学习要点

☆ 均衡产出的概念
☆ 消费函数、边际消费倾向和平均消费倾向的含义
☆ 消费函数和储蓄函数之间的关系
☆ 两部门经济和三部门经济中的均衡国民收入决定
☆ 乘数原理

在讨论了国民收入核算之后，本章将讨论国民收入的决定，即经济社会的产出或收入水平是怎样决定的。现代西方宏观经济学的奠基人凯恩斯的学说的中心内容就是国民收入决定理论。凯恩斯主义的全部理论涉及四个市场：产品市场、货币市场、劳动市场和国际市场。仅包括产品市场的国民收入决定理论称为简单国民收入决定理论。

第一节　均 衡 产 出

一、基本假设

简单国民收入决定理论主要用来分析总需求如何决定国民收入水平，并且从分析最简单的经济关系开始。为此，需要先做出一些假设：

(1)假设分析的是两部门的经济状况，即经济中不存在政府，也不存在对外贸易，只有居民户和企业，消费和储蓄行为都发生在家庭部门，生产和投资行为都发生在企业部门，还假定企业投资是自主的，即不随利率和产出的变动而变动。

(2)假设不论需求量为多少，经济制度均能以不变的价格提供相应的供给量。这就是说，社会总需求变动时，只会引起产出变动，使供求相等，而不会引起价格变动。这在西方经济学中有时被称为凯恩斯定律。由于凯恩斯写作《就业、利息和货币通论》时，面对的是 1929～1933 年的大萧条，大批工人失业，大量资源闲置。在这种情况下，社会总需求增加时，只会使闲置的资源得到利用，使生产增加，而不会使资源的价格上涨，从而产品成本和价格大体上能够保持不变。这条所谓的凯恩斯定律被认为是适用于短期分析，即分析的是短期中收入和就业的决定，因为在短期中，价格不易变动，或者说具有黏性，当社会需求变动时，企业首先考虑的是调整产量，而不是改变价格。

(3)假定折旧和公司未分配利润为零，这样，GDP、NDP、NI 和 PI 就都相等。

二、均衡产出的概念

在上述假定的前提下，经济社会的产出或者说国民收入就决定于总需求。和总需求相等的产出称为均衡产出或均衡国民收入。本书的微观部分已说明均衡的内涵，均衡是指一种相对稳定的状态。当产出水平等于总需求水平时，企业生产就会稳定下来；若生产和供给超过需求，企业所不愿意有的存货会增加，企业就会减少生产；若生产和供给低于需求，企业库存就会减少，企业就会增加生产。总之，由于企业是根据产品需求来安排生产，就一定会把生产确定在和需求相一致的水平

上。由于两部门经济中没有考虑政府和对外贸易，总需求就仅由居民消费和企业投资构成。于是，均衡产出可用公式表示为：

$$Y=C+I \tag{9-1}$$

这里，Y、C、I 分别代表剔除了价格变动影响的实际产出或收入、实际消费和实际投资，而不是上一章里所表示的名义产出、消费和投资。以后章节中的大写字母一般都表示剔除了价格变动影响的实际经济变量。还要指出的是，公式中的 C 和 I，代表的是居民和企业实际想要有的消费和投资，即意愿消费和意愿投资的数量，而不是核算理论提出的国民收入构成公式中实际发生的消费和投资。在国民收入核算理论中，实际产出就等于计划支出（或称计划需求）加非计划存货投资，但在国民收入决定理论中，均衡产出是指和计划需求相一致的产出。因此，在均衡产出水平上，计划产出和计划总需求正好相等，非计划存货投资等于零。

均衡产出是和总需求相一致的产出，也就是经济社会的收入正好等于全体居民和企业想要有的支出。这一概念可用图 9-1 来说明。在图 9-1 中，纵轴表示总需求 AD，横轴表示收入 Y，从原点出发的 45°线上的各点都表示总需求 AD 和收入 Y 相等的情况。现假定总需求量为 100 亿元，则由此总需求量决定的 100 亿元总产出就是均衡产出，图中的 E 为均衡点。同 E 点相对应的总需求和收入都为 100 亿元，说明生产数额正好等于需要支出（消费加投资）的数额。若产出大于 100 亿元，非意愿存货投资（图中用 IU 表示）就大于零，企业要削减生产；反之，企业会扩大生产。无论如何变化，经济总要趋于 100 亿元的产出水平，体现了由总需求决定产出水平的均衡产出思想。

三、投资等于储蓄

均衡产出或均衡收入的条件 $Y=AD$，也可以用 $I=S$ 来表示，因为这里的计划总需求等于计划消费加投资，即 $AD=C+I$；而生产创造的收入等于计划消费加计划储蓄，即 $Y=C+S$（这里，Y、C、S 也都是剔除了价格变动影响的实际收入、实际消费和实际储蓄），因此，$AD=Y$，就是 $C+I=C+S$，等式两边消去 C，则得：

$$I=S \tag{9-2}$$

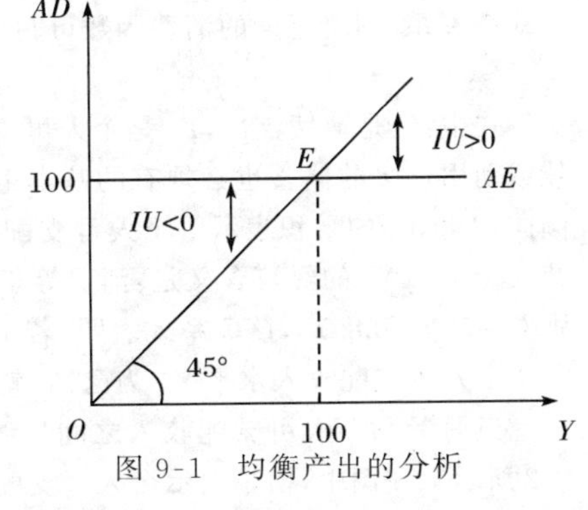

图 9-1 均衡产出的分析

需再次说明，这里的投资等于储蓄，是指经济要达到均衡，计划投资必须等于计划储蓄，而国民收入核算中的 $I=S$，则是指实际发生的投资（包括计划和非计划存货投资在内）始终等于储蓄。前者为均衡的条件，即计划投资不一定等于计划储蓄，只有两者相等时，收入才处于均衡状态；而后者所指的实际投资和实际储蓄是根据定义而得到的实际数字，从而必然相等。

第二节 消费理论

一、凯恩斯的消费理论

(一)消费函数

均衡产出（或均衡国民收入）既然是和总需求相一致的产出，那么分析均衡国民收入如何决定，就要分析总需求各个组成部分是如何决定的。这里，首先分析消费如何决定。

消费量由什么决定呢？在现实生活中，影响各个居民户消费的因素很多，如收入水平、商品价格水平、利率水平、收入分配状况、消费者偏好、家庭财产状况、消费信贷状况、消费者年龄构成以及制度、风俗习惯等等。凯恩斯认为,这些因素中有决定意义的是居民户收入。为此,可从诸多因素中抽出这一因素单独分析。

关于收入和消费的关系,凯恩斯认为,存在一条基本心理规律:随着个人可支配收入的增加,消费也会增加,但是消费的增加不及个人可支配收入增加得多,消费和个人可支配收入之间的这种关系主要运用下面的边际消费倾向、平均消费倾向和消费函数的概念来分析。

边际消费倾向是指增加的消费支出在增加的个人可支配收入中所占的比例。如果以 MPC 表示边际消费倾向,以 ΔC 表示增加的消费支出,以 ΔY_d 表示增加的个人可支配收入,则边际消费倾向 MPC 可表示为:

$$MPC=\frac{\Delta C}{\Delta Y_d} \tag{9-3}$$

边际消费倾向 MPC 反映了当个人可支配收入每增加 1 元时,人们所增加的消费量,所以,MPC 的数值应在 0~1 之间。

平均消费倾向是指在任一个人可支配收入水平上消费支出在个人可支配收入中的比例。如果以 APC 表示平均消费倾向,以 C 表示消费支出,以 Y_d 表示个人可支配收入,则平均消费倾向 APC 可表示为:

$$APC=\frac{C}{Y_d} \tag{9-4}$$

消费函数是宏观经济学最重要的范畴之一。如果消费与个人可支配收入之间的依存关系是一个线性关系,则凯恩斯的消费函数可写成下式:

$$C=\alpha+\beta Y_d \tag{9-5}$$

式中:C 是消费支出,Y_d 是个人可支配收入水平,α 称为自发消费,即个人可支配收入为零时举债或动用过去的储蓄也必须有的基本生活消费,它不受个人可支配收入变动的影响,β 为边际消费倾向,β 和 Y_d 的乘积表示由个人可支配收入引致的消费,它随个人可支配收入的增加而增加。因此,$C=\alpha+\beta Y_d$ 的经济含义是:消费等于自发消费与引致消费之和。例如,若已知 $\alpha=500$、$\beta=0.85$,则 $C=500+0.85Y_d$,该关系式表明:若个人可支配收入增加 1 单位,其中就有 85%用于增加消费,只要个人可支配收入水平 Y_d 为已知,就可测算出全部消费支出量。

当消费和个人可支配收入之间呈线性关系时,消费函数就是一条向右上方倾斜的直线,如图 9-2 所示。在图中,横轴表示个人可支配收入 Y_d,纵轴表示消费 C,从原点向右上方引出的一条 45°线具有一个非常独特的性质,即 45°线上的任一点都表示个人可支配收入与消费相等的情况,根据 45°线可以比较消费支出是等于、大于还是小于个人可支配收入水平。如图中的 A 点是消费曲线和 45°线的交点,表示消费支出和个人可支配收入水平相等;在 A 点的左方,表示消费支出大于个人可支配收入水平;在 A 点的右方,表示消费支出小于个人可支配收入水平。

(二)储蓄函数

与消费函数有关的一个概念是储蓄函数。储蓄函数是指储蓄与个人可支配收入之间的依存关系。在其他条件不变的情况下,储蓄与个人可支配收入呈同方向变动,即个人可支配收入增加,储蓄增加;个人可支配收入减少,储蓄减少。储蓄与个人可支配收入之间的关系也可以用边际储蓄倾向、平均储蓄倾向和储蓄函数的概念来说明。

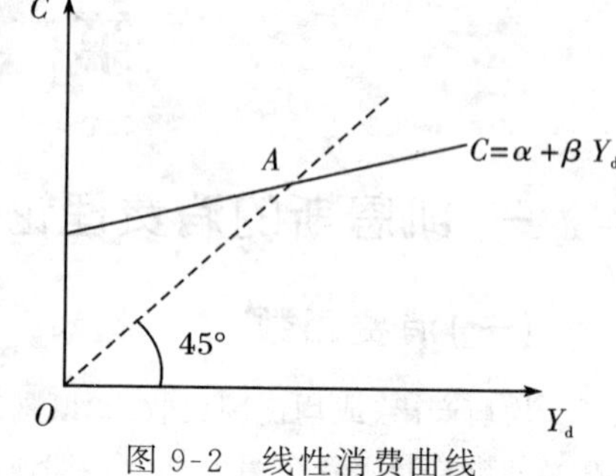

图 9-2 线性消费曲线

边际储蓄倾向是指增加的储蓄在增加的个人可支配收入中所占的比例。如果以 MPS 表示边际储蓄倾向,以 ΔS 表示增加的储蓄,以 ΔY_d 表示增加的收入,则边际储蓄倾向 MPS 可表示为:

$$MPS=\frac{\Delta S}{\Delta Y_{\mathrm{d}}} \tag{9-6}$$

MPS 一般为正值，但小于 1，即 $0<MPS<1$，不过，随着个人可支配收入的增加，MPS 呈递增的趋势。

平均储蓄倾向是指任一个人可支配收入水平上储蓄在个人可支配收入中所占的比例。如果以 APS 表示平均储蓄倾向，以 S 表示储蓄，以 Y_{d} 表示个人可支配收入，则平均储蓄倾向 APS 可表示为：

$$APS=\frac{S}{Y_{\mathrm{d}}} \tag{9-7}$$

由于储蓄可正可负，因而 APS 也可正可负。一般来说，在个人可支配收入偏低时，APS 通常为负值，随着个人可支配收入的增加，APS 递增，其数值逐渐变为正值，但总小于 1。

储蓄函数可以根据消费、储蓄及个人可支配收入之间的关系推导出来。由于储蓄是个人可支配收入中扣除消费后的余额，因而由消费函数便可得到储蓄函数为：

$$S=Y_{\mathrm{d}}-C(Y_{\mathrm{d}})=S(Y_{\mathrm{d}}) \tag{9-8}$$

如果消费函数是线性的，则储蓄函数也可以简单地表示为线性形式，即：

$$S=Y_{\mathrm{d}}-C=Y_{\mathrm{d}}-(\alpha+\beta Y_{\mathrm{d}})=-\alpha+(1-\beta)Y_{\mathrm{d}} \tag{9-9}$$

式中：$-\alpha$ 称为自发储蓄，它不受个人可支配收入的影响，$(1-\beta)Y_{\mathrm{d}}$ 是由个人可支配收入引致的储蓄，而$(1-\beta)$是边际储蓄倾向。线性储蓄函数的几何图形如图 9-3 所示。

一个家庭的储蓄可正可负，在个人可支配收入偏低时，储蓄通常为负值，表明该家庭是借债消费。随着个人可支配收入的增加，储蓄逐渐增加，其数值逐渐变为正值，并且由于增加的个人可支配收入中消费的数量逐渐减少，因而储蓄增加的数量会越来越大。

(三)消费函数与储蓄函数的关系

上述分析表明，消费函数和储蓄函数是互为补数的对应关系，并可以概括为以下三个方面的对应关系：

(1)消费函数和储蓄函数之和等于个人可支配收入，即：

$$C(Y_{\mathrm{d}})+S(Y_{\mathrm{d}})=Y_{\mathrm{d}}$$

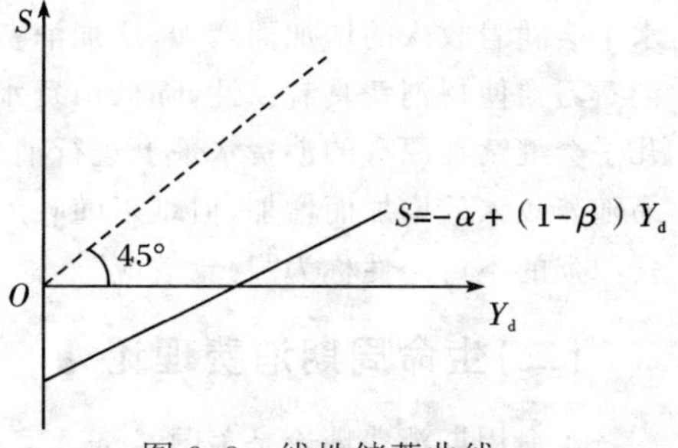

图 9-3 线性储蓄曲线

消费和储蓄的关系可在图 9-4 上得到表现。在图中，当收入为 Y_0 时，消费支出等于收入，储蓄为零。在 A 点左方，消费曲线 C 位于 45°线之上，表明消费大于收入，因此，储蓄曲线 S 位于横轴下方；在 A 点右方，消费曲线位于 45°线之下，表明消费小于收入，因此，储蓄曲线 S 位于横轴上方。

(2)平均消费倾向 APC 和平均储蓄倾向 APS 之和恒等于 1，即：

$$APC+APS=1 \tag{9-10}$$

(3)边际消费倾向 MPC 和边际储蓄倾向 MPS 之和恒等于 1，即：

$$MPC+MPS=1 \tag{9-11}$$

根据以上性质，消费函数和储蓄函数中只要其中一个确立，另一个可随之确立，当消费函数已知时，就可求得储蓄函数，或储蓄函数已知时，就可求得消费函数。

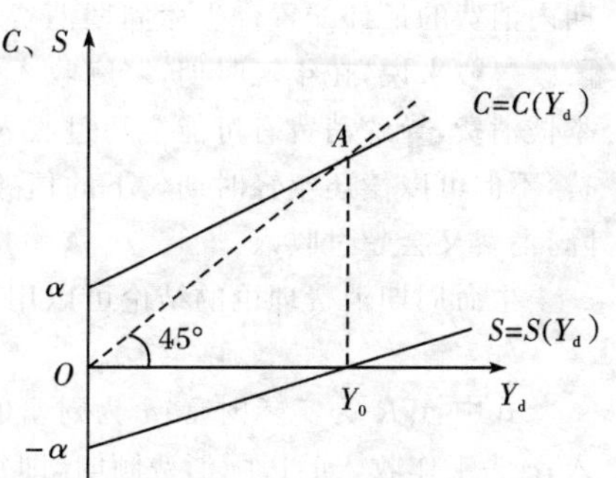

图 9-4 消费曲线和储蓄曲线的关系

* 二、其他消费理论

经济学家在研究消费和收入关系的过程中发现，消费在短期内波动较大，但长期内相当稳定，而运用凯恩斯的绝对收入消费理论难以解释，经济学界称为“消费函数之谜”。为解决这一问题，不少经济学家投身于消费函数的研究，使凯恩斯的消费理论得到了补充和修改，并提出了其他一些理论。对消费函数的理论和经验研究的重要代表性观点有杜森贝利的相对收入消费理论、莫迪利安尼的生命周期消费理论和弗里德曼的持久收入消费理论。

(一)相对收入消费理论

相对收入消费理论是由美国经济学家杜森贝利所提出的。他认为，凯恩斯的消费理论存在着一些缺陷，其一是凯恩斯的消费理论不考虑消费者的社会环境对人们消费行为的影响，即忽视了消费者之间在消费行为上的互相影响；其二是凯恩斯的消费理论也忽视了人们在过去生活中所形成的生活习惯对人们消费行为的影响，没有认识到人们的消费行为不仅取决于其现期收入，还取决于人们在历史上曾经取得过的最高收入水平。换句话说，杜森贝利认为人们的消费行为还取决于人们的相对收入水平。正因为如此，人们也就把杜森贝利的消费理论称为相对收入消费理论。

杜森贝利认为，消费者的消费行为要受周围人们消费水平的影响，这就是所谓的“示范效应”。如果一个人收入增加了，周围人收入也同比例增加了，则他的消费在收入中的比例并不会变化。而如果别人的收入和消费增加了，他的收入并没有增加，但因顾及在社会上的相对地位，也会打肿脸充胖子地提高自己的消费水平。这种心理会使短期消费函数随社会平均收入的提高而整个地向上移动。

杜森贝利还指出，消费者的消费行为还会受过去形成的消费习惯的影响。当收入增加时，消费水平会随着收入的增加而增加，增加消费是容易的；但当收入减少时，因较高的消费水平所形成的消费习惯使得消费具有惯性，降低消费水平就有一定的难度，不太容易把消费水平降下来，消费者几乎会继续在原有的消费水平上进行消费，很难因为现在收入水平下降而改变。也就是说，消费容易随着收入的增加而增加，但难以随收入的减少而减少，即消费习惯具有不可逆性。经济学家把消费习惯的不可逆性称为“棘轮效应”。

(二)生命周期消费理论

生命周期消费理论是美国经济学家莫迪利安尼、布伦伯格和安东提出的一种消费理论。该理论与凯恩斯消费理论的不同之处在于：凯恩斯消费理论强调当前消费支出与当前可支配收入的相互联系，而生命周期消费理论则强调当前消费支出与家庭整个一生的全部预期收入的相互联系。该理论认为，人们都是根据其一生的全部预期收入来安排其消费支出的，以达到他们在整个生命周期内消费的最佳配置。生命周期消费理论将人的一生分为年轻时期、中年时期和老年时期三个阶段。一般来说，在年轻时期，家庭收入偏低，所以往往会把家庭收入的绝大部分用于消费，有时甚至举债消费，导致消费有可能会超过收入。进入中年时期后，家庭收入日益增加，这时收入会大于消费，不但可以偿还年轻时期欠下的债务，更重要的是可以积攒些钱以备养老。到老年时期，收入下降，消费又会超过收入。

生命周期消费理论的结论可以用下列公式表示：

$$C = aWR + cYL \tag{9-12}$$

式中：WR 为实际财富；a 为财富的边际消费倾向，即每年消费掉的财富的比例；YL 为工作收入；c 为工作收入的边际消费倾向，即每年消费掉的工作收入的比例。

根据生命周期消费理论，如果社会上年轻人和老年人比例增大，则消费倾向会提高；如果社会上中年人比例增大，则消费倾向会下降。因此，总储蓄和总消费会部分地依赖于人口的年龄分布，当有更多人处于储蓄年龄时,净储蓄就会增加。

(三)持久收入消费理论

持久收入消费理论是美国经济学家弗里德曼在1957年出版的《消费函数理论》一书中提出来的。弗里德曼认为当期消费取决于"正常"收入或个人预计一生中所能获得的平均收入。他将这种正常收入或平均收入称为持久收入,即理性的消费者对其预期的收入形成一种想法,并据此做出消费决策,即使在某一时期收入出现意外增加,其消费支出水平也会保持不变或增加较少。他认为收入的持久性变动对消费有重要的影响,而暂时性变动的影响是微不足道的,只有持久收入变化时,消费支出才会变化。

根据持久收入假说,弗里德曼将收入分成两部分,持久性收入和暂时性收入。人们在安排自己的消费支出时不是根据短期的收入,而是根据持久的收入,即理性的消费者为了实现效用最大化,是根据长期中能维持的收入水平做出消费决策的。暂时性收入变动只有在能影响持久性收入时才会影响消费支出水平。

弗里德曼认为持久性收入的边际消费倾向相对较大,是决定消费支出的重要方面,而暂时性收入的边际消费倾向则要小得多,消费者往往将暂时性收入的大部分作为储蓄积累起来而不是消费掉。

弗里德曼运用适用性预期的概念来说明消费者如何确定持久性收入。持久性收入是在较长期中可以维持的稳定的收入流量。一般情况下,人们是根据过去的持久性收入水平与现期收入来估算自己的实际收入的。

这种消费函数既解释了消费函数的短期波动,又解释了长期消费函数的稳定性。在长期中,持久性收入是稳定的,因此消费函数是稳定的。暂时性收入变动通过对持久性收入变动的影响而影响消费,所以,短期中暂时性收入变动会引起消费波动。

第三节 均衡国民收入的决定

一、两部门经济中的均衡国民收入决定

前面已说明均衡国民收入是指与总需求相等的收入水平。在两部门经济中,只包括家庭部门和企业部门,因此,总需求由消费和投资构成,即$Y=C+I$,并且个人可支配收入等于国民收入。消费问题已在前文进行了分析,按理说还要分析投资如何决定才可以说明均衡国民收入的决定,但为了使分析简化,在国民收入决定的简单模型中,总是先假定计划投资是一个固定的值,不随利率和国民收入水平的变化而变化,即投资是一个常数。根据这一假定,只要把收入恒等式和消费函数相结合就可求得均衡国民收入,即:

$$Y=C+I \qquad \text{(均衡条件)}$$
$$C=\alpha+\beta Y_d \qquad \text{(消费函数)}$$
$$Y_d=Y \qquad \text{(可支配收入)}$$

解上述联立方程,就可得到均衡国民收入,并用$\overline{Y}$表示,即:

$$\overline{Y}=\frac{\alpha+I}{1-\beta} \tag{9-13}$$

由此可见,如果知道了消费函数和投资量,就可得到均衡国民收入。例如,假定在两部门经济中,消费函数为$C=500+0.8Y_d$,自发投资始终为300亿元,则均衡国民收入为:

$$\overline{Y}=\frac{500+300}{1-0.8}=4\ 000\ \text{亿元}$$

均衡国民收入也可以用图 9-5 来分析，图 9-5 表示如何用消费曲线、投资曲线和 45°线相交决定均衡国民收入。

图 9-5 中横轴表示国民收入，纵轴表示消费加投资，即在消费曲线上加投资曲线得到消费投资曲线 $C+I$，这条曲线就是总需求曲线。显然，在 45°线上总需求等于总收入，经济处于均衡状态，从而决定均衡的国民收入 $\overline{Y}$。在图 9-5 中，消费随着收入的增加而增加，投资与收入无关，因而作为总需求的消费加投资与消费曲线平行。总需求曲线与 45°线的交点 E 决定均衡国民收入 $\overline{Y}$。

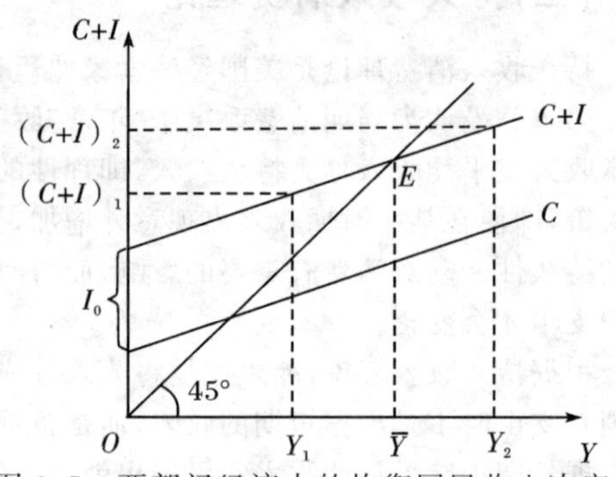

图 9-5　两部门经济中的均衡国民收入决定

若实际产出 Y_1 小于均衡国民收入 $\overline{Y}$，表明总需求大于总供给，社会生产供不应求，企业存货会意外地减少，企业就会扩大生产，使收入水平向右变动，直到均衡国民收入 $\overline{Y}$ 为止。相反，若实际产出 Y_2 大于均衡国民收入 $\overline{Y}$，表明总需求小于总供给，社会生产供过于求，企业存货会意外地增加，企业就会减少生产，使收入水平向左变动，直到均衡国民收入 $\overline{Y}$ 为止。上述表明，只有在均衡国民收入水平上，企业生产才能稳定下来。

二、三部门经济中的均衡国民收入决定

在两部门经济中对均衡国民收入决定的分析可以很容易推广到三部门经济，即包含政府的情况。在三部门经济中，经济活动的主体是家庭、企业和政府。于是，构成总需求的项目不仅包括私人消费和投资，还包括政府购买；构成总收入的项目除了私人用于消费和储蓄的收入外，还包括政府的净税收收入。为了分析三部门经济中的均衡国民收入决定问题，需要搞清楚政府的经济行为及其对总体经济的影响。

首先考察政府的经济行为。政府的经济行为主要包括两个方面：一方面，政府通过征税取得收入；另一方面，政府要进行支出。政府支出包括两项：政府购买支出和政府转移支付。政府购买支出主要用于政府部门的行政、军费和公共福利等方面的开支。它通常由政府的政策目标以及政府的政策指导思想所决定，西方经济学中通常假定政府购买支出不随国民收入的变动而变动，因而被假定为常量 G。就税收量与国民收入的关系而言，税收主要有两类：一类是定量税，如人头税，它不随国民收入的变动而变动；另一类是比例税，如所得税，它按国民收入的一定比例征收，并且其比例值也可以采用累进形式。

其次考察引入政府部门之后对私人部门所产生的影响。政府对私人部门所产生的最重要的影响是通过税收和政府转移支付影响家庭的可支配收入。在没有税收和政府转移支付时，个人可支配收入等于国民收入。但当存在税收和政府转移支付时，个人可支配收入不再等于国民收入，它们的关系为：

个人可支配收入＝国民收入－税收＋政府转移支付

即：
$$Y_d=Y-T+TR \tag{9-14}$$

在考察了政府的支出和收入以及对私人消费和储蓄的影响之后，利用均衡条件就可以决定三部门经济中的均衡国民收入了。上文中提到，税收有定量税和比例税之分，下面我们就分别讨论不同税收情况下的均衡国民收入决定。

(一)定量税制度下均衡国民收入的决定

我们假定投资 $I=I_0$，政府购买支出 $G=G_0$，税收 $T=T_0$，政府转移支付为 TR，则均衡国民收入决定的模型可以表示如下：

$$Y=C+I+G \quad \text{（均衡条件）}$$
$$C=\alpha+\beta Y_d \quad \text{（消费函数）}$$
$$Y_d=Y-T+TR \quad \text{（可支配收入）}$$
$$T=T_0 \quad \text{（税收）}$$
$$I=I_0 \quad \text{（自发投资）}$$
$$G=G_0 \quad \text{（政府购买支出）}$$

从中得到均衡国民收入为：

$$\overline{Y}=\frac{\alpha-\beta T_0+\beta TR+I_0+G_0}{1-\beta} \tag{9-15}$$

从式(9-15)中很容易看到，自发消费、投资、政府购买支出、政府转移支付增加都会使均衡国民收入增加，而税收增加则会使均衡国民收入减少。

上述的均衡国民收入决定过程还可以用图9-6加以说明。在图9-6中，横轴表示国民收入，纵轴表示私人消费、投资和政府购买等总需求项目，45°线上表示总收入等于总需求的特征。在图9-6中，消费随着收入的增加而增加，而私人投资和政府购买都与收入无关，因而经济中私人消费加投资再加政府购买会使消费曲线向上平行移动。总需求曲线与45°线的交点E可决定均衡国民收入$\overline{Y}$。

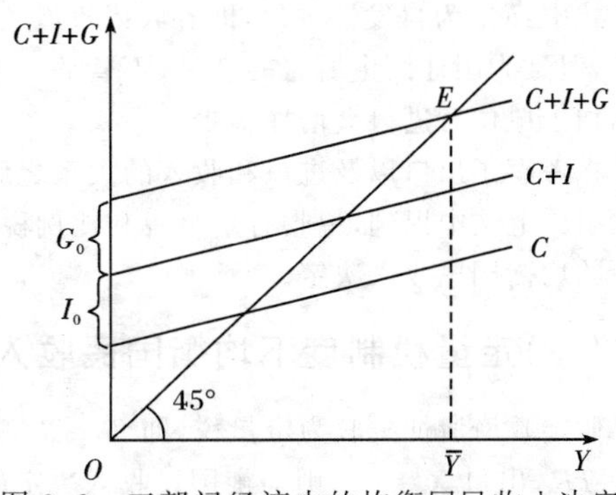

图 9-6 三部门经济中的均衡国民收入决定

图9-6反映出的经济变化关系是，如果消费、投资和(或)政府购买增加，经济的总需求增加，从而均衡国民收入会增加；反之，消费、投资和(或)政府购买减少，均衡国民收入会减少。特别是当政府的税收增加时，将会导致家庭部门的消费减少，从而使得均衡国民收入减少；反之，政府税收减少时，将使均衡国民收入增加。

(二)比例税制度下均衡国民收入的决定

在实际生活中，有些税收是固定税收，但是，大多数税收是随着收入的变化而变化的。例如，当企业和个人的收入增加时，他们所交的税收额也相应增加。因此，在比例税制度下税收不再是一个常量，而是与国民收入成正相关关系的一个变量，为使分析简化起见，我们不妨把税收函数写成：$T=T_0+tY$，式中：T_0是常数，为定额税，t是税率。另外，我们仍然假定投资$I=I_0$，政府购买支出$G=G_0$，政府转移支付为TR，则均衡国民收入决定的模型可以表示如下：

$$Y=C+I+G \quad \text{（均衡条件）}$$
$$C=\alpha+\beta Y_d \quad \text{（消费函数）}$$
$$Y_d=Y-T+TR \quad \text{（可支配收入）}$$
$$T=T_0+tY \quad \text{（税收函数）}$$
$$I=I_0 \quad \text{（自发投资）}$$
$$G=G_0 \quad \text{（政府购买支出）}$$

从中得到均衡国民收入为：

$$\overline{Y}=\frac{\alpha-\beta T_0+\beta TR+I_0+G_0}{1-\beta(1-t)} \tag{9-16}$$

从式(9-16)中很容易看到，自发消费、投资、政府购买支出、政府转移支付增加都会使均衡国民收入增加，而税率增加则会使均衡国民收入减少。

* 三、四部门经济中的均衡国民收入决定

当今世界各国的经济都是不同程度的开放经济，即与外国有贸易往来或其他经济往来的经济。在开放经济中，一国的均衡国民收入不仅取决于国内消费、投资和政府购买，还取决于净出口。

净出口是指一国的出口与进口的差额。在考虑到净出口后，产品市场的均衡条件就变为：

$$Y=C+I+G+(X-M)$$

式中：出口(X)表示本国商品在外国销售，代表着国外对本国商品的需求，是由外国的购买力和购买需求决定的，本国难以左右，因而一般假定是一个常数，即 $X=X_0$。而进口(M)表示外国商品在本国销售，代表着本国对外国商品的需求，会随本国收入的提高而增加，因为本国收入提高后，人们对进口商品的需求会增加，所以，可以把进口写成收入的函数，即：

$$M=M_0+rY \tag{9-17}$$

式中：M_0 为自发性进口，即和收入没有关系或者说不取决于收入的进口部分。例如，本国不能生产，但又为国计民生所需的产品，不管收入水平如何，是必须进口的；r 表示边际进口倾向，即收入增加 1 单位时进口会增加多少。

在考察了出口以及进口和收入的关系之后，利用均衡条件就可以决定四部门经济的均衡国民收入了。上文中提到，税收有定量税和比例税之分，下面我们就分别讨论四部门经济中不同税收情况下的均衡国民收入决定。

(一)定量税制度下均衡国民收入的决定

假定政府所征税收为定量税，即 $T=T_0$，并假定投资 $I=I_0$，政府购买支出 $G=G_0$，政府转移支付为 TR，出口 $X=X_0$，则均衡国民收入决定的模型可以表示如下：

$$Y=C+I+G+(X-M) \quad \text{(均衡条件)}$$
$$C=\alpha+\beta Y_d \quad \text{(消费函数)}$$
$$Y_d=Y-T+TR \quad \text{(可支配收入)}$$
$$T=T_0 \quad \text{(税收)}$$
$$I=I_0 \quad \text{(自发投资)}$$
$$G=G_0 \quad \text{(政府购买支出)}$$
$$X=X_0 \quad \text{(出口)}$$
$$M=M_0+rY \quad \text{(进口函数)}$$

从中得到均衡国民收入为：

$$\overline{Y}=\frac{\alpha-\beta T_0+\beta TR+I_0+G_0+X_0-M_0}{1-\beta+r} \tag{9-18}$$

从(9-18)式中很容易看到，出口增加会使均衡国民收入增加，而进口增加则会使均衡国民收入减少。

(二)比例税制度下均衡国民收入的决定

假定政府所征税收为比例税，即 $T=T_0+tY$，并假定投资 $I=I_0$，政府购买支出 $G=G_0$，政府转移支付为 TR，出口 $X=X_0$，则均衡国民收入决定的模型可以表示如下：

$$Y=C+I+G+(X-M) \quad \text{(均衡条件)}$$
$$C=\alpha+\beta Y_d \quad \text{(消费函数)}$$
$$Y_d=Y-T+TR \quad \text{(可支配收入)}$$
$$T=T_0+tY \quad \text{(税收函数)}$$
$$I=I_0 \quad \text{(自发投资)}$$
$$G=G_0 \quad \text{(政府购买支出)}$$

$$X = X_0 \quad \text{(出口)}$$
$$M = M_0 + rY \quad \text{(进口函数)}$$

从中得到均衡国民收入为：

$$\overline{Y} = \frac{\alpha - \beta T_0 + \beta TR + I_0 + G_0 + X_0 - M_0}{1 - \beta(1-t) + r} \tag{9-19}$$

第四节 乘数原理

一、乘数的含义及两部门经济中的乘数

国民收入变动的分析表明，消费支出、投资支出、政府购买支出与出口的增加能够带来国民收入的增加，税收与进口的增加使得国民收入减少。但是，从数量上看，这些支出的变动不是仅仅引起国民收入的等量变动，而是使国民收入发生数倍的变动，这就是支出的乘数作用。现代西方经济学中，乘数是指国民收入变动量与引起这一变化的某项支出变动量的比例。

投资支出之所以具有乘数作用，是因为它的变动会带来一轮一轮消费支出的变动，引起总支出数倍的变动，从而最终导致国民收入数倍的变动。

例如，假定在两部门经济中，消费函数为：$C = 1\,000 + 0.8Y_d$，自发投资为 200 亿元。则根据两部门经济的均衡国民收入公式得到均衡国民收入为：

$$Y = \frac{1\,000 + 200}{1 - 0.8} = 6\,000 \text{ 亿元}$$

若自发投资由 200 亿元增加到 300 亿元，而消费函数保持不变，则这时均衡国民收入为：

$$Y_1 = \frac{1\,000 + 300}{1 - 0.8} = 6\,500 \text{ 亿元}$$

由此可见，由于自发投资增加了 100 亿元，结果导致均衡国民收入增加了 500 亿元，也就是说国民收入变化量是投资支出变化量的 5 倍，为什么会出现这样的现象呢？这是因为，增加的 500 亿元用来购买投资品时，这 500 亿元会以工资、利息、利润和租金等形式流入到生产投资品的生产要素所有者手中，即居民手中，从而使该社会居民收入增加了 500 亿元，这是国民收入的第一轮增加。

接着，当居民增加了 500 亿元收入之后，会把其中的一部分作为储蓄，而同时增加消费。假定该国居民的边际消费倾向为 0.8，则居民增加的 500 亿元收入中会有 400 亿元用于购买消费品。于是这 400 亿元又以工资、利息、利润和租金等形式流入到生产消费品的生产要素所有者手中，从而使该社会居民收入又增加了 400 亿元，这是国民收入的第二轮增加。

同样，生产消费品的要素所有者会把增加的 400 亿元收入按 0.8 的边际消费倾向用于消费，并由此导致居民收入再增加 320 亿元，这是国民收入的第三轮增加，这个过程会一直继续下去。由于边际消费倾向小于 1，因此随着这种连锁反应过程的继续，国民收入的增量和消费的增量会一轮小于一轮，直到趋于 0，所以国民收入增量的总和将收敛于一个常数。在这一连锁反应过程中，通过增加 100 亿元的投资，社会最终增加的国民收入为：

$$100 + 100 \times 0.8 + 100 \times 0.8^2 + 100 \times 0.8^3 + \cdots = 100 \times \frac{1}{1 - 0.8} = 500 \text{ 亿元}$$

一般地，假设投资变动量为 ΔI，国民收入变动量为 ΔY，边际消费倾向为 β，那么，投资增加引起的国民收入增加量为：

$$\Delta Y = \Delta I + \Delta I \cdot \beta + \Delta I \cdot \beta^2 + \Delta I \cdot \beta^3 + \cdots = \Delta I \cdot \frac{1}{1-\beta} \tag{9-20}$$

式(9-20)表明，当投资增加时，国民收入会以 $\frac{1}{1-\beta}$ 的倍数增加。根据乘数的含义，我们知道投

资乘数应表示由投资支出变动引起的国民收入变动量与投资支出变动量的比例。因此，若用 K_I 表示投资乘数，则

$$K_I=\frac{\Delta Y}{\Delta I}=\frac{1}{1-\beta} \tag{9-21}$$

如果用 MPC 代表边际消费倾向 β，用 MPS 代表边际储蓄倾向，则投资乘数还可以表示为：

$$K_I=\frac{1}{1-MPC}=\frac{1}{MPS} \tag{9-22}$$

可见，投资乘数的大小取决于边际消费倾向的大小。边际消费倾向越大，投资乘数就越大；反之，边际消费倾向越小，投资乘数就越小。

以上是从投资增加的方面说明乘数效应的，实际上投资减少也会引起国民收入的成倍减少。可见，乘数效应的发挥是两方面的，可以说乘数是一把“双刃剑”。

二、三部门经济中的各种乘数

西方学者认为，加入政府部门以后，不仅投资支出变动有乘数效应，政府购买支出、税收和政府转移支付的变动同样有乘数效应，因为政府购买支出、税收和政府转移支付都会影响消费。

那么，怎样求得这些乘数呢？下面我们以定量税为例来讨论三部门经济中的各种乘数。

通过第三节的学习，我们知道，如果政府所征税收为定量税，则均衡国民收入为：

$$\overline{Y}=\frac{\alpha-\beta T_0+\beta TR+I_0+G_0}{1-\beta}$$

通过这一公式，就可求得上述几个乘数。

（一）政府购买支出乘数

政府购买支出乘数是指由政府购买支出变动引起的国民收入变动量与政府购买支出变动量的比例。

根据定量税制度下三部门经济的均衡国民收入公式，我们就可以推导出政府购买支出乘数。假定原来的政府购买支出为 G_0，对应的国民收入为 Y_0；政府购买支出现在增加 ΔG，增加后的政府购买支出为 $G_1=G_0+\Delta G$，对应的国民收入为 Y_1，国民收入增加量为 ΔY，即 $Y_1=Y_0+\Delta Y$。则当其他条件不变，只有政府购买支出变动时，其变动前后对应的国民收入应分别为：

$$Y_0=\frac{\alpha-\beta T_0+\beta TR+I_0+G_0}{1-\beta}$$

$$Y_1=\frac{\alpha-\beta T_0+\beta TR+I_0+G_1}{1-\beta}$$

所以：

$$\Delta Y=Y_1-Y_0=\frac{G_1-G_0}{1-\beta}=\frac{\Delta G}{1-\beta}$$

$$\frac{\Delta Y}{\Delta G}=\frac{1}{1-\beta}$$

若用 K_G 表示政府购买支出乘数，则有

$$K_G=\frac{1}{1-\beta} \tag{9-23}$$

这就是政府购买支出乘数，其大小取决于边际消费倾向的大小。边际消费倾向越大，政府购买支出乘数就越大。这是因为，边际消费倾向越大，由增加总支出导致增加的收入中会有更大的部分用作消费。反之，边际消费倾向越小，政府购买支出乘数就越小。

举例来说，若边际消费倾向 $\beta=0.8$，则 $K_G=5$，因此，在其他条件不变的情况下，政府购买支出增加 100 亿元，会导致国民收入增加 500 亿元；而政府购买支出减少 100 亿元，则会导致国民收入减少 500 亿元。

(二)税收乘数

税收乘数是指由税收变动引起的国民收入变动量与税收变动量的比例。

同样根据定量税制度下三部门经济的均衡国民收入公式,就可以推导出税收乘数。假定原来的税收为 T_0,对应的国民收入为 Y_0;税收现在增加 ΔT,增加后的税收为 $T_1=T_0+\Delta T$,对应的国民收入为 Y_1,国民收入增加量为 ΔY,即 $Y_1=Y_0+\Delta Y$。则当其他条件不变,只有税收变动时,其变动前后对应的国民收入应分别为:

$$Y_0=\frac{\alpha-\beta T_0+\beta TR+I_0+G_0}{1-\beta}$$

$$Y_1=\frac{\alpha-\beta T_1+\beta TR+I_0+G_0}{1-\beta}$$

所以:
$$\Delta Y=Y_1-Y_0=\frac{-\beta(T_1-T_0)}{1-\beta}=\frac{-\beta}{1-\beta}\cdot\Delta T$$

$$\frac{\Delta Y}{\Delta T}=\frac{-\beta}{1-\beta}$$

若用 K_T 表示税收乘数,则有

$$K_T=\frac{-\beta}{1-\beta} \tag{9-24}$$

由此可见,税收乘数为负值,这表示国民收入随税收增加而减少,随税收减少而增加。这是因为,税收增加会导致人们的可支配收入减少,进而导致消费相应减少,因而税收和国民收入呈反向变动。

例如,若边际消费倾向 $\beta=0.8$,则 $K_T=-4$,因此,在其他条件不变的情况下,税收增加 100 亿元,会导致国民收入减少 400 亿元;而税收减少 100 亿元,会导致国民收入增加 400 亿元。

(三)政府转移支付乘数

政府转移支付乘数是指由政府转移支付变动引起的国民收入变动量与政府转移支付变动量的比例。

同样根据定量税制度下三部门经济的均衡国民收入公式,就可以推导出政府转移支付乘数。假定原来的政府转移支付为 TR_0,对应的国民收入为 Y_0;政府转移支付现在增加 ΔTR,增加后的政府转移支付为 $TR_1=TR_0+\Delta TR$,对应的国民收入为 Y_1,国民收入增加量为 ΔY,即 $Y_1=Y_0+\Delta Y$。则当其他条件不变,只有政府转移支付变动时,其变动前后对应的国民收入应分别为:

$$Y_0=\frac{\alpha-\beta T_0+\beta TR_0+I_0+G_0}{1-\beta}$$

$$Y_1=\frac{\alpha-\beta T_0+\beta TR_1+I_0+G_0}{1-\beta}$$

所以:
$$\Delta Y=Y_1-Y_0=\frac{\beta(TR_1-TR_0)}{1-\beta}=\frac{\beta}{1-\beta}\cdot\Delta TR$$

$$\frac{\Delta Y}{\Delta TR}=\frac{\beta}{1-\beta}$$

若用 K_{TR} 表示政府转移支付乘数,则有

$$K_{TR}=\frac{\beta}{1-\beta} \tag{9-25}$$

由此可见,政府转移支付乘数和税收乘数绝对值相同,但符号相反,政府转移支付乘数为正值,这是由于政府转移支付增加会使得人们的可支配收入增加,进而会引起消费的增加,并使得总需求和国民收入增加。

例如，若边际消费倾向 $\beta=0.8$，则 $K_{TR}=4$，因此，在其他条件不变的情况下，政府转移支付增加 100 亿元，会导致国民收入增加 400 亿元；政府转移支付减少 100 亿元，会导致国民收入减少 400 亿元。

比较以上政府购买支出乘数、税收乘数和政府转移支付乘数，可以看到，$|K_G|>|K_T|$，$|K_G|>|K_{TR}|$，为什么会这样？西方经济学家的看法是，政府支出增加 1 元，一开始就会使总支出即总需求增加 1 元，而税收减少 1 元，会使可支配收入增加 1 元，但这 1 元中只有一部分用于增加消费，而另一部分则用于储蓄。假定边际消费倾向 $\beta=0.8$，则增加的这 1 元可支配收入中只有 0.8 元用于消费。因此，减税 1 元对收入变化的影响没有增加 1 元政府购买支出对收入变化的影响大。同样的道理可以得到 $|K_G|>|K_{TR}|$。

由于政府购买支出乘数大于税收乘数和政府转移支付乘数，因此，西方学者认为，改变政府购买支出对宏观经济活动的效果要大于改变税收和政府转移支付的效果，改变政府购买支出是财政政策中最有效的手段。

(四)平衡预算乘数

平衡预算乘数是指政府收入和支出同时以相等数量增加或减少时引起的国民收入变动量对政府收支变动量的比例。由于等量的政府支出变动和等量的税收变动不影响财政预算的平衡关系，这种乘数可以说明在不改变政府的预算盈余或赤字的情况下，变动政府支出和税收对国民收入的影响情况。因此，此乘数被称为“平衡预算乘数”。

假定政府购买支出变动量为 ΔG，税收变动量为 ΔT，两者的变动所引起的国民收入变动量为 ΔY，且假定 $\Delta G=\Delta T$，则：

$$\Delta Y=K_G\cdot\Delta G+K_T\cdot\Delta T=\frac{1}{1-\beta}\cdot\Delta G+\frac{-\beta}{1-\beta}\cdot\Delta T$$

假定 $\Delta G=\Delta T$，所以：

$$\Delta Y=\frac{1}{1-\beta}\cdot\Delta G+\frac{-\beta}{1-\beta}\cdot\Delta G=\Delta G$$

或 $\Delta Y=\frac{1}{1-\beta}\cdot\Delta T+\frac{-\beta}{1-\beta}\cdot\Delta T=\Delta T$

可见 $\frac{\Delta Y}{\Delta G}=\frac{\Delta Y}{\Delta T}=1$

若用 K_B 表示平衡预算乘数，则有

$$K_B=\frac{\Delta Y}{\Delta G}=\frac{\Delta Y}{\Delta T}=1 \tag{9-26}$$

可见，平衡预算乘数为 1。这意味着若政府购买支出增加 100 亿元，同时税收也增加 100 亿元，则国民收入会增加 100 亿元，即国民收入增加了一个与政府购买支出和税收变动相等的数量。

(五)乘数的进一步说明

(1)应当指出，以上所讨论的四种乘数，都要假设一个变量的变动不引起另一些变量的变动。例如，讨论政府购买支出乘数时，假设 G 的变动不会引起利率或消费行为的变动，但事实上，政府购买支出增加时，如果通过发行或出售公债筹集经费(这在西方国家是常事)，则债券价格下降意味着市场利率上升，这就会抑制私人投资或消费(利率上升会刺激储蓄)，从而使总支出水平下降，因而使政府购买支出乘数大打折扣。

(2)上文中提到税收有定量税和比例税之分，我们前面所讨论的是税收为定量税的情况，而当税收为比例税时，乘数的数值则会变小。这可作如下说明：由于比例税制度下三部门经济的均衡国民收入公式变为 $\overline{Y}=\frac{\alpha-\beta T_0+\beta TR+I_0+G_0}{1-\beta(1-t)}$。所以，据此公式容易得出投资乘数、政府购买支出乘

数、税收乘数和政府转移支付乘数将分别等于$\frac{1}{1-\beta(1-t)}$、$\frac{1}{1-\beta(1-t)}$、$\frac{-\beta}{1-\beta(1-t)}$和$\frac{\beta}{1-\beta(1-t)}$。这是因为，当税收为收入的函数时，收入中要有一定比例作为税收上缴给政府，因而人们的可支配收入就减少了，进而会使得消费相应减少，最终会使国民收入的变动相对小一些。

(3)在现实生活中，乘数作用的大小要受到一系列条件的限制。一是社会中过剩生产能力的大小。如果没有过剩生产能力，没有闲置资源，则投资增加及由此造成的消费支出增加，并不会引起生产增加，只会刺激物价水平上涨。二是投资和储蓄决定的相互独立性。要假定它们相互独立，否则，乘数作用要小得多，因为增加投资所引起的对货币资金需求的增加会使利率上升，而利率上升会鼓励储蓄，削弱消费，从而会部分地抵消由于投资增加引起收入增加进而使消费增加的趋势。三是货币供给量增加能否适应支出增加的需求。假使货币供给受到限制，则投资和消费支出增加时，货币需求的增加就得不到货币供给相应增加的支持，利率会上升，不但会抑制消费，还抑制投资，使总需求降低。四是增加的收入不能用于购买进口货物，否则 GDP 增加会受到限制。

* 三、四部门经济中的各种乘数

在加入了对外贸易之后变为四部门经济，前面已经提到，出口和进口都会引起国民收入的变动，其中，出口变动引起国民收入的同方向变动，进口变动引起国民收入的反方向变动。因此，出口与进口对国民收入的影响同样具有乘数效应。那么其乘数效应如何得到呢？

可以像推导三部门经济中的各种乘数一样来推导四部门经济中的出口乘数和进口乘数。定量税制度下四部门经济的均衡国民收入公式为$\overline{Y}=\frac{\alpha-\beta T_0+\beta TR+I_0+G_0+X_0-M_0}{1-\beta+\gamma}$，若用 K_X 表示出口乘数，K_M 表示进口乘数，则据此公式容易得到出口乘数为 $K_X=\frac{1}{1-\beta+\gamma}$，表示在其他条件不变时，出口增加 1 单位，会使国民收入增加$\frac{1}{1-\beta+\gamma}$单位。进口乘数为：$K_M=-\frac{1}{1-\beta+\gamma}$，表示在其他条件不变时，进口增加 1 单位，会使国民收入减少$\frac{1}{1-\beta+\gamma}$单位。

另外，由以上公式可见，有了对外贸易之后，投资、政府购买支出、税收和政府转移支付的变动对国民收入变动的影响，与封闭经济相比发生了变化。上述乘数分别变为等于$\frac{1}{1-\beta+\gamma}$、$\frac{1}{1-\beta+\gamma}$、$\frac{-\beta}{1-\beta+\gamma}$和$\frac{\beta}{1-\beta+\gamma}$。

上面讨论的是定量税制度下四部门经济中的各种乘数，同样的方法可以得到比例税制度下四部门经济中的各种乘数。由比例税制度下四部门经济的均衡国民收入公式$\overline{Y}=\frac{\alpha-\beta T_0+\beta TR+I_0+G_0+X_0-M_0}{1-\beta(1-t)+\gamma}$便可得到投资乘数、政府购买支出乘数、税收乘数、政府转移支付乘数、出口乘数和进口乘数分别等于$\frac{1}{1-\beta(1-t)+\gamma}$，$\frac{1}{1-\beta(1-t)+\gamma}$，$\frac{-\beta}{1-\beta(1-t)+\gamma}$，$\frac{\beta}{1-\beta(1-t)+\gamma}$，$\frac{1}{1-\beta(1-t)+\gamma}$和$\frac{1}{1-\beta(1-t)+\gamma}$。

本章小结

(1)简单国民收入决定理论是要说明，在产品市场上总需求水平决定均衡产出或均衡国民收入。和总需求相等的产出被称为均衡产出或均衡国民收入。

(2)消费支出是总支出中的重要部分，其变动会引起国民收入的变动。关于影响消费的因素，经济学家提出了不同的解释和理论，主要有凯恩斯的消费理论、杜森贝利的相对收入消费理论、莫迪利安尼的生命周期消费理论和弗里德曼的持久收入消费理论等，其中凯恩斯的消费理论最具代表性。他认为消费和储蓄都与个人可支配收入呈同方向变动，消费和储蓄之间的关系是：$C(Y_d)+S(Y_d)=Y_d$、$APC+APS=1$、$MPC+MPS=1$。

(3)在两部门经济中，均衡国民收入决定的公式是$\overline{Y}=\frac{\alpha+I}{1-\beta}$，投资乘数$K_I=\frac{1}{1-\beta}$。

(4)在三部门经济中，定量税制度下均衡国民收入决定的公式是$\overline{Y}=\frac{\alpha-\beta T_0+\beta TR+I_0+G_0}{1-\beta}$，相应地，各种乘数分别为：投资乘数$K_I=\frac{1}{1-\beta}$，政府购买支出乘数$K_G=\frac{1}{1-\beta}$，税收乘数$K_T=\frac{-\beta}{1-\beta}$，政府转移支付乘数$K_{TR}=\frac{\beta}{1-\beta}$，平衡预算乘数$K_B=1$。比例税制度下均衡国民收入决定的公式是$\overline{Y}=\frac{\alpha-\beta T_0+\beta TR+I_0+G_0}{1-\beta(1-t)}$，相应地，投资乘数、政府购买支出乘数、税收乘数和政府转移支付乘数分别为：$K_I=\frac{1}{1-\beta(1-t)}$，$K_G=\frac{1}{1-\beta(1-t)}$，$K_T=\frac{-\beta}{1-\beta(1-t)}$，$K_{TR}=\frac{\beta}{1-\beta(1-t)}$。

(5)在四部门经济中，定量税制度下均衡国民收入决定的公式是$\overline{Y}=\frac{\alpha-\beta T_0+\beta TR+I_0+G_0+X_0-M_0}{1-\beta+\gamma}$，相应地，投资乘数、政府购买支出乘数、税收乘数、政府转移支付乘数、出口乘数和进口乘数分别等于$\frac{1}{1-\beta+\gamma}$，$\frac{1}{1-\beta+\gamma}$，$\frac{-\beta}{1-\beta+\gamma}$，$\frac{\beta}{1-\beta+\gamma}$，$\frac{1}{1-\beta+\gamma}$和$-\frac{1}{1-\beta+\gamma}$。比例税制度下均衡国民收入决定的公式是$\overline{Y}=\frac{\alpha-\beta T_0+\beta TR+I_0+G_0+X_0-M_0}{1-\beta(1-t)+\gamma}$，相应地，投资乘数、政府购买支出乘数、税收乘数、政府转移支付乘数、出口乘数和进口乘数分别等于$\frac{1}{1-\beta(1-t)+\gamma}$，$\frac{1}{1-\beta(1-t)+\gamma}$，$\frac{-\beta}{1-\beta(1-t)+\gamma}$，$\frac{\beta}{1-\beta(1-t)+\gamma}$，$\frac{1}{1-\beta(1-t)+\gamma}$和$-\frac{1}{1-\beta(1-t)+\gamma}$。

阅读资料

国民收入决定理论与宏观经济学的发展

在经济学史上一般都把凯恩斯1936年发表的《就业、利息和货币通论》(简称《通论》)作为现代宏观经济学建立的标志。但是在此之前就没有宏观经济学的概念吗？当然不是。

在凯恩斯之前，古典经济学和新古典经济学普遍认为宏观经济体系是一个可以实现自我完善的体系，所以供给是决定国民收入的唯一要素。其中最著名的就是法国经济学家萨伊(J.B.Say)在1803年出版的《政治经济学概论》中提出的萨伊定律。萨伊定律认为：①产品生产本身能够创造需求；②货币只是流通媒介，商品的买与卖由于价格机制的调节作用不会脱节；③在自由竞争的市场中，由于市场经济的自我调节作用，不可能出现普遍性的生产过剩。萨伊定律的社会基础是生产力普遍不发达的自然农业经济社会和工业革命初期的工业社会。自然农业经济社会中，由于生产力极端落后，的确不可能出现普遍性的生产过剩。工业革命初期，生产力虽然有了长足的进步，但是也还远未达到普遍性过剩的程度。所以萨伊定律在西方经济学界统治了一百多年的时间。

古典经济学的代表人物亚当·斯密在《国富论》中提出政府的“守夜人”角色，也就是政府只要做好国防、司法等工作就行了，不要干涉经济，但是1929年的资本主义大危机推倒了新、旧古典经济学的宏观经济理论。此时的资本主义社会经历了工业革命后一百多年的发展，经济结构早已经发生了质的改变。由于生产力的进步，发生普遍性的生产过剩已经成为可能。所以，凯恩斯主义应运而生。凯恩斯主义立足短期经济现象，从需求的角度研究国民收入的决定，鼓励政府干预经济。从此之后，凯恩斯主义成为了宏观经济学的主流。

第二次世界大战以后，经济学的中心开始转向美国。以萨缪尔森为首的美国凯恩斯主义者，将凯恩斯主义和新古典经济学相结合，形成了美国经济学的主流学派——新古典综合派。新古典综合派继续坚持凯恩斯主义的核心内容，强调需求对国民收入决定的重要意义，支持国家对宏观经济的干预；同时认为在实现充分就业的条件下，新古典经济学的主要理论将仍然是适用的，这说明新古典综合派已经意识到凯恩斯主义的局限性。

正当新古典综合派强调的凯恩斯主义干涉政策成为主流的时候，20 世纪 70 年代发生的石油危机严重地打击了世界经济，美国出现了经济停滞和通货膨胀共存的现象。这是凯恩斯主义无法解释的现象。于是就出现了货币主义、供给学派、理性预期学派等对新古典综合派的抨击。他们试图重新回到经济自由主义上去，强调供给对国民收入决定的重要作用，反对国家对经济的干预。

现在凯恩斯主义经济学的地位受到了很大的削弱，但是新古典综合派依然是处于统治地位的主流经济学，只不过该学派也尽量吸取其他学派的理论观点和分析方法，不断改造自己的理论体系。

（资料来源：张红智.西方经济学[M].北京：对外经济贸易大学出版社，2009.）

本章习题

一、名词解释

均衡产出　消费函数　储蓄函数　边际消费倾向　平均消费倾向　边际储蓄倾向　平均储蓄倾向　投资乘数　政府购买支出乘数　税收乘数　政府转移支付乘数　平衡预算乘数

二、选择题

(1)国民消费曲线是表示(　　)。

A.消费与收入关系的曲线　　B.利率与投资关系的曲线

C.价格与收入关系的曲线　　D.利率与收入关系的曲线

(2)如果个人可支配收入为零，消费将等于(　　)。

A.零　　B.负值

C.边际消费倾向　　D.自发消费

(3)根据凯恩斯消费函数，引起消费增加的因素是(　　)。

A.价格水平下降　　B.收入增加

C.储蓄增加　　D.利率提高

(4)消费曲线平行向上移动意味着消费者(　　)。

A.因收入增加而增加储蓄　　B.因收入减少而减少储蓄

C.在各种收入水平上储蓄都增加了　　D.在各种收入水平上储蓄都减少了

(5)边际消费倾向与边际储蓄倾向之和(　　)。

A.大于 1　　B.小于 1

C.等于 1　　D.不确定

(6)如果某人的个人可支配收入由 1 200 元增加到 1 700 元，而储蓄由－100 元增加到 100 元，由此可知(　　)。

A.其边际储蓄倾向为 0.6　　B.其边际消费倾向为 0.5

C.其边际消费倾向为 0.6　　D.其边际消费倾向为 0.7

(7)两部门经济中,如果自发消费为200亿元,自发投资为500亿元,边际储蓄倾向为0.2,那么均衡国民收入为(　　)。

A.2 500亿元　　B.3 000亿元

C.700亿元　　D.3 500亿元

(8)投资乘数等于(　　)。

A.收入变化除以投资变化　　B.投资变化除以收入变化

C.边际消费倾向的倒数　　D.(1−MPS)的倒数

(9)下列哪种情况下投资乘数较大?(　　)。

A.边际消费倾向为0.5　　B.边际储蓄倾向为0.2

C.边际消费倾向为0.6　　D.边际储蓄倾向为0.3

(10)假如某国目前的均衡国民收入为5500亿元,若政府要把国民收入提高到6000亿元,在边际消费倾向等于0.9的条件下,应增加支出(　　)。

A.50亿元　　B.500亿元

C.450亿元　　D.540亿元

三、计算题

(1)假设某两部门经济中的消费函数为$C=100+0.8Y_d$,投资为50亿元,求:

①均衡国民收入、消费和储蓄。

②若投资增至100亿元,试求增加的国民收入。

③若消费函数变为$C=100+0.9Y_d$,投资仍为50亿元,则均衡国民收入、消费和储蓄各为多少?投资增至100亿元时均衡国民收入增加多少?

④消费函数变动后,乘数有何变化?

(2)在一个封闭经济中,有如下方程式:

$Y=C+I+G$　(收入恒等式)

$C=100+0.9Y_d$　(消费函数)

令投资$I=300$亿元,政府购买$G=160$亿元,假定税收为比例税,税率$t=0.2$,试求:

①均衡国民收入水平为多少?

②投资乘数和政府购买支出乘数分别为多少?

③假设投资从300亿元增至400亿元,新的均衡国民收入为多少?

四、思考题

(1)一些西方经济学家认为,将一部分国民收入从富人手中转给穷人,将提高总收入水平,你认为他们的理由是什么?

(2)能否说边际消费倾向和平均消费倾向都总是大于零而小于1,为什么?

第十章　产品市场和货币市场的一般均衡

■ 学习要点

☆ 投资函数
☆ *IS* 曲线的含义及其推导
☆ *IS* 曲线的斜率及其移动的影响因素和含义
☆ 凯恩斯的货币需求函数及利率的决定
☆ *LM* 曲线的含义及其推导
☆ *LM* 曲线的斜率及其移动的影响因素和含义
☆ *IS-LM* 模型的含义及其运用

在简单国民收入决定模型中，只考虑了产品市场的均衡问题，没有把产品市场的均衡和货币市场的均衡结合起来进行分析。英国经济学家希克斯和美国经济学家汉森对凯恩斯的收入决定理论进行了补充和修正，提出了著名的"汉森—希克斯模型"，也称为"IS-LM 模型"。宏观经济学中也将IS-LM 模型称为修正的凯恩斯模型或扩大的凯恩斯模型，该模型对产品市场和货币市场的同时均衡问题进行了分析。迄今，IS-LM 模型被大多数西方学者认为是宏观经济学的最核心的理论，它进一步勾画了凯恩斯的整个思想体系，并为宏观经济政策效果分析提供了一个工具。本章将分别在产品市场均衡和货币市场均衡的基础上推导 IS 曲线和 LM 曲线，并在此基础上讨论IS-LM模型及其政策意义。

第一节　产品市场均衡与 IS 曲线

一、投资函数

(一)投资的含义及分类

经济学中的投资是指资本的形成，是指在一定时间内实际资本的增加，主要包括三个方面：一是非住宅性固定投资，是指企业购买新的厂房和耐用设备；二是住宅性固定投资，是指建造新的住宅和公寓等；三是存货投资，是指已生产但尚未销售的产品存量的增加。

投资可分为总投资和净投资。总投资是没有除去资本损耗(折旧)的投资，净投资则不包括资本损耗。总投资一般为正值，净投资可能是正值、零或负值，完全取决于总投资是大于、等于还是小于资本折旧。

投资还有"自发投资"和"引致投资"的不同。自发投资又称自主投资，是指不受国民收入水平或消费水平等经济情况影响和限制的投资。例如，出于新发明、新技术、人口的变动、心理因素、战争爆发、政府为了社会安全或社会福利等目的而进行的投资。引致投资则是指由经济中的内生变量引起的投资。

(二)投资函数

企业的投资决策取决于投资的收益、成本和预期三个基本要素。其中，投资的成本——利率是首要因素。这里的利率是指实际利率。实际利率通常等于名义利率减去通货膨胀率。假定名义利率是10%，通货膨胀率是4%，则实际利率为6%。在投资的预期利润率既定时，企业是否进行投资主要取决于实际利率的高低。原因是企业用于投资的资金大多来自于银行贷款，自然资金市场的利率就是投资的成本，即使投资的资金是自有的，投资者也会把利息看成是投资的机会成本，从而把利息当做投资的成本。这样，在利率上升时，投资者就会减少对厂房和机器设备等投资物品的购买。因此，投资取决于市场利率，并随着市场利率的降低而增加。投资I和市场利率R之间的这种关系称为投资函数，可表示为：

$$I=I(R) \tag{10-1}$$

如果把投资函数表示成线性关系，即：

$$I=e-dR \tag{10-2}$$

式中：e称为自发投资，表示利率R为0时的投资量；d称为利率对投资需求的影响系数，表示利率每上升或下降一个百分点，投资会减少或增加的数量；dR是投资需求中与利率有关的引致投资量。

投资与利率之间的上述关系还可用图10-1中的投资曲线来表示。投资曲线表明，投资量I和市场利率R之间存在反方向变动关系，即市场利率越高，投资量越小；市场利率越低，投资量越大。

二、产品市场均衡与IS曲线

(一)IS曲线的含义及其推导

根据收入决定的简单模型，在两部门经济中，产品市场达到均衡的条件是总需求等于总供给，即投资等于储蓄。并且从前文的分析可以知道，储蓄是收入的函数，并随着收入的增加而增加；投资是利率的函数，并随着利率的上升而减少。这样，如果把两部门经济中的市场需求与供给的关系用经济模型表示出来，可得到下列三个关系式：

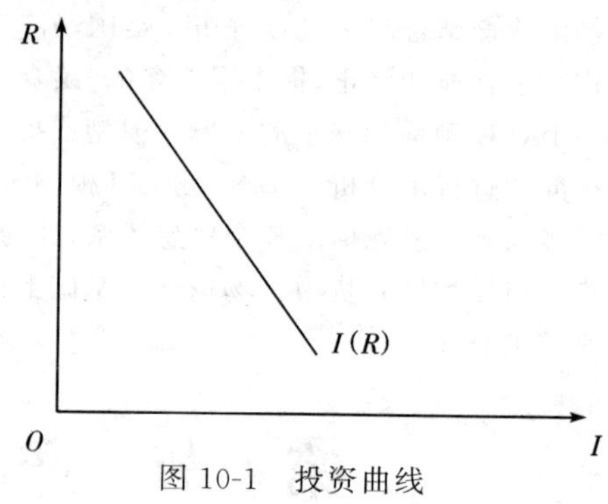

图10-1 投资曲线

$$I=e-dR \tag{10-3}$$

$$S=-\alpha+(1-\beta)Y \tag{10-4}$$

$$I=S \tag{10-5}$$

式(10-5)为两部门经济中产品市场的均衡条件，表示投资等于储蓄，即在总需求等于总供给时，产品市场实现均衡。联立上述三式，整理可得：

$$Y=\frac{\alpha+e-dR}{1-\beta} \tag{10-6}$$

或

$$R=\frac{\alpha+e}{d}-\frac{1-\beta}{d}Y \tag{10-7}$$

式(10-6)和式(10-7)均是IS曲线的代数表达式，也被称为产品市场供求均衡的方程式。它表示投资等于储蓄而使产品市场达到均衡时国民收入Y与利率R的各种数量组合，或者说收入与利率之间必须维持上述两式的数量组合关系，才能使投资等于储蓄，从而使产品市场实现均衡。接下来通过一个例子来说明产品市场的均衡情况。假定投资函数为I=2500－500R，储蓄函数为S=－1 000＋0.5Y。根据产品市场的均衡条件I=S，由投资函数和储蓄函数可得：

$$Y=\frac{\alpha+e-dR}{1-\beta}=\frac{1\,000+2\,500-500R}{1-0.5}=7\,000-1\,000R$$

当R=1时，Y=6 000

当 R=2 时,Y=5 000

当 R=3 时,Y=4 000

当 R=4 时,Y=3 000

当 R=5 时,Y=2 000

产品市场达到均衡时的收入与利率的关系还可用图 10-2 来表示。在图 10-2 中,横轴表示国民收入 Y,纵轴表示市场利率 R,将上例中的收入与利率的各组均衡值表示在坐标图上,则可得到一条反映收入与利率之间关系的曲线,这条曲线称为 IS 曲线。IS 曲线是描述产品市场达到均衡,即 I=S 时,国民收入与利率之间存在反方向变动关系的轨迹,或者说,国民收入与利率应该如何组合,才能保证投资与储蓄始终相等。

需要说明的是,IS 曲线的意义并不是表明国民收入与利率存在着这样一种严格的函数关系,也不意味着国民收入是利率变化的原因,或者利率是国民收入变化的原因。它只表明当利率与国民收入存在这样一种数量组合关系时,投资与储蓄保持相等,产品市场的均衡条件得到满足。

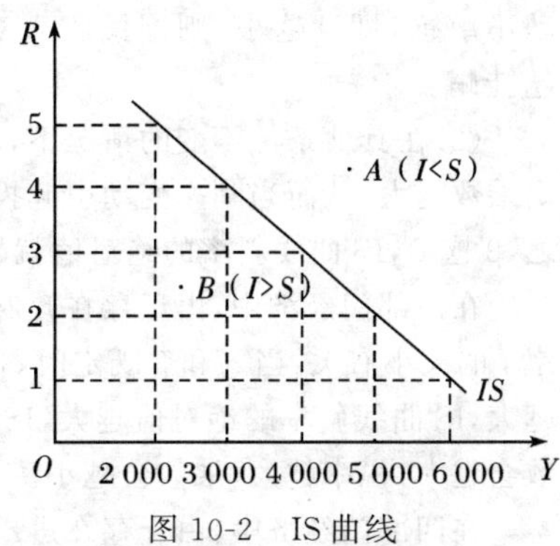

图 10-2 IS 曲线

虽然 IS 曲线表示的是使投资等于储蓄的收入和利率的各种组合,但是,并不是说,经济社会每一时期的收入和利率的实际组合必定位于 IS 曲线之上,而可能存在产品市场的不均衡。例如,图 10-2 中的 A 点就是一个非均衡点,表明产品市场处于非均衡状态。因为实际利率高于应有的利率,就会使实际投资小于应有的投资,也就是小于应有的储蓄。因此,A 点是一个投资小于储蓄的非均衡点;B 点也是一个非均衡点,这时,实际利率低于应有的利率,使实际投资大于应有的投资,也就是大于应有的储蓄。因此,B 点是一个投资大于储蓄的非均衡点。一般来说,位于 IS 曲线右上方的收入和利率的组合,都是 $I<S$ 的非均衡点;位于 IS 曲线左下方的收入和利率的组合,都是 $I>S$ 的非均衡组合;只有位于 IS 曲线上的收入和利率的组合,才是 $I=S$ 的均衡组合。

以上说明了两部门经济中 IS 曲线的形成过程,同样的,可推导出三部门、四部门经济中的 IS 曲线。

假定在三部门经济中,消费函数为 $C=\alpha+\beta Y_d$,投资函数为 $I=e-dR$,税收函数为 $T=T_0+tY$,政府购买支出 $G=G_0$,则三部门经济中的均衡国民收入为:

$$Y=\frac{\alpha-\beta T_0+e-dR+G_0}{1-\beta(1-t)}$$

整理得:

$$Y=\frac{\alpha-\beta T_0+e+G_0}{1-\beta(1-t)}-\frac{d}{1-\beta(1-t)}R \tag{10-8}$$

或

$$R=\frac{\alpha-\beta T_0+e+G_0}{d}-\frac{1-\beta(1-t)}{d}Y \tag{10-9}$$

此两式均为三部门经济中 IS 曲线的表达式。

若在三部门经济假设基础上,加入进出口即为四部门经济,其中出口为自发量 X_0,进口是收入的增函数,为 $M=M_0+\gamma Y$。则根据四部门经济的均衡条件容易得出四部门经济中国民收入与利率的关系为:

$$Y=\frac{\alpha-\beta T_0+e+G_0+X_0-M_0}{1-\beta(1-t)+\gamma}-\frac{d}{1-\beta(1-t)+\gamma}R \tag{10-10}$$

或

$$R=\frac{\alpha-\beta T_0+e+G_0+X_0-M_0}{d}-\frac{1-\beta(1-t)+\gamma}{d}Y \tag{10-11}$$

此两式均为四部门经济中 IS 曲线的表达式。

(二)IS 曲线的斜率

从 IS 曲线的推导过程中可以知道,当产品市场实现均衡时,利率与国民收入呈反方向变动,IS 曲线的斜率为负值,其大小反映了利率变动与国民收入变动之间的数量关系,即利率一定程度的变动会引起国民收入多大程度的变动。从 IS 曲线的代数表达式中可以看出 IS 曲线斜率的大小,或者说倾斜程度,取决于以下两个因素:

(1)在其他条件不变的情况下,投资对利率的变动越敏感,即 d 越大,国民收入对利率的变动也相应地越敏感,即 IS 曲线斜率的绝对值越小,IS 曲线越平缓。反之,如果投资对利率的变动不敏感,即 d 越小,则国民收入对利率的变动也不敏感,IS 曲线斜率的绝对值越大,IS 曲线越陡峭。

(2)在其他条件不变的情况下,β 越大,IS 曲线斜率的绝对值越小,这是因为 β 越大,意味着支出乘数越大,从而当利率变动引起投资变动时,收入会以较大幅度变动,因而 IS 曲线就较平缓。反之,β 越小,IS 曲线斜率的绝对值就越大,即 IS 曲线越陡峭。

在三部门经济中,由于存在政府购买支出和税收,IS 曲线的斜率除了与 d 和 β 有关外,还和税率 t 的大小有关:当 d 和 β 既定时,税率 t 越小,IS 曲线斜率的绝对值越小,IS 曲线越平缓;反之,t 越大,IS 曲线斜率的绝对值越大,IS 曲线越陡峭。这是因为在边际消费倾向既定时,税率越小,乘数会越大;税率越大,乘数会越小。

在四部门经济中,由于存在进出口,IS 曲线的斜率除了与 d、β 和 t 有关外,还和边际进口倾向 γ 的大小有关:当 d、β 和 t 既定时,边际进口倾向 γ 越小,IS 曲线斜率的绝对值越小,IS 曲线越平缓;反之,γ 越大,IS 曲线斜率的绝对值越大,IS 曲线越陡峭。这是因为在 β 和 t 既定时,γ 越小,乘数会越大;γ 越大,乘数会越小。

(三)IS 曲线的移动

影响 IS 曲线移动的,主要有以下几个因素:

(1)投资变动。如果其他条件不变,而投资者对投资前景乐观,信心增强,使自发投资水平上升,则在每一利率水平上,投资需求增加,IS 曲线向右上方移动。

(2)储蓄变动。如果其他条件不变,而人们的储蓄意愿增强了,即人们更节俭,自发消费下降,则 IS 曲线向左下方移动。

(3)政府购买支出及税收的变动。如果其他条件不变,而增加政府购买支出或减免税额,其作用类似于增加投资或刺激消费,因此,IS 曲线向右上方移动;反之,若减少政府购买支出或增加税额,其作用类似于减少投资或使消费水平下降。因此,IS 曲线将向左下方移动。

(4)净出口额变动。如果其他条件不变,而净出口额增加,其作用相当于增加了自发支出。因此,IS 曲线向右上方移动;反之,若净出口额减少,IS 曲线将向左下方移动。

第二节　货币市场均衡与 LM 曲线

一、利率的决定

现在由产品市场转到货币市场,分析货币市场的供求关系和利率的决定问题。凯恩斯理论认为,利率是由货币的供给量和对货币的需求量所决定的。货币的实际供给量一般由国家(货币当局)加以控制,是一个外生变量,因此,需要分析的主要是货币需求。

(一)货币需求

1.货币需求动机

对货币的需求,又称"流动性偏好"(也可译为灵活偏好或流动偏好)。所谓"流动性偏好"是指由于货币具有使用上的灵活性,人们宁肯以牺牲利息收入而储存不升息的货币来保持财富的心理倾向。这一概念首先由凯恩斯提出。

众所周知,人们的财富如果不以货币形式持有,而以其他形式持有,会给他们带来收益。例如,以债券形式持有,会有债息收入;以股票形式持有,会有股息和红利收入;以房产形式持有,会有租金收入,等等。那么,为什么人们愿意持有不生息的货币呢?凯恩斯认为,就是因为货币具有使用上的灵活性,随时可满足以下三类不同的动机。

第一,交易动机,指个人和企业为了进行正常的交易活动而需要货币的动机,由此产生的对货币的需求被称为货币的交易需求。在经济生活中,由于收入和支出在时间上不同步,因而个人和企业必须有足够的货币资金来支付日常需要的开支。个人和企业出于这种交易动机所需要的货币量,决定于他们的收入水平、经济生活惯例和商业制度。经济生活惯例和商业制度在短期内一般可假定为固定不变。按照凯恩斯的说法,出于交易动机的货币需求量主要决定于收入,收入越高,所交换的商品和劳务的价格越高,交易数量越大。因此,为应付日常开支所需的货币量就越大。

第二,预防动机或称谨慎动机,指人们为预防意外支出而需要持有一部分货币的动机,由此产生的对货币的需求被称为货币的预防需求。在经济生活中,个人和企业为应付事故、失业、疾病等意外事件而需要事先持有一定数量的货币。货币的交易需求产生于收入和支出间缺乏同步性,而货币的预防需求则产生于未来收入和支出的不确定性。凯恩斯认为,个人对货币的预防需求数量主要决定于他对意外事件的看法。但从全社会来看,这一货币需求量大体上和收入成正比,是收入的增函数。

因此,如果用 L_1 表示由交易动机和预防动机所产生的全部实际货币需求量,用 Y 表示实际收入,则这种货币需求量和收入的关系可表示为:

$$L_1 = L_1(Y) \tag{10-12}$$

或者

$$L_1 = kY \tag{10-13}$$

式(10-13)中的 k 为出于上述二动机所需货币量同实际收入的比例关系,Y 为具有不变购买力的实际收入。

第三,投机动机,指人们为了抓住有利的购买有价证券的机会而需要持有一部分货币的动机,由此产生的对货币的需求被称为货币的投机需求。假定人们一时不用的财富只能用货币形式或债券形式来保存,债券能带来收益,而闲置货币则没有收益,那么人们为什么不全部购买债券而要在两者间作选择呢?原来是因为人们想利用利率水平或有价证券价格水平的变化进行投机。在实际生活中,债券价格高低与利率高低成反比。假定一张债券一年可获利息 10 元,而市场利率若为 10%,则这张债券的市场价格就是 100 元,若市场利率下调为 5%,则这张债券的市场价格就是 200 元,因为在利率为 5% 时,把 200 元存入银行也可得到利息 10 元。可见,债券价格一般随利率变化而变化。由于债券市场价格是经常波动的,凡预计债券价格将上涨(即预期利率将下降)的人,就会用货币买进债券以备日后以更高价格卖出;反之,凡预计债券价格将下跌(即预期利率将上升)的人,就会卖出债券保存货币以备日后债券价格下跌时再买进。这种预计债券价格将下跌(即预期利率将上升)而需要把货币保留在手中的情况,就是对货币的投机需求。可见,有价证券价格的未来不确定性是对货币投机需求的必要前提,这一需求与利率成反方向变化。利率越高,即有价证券价格越低,人们若认为这一价格已降低到正常水平以下,预计很快会回升,就会抓住机会及时买进有价证券,于是,人们手中出于投机动机而持有的货币量就会减少。相反,利率越低,即有价证券价格越高,人们若认为这一价格已涨到正常水平以上,预计就要下跌,于是,他们就会抓住时机卖出有价证券，这样，人们手中出于投机动机而持有的货币量就会增加。

总之，对货币的投机需求取决于利率，两者呈反方向变化的关系。如果用 L_2 表示货币的投机需求，用 R 表示利率，则这一货币需求量和利率的关系可表示为：

$$L_2=L_2(R) \tag{10-14}$$

或者

$$L_2=-hR \tag{10-15}$$

式(10-15)中的 h 是货币投机需求的利率系数，负号表示货币投机需求与利率变动呈反向关系。

2.流动偏好陷阱

以上分析说明，对利率的预期是人们调节货币和债券配置比例的重要依据，利率越高，货币需求量越小。当利率极高时，这一需求量等于零，因为人们认为这时利率不大可能再上升，或者说有价证券的价格不大可能再下降，因而将所持有的货币全部换成有价证券。反之，当利率极低，比如说 2%，人们会认为这时利率不大可能再下降，或者说有价证券的价格不大可能再上升而只会跌落，因而会将所持有的有价证券全部换成货币。人们有了货币也决不肯再去买有价证券，以免证券价格下跌时遭受损失，人们不管有多少货币都愿意持在手中，这种情况称为"凯恩斯陷阱"或"流动偏好陷阱"。前面说过流动偏好是凯恩斯提出的概念，是指人们持有货币的偏好。人们之所以产生对货币的偏好，是由于货币是流动性或者说灵活性最大的资产，货币随时可做交易之用，随时可应付不测之需，随时可作投机用，因而人们对货币的偏好就称作流动偏好。货币需求关于利率的系数也称作流动性偏好的利率系数。当利率极低时，人们手中无论增加多少货币，都不会再去购买有价证券，都要留在手中，因而流动性偏好无限大，这时候即使银行增加货币供给，也不会再使利率下降。

3.货币需求函数

对货币的总需求是人们对货币的交易需求、预防需求和投机需求的总和。货币的交易需求和预防需求取决于国民收入，而货币的投机需求取决于利率，因此，对货币的总需求函数可描述为：

$$L=L_1+L_2=L_1(Y)+L_2(R)=kY-hR \tag{10-16}$$

式(10-16)中的 L、L_1 和 L_2 都是代表对货币的实际需求，即具有不变购买力的实际货币需求量。k 和 h 是常数，k 衡量收入增加时货币需求增加多少，这是货币需求关于收入变动的系数，h 衡量利率提高时货币需求变动多少，这是货币需求关于利率变动的系数，如果知道了 k、h、Y 和 R 之值，就不难求得货币需求量。

货币需求函数可用图 10-3 来表示。

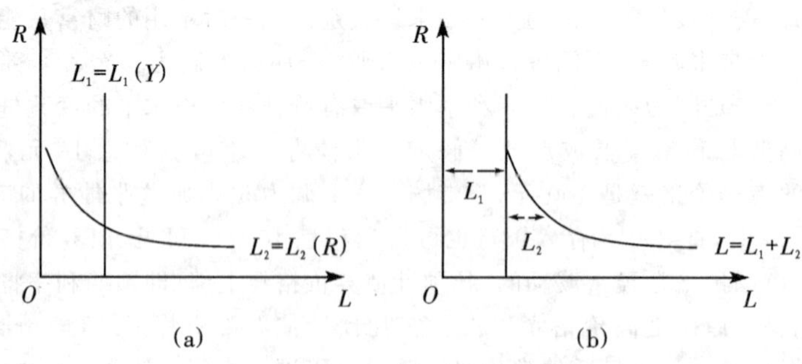

图 10-3　货币需求曲线

图 10-3(*a*)中垂线 L_1 表示为满足交易动机和预防动机的货币需求曲线，它和利率无关，因而垂直于横轴。L_2 线表示为满足投机动机的货币需求曲线，它起初向右下方倾斜，表示货币的投机需求量随利率下降而增加，最后为水平状，表示"流动偏好陷阱"。图 10-3(*b*)中的 L 线则是包括 L_1 和 L_2 在内的全部货币需求曲线，其纵轴表示利率，横轴表示货币需求量。这条货币需求曲线表示在

一定收入水平上货币需求量和利率的关系。利率上升时，货币需求量减少；利率下降时，货币需求量增加。

(二)货币供给

货币供给有狭义的货币供给和广义的货币供给之分。狭义的货币供给是指硬币、纸币和银行活期存款的总和，一般用 M_1 表示。活期存款可随时提取，并可当作货币在市面上流通，因而是狭义货币的一个组成部分。在狭义的货币供给上加上定期存款，便是广义的货币供给，一般用 M_2 表示。再加上个人和企业持有的政府债券等流动资产或“货币近似物”，便是意义更广泛的货币供给，一般用 M_3 表示。下面所讲的货币供给是指 M_1 供给。

货币供给是一个存量概念，它是一个国家在某一时点上所保持的不属政府和银行所有的硬币、纸币和银行存款的总和。在现代经济中，政府或者国家控制着货币发行权，并通过银行系统影响社会的货币总量。需要说明，政府发行的货币是名义货币，即按照货币的面值计量的货币数量。但经济学讨论货币市场所涉及的货币是指实际货币，因此，需要将名义货币折算为实际货币量。假定政府发行的名义货币量为 M′，而经济中的价格总水平为 P，那么实际发挥作用的货币量是：

$$M=\frac{M'}{P} \tag{10-17}$$

如果用图形来表示经济中的货币供给，货币供给曲线则是一条平行于纵轴利率的直线，如图 10-4 所示。式(10-17)和图 10-4 都表明，经济中的实际货币供给量与利率的高低无关。

(三)均衡利率的决定

在货币市场上，货币需求与货币供给的相互作用使得市场利率趋向于均衡，如图 10-5 所示。

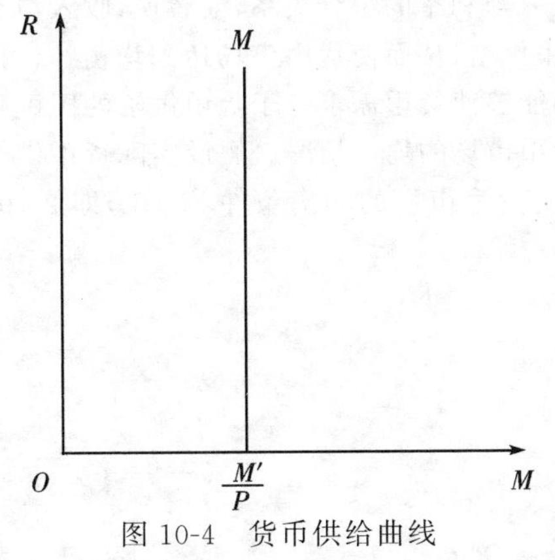

图 10-4 货币供给曲线

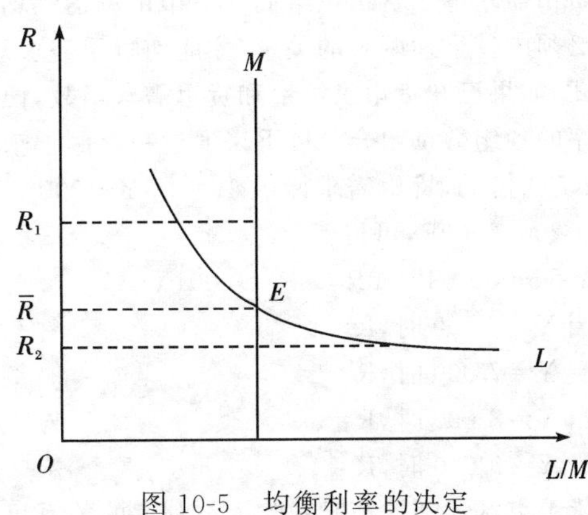

图 10-5 均衡利率的决定

在图 10-5 中，L 表示货币需求曲线，在既定的收入条件下，它随着利率的降低而增加；垂直于横轴的直线 M 表示货币供给曲线，它不随利率的变动而变动。货币需求曲线与供给曲线的交点 E 决定了货币市场的均衡利率 $\overline{R}$，这表明，只有当货币供给等于货币需求时，货币市场才处于均衡状态。当市场利率高于均衡利率 $\overline{R}$ 时，比如位于 R_1 时，说明货币需求小于货币供给，这时人们感到手中持有的货币太多，就会把多余的货币买进有价证券，结果有价证券价格提高，亦即利率下降，从而 R_1 趋向于 $\overline{R}$。反之，当利率低于均衡利率 $\overline{R}$ 时，比如位于 R_2，说明货币需求大于货币供给，这时人们感到手中持有的货币太少，就会卖出有价证券，结果导致有价证券价格下降，亦即利率上升，R_2 趋向于 $\overline{R}$。由此可见，只有货币需求等于货币供给时，利率才会处于均衡水平。这一均衡利率水平可由下列条件所决定：

$$M=L_1(Y)+L_2(R) \tag{10-18}$$

既然市场均衡利率由货币需求和货币供给所决定，那么当货币需求或货币供给变动时，均衡利率水平也会相应地变动。货币供给不变时，若货币需求增加，则货币需求曲线向右上方移动，从而均衡利率升高；反之，若货币需求减少，则均衡利率将下降。货币需求不变时，若货币供给增加，则货币供给曲线向右移动，均衡利率下降；反之，若货币供给减少，则均衡利率上升。当人们对货币的需求处于流动偏好陷阱时，即货币需求曲线趋于水平状态时，无论货币供给有多大，市场均衡利率都会倾向于保持不变。

二、货币市场均衡与 LM 曲线

(一)LM 曲线及其推导

前面的分析表明，利率由货币市场上的货币需求和货币供给来决定，而货币供给量由中央银行所控制，它是一个由政策决定的变量，至少在短期内，它不会随着人们对货币需求的变动而变动。所以，在货币供给量既定情况下，货币市场的均衡只能通过调节对货币的需求来实现。假定 M 代表实际货币供给量，则货币市场的均衡可表示为：

$$M=L=L_1(Y)+L_2(R)=kY-hR \tag{10-19}$$

这一等式表示了满足货币市场均衡条件下的收入 Y 与利率 R 的关系，该等式还可以表示为：

$$Y=\frac{h}{k}R+\frac{M}{k} \tag{10-20}$$

或

$$R=\frac{k}{h}Y-\frac{M}{h} \tag{10-21}$$

式(10-20)和式(10-21)均是 LM 曲线的代数表达式，也被称为货币市场供求均衡的方程式，它表示货币需求等于货币供给而使货币市场达到均衡的收入与利率的组合关系，或者说，收入与利率之间必须维持上述两式的关系，才能使货币需求等于货币供给，从而使货币市场达到均衡。根据上述两式，如果已知货币供给量和货币需求函数，便可求出能够使货币需求等于货币供给的国民收入与利率的各组数量组合。接下来通过一个例子来说明货币市场的均衡情况。假设实际货币供给量 $M=2\ 700$ 亿元，货币需求函数 $L=0.5Y+200-500R$，由货币市场的均衡条件 $M=L$，即 $2\ 700=0.5Y+200-500R$，可得：

$Y=5\ 000+1\ 000R$ 或 $R=0.001Y-5$

当 $Y=6\ 000$ 时，$R=1$

当 $Y=7\ 000$ 时，$R=2$

当 $Y=8\ 000$ 时，$R=3$

当 $Y=9\ 000$ 时，$R=4$

货币市场达到均衡时的收入与利率的关系可用图 10-6 来表示。在图 10-6 中，以横轴表示国民收入 Y，以纵轴表示市场利率 R，将上例中的收入与利率的各组均衡值表示在坐标图上，则可得到一条反映收入与利率间关系的曲线，这条曲线被称为 LM 曲线。LM 曲线表示要使货币需求等于货币供给，国民收入和利率必须具备的数量组合的轨迹，或者说，它表示国民收入和利率应该如何配合，才能保证货币需求量与货币供给量相等。LM 曲线是一条向右上方倾斜的曲线。与 IS 曲线相似，LM 曲线的意义也并不是表明利率与国民收入存在着这样一种严格的函数关系，也不意味着两者存在因果关系。它只表明，当利率与

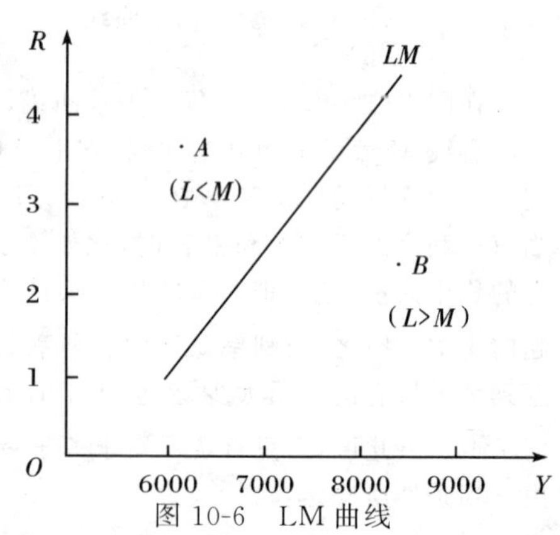

图 10-6 LM 曲线

国民收入存在这样一种数量关系时，货币需求量与货币供给量保持相等，货币市场均衡的条件得到满足。

LM 曲线的性质说明，在曲线上的任何一点都是使货币供求相等的利率与收入的一种组合。但是，经济社会每一时期的收入和利率的实际组合并不可能一定位于 LM 曲线之上，而有可能存在货币市场的不均衡。图 10-6 中位于 LM 曲线右下方的 B 点就是一个非均衡点，这时实际利率低于应有的利率，因此，B 点是一个货币需求大于货币供给的非均衡点；相反，如果实际利率高于应有的利率，就会使货币需求小于货币供给，如图 10-6 中的 A 点，就是一个货币需求小于货币供给的非均衡点。一般来说，位于 LM 曲线右下方的收入和利率的组合，都是货币需求大于货币供给的非均衡组合；位于 LM 曲线左上方的收入和利率的组合，都是货币需求小于货币供给的非均衡组合；只有位于 LM 曲线上的收入和利率的组合，才是货币需求等于货币供给的均衡组合。

(二)LM 曲线的斜率

LM 曲线斜率的大小反映了利率变动与国民收入变动之间的数量关系。从 LM 曲线的代数表达式 $R=(\frac{k}{h})Y-\frac{M}{h}$ 可以看出，$\frac{k}{h}$ 是 LM 曲线的斜率，当 k 为定值时，h 越大，即货币需求对利率的变动越敏感，则 $\frac{k}{h}$ 就越小，于是 LM 曲线越平缓；反之，h 越小，即货币需求对利率的变动越不敏感，则 $\frac{k}{h}$ 就越大，于是 LM 曲线越陡峭。另一方面，当 h 为定值时，k 越大，即货币需求对收入的变动越敏感，则 $\frac{k}{h}$ 就越大，于是 LM 曲线越陡峭；反之，k 越小，即货币需求对收入的变动越不敏感，则 $\frac{k}{h}$ 就越小，于是 LM 曲线越平缓。

西方学者认为，货币的交易需求函数一般比较稳定。因此，LM 曲线的斜率主要取决于货币的投机需求函数，而货币投机需求与利率呈反向变动关系。

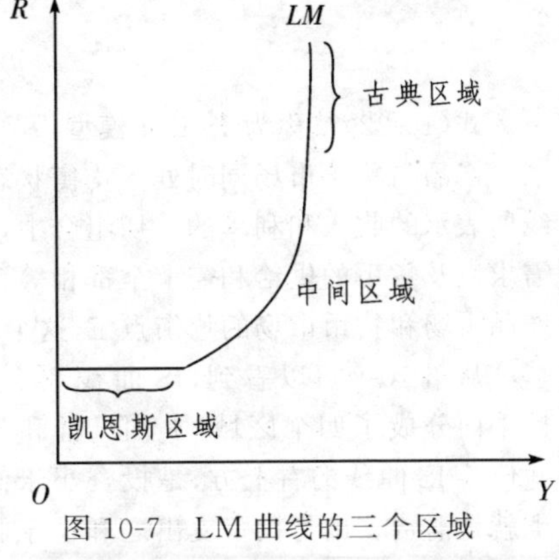

图 10-7 LM 曲线的三个区域

前面说过，当利率降得很低时，货币投机需求将成为无限的，这就是“凯恩斯陷阱”或“流动偏好陷阱”，由于在这一极低的利率水平上，货币投机需求量已成为无限的，因此货币投机需求曲线成为一条水平线，这会使 LM 曲线也成为水平的，如图 10-7 所示。西方经济学上将 LM 曲线呈水平状的这个区域称为“凯恩斯区域”。相反，如果利率上升到很高水平时，货币的投机需求量将等于零，这时人们除了为完成交易还必须持有一部分货币(即交易需求)，再不会为投机而持有货币，这时 LM 曲线将呈现一条垂线，如图 10-7 所示。西方经济学上将 LM 曲线呈垂直状态的这个区域称为“古典区域”。介于凯恩斯区域和古典区域之间的这段 LM 曲线是“中间区域”，如图 10-7 所示。这段 LM 曲线向右上方倾斜，表明在这一区域利率与国民收入必须同方向变动，才会使货币市场均衡。

(三)LM 曲线的移动

由于 LM 曲线是由货币需求和货币供给来决定的，所以，货币投机需求、交易需求和货币供给量的变化，都会使 LM 曲线发生相应的变动。

(1)货币投机需求曲线移动，会使 LM 曲线发生方向相反的移动，即如果投机需求曲线右移(即投机需求增加)，而其他情况不变，则会使 LM 曲线向左上方移动，原因是同样利率水平上现在投机需求量增加了，交易需求量必减少，从而要求的国民收入水平下降了。反之，投机需求减少时，LM

曲线向右下方移动。

(2)货币交易需求曲线移动,会使LM曲线发生方向相同的移动。即如果交易需求曲线右移(即交易需求增加),而其他情况不变,则会使LM曲线向右下方移动。反之,交易需求减少时,LM曲线向左上方移动。

(3)货币供给量变动将使LM曲线发生同方向变动,即如果货币供给增加,则会使LM曲线向右下方移动,原因是在货币需求不变时(包括投机需求和交易需求),货币供给增加必使利率下降,利率下降又刺激投资和消费,从而使国民收入增加。反之,货币供给减少时,LM曲线向左上方移动。

在导致LM曲线移动的三个因素中,特别要重视货币供给量变动这个因素,因为货币供给量是国家货币当局可以根据需要而调整的一个因素,通过这种调整来调节利率和国民收入,正是货币政策的内容。

第三节　产品市场和货币市场的一般均衡与IS-LM模型

一、两个市场同时均衡的利率和收入

使得产品市场与货币市场同时处于均衡的收入Y和利率R必须同时满足产品与货币市场的均衡条件。由产品市场的分析知道,当投资等于储蓄时产品市场处于均衡,因此,产品市场的均衡可以由I(R)=S(Y)加以表示。由货币市场的分析可以知道,当货币需求等于货币供给时货币市场处于均衡,因此,货币市场的均衡可以由 $M=L_1(Y)+L_2(R)$ 加以表示。这样,使得产品市场与货币市场同时处于均衡的收入Y和利率R的组合应该满足下列两个条件:

$$\begin{gathered} I(R)=S(Y) \\ M=L_1(Y)+L_2(R) \end{gathered} \tag{10-22}$$

式(10-22)被称为IS-LM模型。

产品与货币市场同时处于均衡状态的情况也如图10-8所示,图10-8表明,在IS曲线和LM曲线所表示的收入和利率的一切组合中,只有收入为 $\overline{Y}$,利率为 $\overline{R}$ 的这一组合,才正好使产品的供给和需求以及货币的供给和需求全都相等。这一组合就是IS曲线和LM曲线的交点处,这个交点就是产品市场和货币市场的均衡点E,这个交点同时决定均衡收入和均衡利率。

从图10-8可以看到,IS曲线和LM曲线把坐标平面分成了四个区域:Ⅰ、Ⅱ、Ⅲ和Ⅳ。区域Ⅰ、Ⅱ位于IS曲线的右上方,是投资小于储蓄的区域,也就是消费支出与投资支出之和小于收入的区域;区域Ⅲ、Ⅳ位于IS曲线的左下方,是投资大于储蓄的区域,或者说是消费支出与投资支出之和大于收入的区域,这是产品市场的情况。区域Ⅱ、Ⅲ位于LM曲线的右下方,是货币需求大于货币供给的区域,也就是投机需求与交易需求之和大于全部货币供给的区域;区域Ⅰ、Ⅳ位于LM曲线的左上方,是货币需求小于货币供给的区域,或者说是投机需求与交易需求之和小于全部货币供给的区域。四个区域的非均衡关系可列于表10-1。

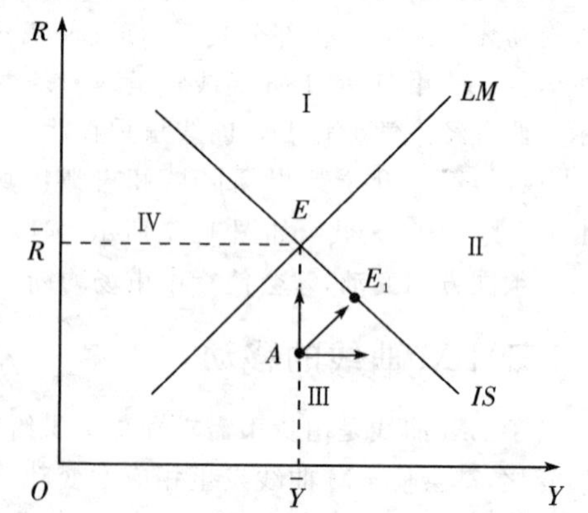

图10-8　产品市场和货币市场的一般均衡

表 10-1　产品市场和货币市场的非均衡情况

区域	产品市场	货币市场
Ⅰ	$I<S$ 有超额产品供给	$L<M$ 有超额货币供给
Ⅱ	$I<S$ 有超额产品供给	$L>M$ 有超额货币需求
Ⅲ	$I>S$ 有超额产品需求	$L>M$ 有超额货币需求
Ⅳ	$I>S$ 有超额产品需求	$L<M$ 有超额货币供给

由于只有在 IS 曲线上的收入与利率的组合才能使产品市场达到均衡，只有在 LM 曲线上的收入与利率的组合才能使货币市场达到均衡，故只有既在 IS 曲线上又在 LM 曲线上的收入与利率的组合，才能使产品市场和货币市场同时达到均衡。或者说，只有 IS 曲线与 LM 曲线的交点处，才会产生均衡收入和均衡利率。如果收入和利率的组合不在 IS 曲线与 LM 曲线的交点处，则国民收入和利率便没有处于均衡水平。因此，各个区域存在不均衡时会得到调整。产品市场不均衡会导致收入变动，即投资大于储蓄会导致收入上升，投资小于储蓄会导致收入下降。货币市场不均衡会导致利率变动，货币需求大于货币供给会导致利率上升，货币需求小于货币供给会导致利率下降。无论哪种非均衡情况的调整都最终会趋向于均衡利率和均衡收入。例如，在图 10-8 中，假定经济处于 A 点所表示的收入和利率组合的不均衡状态，A 点在区域Ⅲ中，一方面有超额产品需求，从而收入会上升，收入从 A 点沿平行于横轴的箭头向右移动；另一方面有超额货币需求，从而利率会上升，利率从 A 点沿平行于纵轴的箭头向上移动。这两方面调整的共同结果是引起收入和利率的组合沿对角线的箭头方向移动到 E_1 点，在 E_1 点，产品市场均衡了，但货币市场仍不均衡，于是，仍会再调整，一直调整到均衡点 E 才会停止。

二、均衡的变动

IS 曲线和 LM 曲线的交点所决定的收入和利率的均衡组合不是固定不变的，将遂决定它的两条曲线中任何一条曲线的变动或两条曲线的同时变动而变动。

(一)IS 曲线的移动

投资的变动是影响两个市场中收入和利率的均衡组合变动的重要因素之一。投资增加，会使 IS 曲线向右上方移动；投资减少，会使 IS 曲线向左下方移动。在 LM 曲线不变的情况下，向右上方移动的 IS 曲线同 LM 曲线在较高的位置相交，这个较高的均衡点表示一个较高收入和较高利率的均衡组合；向左下方移动的 IS 曲线同 LM 曲线在较低的位置相交，这个较低的均衡点表示一个较低收入和较低利率的均衡组合，如图 10-9(a)所示。

在图 10-9(a)中，IS_0 与 LM 的交点 E_0 表示收入为 Y_0、利率为 R_0 的均衡组合。由于投资增加，IS_0 向右上方移动到 IS_1，IS_1 与 LM 的交点 E_1 表示收入为 Y_1、利率为 R_1 的均衡组合。相反，由于投资减少，IS_0 向左下方移动到 IS_2，IS_2 与 LM 的交点 E_2 表示收入为 Y_2、利率为 R_2 的均衡组合。

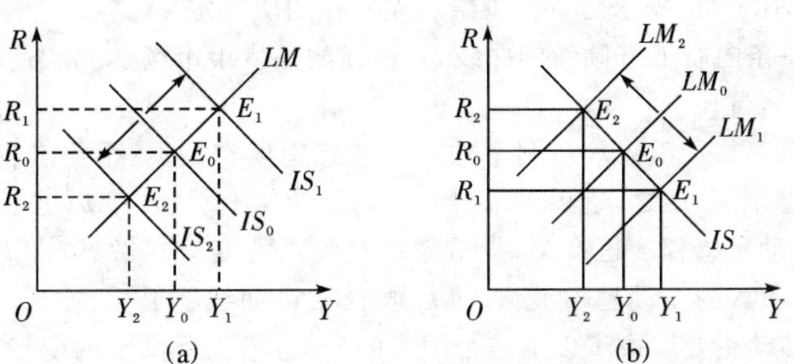

图 10-9　IS 曲线与 LM 曲线变动对均衡收入和利率的影响

(二)LM 曲线的移动

货币供给的变动也是影响两个市场中收入和利率的均衡组合变动的重要因素之一。货币供给增加,会使 LM 曲线向右下方移动;货币供给减少,会使 LM 曲线向左上方移动。在 IS 曲线不变的情况下,向右下方移动的 LM 曲线同 IS 曲线在较低的位置相交,这个较低的均衡点表示一个较高收入和较低利率的均衡组合;向左上方移动的 LM 曲线同 IS 曲线在较高的位置相交,这个较高的均衡点表示较低收入和较高利率的均衡组合,如图 10-9(b)所示。

在图 10-9(b)中,LM_0 与 IS 的交点 E_0 表示收入为 Y_0、利率为 R_0 的均衡组合。由于货币供给增加,LM_0 向右下方移动到 LM_1,LM_1 和 IS 的交点 E_1 表示收入为 Y_1、利率为 R_1 的均衡组合。相反,货币供给减少会使 LM_0 向左上方移动到 LM_2,LM_2 和 IS 的交点 E_2 表示收入为 Y_2、利率为 R_2 的均衡组合。上述分析表明,在 IS 曲线不变,即产品供求没有变化的情况下,LM 曲线向右下方移动,意味着货币市场供过于求,这必然会导致利率下降,利率下降会刺激消费和投资,从而使收入增加;LM 曲线向左上方移动,意味着货币市场供不应求,这必然会导致利率上升,收入下降。

(三)IS 曲线和 LM 曲线的同时移动

以上分别说明了 IS 曲线和 LM 曲线的移动对两个市场均衡的影响。如果 IS 曲线和 LM 曲线同时移动,则收入和利率的变动情况可由 IS 曲线和 LM 曲线如何同时移动而决定。如果 IS 曲线向右上方移动,LM 曲线同时向右下方移动,则可能出现收入增加而利率不变的情况。这就是所谓扩张性的财政政策和货币政策相结合可能出现的情况。

本章小结

(1)投资函数表明的是投资和利率之间呈反向变动的关系。

(2)IS 曲线是一条向右下方倾斜的曲线,它描述的是产品市场达到均衡时国民收入与利率之间呈反向变动关系的轨迹。

(3)IS 曲线的倾斜程度与投资对利率的变动敏感程度呈反方向变化,投资对利率的变动越敏感,即 d 越大,IS 曲线越平缓,反之,投资对利率的变动越不敏感,即 d 越小,IS 曲线越陡峭;与边际消费倾向 β 呈反方向变化,β 越大,IS 曲线越平缓,反之,β 越小,IS 曲线越陡峭。在三部门经济中,IS 曲线的倾斜程度还和税率 t 的大小有关:当 d 和 β 既定时,t 越小,IS 曲线越平缓,反之,t 越大,IS 曲线越陡峭。在四部门经济中,IS 曲线的倾斜程度还和边际进口倾向 γ 的大小有关:当 d、β 和 t 既定时,边际进口倾向 γ 越小,IS 曲线越平缓,反之,γ 越大,IS 曲线越陡峭。

(4)影响 IS 曲线移动的主要有以下几个因素:投资需求变动、储蓄函数变动、政府购买支出及税收变动、净出口额变动等。投资需求增加、政府购买支出增加、净出口增加都会使 IS 曲线向右上方移动,反之,则向左下方移动;而储蓄与税收的增加会使得 IS 曲线向左下方移动,反之,则向右上方移动。

(5)市场均衡利率由货币需求与货币供给的相互作用所决定。

(6)LM 曲线是一条向右上方倾斜的曲线,它描述的是货币市场达到均衡时国民收入与利率之间呈同向变动关系的轨迹。

(7)LM 曲线的斜率与货币需求对利率的变动敏感程度有关,货币需求对利率的变动越敏感,即 h 越大,LM 曲线越平缓,反之,货币需求对利率的变动越不敏感,即 h 越小,LM 曲线越陡峭;与货币需求对收入的变动敏感程度也有关,货币需求对收入的变动越敏感,即 k 越大,LM 曲线越陡峭,反之,货币需求对收入的变动越不敏感,即 k 越小,LM 曲线越平缓。

(8)LM 曲线的移动主要取决于以下三个因素的变动:①货币供给的变动。货币供给增加将导致 LM 曲线向右下方移动;反之,货币供给减少将使 LM 曲线向左上方移动。②货币交易需求的变动。货币交易需求增加，*LM* 曲线向左上方移动；反之，货币交易需求减少，则 *LM* 曲线向右下方移动。③货币投机需求的变动。货币投机需求增加，*LM* 曲线向左上方移动；货币投机需求减少，则 *LM* 曲线向右下方移动。

(9)所谓 *IS-LM* 模型，是指当产品市场与货币市场同时均衡时，国民收入与利率之间的关系。

阅读资料

"节俭悖论"

18 世纪，荷兰有个叫曼德维尔的医生，他写了一本《蜜蜂的寓言》，书中讲一群蜜蜂为了追求奢华的生活，大肆挥霍，结果这个蜂群很快兴旺发达起来。而后来，由于这群蜜蜂改变了习惯，放弃了奢侈的生活，崇尚节约，结果却导致了整个蜜蜂社会的衰败。

蜜蜂的故事说的是"节俭的逻辑"，在经济学上叫"节俭悖论"。众所周知，节俭是一种美德，既然是美德，为什么还会产生这个悖论呢？

宏观经济学的创始人凯恩斯对此给出了让人们信服的经济学解释，他认为从微观上分析，某个家庭勤俭持家，减少浪费，增加储蓄，往往可以致富；但从宏观上分析，节俭对于经济增长并没有什么好处：公众节俭→社会总消费支出下降→社会商品总销量下降→厂商生产规模缩小、失业人口上升→国民收入下降、居民个人可支配收入下降→社会总消费支出下降……1931 年 1 月，他在广播中断言，节俭将促成贫困的"恶性循环"，他还说"如果你们储蓄 5 先令，将会使一个人失业 1 天"。凯恩斯的解释后来发展成为凯恩斯定理，即需求会创造自己的供给，一个国家在一定条件下，可以通过刺激消费、拉动总需求来达到促进经济发展和提高国民收入的目的。

1997 年，东南亚发生经济危机，我国经济也面临挑战。据全国商业信息中心对我国市场主要商品供求情况的分析结果显示，1997 年下半年供过于求的商品占 31.8%，2001 年下半年则升至 83%，2002 年下半年达到 88%，几乎没有供不应求的商品。当时我国政府采取了凯恩斯理论原理，通过各种途径来拉动和刺激内需，如增发国债以大兴基础设施建设，实施"黄金周"的节假日政策以刺激旅游业的发展等。事实证明，这些政策对于帮助我国走出困境和提高收入水平起到了很大的推动作用。

当然，节俭悖论并不是说应该在任何时候放弃鼓励节俭的传统，而是说在需求不足的状况下，应该扩大需求来拉动经济增长。同样，在 2008 年上半年，我国的经济形势开始显现面临困难。这里面除了有 2007 年爆发的美国次贷危机的影响之外，还有我国劳动力成本上升、资源短缺等因素的影响。因此，我们就不能完全依靠扩大需求的方式来解决，而是同时要采用供给政策来干预经济。

(资料来源：张红智.西方经济学[M].北京：对外经济贸易大学出版社，2009.)

本章习题

一、名词解释

投资函数　*IS* 曲线　货币需求　交易动机　预防动机　投机动机　流动性陷阱
货币供给　*LM* 曲线　*IS-LM* 模型

二、选择题

(1)*IS* 曲线表示满足(　　)关系。

A.收入支出均衡　　B.总供给和总需求均衡
C.储蓄和投资均衡　　D.上述都对

(2)如果边际消费倾向提高，则 IS 曲线(　　)。

A.向右平移　　B.向左平移

C.变得更为陡峭　　D.变得更为平缓

(3)如果 LM 曲线保持不变而 IS 曲线向右上方移动，则均衡利率(　　)，均衡国民收入(　　)。

A.下降，增加　　B.上升，增加

C.下降，减少　　D.上升，减少

(4)IS 曲线右上方，LM 曲线左上方的区域中利率和收入的组合点表示(　　)。

A.产品供给大于产品需求，货币供给大于货币需求

B.产品供给大于产品需求，货币供给小于货币需求

C.产品供给小于产品需求，货币供给大于货币需求

D.产品供给小于产品需求，货币供给小于货币需求

(5)当中央银行增加货币供给量时，LM 曲线将(　　)。

A.向左上方移动　　B.向右下方移动

C.变得更为陡峭　　D.变得更为平缓

(6)货币需求(　　)。

A.与收入水平正相关、与利率负相关　　B.与收入水平正相关、与利率正相关

C.与收入水平负相关、与利率正相关　　D.与收入水平负相关、与利率负相关

(7)LM 曲线表明了货币市场处于均衡状态，它隐含着(　　)。

A.货币供给等于产品需求　　B.货币供给等于货币需求

C.货币需求等于产品供给　　D.广义货币交易需求等于投机需求

(8)IS 曲线向左下方移动的条件是(　　)。

A.自发总需求增加　　B.自发总需求减少

C.价格水平下降　　D.货币供给减少

(9)假定货币供给量不变，货币需求是收入和利率的函数。如果收入增加，那么(　　)。

A.货币需求增加、利率上升　　B.货币需求增加、利率下降

C.货币需求减少、利率上升　　D.货币需求减少、利率下降

(10)如果政府增加购买支出，同时中央银行增加货币供给量，那么(　　)。

A.均衡收入增加，利率上升　　B.均衡收入增加，利率下降

C.均衡收入减少，利率上升　　D.均衡收入增加，利率不确定

三、计算题

(1)假设一个只有家庭和企业的两部门经济中，消费函数为 $C=100+0.6Y$，投资函数为 $I=200-12R$，实际货币供给 $M=100$，货币需求 $L=0.4Y-8R$(单位：亿元)，试求：

①IS 曲线和 LM 曲线的表达式。

②产品市场和货币市场同时均衡时的利率和收入。

(2)假定某国的经济状况可由下列各等式描述：

$C=100+0.8Y_d$　(消费)

$I=200-1\,000R$　(投资)

$L=Y-1\,0000R$　(货币需求)

若政府购买为 550，税收为 500，名义货币供给量为 1 080，价格总水平为 1.2，试求：

①IS 曲线和 LM 曲线的表达式。

②均衡国民收入水平、利息率、消费和投资各为多少？

(3)假定某国的经济状况可由下列各等式描述：

$C=90+0.9Y_d$ （消费）

$I=200-1\ 000R$ （投资）

$L=Y-10\ 000R$ （货币需求）

若政府征收比例税，且税率 t 为$\frac{1}{3}$，政府购买 G 为 710，名义货币供给量 m 为 600，价格总水平 P 为 1.2，试求：

①IS 曲线和 LM 曲线的表达式。

②均衡国民收入水平、利息率、消费和投资各为多少？

四、思考题

(1)试分析影响 IS 曲线和 LM 曲线斜率和移动的因素分别有哪些？

(2)什么是货币需求？人们需要货币的动机有哪些？

第十一章 总需求—总供给模型

■ 学习要点

☆ 总需求函数为减函数的原因
☆ 总需求曲线的推导
☆ 总需求曲线的移动
☆ 总供给函数曲线
☆ AD-AS 模型对经济波动的解释
☆ 总供给曲线三个区域的含义

本章要介绍的总需求—总供给模型,又称"完全的国民收入决定理论",它研究了在利率和价格水平都可变的条件下使产品市场和货币市场同时均衡的国民收入是如何决定的。该模型引入了劳动力市场和宏观生产函数,得出了总供给曲线,重点分析了价格水平的决定及变动对总供给乃至宏观经济的影响。

第一节 总需求曲线

一、总需求函数

总需求(AD)是经济社会对产品和劳务的需求总量,这一需求总量通常由产出水平来表示。总需求由消费需求、投资需求、政府购买需求和国外需求构成。总需求函数被定义为产量(国民收入)与价格水平之间的关系。它表示在某个特定价格水平下,经济社会所需要的产量水平。如果以 Y 表示经济中的总产出水平,P 表示价格水平,则总需求函数可表示为:

$$Y = AD(P) \tag{11-1}$$

在价格水平为纵坐标,产量水平为横坐标的坐标图中,总需求函数的几何表示被称为总需求曲线,如图 11-1 所示。总需求曲线是一条向右下方倾斜的曲线,表明社会总需求量和价格之间呈反方向变化的关系,即价格水平越高,社会需求总量越小;价格水平越低,社会需求总量越大。

价格水平的变化和社会需求总量的变化为什么是反方向呢?

(1) 如果价格水平上升,这将导致利率上升,进而导致投资和总支出水平下降。这是因为,当价格水平上升时,人们需要更多的货币从事交易。从通常意义上看,价格水平越高,商品和劳务越贵,所需交易的现金就越多,支付的金额就越大。可见货币的名义需求是价格水平的增函数。如果货币供给没有变化,价格上升使货币需求增加时,利率就会上升。利率上升,使投资水平下降,因而使总支出水平和收入水平下降。在宏观经济学中,将价格水平变动引起利率同方向变动,进而使投资和产出水平反方向变动的情况,称为利率效应。

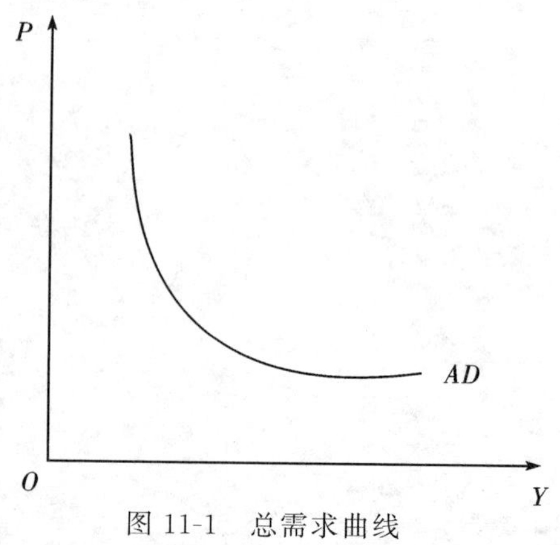

图 11-1 总需求曲线

(2)价格水平上升,使人们所持有的货币及其他以货币衡量的具有固定价值的资产的实际价值降低,人们会变得相对贫穷,于是人们的消费水平就相应地减少,这种效应称为实际余额效应。

(3)价格水平上升,会使人们的名义收入增加,名义收入增加会使人们进入更高的纳税档次,从而使人们的税负增加,可支配收入下降,进而使人们的消费水平下降。

总之,价格水平的上升将使总需求的各个构成项目都会减少,所以,社会需求总量是减少的。

二、总需求曲线的推导

总需求曲线可以根据 IS-LM 模型图导出,图 11-2(*a*)是 IS-LM 模型图,图 11-2(*b*)的横轴表示产出 Y,纵轴表示价格水平 P,用以表示从图(*a*)推导出来的总需求曲线 AD。在图 11-2(*a*)中,当价格水平为 P_1 时,LM 曲线为 LM_1,它与 IS 曲线的交点 E_1 决定了均衡的国民收入为 Y_1,这意味着在价格水平为 P_1 时,社会对商品的需求总量为 Y_1,将 Y_1 与 P_1 标在图 11-2(*b*)中便得到总需求曲线上的 D_1 点。现在,假定价格水平从 P_1 下降到 P_2,在名义货币供给量不变的情况下,价格水平下降将使实际货币供给量增加,LM 曲线从 LM_1 向右移动到 LM_2,它与 IS 曲线的交点 E_2 决定了均衡的国民收入为 Y_2,这意味着在价格水平 P_2 上,社会对商品的需求总量增加为 Y_2,对应于图 11-2(*a*)中 E_2 点,可在图 11-2(*b*)中得到总需求曲线上的 D_2 点。用同样的方法,随着价格水平 P 的变化,LM 曲线和 IS 曲线可以有许多交点,每一个交点都对应着一个特定的 Y 和 P,于是就有许多 P 和 Y 的组合,这就构成了图 11-2(*b*)中的一系列点,把这些点连接起来所得到的曲线就是总需求曲线 AD。

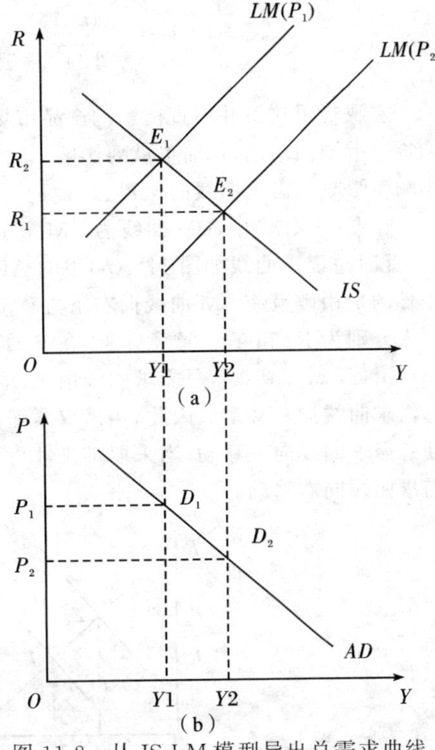

图 11-2 从 IS-LM 模型导出总需求曲线

三、总需求曲线的移动

从总需求曲线的推导过程,可以发现,在给定的价格水平上,任何使 IS 曲线或 LM 曲线移动的因素也会改变总需求曲线的位置。我们在后面将要讨论宏观财政政策的变动会改变 IS 曲线的位置,宏观货币政策的变化会改变 LM 曲线的位置。下面主要运用 IS-LM 模型来说明宏观财政与货币政策变化对总需求曲线的影响情况。

宏观财政政策并不直接影响货币市场的均衡,从而也就不影响 LM 曲线的位置。但财政政策影响产品市场的均衡,从而也就要影响 IS 曲线的位置。这样,宏观财政政策主要通过对 IS 曲线位置的影响而影响总需求曲线的位置。

在图 11-3(*a*)中,IS 曲线为 IS_0,IS_0 与 LM 曲线相交于 E_0,决定了利率为 R_0,国民收入为 Y_0,此时总需求曲线如图 11-3(*b*)中的 AD_0 所示。现在,假定政府的扩张性财政政策(增加购买或减少税收)使 IS 曲线向右上方移动到 IS_1,IS_1 与 LM 曲线相交于 E_1 点,从而决定了利率为 R_1,国民收入为 Y_1。这意味着,在 P_0 的价格水平下,由于政府的扩张性财政政策使社会对商品的需求总量从 Y_0 增加到 Y_1,即总需求曲线向右移动到 AD_1。同样,也可以说明,当政府采取紧缩性财政政策时,总需求曲线会向左移动。因此,当采取扩张性财政政策时,在每一个价格水平上,都可使总需求量增加,进而使总需求曲线向右移动;当采取紧缩性财政政策时,在每一个价格水平上,都可使总需求量减少，进而使总需求曲线向左移动。

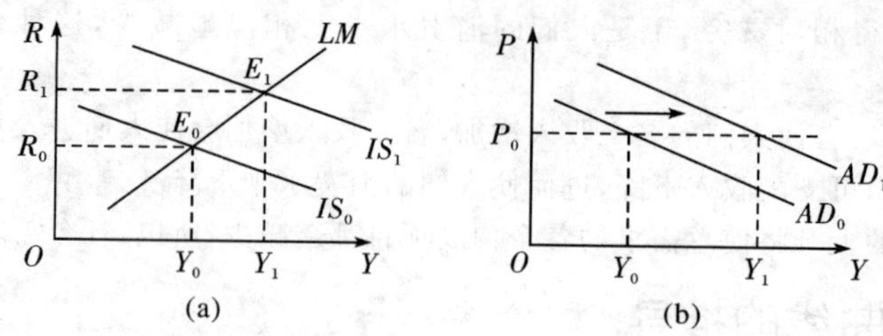

图 11-3 财政政策对总需求曲线的影响

宏观货币政策并不直接影响产品市场的均衡，从而也就不影响 IS 曲线的位置。但货币政策影响货币市场的均衡，从而也就要影响 LM 曲线的位置。这样，货币政策主要通过对 LM 曲线位置的影响而影响总需求曲线的位置。

在图 11-4(*a*)中，LM 曲线为 LM_0，与 IS 曲线相交于 E_0，决定了利率和国民收入分别为 R_0 和 Y_0，此时总需求曲线如图 11-4(*b*)中的 AD_0 所示。现在，假定在保持价格水平不变的情况下实施扩张性的货币政策使 LM 曲线向右下方移动到 LM_1，LM_1 与 IS 曲线相交于 E_1 点，决定了利率和国民收入分别为 R_1 和 Y_1。这意味着，在 P_0 的价格水平上，由于扩张性的货币政策，社会对商品的需求总量由 Y_0 增加到 Y_1，总需求曲线由 AD_0 右移至 AD_1。同样，也可以说明，紧缩性的货币政策将使总需求曲线向左移动。因此，当采取紧缩性货币政策时，在每一价格水平上，都会使总需求量减少，使总需求曲线向左移动；当采取扩张性货币政策时，在每一价格水平上，都会使总需求量增加，使总需求曲线向右移动。

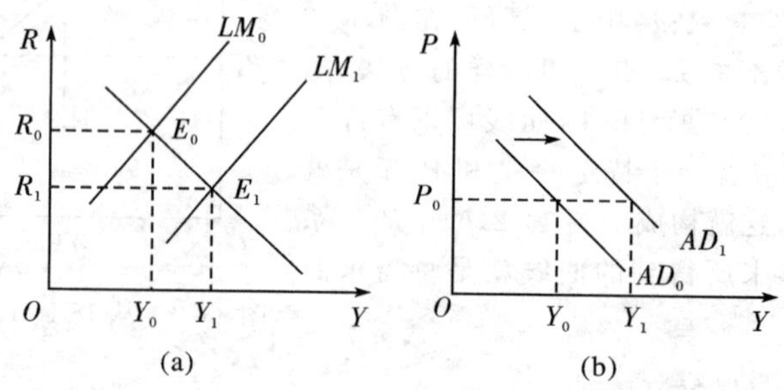

图 11-4 货币政策对总需求曲线的影响

第二节 总供给曲线

一、总供给函数

总供给(AS)是经济社会的总产出水平，它描述了经济社会的基本资源用于生产时可能有的产出水平。一般而言，总供给主要是由生产性投入(最重要的是劳动与资本)的数量和这些投入组合的效率(即社会的技术)决定的。总供给函数表示总产量和一般价格水平之间的关系。如果以 Y 表示经济中的总产出，P 表示价格水平，则总供给函数可表示为：

$$Y = AS(P) \tag{11-2}$$

由微观经济学的分析可以知道，在既定的生产技术水平下，企业愿意并且能够供给的产品和劳务的数量取决于其产品的价格和支付给劳动和其他生产要素的成本。就宏观经济而言，对应于一个特定的价格总水平，经济中的总供给量是所有企业在这一价格水平下愿意并且能够供给的产品和劳务的总和，它主要由劳动和其他要素的投入量及其相应的成本所决定。如果价格总水平的变动影响企业的实际成本，那么企业就会改变生产商品的数量，并相应地调整使用生产要素的数量。因此，依照于要素价格相应于价格总水平做出的调整，总供给曲线又可以区分为短期总供给曲线和长期总供给曲线。

二、总供给曲线

按照货币工资(W)和价格水平(P)进行调整所需要的时间长短，宏观经济学将总产出与价格水平之间的关系分为古典总供给曲线、凯恩斯总供给曲线和常规总供给曲线三种情况，下面将对这三种情况依次进行讨论。

(一)古典总供给曲线

按照西方古典学派的说法，在长期中，价格和货币工资具有伸缩性，因此，经济的就业水平就会处在充分就业的状态上。总供给曲线是一条位于经济的潜在产量或充分就业产量水平上的垂直线。如图 11-5 所示，图中的垂直线即为古典总供给曲线。

古典总供给曲线呈垂直形状的原因有两方面：一方面古典学派假设货币工资 W 和价格 P 可以迅速立即自行调节，使得实际工资总是处于充分就业所应有的水平，进而使产量水平不受价格的影响也总是处于充分就业的水平 Y_f。由此可见，古典总供给曲线并不意味着时期长短。换句话说，只要存在着 W 和 P 能迅速立即自行调节的假设，古典总供给曲线也是一个短期总供给曲线。另一方面，古典学派研究的是宏观经济活动的长期情况。在长期，即使没有 W 和 P 能迅速立即调节的假设，货币工资和价格水平被认为具有充分的时间来进行调整，使得实际工资处于充分就业应有的水平。因此，总供给曲线是一条垂直线。根据第二方面的解释，古典总供给曲线又代表长期总供给曲线。

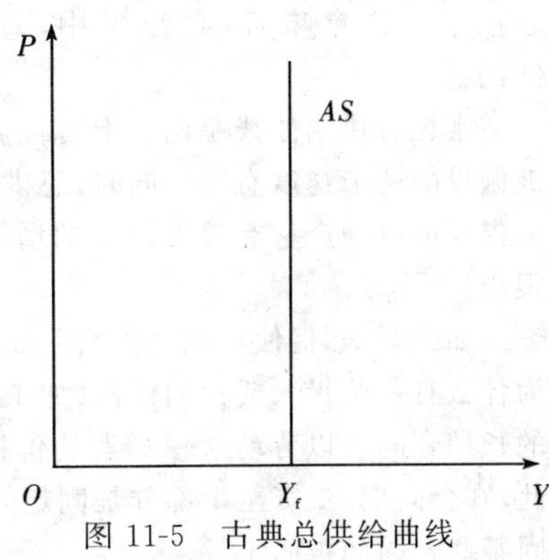

图 11-5 古典总供给曲线

垂直的总供给曲线究竟代表短期还是长期取决于上述两方面理由的使用。在使用第一方面理由时，垂直的总供给曲线被认为是短期总供给曲线的一种极端情况，即 W 和 P 能够立即自行调节的情况。在使用第二方面理由时，垂直的总供给曲线被认为是长期总供给曲线。

(二)凯恩斯总供给曲线

凯恩斯的重要著作《通论》提出了货币工资具有“刚性”的假设，在此假设前提下，当总产量增加时，价格和货币工资均不会发生变化。因此，凯恩斯的总供给曲线被认为是一条水平线，如图 11-6 中的 AB 段所示。

图 11-6 中的 Y_f 代表充分就业的总产量水平或国民收入，平行于横轴的 AB 区域表明：在总产量小于 Y_f 的条件下，由于货币工资 W 和价格水平 P 都不会变动，所以在既有的价格 P_0 下，经济社会能提供任何数量的总产量水平或国民收入，如图 11-6 中所示的 Y_1 产量水平或 Y_2 产量水平，都不会引起价格水平的上升。

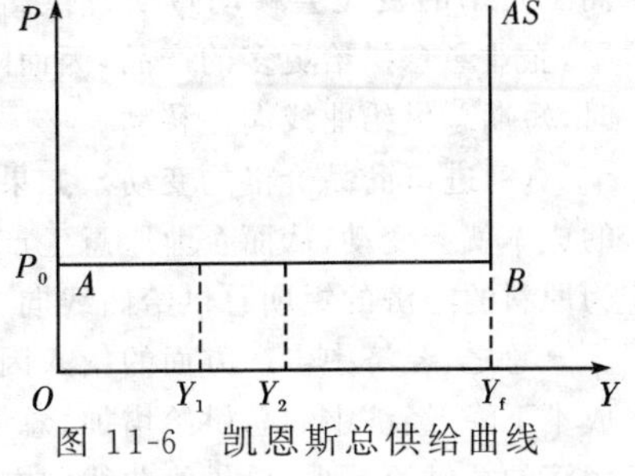

图 11-6 凯恩斯总供给曲线

凯恩斯总供给曲线呈水平线形状的原因有两方面：一方面是由于货币工资 W 和价格 P 均具有刚性，也就是说，两者完全不能进行调整；另一方面，凯恩斯的《通论》研究的是短期情况，即使没有刚性工资的假设,由于时间短,W 和 P 也没有足够的时间来进行调整。在目前西方经济学的文献中,这两方面的解释均被使用。同时,在宏观经济学中,认为水平状的凯恩斯总供给曲线代表短期总供给曲线的一种极端情况。

(三)常规总供给曲线

水平的凯恩斯总供给曲线和垂直的古典总供给曲线分别代表两种极端情况。前者是根据货币工资和价格水平不能进行调整的假设,后者是根据货币工资和价格水平能够立即进行调整的假设。但在通常的或常规的情况下,短期总供给曲线位于两个极端之间(见图 11-7),CD 线表明的就是常规总供给曲线。

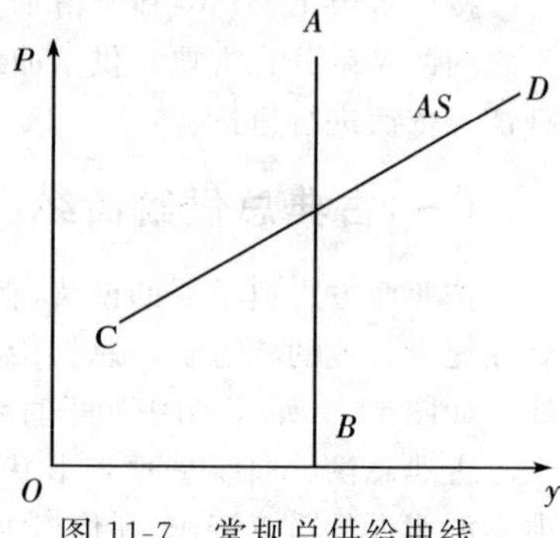

图 11-7　常规总供给曲线

向上延伸的CD线表示,价格水平越高,经济中的企业提供的总产出就越多。在短期,当经济中的工资和其他资源的价格相对固定,或不太易变时,随着企业产品价格的提高,企业增加产量通常能够盈利。因此,更高的价格水平将导致更高的总产量。这意味着,在短期中,总供给曲线是向右上方延伸的。

常规总供给曲线是向右上方倾斜的,斜率的大小与 W 和 P 被假设的调节速度有关。同时,总供给曲线的变化特征表明,当经济存在大量超额生产能力时,价格提高可以使产量有较大幅度的增加,当经济接近于生产能力时,价格提高使产量增加的幅度却很小。

如此看来,促使短期总供给曲线向右上方延伸的一个重要因素是投入要素价格的黏性。那么为什么有一些投入要素的价格(如工资)在短期中不具有伸缩性呢?一个主要原因是持续一段时间的长期合同。以劳动这一要素的价格,即工资为例,工会化行业的劳动合同通常都三年一签。因此,在合同期,工资至少部分是固定的。同样,企业生产所需的原材料和其他投入的价格也有可能因某些合同而被固定。

三、总供给曲线的移动

导致总供给曲线移动的因素主要有以下几个方面:

(1)技术变动。引起总供给曲线移动的一个重要原因是技术的变化,即任一给定投入组合所能生产的产出数量提高。在实践中,人类知识和经验的积累会带来技术的变革,技术变革通常会使得总供给曲线向右移动。

(2)工资率等要素价格的变动。短期总供给曲线是在工资率给定的假设条件下推导出来的,因而工资率的变化会移动短期总供给曲线。具体地说,当工资率下降时,对于任一给定的价格总水平,企业愿意供给更多的产品,因而降低工资率将使短期总供给曲线向右移动;反之,当工资率上升时,短期总供给曲线向左移动。

(3)进口商品价格的变动。如果企业以进口商品作为原料,那么,进口商品的价格变动时,企业的成本就会变动,从而企业愿意生产的数量也会变动。例如,石油价格的上升,使得许多以石油作为原料的经济的短期总供给曲线向左移动。

总之,经济中生产方面的投入因素变动会引起总供给曲线的移动。生产技术水平提高或生产成本下降,经济中的总供给增加,总供给曲线向右移动;反之,生产技术水平下降或生产成本提高,经济的总供给减少,总供给曲线向左移动。

第三节　总需求与总供给的均衡

一、总需求与总供给的均衡

如图 11-8 所示，当总需求与总供给相等时，经济处于均衡状态。在图 11-8 中，当总需求曲线 AD 与总供给曲线 AS 相交时，经济处于均衡。对应于均衡点 E，均衡的价格总水平为 $\overline{P}$，均衡的国民收入为 $\overline{Y}$。若价格高于均衡价格 $\overline{P}$，则总供给 AS 大于总需求 AD，即经济中生产的最终商品和劳务超过了现有价格水平下对商品和劳务的购买，这就使得企业生产的产品不能全部卖出去，价格开始下降，企业减少生产。反之，若价格低于均衡价格 $\overline{P}$，则总需求 AD 大于总供给 AS，这将造成企业生产的产品价格上升，从而促使企业增加生产。因此，当价格偏离 $\overline{P}$ 时，经济系统存在使价格趋于 $\overline{P}$ 的力量。

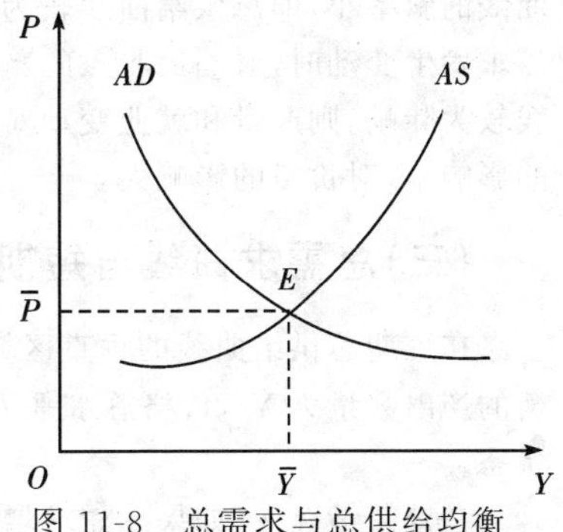

图 11-8　总需求与总供给均衡

在总需求等于总供给决定的均衡点 E 处，决定总需求的产品市场和货币市场以及决定总供给的劳动市场同时处于均衡。此时，由产品和货币市场均衡决定的总需求恰好使得由劳动市场均衡决定的就业量所生产出来的产品完全被出售。

二、总需求与总供给的短期均衡

在图 11-8 中，总需求曲线 AD 与短期总供给曲线 AS 相交于 E 点，即经济在 E 点处于短期均衡。从短期来看，总需求与总供给的均衡简单地区分为三种情况：

(一)总需求曲线与凯恩斯主义总供给曲线相交的情况

当这种情况出现时，由于生产资料的价格对产量与就业的变动没有反应，总供给曲线为一条水平线，即凯恩斯所论述的萧条时期的总供给曲线。

如图 11-9 所示，在短期总供给曲线的平缓区域内，总需求曲线 AD_1 与短期总供给曲线 AS_S 的交点 E_1 决定均衡的产出数量或收入 Y_1，价格总水平 P_1，两者都处于很低的水平，这种情况提示经济处于萧条的状态。

在萧条情况下，如果总需求增加，则总需求曲线向右移动，比如由 AD_1 移动到 AD_2，AD_2 与 AS_S 相交于 E_2，使国民收入增加，而价格水平不变。由于总供给曲线相对平缓，因而总产出增加较大，而价格总水平上升较慢。这意味着，当政府采取扩张性的政策使总需求增加时，企业可以以现行的价格水平得到他们所需要的生产资料，从而可以在价格不变的情况下，增加社会所需要的任何供给量。

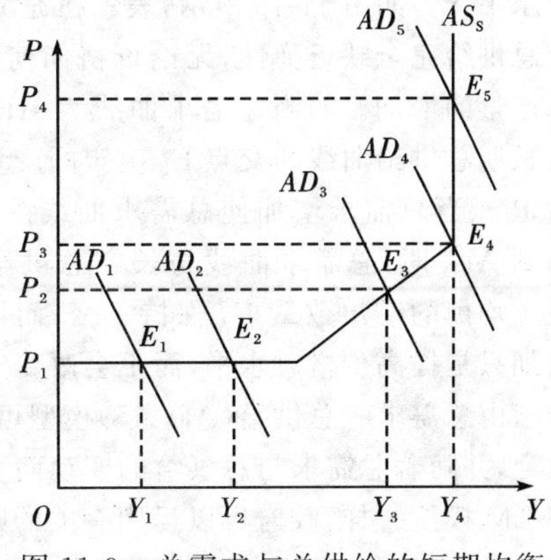

图 11-9　总需求与总供给的短期均衡

(二)总需求曲线与常规短期总供给曲线相交的情况

由于常规总供给曲线不再是一条水平线，而是一条向右上方倾斜的曲线，因此总需求的增加会使国民收入增加，价格水平上升；总需求的减少会使国民收入减少，价格水平下降。经济中许多因素变动都会引起总需求的变动，尤其是财政政策和货币政策，在短期内它们都会引起国民收入和价格水平的变化。

在图 11-9 中，假定短期总供给曲线 AS_S 不变。当政府采取扩张性财政政策和货币政策时，总需求曲线从 AD_2 移动到 AD_3，AD_3 与 AS_S 相交于 E_3，决定了国民收入为 Y_3，价格水平为 P_2，$Y_3>Y_2$，说明国民收入增加了，$P_2>P_1$，说明价格水平也上升了。

在短期中，总需求变动对国民收入和价格影响的大小取决于总供给曲线的斜率。如果总供给曲线的斜率小，即总供给曲线较为平坦，则产量和就业变动对工资和价格的变动影响小，从而当总需求发生变动时，对国民收入的影响大，对价格的影响小。如果总供给曲线的斜率大，即总供给曲线较为陡峭，则产量和就业变动对工资和价格的变动影响大，从而总需求发生变动时，对国民收入的影响小，对价格的影响大。

(三)总需求曲线与短期总供给曲线的垂直部分相交情况

在短期总供给曲线的垂直区域内，总需求曲线 AD_4 与短期总供给曲线 AS_S 的交点 E_4 决定均衡的产出数量为 Y_4，价格总水平为 P_3，两者都处于很高的水平，这种情况表示出了经济处于繁荣的状态。

在繁荣情况下，如果总需求增加，则总需求曲线向右上方移动，比如由 AD_4 移动到 AD_5，由于短期总供给曲线较为陡峭，因而尽管产出水平略有提高，但价格总水平上升幅度更大。这就意味着，增加总需求的政策对产出不会产生太大影响，而对价格总水平的影响却很大。

以上分析表明，在短期内，经济可以处于萧条和繁荣状态。在经济处于萧条状态时，增加总需求可以使得经济在价格总水平上升幅度不大的情况下增加总产出；而在经济处于繁荣状态时，增加总需求会使价格总水平大幅度上升；相反，减少总需求却可以在对总产出影响不大的条件下降低价格总水平。

三、总需求与总供给的长期均衡

在长期中，工资等生产要素的价格会随着价格总水平的变动而作出调整，因而，长期总供给曲线 AS_L 是一条垂直于横轴的直线，所对应的产出水平为充分就业的产量水平 Y_f，如图 11-10 所示，表示在充分就业的产量水平上总供给完全缺乏弹性，无论价格如何提高，都不会引起总产量的增加。如当总需求曲线为 AD_1 时，总需求曲线与长期总供给曲线的交点 E_1 决定的产量为 Y_f，价格水平为 P_1。当总需求增加使总需求曲线由 AD_1 向右上方移动到 AD_2 时，总需求曲线与长期总供给曲线的交点 E_2，决定均衡的产出数量 Y_f 保持不变，而价格总水平则由 P_1 上升到 P_2。这表明，在长期中总需求的增加只是提高价格总水平，而不会改变产量和收入。

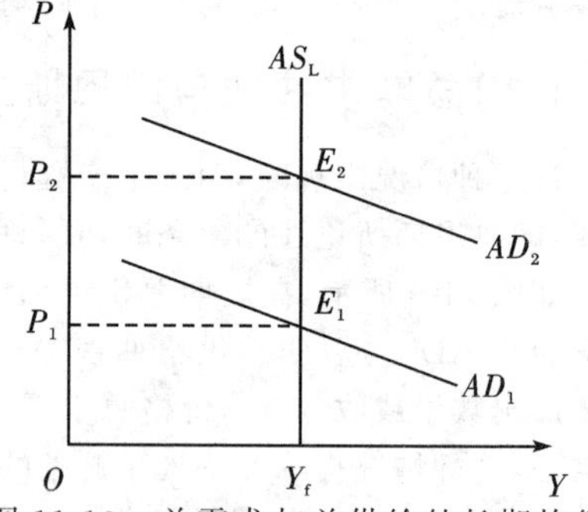

图 11-10　总需求与总供给的长期均衡

由总需求—总供给(AD-AS)模型可知，价格水平和均衡国民收入水平由总需求和总供给共同决定，并随着总需求与总供给的变动而变动，而总需求与总供给又都受到政府经济政策的影响。同 IS-LM 模型一样，政府可以运用有关的财政政策、货币政策及两种政策互相配合，通过调节总需求与总供给来调节价格和均衡国民收入以及就业水平，以达到对整个国民经济的运行进行调节的目的。

第四节 *AD - AS* 模型对现实经济的解释

在得到总需求和总供给曲线之后，运用这两条曲线，总需求和总供给模型便能对现实的经济情况加以解释。经济情况当然是千变万化的，因此不可能对它们一一加以解释。为了论述方便，可以把它们分为三类，即宏观经济的短期目标、总需求曲线移动的后果和总供给曲线移动的后果。

一、宏观经济的短期目标

在短期中，宏观经济企图达到的目标是充分就业和物价稳定，即不存在非自愿失业，同时，物价既不上升、也不下降，如图 11-11 所示：

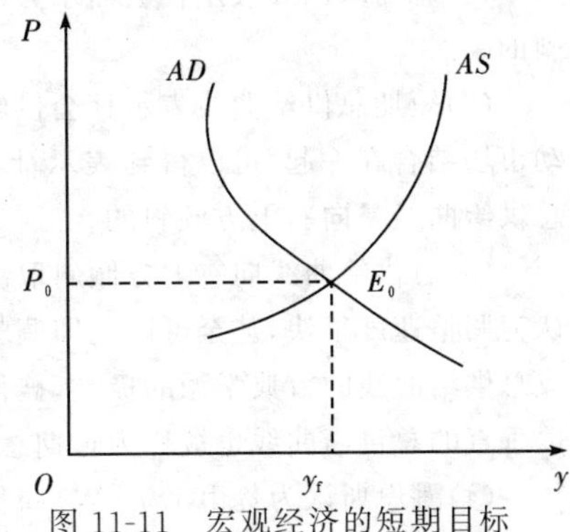

图 11-11　宏观经济的短期目标

该图表明当总需求曲线(AD)和总供给曲线(AS)相交于 E_0 点时，产量(y)处于充分就业的水平(y_f)，价格为 P_0，而此时的价格(P)既不会上升、也不会下降。E_0 点表示宏观经济管理的短期目标，即充分就业和价格稳定。

然而，只有在偶然的情况下，AD 和 AS 才能相交于 E_0 点，经济中的许多因素都会移动 AD 和 AS 的位置，使两者的交点脱离 E_0。下面分别论述总需求曲线(AD)和总供给曲线(AS)移动的情况。

二、总需求曲线移动的后果

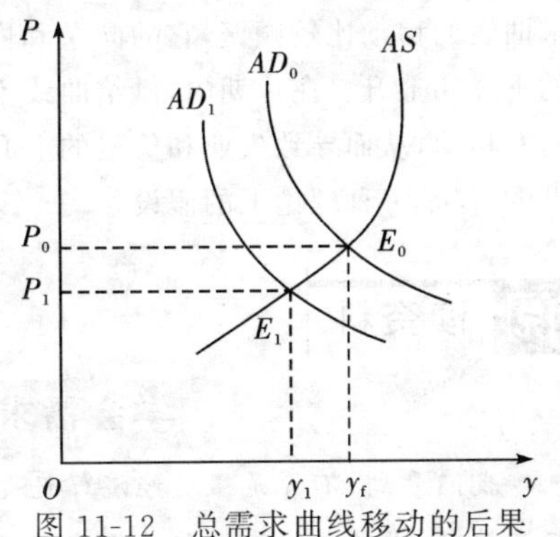

图 11-12　总需求曲线移动的后果

在图 11-12 中，某一时期，AD_0 和 AS 相交于代表充分就业的 E_0 点，E_0 点的就业量为 y_f，价格水平为 P_0。在此时，由于投资减少，AD 向左移动到 AD_1 的位置。这样，AD_1 和 AS 相交于 E_1 点。这表明，经济社会处于萧条状态，其产量和价格分别为 y_1 和 P_1，两者均低于充分就业的数值。然而，AS 的形状表明，两者下降的比例并不相同。在小于充分就业的水平时，越是偏离充分就业，经济中的过剩的生产能力就越来越多，价格下降的空间就越来越小，这说明：价格下降的比例要小于就业量下降的比例。另外，我们可以推想 AD 从 AD_0 向右移动的情况，这一情况代表经济处于过热的状态。这时的生产能力比较紧缺，产量增加的可能性越来越小，而价格上升的压力越来越大。也就是说，在 E_0 的右方，AD 向右方移动的距离越大，价格(P)上升的比例越要高于产量上升的比例。

三、总供给曲线移动的后果

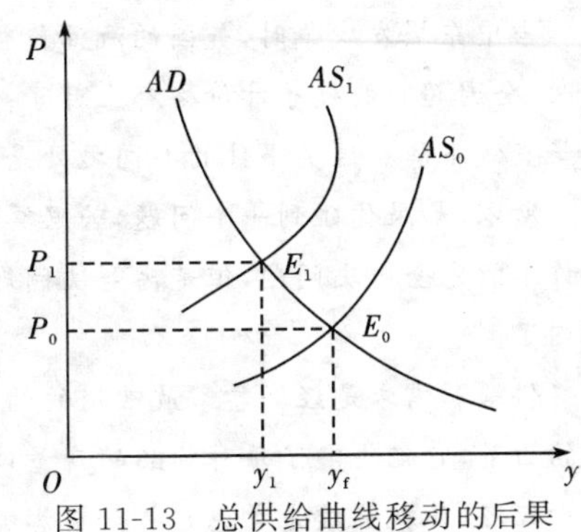

图 11-13　总供给曲线移动的后果

在图 11-13 中，AD 和 AS_0 相交于充分就业的 E_0 点，这时的产量和价格水平顺次为 y_f 和 P_0。此时，如果由于某种原因，如大面积的粮食歉收或石油供给的紧缺，原料价格猛涨等，AS 曲线由 AS_0 向左移动到 AS_1，使 AD 与 AS_1 相交于 E_1 点，那么，E_1 点可以表示滞胀的状态，其产量和价格水平顺次为 y_1 和 P_1，即表示失业和通货膨胀的并存。进一步说，AS 向左偏离 AS_0 的程度越大，失业和通货膨胀也都会越为严重。但是，失业的下降比例和价格上涨的比例这两者之间相对关系却并不明确。我们可以假设AS向右移动的后果。当生产技术的突然提高使AS由AS_0向右移动时，产量增加，而价格水平则会下降。然而，必须注意：在短期内，生产技术虽然有可能突然提高，但是，要想很快得到它的成果却是很困难的。因此，AS从AS_0在短期向右方的移动是非常少见的，甚至只是一种理论上的假设。

本章小结

(1)总需求曲线表示社会需求方面的产量与价格水平之间的关系。总需求曲线是向右下方倾斜的。

(2)短期总供给曲线表示社会供给方面的产量与价格水平之间的关系。把总量生产函数和劳动市场结合在一起，可以得到表示社会总供给方面的产量与价格水平之间的关系的总供给曲线。总供给曲线是向右上方倾斜的。

(3)总供给曲线向右上方倾斜取决于货币工资(W)和价格水平(P)之间的调整速度。古典学派认为调整速度很快，甚至可以立即调整，在能够立即调整的假设下，总供给曲线成为一条垂直线，构成总供给曲线的古典学派的极端，被称为古典总供给曲线。由于古典学派倾向于研究长期状态，所以垂直的总供给曲线也被称为长期总供给曲线。

(4)凯恩斯认为货币工资(W)和价格水平(P)之间的调整速度很慢，甚至根本不能进行调整。在根本不能调整的假设下，总供给曲线成为一条水平线，构成总供给曲线的凯恩斯极端。

(5)总需求和总供给曲线的交点决定整个社会的总产量(Y)和价格水平(P)。在短期内，总需求曲线的移动比较频繁，它的向左和向右的移动造成产量(Y)的减少和增加以及相应的价格水平的下降和上升。在短期内，供给曲线不易移动。但是，来自外部的冲击可以使它从充分就业的位置向左移动，从而导致失业和价格的上升，即导致滞胀状态。它在短期内从充分就业向右的移动是罕见的，仅是一种理论上的假设。

阅读资料

学会需求和供给，经济学就变简单了

我们看到，不管是微观经济学还是宏观经济学中，都离不开需求和供给的分析方法。美国著名经济学家、诺贝尔经济学奖获得者萨缪尔森曾经说过：“学习经济学是再简单不过的事了，你只要掌握两件事，一个叫需求，一个叫供给。”这话很有道理，因为需求和供给的分析方法，是经济学家独有的、最重要的思考问题的方式之一。19世纪英国著名的历史学家卡莱尔也曾说过：“只要你教鹦鹉学会说需求和供给，就能把它培养成经济学家。”

当中东爆发战争时，美国的汽油价格上升，而二手凯迪拉克轿车价格下降。当寒流袭击佛罗里达时，全国超市的橘子汁价格都上升了。每当夏季新英格兰地区天气变暖时，加勒比地区饭店的价格呈直线下降。这类事件的共同之处是什么呢，它们都表现出供给和需求的作用。

所以，如果你碰到一个问题，苦思冥想也想不清楚，那就试试从供给和需求的角度思考一下吧，或许不能完全解决问题，但是离解决问题一定不会太远。因为这种方法，把所有相关利益者都考虑在内了。

供给和需求是经济学家最常用的两个词——而且有充分的理由。供给和需求是使市场经济运行的力量，它们决定了每种物品的产量以及出售的价格。如果你想知道，任何一种事件或政策如何影响经济，你就应该先考虑它将如何影响需求和供给。

本章习题

一、名词解释

总需求　总需求曲线　总供给　总供给曲线　短期总供给曲线　古典总供给曲线　总需求—总供给模型

二、选择题

(1)总需求的构成是(　　)。

A.消费　　B.投资

C.政府支出　　D.净出口

(2)总供给的构成是(　　)。

A.净出口　　B.消费

C.储蓄　　D.政府的税收

(3)当存在生产能力过剩时(　　)。

A.总需求增加对产出无影响

B.总供给增加对价格产生抬升作用

C.总供给减少对价格产生抬升作用

D.总需求增加将提高产出,而对价格影响很少。

(4)总需求曲线向右上方移动的原因是(　　)。

A.政府支出的增加　　B.政府支出的减少

C.私人投资的减少　　D.消费的减少

(5)总供给曲线向左上方移动的原因是(　　)。

A.投入生产要素的价格普遍上升　　B.投入生产要素的价格普遍下降

C.总需求减少　　D.总需求增加

(6)总供给曲线垂直的区域表明(　　)。

A.资源没有被利用　　B.经济增长能力已达到了极限

C.国民收入减少　　D.国民收入增加

(7)下列选项中(　　)不属于总需求。

A.政府支出　　B.净出口

C.税收　　D.投资

(8)总需求量与价格水平负相关的原因不可能是(　　)。

A.投资量与价格水平负相关　　B.消费量与价格水平负相关

C.净出口量与价格水平负相关　　D.利率与价格水平负相关

(9)在利率效应的作用下,总需求将随着价格水平的下降而增加,因为(　　)。

A.利率下降导致投资增加　　B.进口的增加和出口的减少

C.由于个人净资产价值的提高,导致消费增　　D.政府购买增加导致国民收入提高

三、计算题

(1)如果总供给曲线为$AS=500$,总需求曲线为$AD=600-50P$,

①求供求均衡点。

②如果总需求上升10%,求新的供求均衡点。

(2)某经济存在以下经济关系:

消费:$C=800+0.8Y_d$;　　税收:$T=0.25Y$;

投资：$I=200-50r$；　　　　政府支出：$G=200$；

货币需求：$\frac{M_d}{P}=0.4Y-100r$　名义货币供给：$M_S=900$。

试求：

①总需求函数；

②价格水平 $P=1$ 时的收入和利率。

四、思考题

(1)总需求曲线的理论来源是什么？

(2)总供给曲线的理论来源是什么？

(3)为什么总供给曲线可以被区分为古典、凯恩斯和常规这三种类型？

(4)试比较 *IS-LM* 模型与 *AD-AS* 模型。

(5)试比较微观经济学的供求模型和宏观经济学中的 *AD-AS* 模型。

第十二章　宏观经济政策

■ 学习要点

☆ 宏观经济政策的目标
☆ 财政政策的手段及运用
☆ 财政制度的自动稳定器
☆ 财政政策的效应
☆ 货币政策的工具及运用
☆ 财政政策与货币政策的配合使用

前几章介绍了宏观经济理论的一些基础知识，综合分析了理论上宏观经济所能达到的最优状态——“产品市场和货币市场的共同均衡”以及“总需求和总供给的均衡”。但现实中的宏观经济充满了变数，波动是它的一个重要特征，繁荣和萧条的此消彼长往往使经济陷入混乱的困境，而市场本身的力量并不能完全使之达到人们期望的目标。在这种情况下，政府对经济的干预就显得尤为必要。宏观经济学不仅要说明政府为什么要干预经济活动，而且要说明政府应该如何干预经济。本章将讨论后一方面的宏观经济政策内容。

第一节　宏观经济政策概述

一、宏观经济政策的目标

宏观经济政策是指国家或政府为了增进社会经济福利而制定的解决经济问题的指导原则和措施。其实质在于政府为了达到一定的经济目标而对经济事务进行的有意识的干预。因此，任何一项宏观经济政策的制定都将服务于一定的经济目标。按照西方经济学的解释，政府制定宏观经济政策追求的目标主要有四个：充分就业、物价稳定、经济持续均衡增长和国际收支平衡。

（一）充分就业

充分就业在广泛的意义上是指一切生产要素（包含劳动）都有机会以自己愿意接受的报酬参与生产的状态。但由于测量各种经济资源参与经济活动的程度非常困难，因此西方经济学家通常以失业率高低作为衡量充分就业与否的尺度。

失业率是指失业人数在劳动力总数中所占的比重。劳动力是指一定年龄范围内有劳动能力并愿意工作的人，老人、孩子以及由于这样或那样的原因放弃了找工作念头的人，都不应算作劳动力。因此，劳动力和人口是两个概念，劳动力与人口的比率可称为劳动力参与率。失业者是劳动力中那些想找工作但尚未找到工作的人。如果一个工人停止寻找工作，就被认为退出了劳动力队伍，就不再被看做失业者。按照西方统计，失业一般分为三类：摩擦性失业、结构性失业和周期性失业。摩擦性失业是指正处于从一个工作到另一个工作过度之中的劳动力。结构性失业是指由于劳动力供求结构变动所产生的失业。周期性失业是指由于劳动需求下降而导致的失业。通常认为，前两种失业是短期、局部性失业，而政府最关心的是周期性失业。因此，政府的宏观经济政策的充分就业目标也就是围绕着减少周期性失业来制定的。

根据上述分析，充分就业并不意味着百分之百就业，也就是说，并不排除像摩擦性、结构性等方面的失业。目前，大多数西方经济学家认为存在4%～6%的失业率是正常的，并可以认为是社会经济处于充分就业状态。

（二）价格稳定

价格稳定是指价格总水平的稳定，它是一个宏观经济学的概念。由于各种商品价格变化繁杂造成统计上的困难，所以西方学者通常用价格指数来表示一般价格水平的变化。价格指数是表示若干种商品价格水平的指数，可以用一个简单的百分数时间数列来表示不同时期一般价格水平的变化方向和变化程度。价格指数有消费物价指数（CPI）、批发物价指数（PPI）和国内生产总值折算指数（GDP deflator）三种。从经济总体来说，价格稳定不是指每种商品的价格固定不变，而是指价格指数的相对稳定。

（三）经济持续均衡增长

经济增长是指在一个特定时期内经济社会所生产的人均产量和人均收入的持续增长。通常用一定时期内实际国内生产总值年均增长率来衡量。经济增长和失业常常是相互关联的。如何维持较高的增长率以实现充分就业，是西方国家宏观经济政策追求的目标之一。

（四）国际收支平衡

随着国际经济交往的密切，国际收支平衡也成为宏观经济政策的重要目标之一。国际收支是指一国净出口与净资本流出相等而形成的平衡。国际收支状况不仅反映了这个国家的对外经济交往情况，还反映该国经济的稳定程度。在开放经济条件下，一国国际收支出现失衡，通过汇率的变动，会对国内经济形成冲击，从而影响该国国内就业水平、价格水平及经济增长。

以上提到的宏观经济政策的四大目标之间是存在矛盾的。例如，充分就业与价格稳定之间就存在一定的矛盾。因为要实现充分就业，就必须运用扩张性的财政政策和货币政策，而这些政策又会由于财政赤字的增加和货币供给量的增加而引起通货膨胀。再如，充分就业与经济增长之间既有一致的一面，也有矛盾的一面。因为，经济增长一方面会提供更多的就业机会，有利于充分就业；另一方面经济增长中的技术进步又会引起资本对劳动的替代，相对地缩小对劳动的需求，使部分工人，尤其是文化技术水平低的人失业。另外，充分就业与国际收支平衡之间也有矛盾。因为充分就业的实现会引起国民收入增加，而在边际进口倾向既定的情况下，国民收入增加必然引起进口增加，从而使国际收支状况恶化。此外，在价格稳定与经济增长之间也存在矛盾。因为经济增长过程中，通货膨胀是难以避免的。

宏观经济政策目标之间的矛盾，就要求政策制定者在制定目标时，不能只追求单一目标，而应该综合考虑，否则会带来经济上和政治上的副作用。因此，政府在制定经济目标和经济政策时应该做整体性的宏观战略考虑和安排。

二、宏观经济政策的工具

宏观经济政策的工具是用来达到政策目标的手段。一般说来，政策工具是多种多样的，不同的政策工具有自己不同的作用，但也往往可以达到相同的政策目标。政策工具的选择与运用是一门艺术。在宏观经济政策工具中，在不考虑对外经济交往的情况下，常用的有需求管理政策和供给管理政策。

（一）需求管理

需求管理是指通过调节总需求来达到一定政策目标的宏观经济政策工具。这也是凯恩斯主义所重视的政策工具。

凯恩斯主义产生于20世纪30年代大危机时期。这一时期经济中资源严重闲置，总供给不是限制国民收入增加的重要因素，经济中的关键是总需求不足。凯恩斯主义的国民收入决定理论，是在假定总供给无限的条件下说明总需求对国民收入的决定作用。因此，由这种理论所引出的政策工具就是需求管理。

需求管理是要通过对总需求的调节，实现总需求等于总供给，达到既无失业又无通货膨胀的目标。在总需求小于总供给时，经济中会由于需求不足而产生失业，这时就要运用扩张性的政策工具来刺激总需求。在总需求大于总供给时，经济中会由于需求过度而引起通货膨胀，这时就要运用紧缩性的政策工具来压抑总需求。需求管理包括财政政策与货币政策。

(二)供给管理

20世纪70年代初，石油价格大幅度上升对经济的严重影响，使经济学家们认识到了总供给的重要性。这样，宏观经济政策工具中就不仅有需求管理，而且还有供给管理。

供给管理是指通过对总供给的调节来达到一定的政策目标。在短期内影响供给的主要因素是生产成本，特别是生产成本中的工资成本。在长期内影响供给的主要因素是生产能力，即经济潜力的增长。因此，供给管理包括控制工资与物价的收入政策，指数化政策，改善劳动力市场状况的人力政策以及促进经济增长的增长政策。

传统宏观经济政策的重心在需求管理。因此，本章主要介绍两种需求管理政策——财政政策和货币政策。

第二节 财政政策

财政政策是指一国政府为了实现宏观调控目标而运用政府支出、税收和借债水平等财政手段对经济进行调节的决策。它是国家干预经济的主要工具之一。要了解财政政策的内容，必须先了解现代西方财政的基本构成。

一、财政的构成

国家财政由财政收入和财政支出两个方面构成。财政收入主要包括税收和公债两个部分。财政支出主要包括政府购买和政府转移支付两个部分。

(一)财政收入

税收是政府财政收入的主要构成部分，是政府为了实现其职能按照法律预先规定的标准，强制的、无偿的取得收入的一种手段。因此，税收具有强制性、无偿性、固定性三个基本特征。税收按照不同的标准可以进行不同的分类。按照税收是否可以转嫁的性质，可分为直接税和间接税。直接税的交税者和承担者是一致的，如个人所得税、公司所得税、遗产税等；间接税的交税者能以不同程度向他人转嫁税收，交税者不一定是承担者，如消费税、增值税、关税等。按照课税对象的不同，可分为财产税、所得税和流转税三种。财产税是对不动产或者房地产即土地以及土地上建筑物等所征的税，遗产税一般包括在财产税中；所得税是直接对个人所得和公司所得征收的税；流转税是对流通中的产品和劳务买卖的总额征税，主要是增值税等。按照税率标准，可分为比例税、累进税、累退税。比例税是按固定比例从收入中征税；累进税是税率随着征税客体总量的增加而提高的一种税；累退税是税率随着征税客体总量的增加而递减的一种税。按照税基标准，可分为从价税和从量税。从价税是指以征税对象的价格或者金额为计税依据，按照一定税率计征的税收，又称从价计征。目前世界各国实行的大部分税种都属于从价税,我国现行税制中的增值税、营业税、房产税等税种就属于从价税。从量税是按照商品的重量、数量、容量、长度和面积等计量单位为标准计征的税收。按照税收的体制,可分为中央税和地方税。

在政府的经济活动中,收入不可能总等于支出,于是,就会产生公债。公债也是财政收入的一个重要构成部分,但公债不等同于税收。公债是政府对公众的债务或者公众对政府的债权,它是政府运用信用筹集政府资金的一种方式,包括中央政府和地方政府的债务。其中,中央政府的债务称为国债。各种政府债券和记账收据是政府借债的凭据。政府债券一般有短期债、中期债和长期债三种形式。短期债一般通过出售国库券取得。在美国,国库券是指期限在1年之内的联邦政府的债券。短期债的利息较低,期限较短,如3个月、6个月和一年的国库券。国库券最初是西方国家用来弥补政府支出和收入之间差额的一种权宜手段,后来发展为政府短期借债的主要形式。其发行目的不仅是为了应付政府支出,而且也成为调节货币供给的主要手段。中长期债一般通过发行中长期债券取得,期限1年以上5年以下为中期债券,5年以上的为长期债券。中长期债券的利息较高,时间较长,美国长期债券的最长年限达40年。政府公债的发行一方面能增加财政收入,另一方面又能对包括货币市场和资本市场在内的金融市场的扩张和紧缩起到一定的调节作用,从而影响国民经济水平。

(二)财政支出

财政支出主要包括政府购买和政府转移支付。政府购买是指政府对产品和劳务的购买,如购买国防军需品、政府机关用品、政府对公务员的报酬、公共项目工程所需的支出等。政府购买可以直接形成社会购买力,因而是国民收入的一部分。政府转移支付是指政府在福利救助、贫困救助和补助、退伍军人补偿费、农民补贴等方面的支出,由于没有进行相应的产品和劳务交换,因而政府转移支付不能算作国民收入的组成部分。

二、财政预算理论

财政预算是指政府对下一个财政年度的收入和支出情况进行的分项估算,从而引导国民经济的运行,以便促进宏观经济目标的实现。财政预算理论主要有以下几种:

(一)年度平衡理论

年度平衡理论认为政府财政不是以赚钱为目的,也不能出现赤字,应该每年保持预算的平衡,实现量入为出收支平衡。因此,政府应该少征税,少发公债。

(二)周期平衡理论

周期平衡理论认为政府财政应发挥消除经济周期波动的作用,在经济衰退时有意安排预算赤字,而在经济繁荣时有意安排预算盈余,达到以丰补歉,实现整个经济周期内的收支平衡。

(三)复式预算

复式预算是将政府的经常性支出与基本建设性支出分开。经常性支出应与财政收入保持平衡,杜绝赤字;而基本建设性支出需要通过发行公债来筹集资金,也要求自我平衡,必要时才要求财政补贴。

(四)功能性财政预算

功能性预算是指政府根据经济发展状况,机动灵活的增减财政收支,从而控制社会总需求,以实现经济的稳定增长,而不是追求预算的平衡。换句话说,为了达到经济可持续发展的目标,财政预算可以是赤字,也可以是盈余,因此又称职能财政预算。

(五)充分就业预算

充分就业预算是假定在充分就业的条件下,按照政府的预算结构计算政府的收入、支出以及盈余(或者赤字)。由于充分就业预算盈余(或者赤字)是现行支出和税收结构引起的,因此又称结构性预算盈余(或者赤字)。不同于实际的预算盈余(或者赤字),充分就业预算盈余(或者赤字)与实际预算盈余(或者赤字)之间的差额称作周期性预算盈余(或者赤字)。假设经济处于衰退阶段,实际财政赤字为 3 000 亿元,充分就业预算赤字或者结构性赤字是 800 亿元,两者之间的差额 2 200 亿元即为周期性赤字。如果经济处于高涨阶段,实际财政盈余为 1 800 亿元,充分就业预算盈余为 1 200 亿元,则周期性盈余是 600 亿元。所以,周期性赤字(或者盈余)的存在取决于经济周期的不同阶段,只有实际经济达到了充分就业水平,周期性赤字(或者盈余)才可为零。

利用充分就业预算原则可以判断财政盈余(或者赤字)是扩张性还是收缩性以及政策是否正确。若充分就业预算盈余减少或者赤字增加,则可以判断该政策是扩张性的;反之,若充分就业预算盈余增加或者赤字减少,则可以判断该政策是紧缩性的。

三、财政制度中的自动稳定器

某些财政制度由于其本身的特点,具有自动调节经济,使经济趋于稳定的机制,能够在经济繁荣时期自动抑制通货膨胀,在经济衰退时期自动减轻萧条,政府无须采取任何行动,这些制度就被称为自动稳定器,或称内在稳定器。具有自动稳定器功能的财政制度主要有以下三种。

(一)累进所得税

所得税通常实行累进税率。当经济繁荣时,人们收入增加,累进税使得纳税人的收入自动进入较高的纳税档次,可使税收增加的比例大于收入增加的比例,从而抑制公众可支配收入的过快提高,使总需求的扩张得到自动限制,进而可起到抑制通货膨胀的作用。反之,当经济衰退时,人们收入减少,累进税使得纳税人的收入自动进入较低的纳税档次,可使税收减少的比例小于收入减少的比例,从而抑制公众可支配收入的过快降低,使总需求的下降得到自动限制,进而可起到抑制经济衰退的作用。

(二)政府转移支付支出

政府转移支付支出,包括政府的失业救济和其他社会福利支出。当经济繁荣时,失业人数减少,失业救济金和其他社会福利支出自然会减少,从而抑制可支配收入和消费的增长,减轻通货膨胀压力。相反,当经济出现衰退和萧条时,失业人数增加,符合救济条件的人数增多,失业救济金和其他社会福利支出就会相应增加,这样就可以抑制可支配收入和消费的下降,刺激经济复苏。

(三)农产品价格维持制度

政府通常对农产品价格实行维持制度。当经济萧条时,国民收入下降,农产品价格下降,政府依照保护价收购农产品,可使农民收入和消费维持在一定水平上,以缓和经济的波动。反之,当经济过热时,国民收入上升,农产品价格上涨,政府减少对农产品的收购并抛售库存农产品,限制农产品价格上涨,也就抑制了农民收入的增长,从而减少了总需求的增加量,达到缓和经济波动的目的。

虽然自动稳定器具有缓和经济波动的作用,但是这种自动稳定器调节经济的作用是十分有限的。它只能减轻萧条或通货膨胀的程度,并不能改变萧条或通货膨胀的总趋势,只能对财政政策起到自动配合的作用,并不能代替财政政策。因此,尽管某些财政制度具有自动稳定器的作用,但仍需要政府有意识的运用财政政策来调节经济。

四、相机抉择的财政政策

相机抉择的财政政策又称为斟酌使用的或权衡性的财政政策，是指政府根据经济运行的状况逆经济波动的风向所采取的变动财政收支水平的政策。具体地说，当经济过热时，总需求比较大，就业增加，通货膨胀率高，此时，政府应采取紧缩性的财政政策，压缩财政支出，增加财政收入，从而抑制总需求。相反，当经济萧条时，总需求比较小，失业增加，价格水平下降，政府则应采取扩张性的财政政策，扩大政府财政支出，减少财政收入，从而刺激总需求，增加就业。究竟什么时候采取扩张性的财政政策，什么时候采取紧缩性的财政政策，应由政府对经济发展的形势加以权衡分析，斟酌使用。这样一套经济政策就是凯恩斯主义的相机抉择的"需求管理理论"。由于凯恩斯分析的是需求不足的萧条经济，因此他认为调节经济的重点要放在总需求的管理方面。

政府调节总需求的财政政策手段主要是改变政府购买水平。在经济萧条、总需求不足时，政府应扩大对商品和劳务的购买，如增加军费开支，修建高等级公路，建立新的福利设施等，以便创造更多的就业机会。相反，在经济繁荣、总需求过大时，政府应减少对商品和劳务的购买，比如推迟某些军事科研，压缩和缓建一批公共工程，以便压缩总需求，缓和通货膨胀的压力。

五、财政政策的效应

根据乘数原理，变动政府购买数量会对均衡国民收入产生倍数效应，其效应为：

$$\Delta Y=\frac{\Delta G}{1-\beta}=K_G\Delta G$$

式中：ΔG 表示政府购买的改变量；而 ΔY 则是由此引起的国民收入的改变量。因为变动政府购买数量对总需求的影响是直接的，所以增加政府购买等同于增加投资，从而会使国民收入成倍地增加；相反，减少政府购买，则会使国民收入成倍地减少。

变动政府的净税收（净税收等于税收减去政府转移支付）也会对均衡国民收入产生倍数效应，其效应为：

$$\Delta Y=-\frac{\beta\Delta T}{1-\beta}=K_T\Delta T$$

式中：ΔT 表示净税收的改变量。税收或政府转移支付的变动对国民收入的影响是间接的。增加税收或减少政府转移支付，消费者的可支配收入减少，从而减少消费数量，并最终引起总需求水平的下降，使得国民收入成倍减少；相反，减少税收或增加政府转移支付使得消费者的可支配收入增加，最终使得国民收入成倍增加。

与变动税收和政府转移支付相比，政府购买对国民收入的影响更直接，所产生的乘数效应更大，因而政府更倾向于采用变动政府购买的政策手段。

六、财政政策的挤出效应

挤出效应是指政府支出增加所引起的私人消费或投资降低的作用。具体讲，政府购买支出增加，引起利率上升，而利率上升则会引起私人投资与消费的减少。

图 12-1 是 IS-LM 模型，当 IS 曲线为 IS_0 时，IS_0 与 LM 相交于 E_0 所决定的均衡国民收入为 Y_0，均衡利率为 R_0。当政府支出增加，即自发总需求增加时，IS 曲线从 IS_0 向右上方平行移动到 IS_1，IS_1 与 LM 相交于 E_1，所决定的均衡国民收入为 Y_1，均衡利率为 R_1。在政府支出增加，从而使国民收入增加的过程中，由于货币供给量没变（也就是 LM 曲线没有变动），而货币需求随国民收入的增

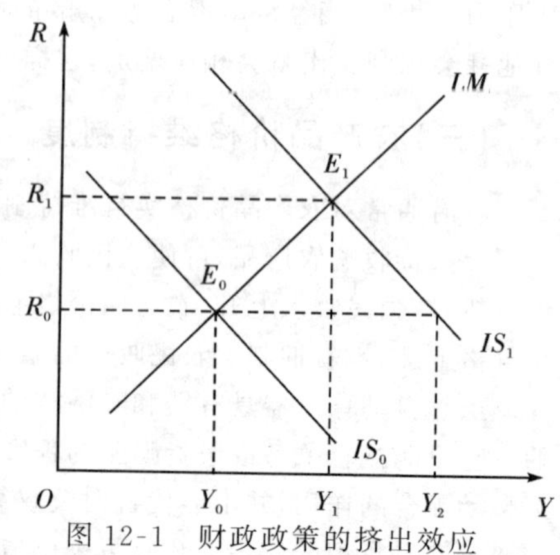

图 12-1　财政政策的挤出效应

加而增加，所以会引起利率上升。利率的上升会导致私人投资与消费的减少，即一部分政府支出的增加，实际上只是对私人支出的替代，并没有起到增加国民收入的作用，这就是财政政策的挤出效应。从图上可以看出，如果利率仍为 R_0 不变，那么国民收入可增加到 Y_2，但由于利率从 R_0 上升到了 R_1，所以国民收入只增加到 Y_1，(Y_2-Y_1) 就是由于挤出效应所减少的国民收入增加量。

关于挤出效应的问题，主张国家干预的凯恩斯主义者认为，财政支出的挤出效应需要具体问题具体分析。①在经济萧条时，有效需求不足，私人宁愿把货币保留在手中而不愿支出，或者商业银行的贷款根本贷不出去，这才需要政府支出去填补支出不足，这时不存在挤出效应问题。②影响私人投资的因素除了利率还有预期收益率。如果财政支出增加能提高预期收益率，那么私人投资不仅不会被挤出，反而会增加。经济萧条时，私人投资者对利润前景缺乏信心，裹足不前，增加公共支出既能增加政府对私人的订货，又能增加消费者的收入，从而扩大市场需求。这样，私人投资者对市场前景也就增强了信心，投资需求将上升。③财政支出上升，对利率的影响有两种情况。当货币供给量随财政支出的增加而增加时，则利率不会上升，私人投资也不会减少；当货币供给量不变或增加很少时，则会出现利率上升的情况，但是如果利率上升相对于预期收益率的上升微不足道时，也就是说，私人投资因利率和预期收益率的同步变化而不受影响时，挤出效应就不会发生。由此可见，财政政策挤出效应的大小取决于多种因素。在实现了充分就业的情况下，挤出效应最大，即挤出效应为 1，也就是政府的支出增加等于私人支出的减少，扩张性财政政策对经济没有任何刺激作用。在没有实现充分就业的情况下，挤出效应一般大于 0 而小于 1，其大小主要取决于政府支出增加所引起的利率上升的大小。利率上升高，则挤出效应大；反之，利率上升低，则挤出效应小。

七、财政政策的局限性

相机抉择的财政政策自从凯恩斯 20 世纪 30 年代提出，并被罗斯福新政所运用，直到 20 世纪 60 年代，使美国经济得到巨大发展。但是，20 世纪 60 年代后期开始出现滞胀现象，使相机抉择的财政政策受到巨大挑战，原因是经济生活中各种各样的因素可能会对财政政策产生一些制约影响。主要包括以下几个方面：一是时滞，如从问题的发生到人们意识到这种问题时间间隔的认识时滞；从需要采取政策到政府决定采取一定政策行动时间间隔的行动时滞；从采取某种措施到实际发生效果时间间隔的影响时滞。二是不确定性，政府采用的财政政策受到乘数大小不能准确确定和总需求水平达到预定目标时间不能准确确定的影响。三是外在不可预测的随机因素的干扰，也影响财政政策的效果。

由于凯恩斯的需求管理理论在 20 世纪 60 年代末出现的问题上无能为力，后来美国总统里根接受供给学派的理论，实施供给管理的供给性财政政策。主要包括以下几方面内容：一是降低边际税率，即降低个人所得税税率和股息所得税税率，以刺激人们积极劳动和储蓄；降低公司所得税税率和金融资本收益税率，增加投资，扩大资本量，减免企业研究与发展费用的税收，采用加速折旧方式，促进技术创新。二是削减转移支付，即减少退休金、失业保险金、残疾人补助金等社会保险和医疗补助、住房补贴、儿童补助、助学金等社会福利，从而克服懒惰思想，增加劳动供给。供给学派还提出恢复金本位，适当增加货币供给，稳定币值，精兵简政，减少政府干预，提高市场运行效率等政策。

第三节 货币政策

货币政策是政府根据既定的政策目标，通过中央银行对货币供给量进行管理，进而影响投资和整个经济运行的宏观经济政策。货币政策和财政政策一样，都是通过调节国民收入以达到稳定物价、实现充分就业和经济稳定增长的目标。两者的不同之处在于，财政政策会直接影响总需求的规模，这种直接作用是没有任何中间变量的；而货币政策则还要通过利率的变动来对总需求发生影响，因而是间接地发挥作用。由于货币政策要通过银行制度来实现，所以要了解货币政策，必须具备一些货币和银行制度方面的知识。

一、货币政策的基本知识

(一)货币的基本知识

经济学家们认为，货币是人们普遍接受的、充当交换媒介的东西。正如美国经济学家、货币主义领袖米尔顿·弗里德曼所说，货币是“一个共同的、普遍交换的媒介”。

货币的本质体现在货币的职能上。西方经济学家认为，货币的职能主要有三种：①交换媒介，即作为一种便利的交换工具，这是货币最基本的职能，这种职能也包括在延期支付时作为支付手段的职能；②计价单位，即用货币单位来表示其他一切商品的价格，这是货币作为交换媒介的必要条件；③储藏手段，即作为保存财富的一种方式，这是货币作为交换媒介的延伸。

在目前的西方国家，流行的货币主要有纸币、铸币、存款货币、近似货币和货币替代物。纸币是由中央银行发行的，由法律规定了其地位的法偿货币。纸币的价值取决于它的购买力。铸币是小额币值的辅币，一般用金属铸造。以上两种货币称为通货或现金。存款货币又称银行货币或信用货币，是商业银行中的活期存款。活期存款可以用支票在市场上流通，所以是一种可以作为交换媒介的货币。近似货币又称准货币，是商业银行中的定期存款和其他储蓄机构的储蓄存款。货币替代物是指在一定条件下可以暂时代替货币起到交换媒介的东西。例如，信用卡，它本身并不是货币，也不具有货币的职能，只是代替货币执行交换媒介的职能。

(二)商业银行和中央银行

在银行制度方面，西方国家的金融机构主要包括金融中介机构和中央银行两类。金融中介机构中最主要的是商业银行，其他金融中介机构还有储蓄和贷款协会、信用协会、保险公司和私人养老基金等。

1.商业银行

商业银行之所以称为商业银行，是因为早先向银行借款的人都经营商业，所以，人们把银行就叫做商业银行。在后来，工业、农业、建筑业、消费者也都日益依赖商业银行融通资金，其客户已经遍及经济各个部门，业务也多种多样，但是，它们仍然被按照习惯叫做商业银行。商业银行的主要业务是负债业务、资产业务和中间业务。负债业务主要是吸收存款，包括活期存款、定期存款和储蓄存款。资产业务主要包括放款和投资两类业务。放款业务是为企业提供短期贷款，包括票据贴现、抵押贷款等。投资业务就是购买有价证券以取得利息收入。中间业务是为顾客代办支付事项和其他委托事项，从中收取手续费的业务。

2.中央银行

中央银行是一国最高的金融当局，它统筹管理全国的金融活动，实施货币政策以影响经济。当今世界除了少数地区和国家，几乎所有已独立的国家和地区都设立了中央银行。美国的中央银行是联邦储备局，英国的中央银行是英格兰银行，法国的中央银行是法兰西银行，德国的中央银行是联邦银行，日本的中央银行是日本银行，中国的中央银行是中国人民银行。一般认为，中央银行具有三个职能：

1)作为货币发行的银行，发行国家的货币

货币通常被定义为在商品和劳务的交换及债务清偿中作为交换媒介或者支付工具而被法定为普遍接受的物品。最符合这个定义的就是硬币、纸币和活期存款。硬币和纸币被称为通货，而活期存款同通货一样随时可用来支付债务,因而也可看做是严格意义上的货币,而且是最重要的货币。货币供给量中的大部分是活期存款,同时通过活期存款的派生机制还会创造货币。而中央银行发行的货币是硬币和纸币。

2)作为商业银行的银行

作为银行的银行,既为商业银行提供贷款(用票据再贴现、抵押贷款等办法),又为商业银行集中保管存款准备金,还为商业银行集中办理全国的结算业务。

3)作为国家的银行

(1)中央银行要代理国库,一方面受国库委托代收各种税款和公债出售款项等收入作为国库的活期存款;另一方面代理国库拨付各项经费,代办各种付款与转账。

(2)中央银行要提供政府所需资金,既通过贴现短期国库券等形式为政府提供短期资金,也通过帮助政府发行公债或直接购买公债的方式为政府提供长期资金。

(3)中央银行要代表政府与外国发生金融业务关系。

(4)中央银行要执行货币政策。

(5)中央银行要监督、管理全国金融市场活动。

(三)金融市场

金融市场又称公开市场,是各种信用工具交易的场所,中央银行主要是通过在公开市场上的活动来运用货币政策调节经济。

金融市场分为货币市场与资本市场。货币市场是从事短期信用工具买卖的金融市场,是短期信用工具与货币相交换的市场。在货币市场上交易的短期信用工具有:商业票据,即由公司发行的短期票据;国库券,即由政府发行的短期债券;银行承兑票,即由私人或公司所签发而以某一承兑银行为付款人的定期汇票;可转让的定期存单,即由银行发行的一种债券。参与货币市场活动的主要是政府主管国库的机构,它通过国库券的出售以获得短期资金;中央银行,它通过货币市场调节货币供给量与利率;商业银行,它通过货币市场从事它所需要的准备金数量的调整;其他金融机构(人寿保险公司、互助储蓄银行等),它们通过货币市场从事其资金的运用与筹措。资本市场是从事长期信用工具买卖的场所。长期信用工具是指借贷期限在一年以上的信用工具。例如,公债(包括中央政府与地方政府发行的公债)、公司债券、股票以及房地产抵押单等。

二、银行创造货币的机制

(一)存款创造机制

在货币政策调节经济的过程中,商业银行体系创造货币的机制是十分重要的。这一机制与法定准备金制度、商业银行活期存款就是一种货币,以及银行的贷款可转化为客户的活期存款等制度有关。

商业银行资金的主要来源是存款,为了应付存款客户随时取款的需要,确保银行的信誉与整个银行体系的稳定,银行不能把全部存款放出,必须保留一部分准备资金,这种经常保留的供支付存款提取用的一定金额,称为存款准备金。在现代银行制度中,这种准备金在存款中起码应当占的比率是由政府(具体由中央银行代表)规定的。这一比率称为法定准备金率,是指中央银行以法律形式规定的商业银行在所吸收存款中必须保持的准备金的比率。商业银行在吸收存款后,必须按法定准备金率保留准备金,其余的部分才可以作为贷款放出。例如,如果法定准备金率为20%,那么商业银行在吸收了100万元存款后,就要留下20万元的准备金,其余80万元方可作为贷款放出。

正如前面所介绍,在西方,商业银行的活期存款就是货币,它可以用支票在市场上流通。因此,活期存款的增加就是货币供给量的增加。因为客户在得到商业银行的贷款以后,一般并不取出现金，而是把所得到的贷款作为活期存款存入同自己有业务往来的商业银行，以便随时以支票形式使用。也就是说，银行贷款的增加又意味着活期存款的增加，以致货币供给量的增加。这样，商业银行的存款与贷款活动就会创造货币，在中央银行货币发行量并未增加的情况下，使流通中的货币量增加。而商业银行所创造货币量的多少，取决于法定准备金率。我们可用一个实例来说明这一点。

假设法定准备金率为20%，最初甲商业银行所吸收的存款为100万元，甲商业银行可放款80万元，得到80万元贷款的客户把这笔贷款存入乙商业银行，乙商业银行又可放款64万元，得到这64万元贷款的客户把这笔贷款存入丙商业银行，丙商业银行又可放款51.2万元，这样不断存贷下去，各银行的存款总和是：

$$100+80+64+51.2+\cdots$$
$$=100\times0.8^0+100\times0.8^1+100\times0.8^2+100\times0.8^3+\cdots+100\times0.8^{n-1}$$
$$=\frac{100}{1-0.8}=500\text{ 万元}$$

由以上例子可见，整个商业银行体系将增加500万元存款，即100万元的存款创造出了500万元的货币。如果以R代表最初存款，D代表存款总额即创造出的货币，r_d代表法定准备金率($0<r_d<1$)，则商业银行体系所能创造出的货币量为：

$$D=\frac{R}{r_d} \tag{12-1}$$

由式(12-1)可以看出，商业银行体系所能创造出来的货币量与法定准备金率r_d成反比，与最初存款R成正比。

(二)货币创造乘数

商业银行创造货币的机制说明了如果中央银行发行1元钞票，而实际的货币增加量并不是1元，因为在这1元钞票被存入商业银行的情况下，还会创造出新的货币量。货币创造乘数就是表明中央银行发行的货币量所引起的实际货币供给量增加的倍数。中央银行发行的货币称为基础货币或货币基础，由于这种货币具有创造出更多货币量的能力，因此是一种高能量的或者说活动力强大的货币，故又称高能货币。如果用H表示基础货币，用M表示货币供给量，则货币供给量M与基础货币H之间的关系为：

$$K_M=\frac{M}{H} \tag{12-2}$$

式中：K_M为货币创造乘数。在商业银行没有超额准备金、没有现金漏出的情况下，货币创造乘数K_M是法定准备金率r_d的倒数，即$K_M=\frac{1}{r_d}$。这表明，货币创造乘数的大小和法定准备金率有关，法定准备金率越大，货币创造乘数越小。原因是法定准备金率越大时，商业银行吸收的每一轮存款中可用于贷款的份额越小，因而贷款转化为下一轮的存款也就越少。另外，商业银行若有超额准备金和现金漏出时，货币创造乘数也会变小。

三、凯恩斯主义的货币政策

从*IS-LM*模型的分析中可以看出，利率的变动通过对投资和总需求的影响而影响国民收入水平。这一分析正是凯恩斯主义货币政策的理论基础。

(一)货币政策的作用机制

货币政策是中央银行通过政策工具控制货币供给量，改变商业银行可以利用的准备金，引发银行存款的倍数变化，进而引起利率的变动，使私人投资和消费支出得到调整，通过乘数作用，最终导致国民收入水平的变化。因此，若货币政策对商业银行可以利用的存款准备金没有影响，则随之而来的银行存款的倍数不变和利率也不变，也就不能引起私人投资和消费支出的变化和国民收入水平的变化，货币政策就没有效果。

(二)货币政策的工具

中央银行调节货币供给量的目的主要是通过公开市场业务、改变再贴现率和调整法定准备金率三大工具来实现。

1.公开市场业务

公开市场业务是指中央银行在金融市场上公开买卖政府债券以控制货币供给量和利率的政策行为。例如，美国联邦储备系统中设有公开市场委员会(FOMC)，其买卖的有价证券主要有国库券、其他联邦政府债券、联邦机构债券和银行承兑汇票。当中央银行在公开市场上购买有价证券时，实际上就是发行货币，进而通过商业银行体系创造货币的机制使银行货币成倍扩大，利率下降，私人投资和消费增加，通过乘数作用，引起国民收入水平上升，失业率下降，达到缓解经济衰退的目的。反之，为缓解通货膨胀压力，中央银行在公开市场上卖出有价证券，从而减少货币供给量，使利率上升，私人投资和消费减少，通过乘数作用，国民收入水平下降，达到减轻甚至消除通货膨胀的目的。公开市场业务是一种灵活而有效地调节货币供给量，进而影响利率的工具。因此，它是最重要也是最常用的货币政策工具。

2.再贴现率政策

贴现是私人企业为得到现金而把未到期的商业票据向商业银行申请贴现，而再贴现是商业银行将所持有的商业票据向中央银行申请贴现，或者商业银行用自己持有的政府债券作担保向中央银行申请贷款。再贴现率就是中央银行向商业银行及其他金融机构的放款利率。

再贴现政策包括变动再贴现率与再贴现条件，其中最主要的是变动再贴现率。中央银行降低再贴现率或放松再贴现条件，可使商业银行从中央银行得到更多的资金，这样就可以增加他对客户的放款，放款的增加又可以通过银行创造货币的机制增加流通中的货币供给量，降低利率，刺激私人投资和增加消费，防止经济萧条。相反，中央银行提高再贴现率或严格再贴现条件，使商业银行资金短缺，这样就不得不减少对客户的放款或收回贷款，贷款的减少也可以通过银行创造货币的机制减少流通中的货币供给量，提高利率，抑制私人投资和消费的过度膨胀。此外，再贴现率作为官方利率，它的变动也会影响到一般利率水平，使一般利率与之同方向变动。

3.变动法定准备金率政策

中央银行有权决定商业银行和其他存款机构的法定准备金率，因此，可以通过变动法定准备金率来调节货币供给量。在经济处于萧条时期，如果中央银行认为需要增加货币供给，就可以降低法定准备金率，使商业银行吸收的存款中用作准备金的比率减少，同时可有更多的贷款放出，并通过银行体系创造货币的机制增加货币供给量，降低利率，达到减轻经济萧条的目的。相反，在经济过热时，中央银行提高法定准备金率就会使商业银行吸收的存款中用做准备金的比率增加，同时减少贷款的放出或不得不收回贷款，并通过银行体系创造货币的机制减少货币供给量，提高利率，达到降低通货膨胀的目的。

上述三种货币政策工具常常互相配合使用。例如，当中央银行在公开市场操作中出售政府债券使市场利率上升(即债券价格下降)后，正如上面已经说过那样，再贴现率必须相应提高，以防止商业银行增加贴现。于是，商业银行向它的顾客的贷款利率也将提高，以免产生亏损。相反，当中央银行认为需要扩大信用时，在公开市场操作中买进债券的同时，也可同时降低再贴现率。再贴现率政策和公开市场业务虽然都能使商业银行的准备金变动，但变动方式和作用还是有区别的。当中央银行在市场出售债券时，一般地讲，能减少银行准备金，但究竟哪个银行会减少以及减少多少却无法事先知道，因而究竟会给哪些银行造成严重影响也无法事先知道。原来准备金多的银行可能没有什么影响，即使其客户提取很多存款去买债券时，也只会使准备金减少一些而已。然而，那些本来就没有什么超额准备金的银行马上会感到准备金不足，因此，其客户提取存款后，准备金就会降到法定准备金以下。在这种情况下，中央银行之所以还大胆地进行公开市场业务，就是因为有再贴现政策作补充。当中央银行出售债券使一些银行缺乏准备金时，这些银行就可以像中央银行办理贴现以克服准备金不足的困难。

除了以上三种主要工具外，还有一些其他工具，如道义劝告和窗口指导。道义劝告是指中央银行在必要时利用其在金融领域中的特殊地位和威望，对商业银行和其他金融机构发出口头或书面劝告，从而影响其放款与投资数量和方向，使其符合金融调控的目的。例如，在通货膨胀时期，劝阻商业银行不要任意扩大信用，以降低物价水平；在衰退时期，鼓励银行扩大贷款，以防止国民收入水平下降。窗口指导是指中央银行根据市场状况、物价变动趋势和金融市场的动向，对商业银行每季度的贷款变动额做出规定，并要求执行。

(三)货币政策工具的运用

货币政策工具的运用主要是通过中央银行来实施，针对不同的经济运行状况，中央银行分别采取紧缩性或扩张性的货币政策。

在经济繁荣时期，总需求大于总供给，为了抑制总需求，可运用紧缩性货币政策。其中包括在公开市场上卖出有价证券，提高再贴现率并严格再贴现条件，提高法定准备金率等。这些政策可以减少货币供给量，提高利率，抑制总需求。

在经济萧条时期，总需求小于总供给，为了刺激总需求，可运用扩张性货币政策。其中包括在公开市场上买进有价证券，降低再贴现率并放松再贴现条件，降低法定准备金率等。这些政策可以增加货币供给量，降低利率，刺激总需求。

(四)货币政策的局限性

货币政策是政府宏观干预的重要手段之一，它通过调节货币供给量来影响 *LM* 曲线，进而对利率产生影响，并影响投资，最终影响国民收入水平。但是，在实际应用中，货币政策对国民收入的影响会受到下列因素的制约。

1.流动偏好陷阱

依照凯恩斯理论，当经济萧条时，利率较低，则流动偏好很大。当利率降低到一定程度时，流动偏好引起的货币需求趋向于无穷大，即人们处于流动偏好陷阱状态。此时，无论货币供给量增加多少，其对利率的作用都非常小。这表明，当经济处于流动偏好陷阱状态时，货币政策通过降低利率来刺激投资的作用是有限的。

2.时滞的影响

与财政政策一样，货币政策的效果也受到政策时滞的影响。从中央银行对经济形势作出分析、判断、制定政策到实施，都会产生滞后影响，这些滞后制约着货币政策准确有效地发挥作用。

3.货币政策手段本身的局限性

变动再贴现率是中央银行间接控制商业银行准备金的重要手段，但这种手段的效果受到商业银行行为的制约。例如，当中央银行降低再贴现率时，商业银行未必增加贴现至少不一定按照中央银行的意图增加再贴现数量。

以上原因使得货币政策在实践中的作用受到一定的限制。凯恩斯主义者认为，由于实际货币需求存在流动偏好陷阱，这使得货币政策在经济严重衰退时无法发挥作用，所以，凯恩斯主义在政策主张方面比较重视财政政策。

四、货币主义的货币政策

货币主义者极为重视货币数量的变动，把它作为决定总需求的决定因素。

货币主义的货币政策在传递机制上与凯恩斯主义的货币政策不同。货币主义的基础理论是现代货币数量论,即认为影响国民收入与价格水平的不是利率而是货币数量。货币数量是直接影响国民收入与价格水平这一机制的前提是:人们的财富具有多种形式,包括货币、债券、股票、住宅、耐用消费品等。这样,人们在保存财富时就不仅是在货币与债券中做出选择,而是在这各种财富的形式中进行选择。在这一假设下,货币供给量增加后,各种资产的价格上升,从而直接刺激生产,在短期内使国民收入增加,以后又会使整个价格水平上升。

货币主义者反对把利率作为货币政策的目标。因为货币供给量的增加只会在短期内降低利率,而其主要影响还是提高利率。这首先在于,货币供应量的增加使总需求增加,总需求增加一方面增加了货币需求量,另一方面提高了价格水平,从而减少了货币的实际供给量,这两种作用的结果就会使利率提高。其次,利率还要受到人们对通货膨胀预期的影响。也就是说,名义利率等于实际利率加预期的通货膨胀率。货币供给量增加提高了预期的通货膨胀率,从而也就提高了名义利率。因此,货币政策无法限定利率,利率是一个会把人们引入歧途的指示器。

货币主义者还认为,货币政策不应该是一项刺激总需求的政策,而应该作为防止货币本身成为经济失调的根源的政策,为经济提供一个稳定的环境,并抵消其他因素所引起的波动。因此,货币政策不应该是多变的,应该以控制货币供给量为中心,即根据经济增长的需求,按一固定比率增加货币供给量,这也被称为"简单规则的货币政策"。这种政策可以制止通货膨胀,为经济的发展创造一个良好的环境。

第四节 财政政策与货币政策的配合使用

一、政策选择和需求结构

财政政策和货币政策都可以调节总需求,还会对总需求结构产生不同的影响。例如,若经济处于萧条状态,政府可用扩张性的财政政策,也可以用扩张性的货币政策。但用扩张性的财政政策,会使利率上升,排挤私人投资,尤其是受利率影响大的住宅投资,而使政府购买和消费在总需求结构中比重增加。相反,若用扩张性的货币政策,则会使利率下降,投资增加。而且,就扩张性的财政政策来说,不同的扩张项目也会带来不同的影响。若增加政府购买,则除了会使政府购买在总需求结构中比重上升,消费也会增加,但私人投资则会受到抑制。若减税或增加转移支付,则增加的一上来就是私人消费。若使用投资补贴的财政政策,则不但消费会增加,投资也会增加。可见,政府在决定选择哪一种政策时,首先要考虑主要是应刺激总需求中的哪一部分。如果萧条主要是由于私人投资不足引起,则适宜用货币政策或投资补贴;如果主要应刺激住宅投资,最好用货币政策;如果主要是刺激其他私人投资,则也许用投资补贴的办法更有效;如果主要是刺激消费,则可用减税或增加转移支付的政策。

二、财政政策与货币政策的配合使用

由于财政政策和货币政策会对国民收入和利率产生不同影响,对总需求结构产生不同影响,因此,对总需求调节时,常常把两种政策搭配起来使用。财政政策和货币政策的搭配方式不同,产生的政策效果不同,适用的经济环境也不同。

财政政策与货币政策的搭配方式有以下四种:

(1)扩张性的财政政策与紧缩性的货币政策,即"一松一紧"的配合方式。这种方式适应于经济萧条但不很严重时,一方面用扩张性的财政政策刺激总需求,另一方面用紧缩性的货币政策减轻由扩张性的财政政策带来的通货膨胀压力。这种配合方式会导致利率上升,产生"挤出"效应。

(2)紧缩性的财政政策与扩张性的货币政策,即"一紧一松"的配合方式。当经济出现财力不足、赤字严重、储蓄率高、市场疲软时,可采用这种政策组合。一方面紧缩性的财政政策可以减少赤字,另一方面扩张性的货币政策可以使利率下降,在紧缩预算的同时,松弛银根,刺激投资带动经济发展。

(3)紧缩性的财政政策与紧缩性的货币政策,即"双紧"的配合方式。当经济出现严重的通货膨胀时,可采用这种政策组合。一方面用紧缩性的财政政策减少总需求,另一方面用紧缩性的货币政策提高利率,抑制通货膨胀。这种配合方式会使总需求减少,国民收入下降,导致经济发展缓慢,甚至可能使经济开始衰退。

(4)扩张性的财政政策与扩张性的货币政策,即"双松"的配合方式。当经济严重萧条时,可采用这种政策组合。一方面用扩张性的财政政策增加总需求,另一方面用扩张性的货币政策降低利率,减少"挤出"效应。这种配合方式会引起总需求增加,从而促使经济的复苏、高涨。

如何选择财政政策与货币政策的组合,不仅取决于经济因素,也取决于政治等因素。因为财政政策和货币政策作用的结果,会使国内生产总值的组成比例发生变化,从而对不同阶层和不同集团的利益产生不同的影响。比如,政府在经济过热时,实行紧缩性的财政政策,提高税率,这对中产阶级以上的那部分人来说,他们收入中的较多部分将上缴国家财政,国家利用税收进行公共投资,如用来改善公共交通,这时不论穷人还是富人都可以享受这些公共物品,这在一定的经济社会中,国民收入分配会发生变化。因此,政府在作出混合使用财政政策与货币政策的决策时,必须统筹兼顾,充分考虑各方面的利益。

本章小结

(1)政府制定宏观经济政策追求的目标主要有四个:充分就业、物价稳定、经济持续均衡增长和国际收支平衡。

(2)在宏观经济政策工具中,在不考虑对外经济交往的情况下,常用的有需求管理政策和供给管理政策。传统宏观经济政策的重心在需求管理,本章主要介绍的财政政策和货币政策即属于需求管理政策。

(3)财政政策是指一国政府为了实现宏观调控目标而运用政府支出、税收和借债水平等财政手段对经济进行调节的决策。财政政策措施中,有自动稳定器与相机抉择的财政政策之分。

(4)具有自动稳定器功能的财政制度主要有:累进所得税、政府转移支付支出和农产品价格维持制度。相机抉择的财政政策,是指政府根据经济运行的状况逆经济波动的风向所采取的变动财政收支水平的政策。即当经济过热时,政府应采取紧缩性的财政政策;相反,当经济萧条时,政府则应采取扩张性的财政政策。

(5)挤出效应是指政府支出增加所引起的私人消费或投资降低的作用。

(6)货币政策是政府根据既定的政策目标,通过中央银行对货币供给量进行管理,进而影响投资和整个经济运行的宏观经济政策。

(7)货币政策工具主要有:公开市场业务、再贴现率政策和变动法定准备金率政策。

(8)财政政策与货币政策往往结合起来共同调节经济。两者的结合方式有四种:扩张性的财政政策与紧缩性的货币政策结合,即"一松一紧"政策;紧缩性的财政政策与扩张性的货币政策结合,即"一紧一松"政策;紧缩性的财政政策与紧缩性的货币政策结合,即"双紧"政策;扩张性的财政政策与扩张性的货币政策结合,即"双松"政策。

阅读资料

金融危机下我国的财政政策

2007 年上半年开始，我国经济领域出现投资增长过快、信贷投放过多、外贸顺差过大的“三过”现象，当时为抑制“三过”，我国政府及时出台了抑制通货膨胀的紧缩性财政政策。然而，美国次贷危机发生以来，能源、资源等基础性原料的价格下跌，引发全球性的经济紧缩，我国经济也受到波及。因此，我国政府及时调头，转向实施扩张性的财政政策。

(一)新增值税条例的出台

为扩大国内需求、降低企业设备投资的税收负担、促进企业技术进步、产业结构调整和转变经济增长方式，我国财政部出台了新增值税征收条例。

其调整内容有：①允许企业抵扣新购入设备所含的增值税；②取消进口设备免征增值税。③取消外商投资企业采购国产设备增值税退税；④将小规模纳税人增值税征收率统一调至 3%；⑤将矿产品增值税税率恢复到 17%；第①条是在鼓励企业积极购入新机器设备，加快固定资本的更新速度，提高资本有机构成，显然这是对马克思主义剩余价值理论的灵活运用，目的是刺激消费，扩大就业；第②条主要是针对国内需求不足而采取的对策，积极引导我国企业采用国内设备；第③条主要是针对国际游资的，维护我国经济安全；第④条将原来的 4%、6%统一下调为 3%，显然是为了减少小型企业的税负，提高其在经济舞台上的活跃性；第⑤条将税率提高至 17%，主要目的是以高税负促使我国企业加快产业结构调整，引导我国企业走低能耗、低污染的新型工业化道路。

(二)五大措施的提出

一是在已经提高低收入群众保障水平的基础上，还要继续提高。继续提高离退休人员离退休费、优抚人员抚恤标准、低保群众的低保水平等。

二是提高农民收入。2008 年我国较大幅度地提高了农产品的价格水平，而且采取了增加农产品储备的一些措施。但是国际农产品的价格在大幅上涨之后，又出现了大幅度的回落。在这种情况下，政府指定一些国有粮食企业以及其他农副产品的采购企业要收购一部分粮食、棉花、油料、猪肉，增加储备，维持农产品价格的稳定，增加农民的收入。

三是努力增加就业。我国对于在就业上遇到困难的一些群众，特别是下岗职工，实行了扶持政策，帮助他们再就业。

四是进一步完善社会保障制度。包括养老保险、医疗保险，还包括农民工以及城镇居民在这方面的保险，进一步解决群众在消费上的后顾之忧。

五是采取鼓励措施，支持农村市场的开发。比如采取补助的办法，支持彩电、冰箱这类家用电器到农村销售。国务院决定从 2009 年 2 月 1 日起将“家电下乡”等补贴政策扩大到全国。各级政府相继推出“家电下乡”、“汽车、摩托车下乡”活动，激活了农村市场，拉动了工业生产，农民得实惠，企业得商机，带动农村消费三百多亿元。

(三)“国十条”的推出

2008 年第三季度我国国内生产总值增长 9.0%，为 4 年以来首次降至个位数，而前三季度我国国内生产总值同比增长 9.9%。针对中国经济出现的下行趋势，为扩大内需，国务院决定实施 4 万亿元的投资计划，即“国十条”政策。毫无疑问，“国十条”的出台旨在进一步扩大内需、促进经济增长。

其具体内容有：①加快建设保障性安居工程；②加快农村基础设施建设；③加快铁路、公路和机场等重大基础设施建设；④加快医疗卫生、文化教育事业发展；⑤加强生态环境建设；⑥加快自主创新和结构调整，支持高技术产业化建设和产业技术进步，支持服务业发展；⑦加快地震灾区灾后重建各项工作；⑧提高城乡居民收入；⑨在全国所有地区、所有行业全面实施增值税转型改革，鼓励企业技术改造,减轻企业负担1200亿元;⑩加大金融对经济增长的支持力度。初步预算,实施上述工程建设,到2010年底约需投资4万亿元。为加快建设进度,中央政府决定,2008年四季度先增加安排中央投资1 000亿元,2009年灾后重建基金提前安排200亿元,带动地方和社会投资,总规模达到4 000亿元。分析国务院提出的"国十条",4万亿元财政巨资的流向主要集中于三大块,其一是保障性住房、社会福利、农业投入、城乡公用事业、基础设施建设以及医疗、卫生、教育、环保等民生领域;其二是铁路、港口、机场、公路等交通基础建设领域;其三是涵盖了支持高技术产业创新建设、支持服务业发展、减轻企业负担、加大信贷支持力度等领域。显然,其目的是为了刺激企业对生产资料的投资和推动国内产业加速转型。

(四)积极推进消费券的发放

为应对金融危机,刺激国内消费,拉动内需,从而使我国连年增长的储蓄转变为现实的购买力,各地政府相继发放各类消费券,尤其是耐用品消费券。

2009年3月18日,在第一阶段消费券发放取得预期成果的基础上,杭州市第二阶段消费券发放工作新闻发布会宣布:杭州市将于3月20日起发放(发售)第二阶段消费券,消费券共分政府消费券、社会消费券、旅游消费券、转移性消费券和教育培训消费券五类,总金额超过6亿元人民币。其中政府消费券和教育培训消费券针对特定人群定向发放,社会消费券和转移性消费券面向全体杭州市民自愿认购,旅游消费券面向来杭州旅游的国内外游客公开发放,持券消费均可享受不同程度的优惠。

(资料来源:孙学敏.西方经济学[M].北京:清华大学出版社,2009.)

本章习题

一、名词解释

财政政策　挤出效应　货币政策　基础货币　货币乘数　公开市场业务　再贴现率　法定准备金率

二、选择题

(1)以下哪个选项不是重要的宏观经济目标(　　)。

A.价格稳定　　B.充分就业

C.完全竞争　　D.经济增长

(2)扩张性财政政策对经济的影响是(　　)。

A.缓和了经济萧条但增加了政府债务　　B.缓和了经济萧条也减轻了政府债务

C.加剧了通货膨胀但减轻了政府债务　　D.缓和了通货膨胀但增加了政府债务

(3)当一国经济出现过热现象时,货币当局可以采用哪种方法控制货币供给量(　　)。

A.降低再贴现率　　B.降低法定准备金率

C.在公开市场上出售债券　　D.以上方法都可以

(4)财政政策的自动稳定器作用是(　　)。

A.刺激经济增长　　B.延缓经济衰退

C.缓解经济周期性波动　　D.促进经济实现均衡

(5)要实施紧缩性的财政政策,可采取的措施有(　　)。

A.降低税率　　B.增加政府购买

C.减少政府转移支付　　D.提高再贴现率

(6)下列哪种情况下,当政府增加财政支出,加大公共建设力度时,不会影响均衡国民收入水平(　　)。

A.*IS* 曲线平坦而 *LM* 曲线垂直　　B.*IS* 曲线陡峭同时 *LM* 曲线也陡峭

C.IS 曲线垂直而 LM 曲线平坦　　　　　　D.IS 曲线平坦同时 LM 曲线也平坦

(7)下列政策组合会使得利率肯定下降,产出的变化不确定的是(　　)。

A.紧缩性的财政政策和紧缩性的货币政策

B.扩张性的财政政策和扩张性的货币政策

C.扩张性的财政政策和紧缩性的货币政策

D.紧缩性的财政政策和扩张性的货币政策

三、计算题

(1)假定某国政府当前预算赤字为 75 亿元,边际消费倾向 $\beta=0.8$,税率 $t=0.25$,如果政府为降低通货膨胀率要减少支出 200 亿元,试分析支出的这种变化最终能否消灭赤字?

(2)假定经济满足 $Y=C+I+G$,且消费 $C=800+0.63Y$,投资 $I=7\ 500-20\ 000R$,货币需求 $L=0.1625Y-10\ 000R$,名义货币供给量为 6 000 亿元,价格水平为 1,问当政府支出从 7 500 亿元增加到 8 500 亿元时,政府支出的增加挤占了多少私人投资?

四、思考题

(1)凯恩斯主义货币政策的主要工具有哪些?当经济呈现下滑势头时中央银行应如何运用这些工具?

(2)财政政策和货币政策的混合使用有哪些方式,将产生哪些效应?

第十三章　失业与通货膨胀

■ 学习要点

☆ 失业的定义
☆ 失业的类型
☆ 通货膨胀的定义与度量
☆ 通货膨胀的原因
☆ 菲利普斯曲线

宏观经济运行不可避免地会出现诸多问题，其中失业(unemployment)和通货膨胀(inflation)无疑是最常见和最敏感的问题。这两类问题不仅影响着大多数人的正常生活，而且对经济社会的总体运行也会产生干扰。本章主要介绍失业与通货膨胀问题：首先了解失业现象，然后讨论通货膨胀问题，最后讨论失业与通货膨胀之间的联系。

第一节　失　　业

对大多数人来说，失去工作意味着生活水平下降和心理折磨。对于国家经济运行来说，失业意味着劳动力资源没有得到充分有效利用，从而使总产出受到损失。那么，失业如何定义？失业会产生那些影响？政府应该如何治理失业呢？

一、失业的定义

失业是指在劳动适龄范围(16～65岁)内，愿意工作而没有工作，并在积极寻找工作的人。失业者是劳动力的组成部分。所谓劳动力是指劳动适龄范围内愿意工作的人。它由两部分组成：一部分从事有报酬的工作，称为就业者；另一部分没有工作而正在积极寻找工作，就是失业者。

衡量一个经济中失业状况的最基本指标为失业率。失业率是失业人数占劳动力总数的百分比，用公式表示为：

$$失业率=\frac{失业人数}{劳动力总数}\times 100\% \tag{13-1}$$

二、失业的种类

造成失业的原因是多种多样的，按照失业的原因可将失业分为三类：摩擦性失业、结构性失业和周期性失业。

(一)摩擦性失业

摩擦性失业(frictional unemployment)是指由于劳动力正常流动而产生的失业现象。工人找到适合自己的工作岗位是需要一些时间的。首先，工人有不同的偏好和能力，而工作又有不同的性质。其次，有关寻找工作者和空缺职位的信息交流并不完全。最后，工人在不同地区间也不能迅速流动。因此找一份合适的工作需要一些时间，寻找工作者在这一时间段内就处于失业状态。

劳动力的流动和周转在任何一个阶段都是难以避免的，因此摩擦性失业在经济发展的任何阶段也都是难以避免的。即使经济处在充分就业水平，也总会发生一些职业调整。例如，辞去现有的工作而寻找更合适的工作;学生刚从学校毕业时需要寻找工作;母亲在生育孩子以后,可能又要重归劳动者队伍等。

(二)结构性失业

结构性失业(structural unemployment)是指产业新老交替过程中产生的失业现象。随着新产业的发展和传统产业的衰退,社会对掌握新知识、新技能的劳动者的需求上升,而对掌握传统知识、传统技能的劳动者的需求下降,即劳动者需求结构发生变化。但是,劳动力不能迅速适应这种变化,劳动力的供给结构未能作出及时的调整,那么在新兴产业就会出现供不应求,而在传统产业就会出现供大于求,这就是所谓的结构性失业。20世纪末21世纪初,由于高新技术产业在中国政府的大力支持下蓬勃发展,给电子设备行业注入了很大活力,此时便出现了计算机方面人才短缺的现象;与此同时老工业基地(钢铁、纺织业)中却出现大量的下岗工人。

产业结构演变是持续进行的,因此结构性失业现象也是不可避免的,甚至也是必要的。因此,这种失业也不是经济学家和政治家所关注的重点。

(三)周期性失业

周期性失业(cyclic unemployment)是指经济波动中因需求下降而造成的失业。在经济萧条阶段,国民经济总需求和总产出下降,企业对劳动力的需求下降,从而导致失业现象发生。2008年金融危机给全世界经济都带来了灾难性的打击。受此影响,各国经济严重受挫,直接导致了大量的失业,美国失业率也达到了近25年来的最高水平。

周期性失业是由总需求不足引起的,工人无法通过自己的努力而找到工作,违背了工人就业的意愿,因此也被称为非自愿失业。与此相对应的失业称为自愿失业,它是指工人不愿意接受现行工资水平,自愿放弃工作或不再寻找工作的人。

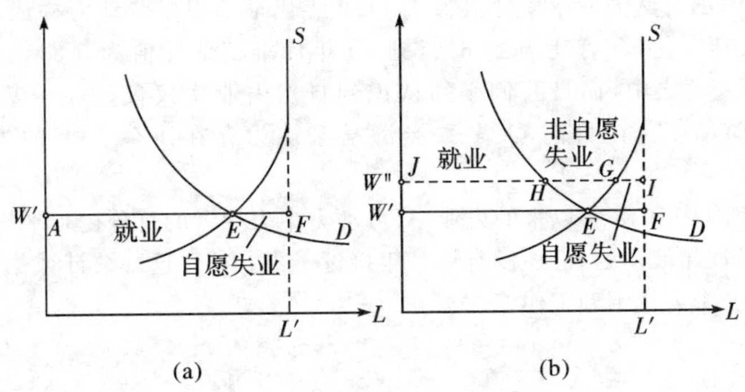

图13-1 自愿失业与非自愿失业

图13-1中以劳动投入量 L 为横轴,工资率 W 为纵轴,S 为劳动供给曲线,L' 为劳动力的数量。在劳动供给量为 L' 时,工资水平很高,劳动供给曲线变得完全没有弹性。(a)图中,劳动力市场处于均衡状态(E),经济实现充分就业,劳动力供求均衡,不存在非自愿失业。线段 EF 表示的这部分工人不愿在现行的市场工资率下工作,所以他们是自愿失业的。(b)图中,经济处于萧条时期,劳动力市场出现供大于求。在 W'' 水平下,存在非自愿失业(用 HG 线段表示)和自愿失业(用 GI 线段表示)。

三、失业程度的评价

严重的失业会对经济社会造成显著的影响。那么,失业率达到多高就处于危险状态呢?如何来评价一个国家的失业率水平呢?一个国家失业率的理想状态是充分就业的失业率,也被称为自然失业率。

(一)充分就业状态的失业率

凯恩斯主义者把失业分为摩擦性失业、结构性失业和周期性失业。按照这种分类，如果经济社会中不存在非自愿失业，经济社会就处于充分就业状态。那么，充分就业状态的失业就仅限于摩擦性失业和结构性失业。充分就业状态的失业率就等于摩擦性失业率与结构性失业率之和。

(二)自然失业率

货币主义把充分就业状态的失业率称为自然失业率(natural rate of unemployment)。所谓自然失业率是指在没有货币因素干扰的情况下，让劳动力市场和产品市场自发供求力量发生作用时，总需求和总供给处于均衡状态的失业率。对于自然失业率的理解要注意以下几点：

(1)自然失业率是大于零的失业率。尽管劳动力市场供求关系平衡，但是自然失业率不会为零。这是因为劳动力的流动性和产业更替会不可避免地产生失业。因而，自然失业率是一个低的失业率，却是一个大于零的失业率。

(2)自然失业率是不致引起通货膨胀的最低失业率。既然自然失业率表示经济中劳动力资源以及其他资源的利用已经达到充分、有效的程度，也即已经没有闲置的资源。如果就业率进一步提高，也即失业率进一步降低，由于对资源需求的进一步提高，从而会提高资源的价格，引发通货膨胀。因此，自然失业率是一个维持通货膨胀水平不变的最低失业率。

(三)自然失业率的估计

自然失业率并不是一个精确的数值，而是一个估计值。美国的自然失业率的估计开始于20世纪50年代中期，当时的自然失业率估计值为4%，70年代早期根据劳动力构成的变化做了调整之后估计值上升到4.9%。80年代上升到6%，到90年代早期估计值为5.5%。显然，对自然失业率的估计一直处于变动之中，而且我们必须认识到自然失业率仅仅是一个基准，而且它应该有1%左右的上下波动幅度。在目前，大多数经济学家认为存在4%～6%的失业率是正常而自然的。

图13-2表示美国从1948年以来的失业率(劳动力中失业者的百分比)，平均值大概是在5%～6%。虽然失业率是逐年波动的，但还没有哪一年接近于零。按照这一统计数据，平均每18个想找工作的人中大约有一个人找不到工作。

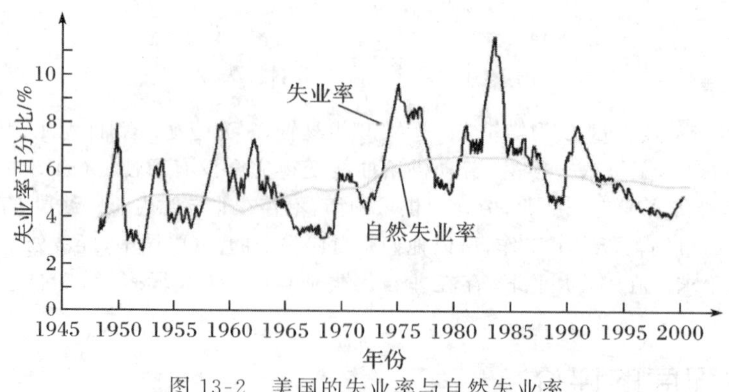

图13-2 美国的失业率与自然失业率

资料来源：N.格里高利・曼昆.宏观经济学[M]5版.北京：中国人民大学出版社，2005，148.

四、失业的损失与危害

高失业率不仅仅是经济问题而且还是一个重大的社会问题。之所以是经济问题，是因为它意味着要浪费有限的经济资源，造成社会总产出损失。而成为社会问题是因为它会使失业人员面对收入减少的困境而痛苦挣扎。在高失业率时期，经济上的压力使人无法承受，影响着人们的情绪和行为。

(一)失业的经济损失与奥肯定律

阿瑟·奥肯首先发现了产出和失业率之间存在着显著的相关关系，即著名的奥肯定律。奥肯定律(Okun's law)指出，失业率每高于自然失业率 1 个百分点，实际 GDP 将低于潜在 GDP 2 个百分点。这个定律可以用下面的公式来表示：

$$\frac{y-y_f}{y_f}=-\alpha(u-u^*) \tag{13-2}$$

式中：y 为实际产出；y_f 为潜在产出；u 为实际失业率；u^* 为自然失业率；α 为大于零的参数。

(二)失业的社会危害

失业的经济成本显然非常大，但长时间持续非自愿失业给人们所造成的精神损失，却无法用一个确定的货币数额来充分地加以表达。事实一再证明，失业的压力最容易被人们感知，失业的社会成本难以估量。

在一个失业的建筑工人的回忆录里我们读到："我申请去盖屋顶，可他们不需要我，因为已经有人为他们工作五六年了，没有工作岗位在等着我。我寻找任何可以找到的工作，从清洗汽车到任何其他事情。回到家里，变得垂头丧气，家里每一个人也都变得有些紧张和不安。他们开始为一些蠢事而互相争吵，因为每个人都成天被囚禁在那个空间里，整个家庭气氛被破坏了。"

心理学研究指出，解雇所造成的创伤绝不亚于亲友去世或学业失败，而且高失业率常常与吸毒、高离婚率以及高犯罪率联系在一起。不仅如此，由于受失业的影响，家庭之外的人际关系也会受到很大的冲击，失业者在就业者中失去了自尊、信心和影响力。

五、失业的治理

(一)摩擦性失业的治理

产生摩擦性失业的主要原因是：劳动力市场不断变动，信息不很完备。在这两个条件约束下，劳动力的流动就需要一定的时间，因而摩擦性失业就不可避免。根据摩擦性失业的这种情况，可以通过缩短选择工作的时间来减少摩擦性失业。例如，可以通过增设职业介绍所、青年就业服务机构和建立人才库网站以更多的途径传播有关就业的信息等方法达到减少摩擦性失业的目的。

(二)结构性失业的治理

经济增长的过程必然伴随着经济结构的变化，而经济结构的变化又会导致结构性失业。所以，我们必须辩证地看待结构性失业的治理。一般来说，有两种不同的方法减少结构性失业。一是试图阻止或至少是减缓导致结构性失业的经济结构变化。几个世纪以来，许多国家的政府和工会通过阻止或减缓经济结构变化来减轻失业的威胁，从长远的利益看，这一个举措是得不偿失的；二是接受伴随经济增长的经济结构变化并设计出使经济更适应这种变化的政策。结构性失业的主要原因是劳动力不能适应经济结构变化后的工作，故可通过对受结构性失业威胁的人进行教育培训的方法来解决这一问题。另外，可以通过帮助劳动力迁移，使劳动力能容易地在不同的工作与地域之间流动，以此来降低结构性失业。

(三)周期性失业的治理

周期性失业是由于“有效需求”不足所引起的。对于这种失业,按照凯恩斯的意见,只要国家积极干预经济,设法刺激“有效需求”,并以实现“充分就业”为目的,就能够实现充分就业。他提出的重要措施是:①刺激私人投资,为个人消费的扩大创造条件;②促进国家投资。现在人们一般认为,可以通过扩张性的财政政策或货币政策来刺激总需求,以消除由于总需求不足所造成的周期性失业。

第二节 通货膨胀

在经济生活中,我们经常遇到通货膨胀。当通货膨胀严重时,市场价格涨跌已经不能准确反映市场的供求关系状况,货币的购买力下降导致货币信用减弱,从而使价格体系、金融体系受到严重的影响;另一方面,通货膨胀改变人们的实际收入水平,导致部分人群经济状况的恶化。总之,较高的通货膨胀率对经济、社会也是有害的,有人认为通货膨胀是一种病态,因而受到各国政府的高度重视。

一、通货膨胀的定义

通货膨胀(inflation)是指当一个经济中的大多数商品和劳务的价格在一段时间内普遍、持续、显著的上涨时,宏观经济就出现了通货膨胀。理解这个概念时,我们要注意以下三点:①物价的普遍上涨。通货膨胀不是指个别商品价格的上涨,而是指社会物价总体水平的上涨趋势。因此,我们要根据大多数商品和价格的变化来判断通货膨胀现象,而不能用个别商品和劳务价格的变化来判断通货膨胀。比如,若一种或少数几种商品的价格上涨,而大多数商品的价格稳定,这就不属于通货膨胀。②物价的持续上涨。通货膨胀不是价格水平的一次性上涨,而是在一段时间内持续的上涨现象。③物价的显著上涨。物价水平必须上涨“相当的幅度”才可称为通货膨胀。如果物价水平小幅度上涨,也不能算作是通货膨胀。究竟物价上涨多少才能算通货膨胀呢?有的专家提出通货膨胀率为2%是一个临界值。超过这个临界值才能算是通货膨胀。

当物价总水平上涨时,意味着货币在贬值,也就是说货币的购买力在下降。用同样多的货币只能买到较少的商品和劳务。因此,通货膨胀的过程也是货币贬值的过程。

二、通货膨胀的度量

通货膨胀是物价总水平上涨的过程。我们用价格指数(price index)来代表全部物品和服务的物价总水平,并通过时期价格指数的比较来说明物价总水平的变动。

(一)价格指数

价格指数是以基期或报告期产量为权数计算报告期总价格与基期总价格之比,它反映了相对于基期而言,报告期物价水平的相对变化。用公式表示为:

$$\pi = \frac{\sum_{i=1}^{n} P_i^t Q_i^t}{\sum_{i=1}^{n} P_i^0 Q_i^t} \times 100 = \frac{P_1^t Q_1^t + P_2^t Q_2^t + \cdots + P_n^t Q_n^t}{P_1^0 Q_1^t + P_2^0 Q_2^t + \cdots + P_n^0 Q_n^t} \times 100 \qquad (13\text{-}3)$$

式中:$i(i=1,2,3,\cdots,n)$为商品和服务的种类;P_i 为第 i 种商品的价格;Q_i 为 i 种商品的产量;t 为报告期(现期);0 为比较期(基期)。

在计算价格指数时,分子和分母中所表示的产品种类和产量必须是一致的。因此,结果就只反映了物价总体水平的变动情况。那么,在计算价格指数时,我们都选用哪些产品种类(i 的选取范围)呢?我们可以选取所有的商品和劳务,也可以选取部分商品和劳务。根据所选取的产品范围和产品种类,我们可以把价格指数分为:消费价格指数、生产价格指数和国内生产总值折算指数三种类型。

1.消费价格指数

消费价格指数(Consumer Price Index,CPI)也称为居民消费物价指数,指通过计算城镇居民日常的社会用品和劳务的价格水平变动而得的指数。也就是,我们在计算价格指数时,所选取的产品是一组城镇居民日常生活消费品,主要包括食品、衣服、住宿、燃料、交通、医疗、学费及其他商品和服务。消费价格指数告诉我们:对普通家庭来说,购买具有同质、同量的一组商品,在现期要比过去某一期(基期)多花费的比例。

CPI 具有三个优点:一是消费品作为最终产品,其价格信息包含了从生产到流通各个环节的价格变动信息,因而它所包含的价格信息是完整的。二是消费品价格的变化与公众的生活密切相关,受到人们的普遍关注。三是消费价格指数计算简便、公布及时,每月的 CPI 数据让我们能够及时了解价格变动的最新信息。因此,CPI 是最重要的、最权威的价格指数。目前,世界各国均采用 CPI 来反映通货膨胀的程度。

2.生产价格指数

生产价格指数(Producer Price Index,PPI)也称为生产者物价指数,指通过计算生产者在生产过程中所使用的原料和中间产品的价格水平变动而得的指数。美国计算时选取了 3 400 种产品,但不包含劳务。

PPI 与 CPI 的一个不同之处在于,由于原料和中间产品的价格变动通过影响企业产品的成本,最终会影响到企业产品的价格。因此,PPI 上涨预示着未来即将发生价格水平上涨,它成为一般价格水平变化的一个重要信号。但是,PPI 反映的即将发生的价格变动,而不能说明现在发生的价格变动。

3.国内生产总值折算指数

国内生产总值折算指数(GDP deflator)又称为 GDP 平减指数,是指名义国内生产总值与实际国内生产总值之比。

GDP 折算指数的统计对象包括所有计入 GDP 的最终产品与劳务,因而能较全面反映一般物价水平的变化。但是,由于最终物品繁杂、又存在变化,因而 GDP 折算指数的计算比较繁杂,数据公布滞后。

(二)通货膨胀率

如果我们确定一个时期为基期,那么我们就可以利用价格指数公式计算各期的物价指数了。例如,以 2000 年为基期,2000 年某国普通家庭购买一个 CPI 篮子商品的费用为 857 元,2001 年为 1 174元,2002 年为 412 元,2003 为 1 200 元。那么,2000 年、2001 年、2002 年和 2003 年的消费价格指数分别为:100、137、48 和 140。这样,就形成了一个价格指数的时间序列。据此,我们就可以比较不同时期价格水平的变化。我们把一个时期到下一个时期价格水平变动的百分比称为通货膨胀率。用公式表示为:

$$\pi_t = \frac{P_t - P_{t-1}}{P_{t-1}} \tag{13-4}$$

显然,通货膨胀率为正值,表示一般价格水平是在上涨,反映着经济运行出现通货膨胀现象。而如果通货膨胀率为负值的话,则经济运行不是通货膨胀,而是存在通货紧缩。如果通货膨胀为零,则表示价格水平稳定。通货膨胀与市场经济一样古老,图 13-3 表示美国 20 世纪后半叶用消费价格指数计量的通货膨胀。从图中可以清楚地看到美国的通货膨胀率一直很不稳定,20 世纪 80 年代初的通货膨胀率曾达到令人难以接受的高水平，而 90 年代由于美联储的有效控制和较小的供给冲击，通货膨胀率一直稳定地保持在低水平。

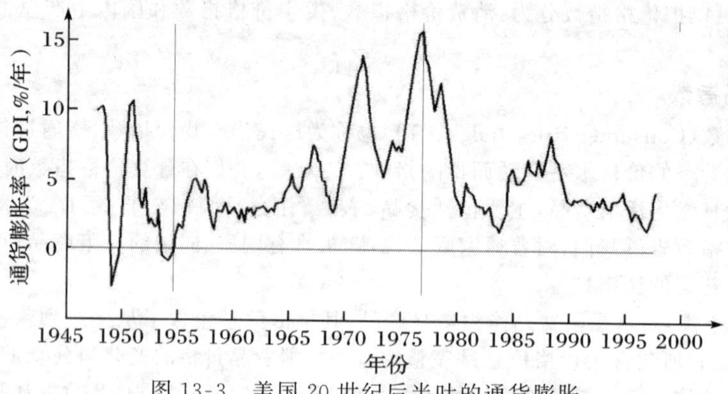

图 13-3 美国 20 世纪后半叶的通货膨胀

资料来源：保罗・萨缪尔森，威廉・诺德豪斯.经济学[M]17 版，北京：人民邮电出版社，2004，549.

三、通货膨胀的类型

对于通货膨胀的类型，西方经济学根据不同的划分标准，形成三种不同的分类方法。

(一)按价格上涨的程度进行分类

通货膨胀像疾病一样会表现出不同的严重程度。我们按照这种程度将通货膨胀分成三个类型，即温和的通货膨胀、奔腾的通货膨胀和超级通货膨胀。

1.温和的通货膨胀

我们将年通货膨胀率在 10％以下的通货膨胀称为温和的通货膨胀（moderate inflation）或一位数的通货膨胀。特点是价格水平上涨缓慢，货币贬值幅度较小。人们对货币比较有信心，因为这些钱的价值在一个月或一年中不会有太大变化。人们会很愿意签订以货币形式表示的长期合同，因为他们有把握肯定自己买卖的商品的相对价格变动不会太大。目前，许多国家都存在着温和的通货膨胀。

在这样一个通货膨胀率下，价格机制、金融体系都能够有序地运行，因而它带来的效率损失是有限的。甚至有一些经济学家认为，温和的通货膨胀可以刺激经济的增长。在通货膨胀的情况下，由于商品价格的提高一般快于工资的提高，结果导致实际工资降低，厂商的利润增加，这样就会刺激厂商扩大投资，进而促进经济增长。若物价上涨控制在 1％～2％、至多 5％以内（爬行的通货膨胀），则通货膨胀能像润滑油一样刺激经济的发展，这就是通货膨胀有益无害的观点。

2.奔腾的通货膨胀

我们将年通货膨胀率超过 10％但在 100％以下的通货膨胀称为奔腾的通货膨胀（galloping inflation）或两位数的通货膨胀。在这种形势下，货币贬值非常迅速，公众对货币的信用产生动摇，产生恐慌心理。在消费层面，人们用大量的货币换回其他资产（如囤积商品、购买房屋）；而在生产领域，出现"投资不如投机，生产不如囤积，存钱不如存货"现象，由此进一步抬升了物价水平。在借贷领域，人们不会按照很低的名义利率出借货币，名义利率进一步抬升。这些因素，使物价上涨呈现不断加剧的趋势。结果，价格机制在配置资源中的作用迅速减弱，货币的信用降低。实体经济和金融体系受到较为严重的影响。

意大利和日本这样的发达工业国家会不时地遭到这类通货膨胀的困扰。许多拉丁美洲国家，如阿根廷和巴西，在 20 世纪 70 年代和 80 年代，年通货膨胀率就曾高达 50％～70％。

3.超级通货膨胀

我们将年通货膨胀率超过100%称为恶性通货膨胀(hyperinflation)。在恶性通货膨胀期间,各种价格以惊人的速度持续上涨。企业不能依据商品和服务的价格判断市场供求状况,价格信号在资源配置中失去作用,生产陷入混乱。随着时间的推移,货币失去了作为价值储藏手段、计价单位和交换媒介的作用,物物交换变得更为普遍,金融体系崩溃。超级通货膨胀对经济和社会的打击是毁灭性的。在恶性通货膨胀期间,除了纸币以外,一切都十分缺乏。物价一片混乱,生产也一塌糊涂。每个人都在囤积"东西",并尽力抛掉"不值钱"的纸币,这就将货币赶出了流通领域。结果人们的生活部分地退回到极不方便的物物交换时代。正常的经济联系被扭曲,价格体系和货币制度被砸烂。恶性通货膨胀通常伴随着剧烈的社会动荡,甚至导致政权的更迭。

在南北战争时期,南方联邦的居民这样来描述他们所经历的恶性通货膨胀:过去我们一般都在兜里装着钱去商店购物,将买到的食物装在篮子里带回来。然而,现在我们是用篮子装钱,却用衣兜装回所买的食品。

(二)按通货膨胀预期进行分类

预期就是指经济决策者对于与其当前决策有关的不确定的经济变量的未来值的预测。有些通货膨胀是公众所预期到的,而有些通货膨胀是公众没有预期到的。据此,我们将通货膨胀分为预期到的通货膨胀和未预期的通货膨胀。

1.预期到的通货膨胀

预期到的通货膨胀,是指人们已经预料到了正在发生的通货膨胀。如果一个国家的价格水平在一段时间内以6%的速度上涨,人们就会对这个通货膨胀率有所预期,也就是说,人们就会预计未来也会维持这个通货膨胀率。如果人们存在这种预期的话,各行各业在经济活动中都要考虑这个预期的通货膨胀率带来的影响,这样,工人会按照6%的预期的通货膨胀水平要求名义工资上涨6%,以保证预期的实际工资水平不变;银行贷款利率增加中也考虑了6%的通货膨胀因素,从而企业也会使其产品的价格上涨6%或更多。可见,如果中央银行、政府、投资者、消费者以及劳动者都有存在同样的预期通货膨胀率,通货膨胀就会以这个预期通货膨胀率持续下去。可见,在没有政策因素与国际因素干扰的情况下,通货膨胀预期就能够维持原有的通胀速度,实现自我维持。这就像是运动物体所具有的惯性一样。因此,预期到的通货膨胀也被称为有惯性的通货膨胀。

2.未预期到的通货膨胀

未预期到的通货膨胀是指人们没有预料到价格会上涨,或者是价格上涨的速度超过了人们的预料。这种通货膨胀的发生是由于突发事件干扰而导致的,比如政府的干预、自然灾害、战争与动乱等等。比如国际原料价格的突然上涨引起国内生产成本的上升,能够导致价格水平迅速上涨。或者是在长期中价格不变的情况下政府实施扩张性政策引起价格上涨。假如一个宏观环境开始的通货膨胀率为3%,工人的预期为3%,因而要求厂商按3%的幅度增加名义工资。由于政府的扩张性政策导致更高的通货膨胀率(6%),这就是一个未预期的通货膨胀。未预期的通货膨胀,使得工人名义工资的增长低于价格水平的增长,从而使得工人的实际工资下降。工人发觉后就要求增加名义工资,以补偿通货膨胀的损失,使实际工资恢复到原来的水平。同时把现实的通货膨胀率作为预期,从而使通货膨胀维持在更高的水平(6%)。

(三)按相对价格的变化进行分类

通货膨胀按照对不同商品的价格影响的程度是否相同,商品的相对价格是否发生变化,可以分为平衡的通货膨胀和非平衡的通货膨胀。

1.平衡的通货膨胀

平衡的通货膨胀是指每种商品的价格都按相同的比例上升,商品的相对价格不发生变化。这里所指的商品的价格包括各种生产要素的价格，如工资率、租金、利率等。

2.非平衡的通货膨胀

非平衡的通货膨胀是指各种商品价格上升的比例并不完全相同，商品相对价格发生变化。例如，工资上涨的速度超过利率上涨的速度，住宅价格上涨的速度超过轿车价格上涨速度等。

四、通货膨胀的原因

引起通货膨胀的原因不是单一的，比如货币供给过多、产品总需求的增加、通货膨胀预期等等都能引起通货膨胀。而且，各个流派对于通货膨胀形成的原因也存在很大的分歧。在20世纪中期，有两大阵营针对决定通货膨胀的原因产生了极大的分歧：货币主义学派认为货币供给量增长在决定通货膨胀的众多因素中起主导作用；而“凯恩斯主义”学派认为产品总需求的变化通常比货币供给的变化更重要。而且，随着通货膨胀不断出现新的特点，对于通货膨胀的分析更趋复杂。

(一)作为货币现象的通货膨胀

货币数量论解释了货币在通货膨胀中的绝对作用。这种理论认为，当货币供给量的增长超过产出的增长，就会出现“过多的货币追逐在充分就业条件下可能生产出来的有限的物品供给”，从而引起价格水平的上涨。因此，货币供给量的变动是引起物价水平变动的根本原因，通货膨胀本质上是一种货币现象。这一理论的出发点是如下的交易方程：

$$MV=Py \tag{13-5}$$

式中：M 为货币供给量，是货币当局投入流通过程中的货币数量。V 为货币流通速度，是指一定时期内一单位货币用于购买产品和劳务的次数。由于货币流通速度取决于社会的支付制度和人们的支付习惯，这些因素被假定是不变的。P 为一般价格水平；y 为实际产出，由于货币数量论认为劳动力市场总是处于均衡状态，因此实际产出稳定在潜在产出水平。

1.短期分析

在短期，资源总量不变，从而潜在产出不变。根据以上假设，当货币供给量增加时，就会形成过多货币追逐不变的物品，从而使价格水平与货币供给量发生同方向、同比例的变化。

$$\frac{M}{P}=\frac{y}{V} \tag{13-6}$$

2.长期分析

在长期，资源总量在增长，从而潜在产出也在增长。那么，货币供给量增长与价格水平增长之间存在怎样的关系呢？对于交易方程式关于时间(t)求微分，并整理得到：

$$\frac{P'}{P}=\frac{M'}{M}+\frac{V'}{V}-\frac{y'}{y} \tag{13-7}$$

根据货币数量论的假定，货币流通速度是一个固定不变的量。这样价格水平的增长率(通货膨胀率)就取决于货币供给的增长率与潜在产出的增长率。如果货币供给增长率高于潜在产出增长率，则通货膨胀率就会上升。

20世纪50年代，密尔顿·弗里德曼对货币数量论进行了修正，建立货币主义学派。该学派认为货币供给量增加，在短期会引起实际产出和价格水平的上升；但在长期只会引起价格水平的上升。如果货币供给量增长过快，就会导致通货膨胀发生。

(二)需求拉动的通货膨胀

凯恩斯主义认为，当社会对产品和劳务的需求超过了现行价格条件下可能的供给(潜在的产量)时，将导致物价水平的持续显著的上涨，形成通货膨胀。由于总需求超过总供给而引发的通货膨胀，被称为需求拉动的通货膨胀(demand pull inflation)。需求拉动的通货膨胀在不同的产出水平上的表现是不同的(见图 13-4)。

1.瓶颈式通货膨胀

当经济中的产出水平低于充分就业的产出水平时,由于总需求增加,引起社会总产出增加,那么企业就会动用更多的经济资源,比如劳动力、原材料、生产设备等,由此形成企业间对经济资源的争夺,导致生产要素价格上升,乃至产品和服务价格上升,引发通货膨胀。这种通货膨胀称为瓶颈式通货膨胀。在 AD-AS 图形上,表现为总需求曲线向右移动,引起产出和价格水平同时上升。

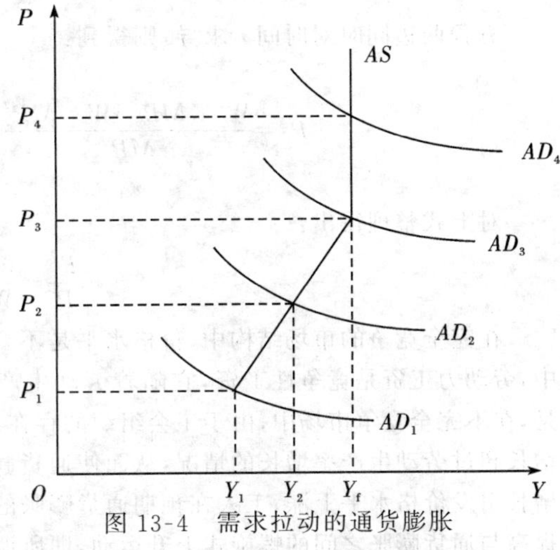

图 13-4 需求拉动的通货膨胀

瓶颈式通货膨胀在不同的区段程度也有区别。越是远离潜在产出水平,资源的闲置程度大,产出增加时对资源的争夺程度就越弱,从而价格水平上涨的幅度就小。在产出增长过程中,伴随着较低的通货膨胀;反之,越是接近潜在产出水平,资源的闲置程度小,产出增加时对资源的争夺程度就越激烈,从而价格水平上涨的幅度就大。在产出增长过程中,伴随着较高的通货膨胀。

2.典型的需求拉动通货膨胀

当经济达到充分就业水平(潜在的产量)以后,由于生产能力的制约,总需求增长不再引起产量的增加,而只导致物价水平按同一比例增长,这就是典型的需求拉动通货膨胀。

(三)成本推动的通货膨胀

成本推动的通货膨胀(cost push inflation),亦称供给性通货膨胀,它是指生产者为实现利润最大化而引发的价格上涨。一方面,当产品的成本上升时,生产者会提高产品的价格;另一方面,生产者为获得更高的利润,也会抬高产品价格。其中,前一种现象更为普遍,因此把供给性通货膨胀称为成本推动型通货膨胀。在 AD-AS 图形上,成本型通货膨胀可以通过总供给曲线向左移动来说明(见图 13-5)。

1.工资推动的通货膨胀

推动企业生产成本的最主要因素是工资。由工资增长引起的价格上涨,称为工资推动型通货膨胀。在生产过程中,当工人的工资增长超过劳动生产率增长时,工资的提高就会导致单位产品成本的提高。比如:1 000元/人、1 000 件/人,则单位产品成本为 1 元/件。若工资增长 20%,而劳动生产率增长 10%,则单位产品成本上升为 1.09 元/件。

企业成本增加,为实现利润最大化,必然要提高产品的价格。我们可以通过微观经济学中利润最大化的假设来推导这个关系。其中,劳动生产率用边际产出来表示。(MP:每增加一个单位劳动力带来的产出增加)。完全竞争市场中企业利润最大化条件为:

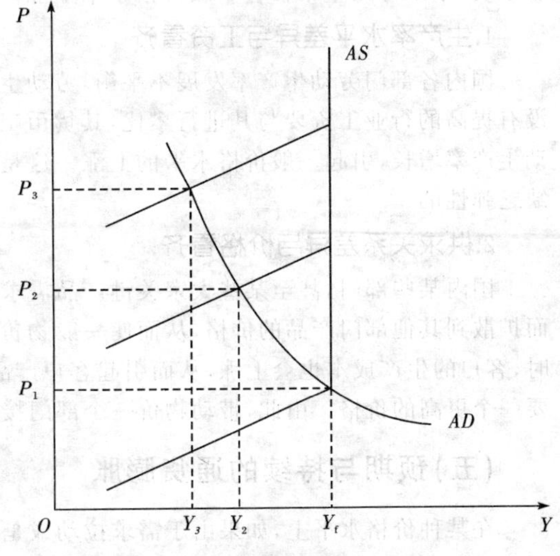

图 13-5 成本推动的通货膨胀

$$P=\frac{W}{MP} \tag{13-8}$$

方程两边同时对时间 t 求导，则得到：

$$P'=\frac{W'\times MP-W\times MP'}{MP^2}=\frac{W'-W\dfrac{MP'}{MP}}{MP}=\frac{W'-W\dfrac{MP'}{MP}}{\dfrac{W}{P}}$$

对上式整理得出：

$$\frac{P'}{P}=\frac{W'}{W}-\frac{MP'}{MP} \tag{13-9}$$

在完全竞争的市场结构中，价格水平是不变的，通货膨胀率为零。这是因为，在完全竞争市场中，劳动力工资是竞争性工资，它随着劳动生产率的增长而增长，因此两者是同步的，一致的。但是，在不完全竞争市场中，由于工会组织的存在，使得工资不再是竞争性的工资，从而可能导致工资增长超过劳动生产率增长的情况，从而使通货膨胀率大于零，出现价格水平上涨。而且，一旦工资增长引发价格水平上涨，工人在预期通货膨胀的情况下，会要求继续提高工资水平，从而形成工资提高与通货膨胀之间的螺旋式上升运动，即所谓的工资—价格螺旋。

2.利润推动型通货膨胀

另一种引起生产成本增加而最终导致价格水平上涨的是利润推动型通货膨胀。它是指在不完全竞争市场中，拥有垄断势力的企业，为了追求更高利润，不断抬高产品价格，进而导致总体物价水平的上涨。

由于当工资得到增加时，人们的需求也会增加，于是成本推动型通货膨胀也会启动需求拉动型通货膨胀，现实中的通货膨胀很难分清是由于需求拉动的还是成本推动的。经济学家萨缪尔逊和索洛就提出了“混合型通货膨胀(hybrid inflation)”，是指由需求拉上和成本推动共同起作用而引起的通货膨胀，即需求与成本因素混合的通货膨胀。

(四)结构性通货膨胀

西方经济学家认为，在一个国家产业结构中，当少数的一个或几个优势产业实现快速发展，并使其产品价格或工资呈现较大提升时，其他部门就会向这些部门看齐，强行抬高本部门的产品价格和工资，结果导致整个社会一般价格水平上涨。这种通货膨胀被称为是结构性通货膨胀。

1.生产率水平差异与工资看齐

国内各部门劳动生产率发展不平衡，劳动生产率提高的部门货币工资增长时，其他劳动生产率没有提高的行业工资要与其进行攀比，其货币工资也会要求上涨，从而导致全社会工资增长超过劳动生产率增长，引起一般价格水平的上涨。这是因为货币工资具有向上的弹性，而向下是有刚性或缺乏弹性的。

2.供求关系差异与价格看齐

国内某些部门，甚至某些大宗关键产品需求过多而供给不足，导致价格猛涨，并且只涨不跌，进而扩散到其他部门产品的价格，从而使一般物价水平持续上涨。当需求扩大部门的产品价格上涨时，客户的生产成本也会上涨，从而引起客户产品价格的上涨；另一方面，供应商也会向这些部门索要一个更高的价格。由此，带动物价一个部门接着一个部门上涨。

(五)预期与持续的通货膨胀

在某种价格水平上，如果由于需求拉动或是成本推动导致价格水平上涨后，人们就会产生通货膨胀预期。即使最初的通胀因素消失，通货膨胀预期也能够使通货膨胀维持下去，价格水平会不断上涨。也就是说，在大多数情况下，通货膨胀具有一种惯性，一旦出现通货膨胀，就会有不断持续下去的趋势。这就是所谓的通货膨胀螺旋。

最简单的分析就是工资—价格螺旋。当通货膨胀出现后，工人们产生通货膨胀预期，要求增加名义工资；而工资的上涨，使企业成本增加，从而导致更高的物价水平。价格水平上涨还会使工人保持通货膨胀预期，又要求增加工资，从而形成持续的通货膨胀。显然，在通货膨胀螺旋中，由于通货膨胀预期导致工资增加，从而形成一轮一轮的成本推动型通货膨胀，使价格水平持续上涨。

五、通货膨胀的经济效应

与失业的影响相比较，通货膨胀的影响和效应是相当复杂的。大体上来看，体现在两个方面：一是资产再分配效应；二是产出效应。

(一)资产再分配效应

通货膨胀发生时，一般价格水平在不断上涨，对不同阶层和经济主体的资产将产生不同的影响，从而导致社会资产的再分配现象。

1.固定收入者与非固定收入者

通货膨胀使那些取得固定收入者蒙受损失。比如，工薪阶层、公务员以及靠福利和其他转移支付维持生活的人。他们在相当长的时间内所获得的收入是不变的，其实际收入因通货膨胀而减少。目前，在一些国家这类人群的收入也随着价格上涨而进行适当的调整，在一定程度上减少了通货膨胀引起的损失。但从总体上说，通货膨胀使得这类人群的生活水平还是下降了。而随着价格水平上涨，收入水平也能够相应上升的人，其实际收入水平变化较小。特别是那些利润获得者，因价格水平快于生产要素价格的上涨，从而能够获得更多的利润。

2.金融资产持有者与实物资产持有者

财富的储藏方式可以分为两类：金融资产（货币、债券、股票等）和实物资产（房地产、耐用消费品、黄金、白银等）。金融资产的名义收益大多是固定的，因而其实际收益会随着物价的上涨而下降。而实物资产的名义价值会随物价上涨而提高，所以它们一般不会因通货膨胀而受损失。所以，拥有金融资产的人在通货膨胀中受损，而拥有实物资产的人在通货膨胀中却得益。在日常生活中最简单的道理是：那些储存货币的节俭者将受到损害，而那些敢于冒风险的投机者将得到好处。

3.债务人和债权人

一般来说，通货膨胀都是使债务人占便宜而使债权人吃亏。前者向后者借债后，虽然到期如数偿还，但因货币已经贬值，债权人实际收回的货币的购买力，小于他当时所借出的货币的购买力。因为通货膨胀的缘故，借款者借到了“昂贵的”货币而只需归还“便宜的”货币。比如债权人甲向债务人乙借款1万元，一年内价格水平上涨了20%（通货膨胀率为20%），那么一年到期时乙还给甲的本钱还是1万元，这时的1万元的购买能力只相当于一年前的八千三百多元。也就是说，由于价格水平的上涨，期初1万元的名义价值是1.2万元，计算公式为：$R(1+\pi)$。

如果借贷的名义利率是10%，债务人在年末仅仅向债权人支付为1.1万元。实际上，所还款项少于所借款项的名义价值。此时，实际利率就是一个负值：−10%。显然，通货膨胀使债权人受损，而使债务人得益。当然，如果债权人具有通货膨胀预期，从而在确定名义利率时附加预期通货膨胀率，则会消除或减少通货膨胀带来的损失。

4.政府与公众

(1)通货膨胀税。通货膨胀时期，随着社会总收入的上升，在比例税假设不变的条件下，政府的税收也在同比例增加。但是，政府常常征收累进税。在累进税条件下，随着收入的增加，个人收入进入税率更高的档次，从而使税收的增长超过收入的增长，政府税收在国民收入中的比重提高。也就是说，因为通货膨胀，人们要把收入中更大比例的部分缴纳给政府。这就相当于政府征收了更多的税收，我们把这种现象称为“通货膨胀税”。

(2)公债收益。政府发行国债,公众持有政府债券,并规定一个固定的收益率。这样,政府和公众就建立了公众为债权人,政府为债务人的信用关系。按照我们刚才分析,由于通货膨胀,会降低国债的实际收益率,从而有利于政府。

假如,公众购买100元的一年国债,收益率为5%,当年通货膨胀率为5%。政府到期后支付公众105元。由于通货膨胀为5%,现在的105元相当于年初的100元。实际上公众没有获得收益,只拿到本金。如果通货膨胀更高,大于5%,则公众从政府拿到的钱还不够本金。

(二)产出效应

通货膨胀的产出效应主要是指通货膨胀对整个经济的产量与就业水平的影响。通货膨胀的性质和特点不同,对产出的影响也就不同。西方经济学界在20世纪60年代曾有过激烈的争论,形成三种观点:促进论、促退论和中性论。

1.促进论

促进论者认为,通货膨胀具有正的产出效应,也就是说通货膨胀期间产出会增加,失业率会下降。其理由是:资本主义经济在长期处于有效需求不足、生产要素尚未充分有效的使用、劳动者没有充分就业的环境。在这种情况下,政府可以采取扩张性的宏观经济政策,扩大总需求,从而带动总供给的增加。这样,在通货膨胀的同时,实际产量也增加了。这种思想可以通过需求拉动的通货膨胀来进行解释。在经济运行中,生产要素的闲置程度越高,则产出扩大的效应越强;反之,生产要素闲置的程度越小,则产出扩大的效应就越弱。

2.促退论

促退论者认为,通货膨胀具有负的产出效应,也就是说通货膨胀期间,产出将会减少,失业率上升。主要理由是:持续的通货膨胀会降低效率,进而阻碍经济增长。效率降低的主要原因是:在持续性通货膨胀过程中,市场价格机制将遭受破坏,企业和居民面对不断变化的价格将感到无所适从,甚至做出错误的决策,出现对资源的错误引导和对劳动力的错误引导,从而降低资源配置效率,影响经济增长。如果通货膨胀剧烈,达到超级通货膨胀,就会导致经济崩溃。首先,由于价格迅速上涨,人们已经无法获知市场的供求、竞争状况,看不见的手不能指挥了,经济资源的不合理配置和严重浪费,使经济效益大大下降,生产处于极度混乱之中。其次,在金融体系中,货币极度的贬值,人们对货币完全失去信任,都急于用货币、存款来换取实物资产。结果没有人愿意要货币,货币作为交易媒介的作用消失,交换恢复到物物交换的低水平状态,货币体系消失。这样,等价交换的正常交易、经营单位的经济核算以及银行的结算等正常活动都无法实现。

通货膨胀期间,经济衰退的另一种解释是成本推动的通货膨胀,引起总供给曲线向左移动,从而在价格水平上涨的同时,产出减少,失业率上升。

3.中性论

中性论认为,通货膨胀对经济增长实际上不产生任何影响,两者间没有必然的联系。这主要是因为由于公众对通货膨胀存在理性预期,并在工资、价格等方面作出相应的调整,从而使通货膨胀的各种效应相互抵消。

六、通货膨胀的治理

(一)紧缩性货币政策

面对剧烈的通货膨胀,几乎所有国家都会采取紧缩性的货币政策。基本做法是通过提高再贴现率(基准利率)、法定准备金率和卖出政府债券来缩减货币供给量,抑制过快上涨的物价。

从凯恩斯需求管理思想来看，其基本原理是货币供给量减少，从而实际货币减少，利率上升，投资下降，总需求下降，价格水平也下降。从货币主义的观点来看，其基本原理是货币供给量减少，流通中货币减少，对实物的需求就减少，价格水平会下降。

(二)控制工资与物价的政策

(1)工资——物价冻结。这是政府采用法律手段禁止在一定时期内提高工资和物价。

(2)工资与物价指导线。这是指政府为了控制通货膨胀，规定工资与物价的上涨限度。如果工会或企业违反了这一规定，政府便会予以惩罚。

(3)道德劝说:政府试图劝说企业和工人不要涨价或涨工资。不听劝说的，政府要施加一定的压力，如不购买该企业的产品等。

(三)预期管理

政府给人们以信心，让公众相信政府有能力治理通货膨胀，从而打破人们对通货膨胀加剧的预期，进而避免和减少通货膨胀预期对物价变动的影响。

(1)通过媒体与公众沟通，使公众对治理通货膨胀产生信心，以免产生恐慌心理，加大通货膨胀预期。

(2)通过采取一些抑制通货膨胀的经济政策，向公众传达货币当局已经预期到潜在的通货膨胀并在作积极的应对。

(3)通过扩大主要产品和服务的供给来抑制过快增长的物价。

第三节　失业与通货膨胀的关系

失业和通货膨胀是短期宏观经济运行中的两个主要问题，而且两者之间存在一定的联系。在大多数情况下，高失业率伴随着低通货膨胀率，而低失业率伴随着高通货膨胀率。但在有些情况下，通货膨胀率与失业率存在同时上升的现象。那么，失业率与通货膨胀率之间的这些关系如何解释呢？20 世纪 50 年代以来，不同流派的经济学家给出了不同的说明。

一、菲利普斯的发现

1958 年，在英国伦敦经济学院工作的经济学家菲利普斯(A.W.Philips)通过整理英国 1861～1957 年的统计资料，发现货币工资增长率和失业率之间存在一种反向关系。即，失业率越高，工资增长率越低；失业率越低，工资增长率越高。在图 13-6 上，两者之间的关系呈一条向右下方倾斜的曲线，说明货币工资变动率与失业率之间存在此消彼长的替代关系。菲利普斯认为这是由于，当失业率高，从而获得工作机会比较难时，工人要求提高工资的压力就会减少，而企业会更加坚定地抵制增加工资的要求；反之，当失业率较低，获得工作机会比较容易时，工人要求提高工资的压力增加，而企业会不断满足增加工资的要求。

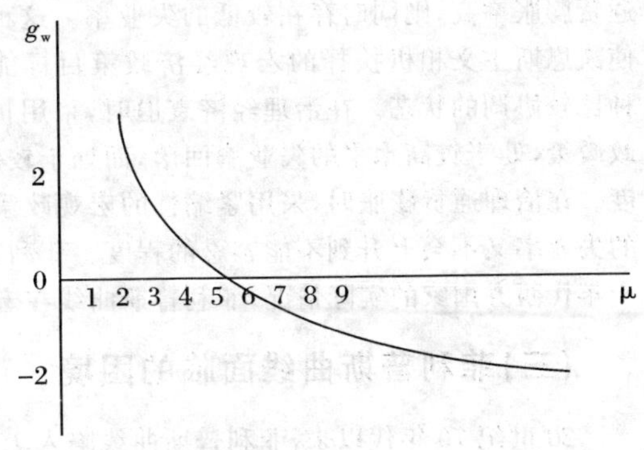

图 13-6　货币工资增长率与失业率的关系

若令工资增长率为：$g_w=\frac{W-W_{-1}}{W_{-1}}$，

则该曲线的函数关系式为：

$$g_w = -\varepsilon(u - u^*) \tag{13-10}$$

式中：g_w 为本期货币工资的增长率；u^* 为自然失业率；u 为本期失业率；ε 为货币工资变动率对失业率的反应程度。

二、菲利普斯曲线

1960 年，以萨缪尔森和索洛等经济学家为代表的新古典综合派，对菲利普斯发现的这条曲线进行了修正，把它拓展成为一条失业率和通货膨胀之间的逆向变动的曲线，并命名为“菲利普斯曲线”。

（一）菲利普斯曲线的推导

新古典综合派认为，如果货币工资增长超过劳动生产率的增长，则单位产品的劳动成本会上升，从而引起产品价格的上涨，导致一般价格水平的上涨，引发通货膨胀。

通货膨胀率＝货币工资增长率－劳动生产率增长率

$$\frac{P'}{P} = \frac{W'}{W} - \frac{MP'}{MP} \tag{13-11}$$

根据这一关系，假定劳动生产率的增长率为零，那么通货膨胀率与货币工资增长率就一致。失业率与通货膨胀率之间必定也是反向相关关系。如图 13-7 所示，失业率高，则通货膨胀率低；而失业率低，则通货膨胀率高。改造后的菲利普斯曲线是一条表示失业率和通货膨胀率之间替代关系的曲线。若用 u^* 代表自然失业率，则可将简单形式的菲利普斯曲线解析地表示为：

$$\pi = -\varepsilon(u - u^*) \tag{13-12}$$

需要强调指出的是，由于劳动力生产率增长率是有变化的，因此上述公式只是近似地、模糊地表示了通货膨胀率与失业率之间的替代关系，因而与实际情况有一定差距。

（二）菲利普斯曲线的应用

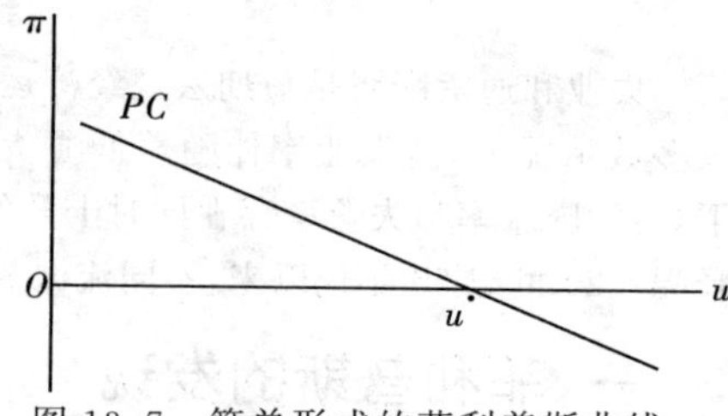

图 13-7　简单形式的菲利普斯曲线

失业率与通货膨胀率之间的替代关系实际上表明，通货膨胀和经济衰退是不可能同时发生的。如果经济衰退，失业率高，则同时存在较低通货膨胀率；而如果经济过热，通货膨胀率高，则同时存在较低的失业率。这种替代关系使凯恩斯主义相机抉择的宏观经济政策目标能够达到一种比较协调的状态。在治理经济衰退时，采用扩张性的财政政策，处于较高水平的失业率回落，而处于较低水平的通货膨胀率又不至于上升到不能容忍的程度。在治理通货膨胀时，采用紧缩性的宏观政策，处于较高水平通货膨胀率回落，而处于较低水平的失业率又不会上升到不能容忍的程度。菲利普斯曲线所反映的这种关系基本符合 20 世纪五六十年代西方国家的实际情况，菲利普斯曲线在宏观经济政策制定中得到广泛的应用。

（三）菲利普斯曲线面临的困境

20 世纪 70 年代以来，菲利普斯曲线陷入十分尴尬的境地：一是菲利普斯曲线不能解释“滞涨”经济现象（高失业率与高通货膨胀率并存），宏观经济政策也陷入两难境地：如果为了要降低失业率而采取扩张性的经济政策，则会进一步刺激经济增长，从而加速通货膨胀；反之，如果为了抑制通货膨胀而采取紧缩性经济政策，则会抑制经济增长，从而进一步提高失业率。二是 20 世纪 70 年代以来，美国通货膨胀率与失业率数据所呈现的轨迹（见图 13-8）与菲利普斯曲线并不吻合，也就是说用凯恩斯主义菲利普斯曲线也不能够说明 70 年代以来的实际情况。在这样的形势下，货币主义学派对菲利普斯曲线进行了批判和修正，建立了附加预期的菲利普斯曲线。

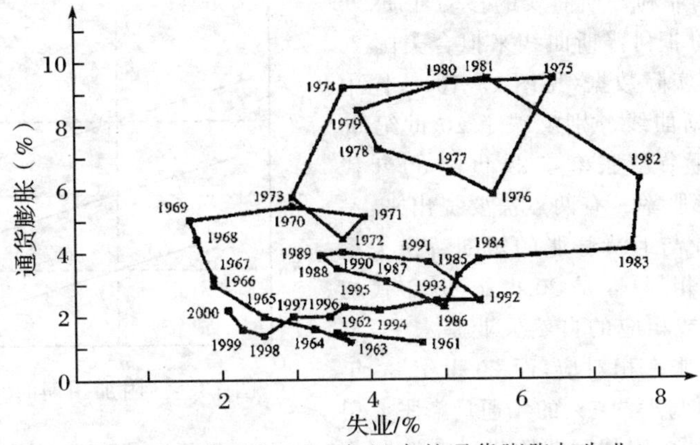

图 13-8 美国自 1961 年以来的通货膨胀与失业

资料来源：曼昆.宏观经济学[M]5 版.北京，中国人民大学出版社，2005，343.

三、附加预期的菲利普斯曲线

(一)附加预期的菲利普斯曲线的推导

弗里德曼在提出短期菲利普斯曲线时，考虑到企业和工人关注的不是名义工资，而是实际工资。当劳资双方谈判新工资协议时，他们都会对新协议期的通货膨胀进行预期，并根据预期的通货膨胀(π^e)相应地调整名义工资水平。根据这种说法，人们预期通货膨胀率越高，名义工资增长越快。这里的“短期”是指从通货膨胀预期形成到根据通货膨胀的实际情况发现这一预期需要作出调整的这一段时间。附加预期的菲利普斯曲线就是预期通货膨胀率保持不变时，表示通货膨胀率与失业率之间关系的曲线。其方程为：

$$\pi = \pi^e - \varepsilon(u - u^*) \tag{13-13}$$

(二)附加预期的菲利普斯曲线的性质

1.失业率与通货膨胀率呈负相关

在短期，由于国际因素或国内宏观经济政策，引起价格更快的上涨，实际通货膨胀率高于预期的通货膨胀率，说明通货膨胀率上升了。

本期的实际通货膨胀率高于预期的通货膨胀率，那么按照预期通货膨胀率签定的名义工资增长率就将低于价格水平上涨率，工人的实际工资下降了，则企业扩大生产就是有利可图的，从而就会增加对劳动力的需求。而工人还没有足够的时间来发现实际工资下降的事实，反而认为名义工资的增长会导致实际工资的增长，从而提供更多的劳动力(包括一些自愿失业人员、非熟练劳动力等)。这样，总产出就会增加，大于潜在产出；而失业率会下降，小于自然失业率。

2.短期菲利普斯曲线的移动

短期菲利普斯曲线就是预期通货膨胀率保持不变时，表示通货膨胀率与失业率之间关系的曲线。然而，经过一段时期的购买和消费活动后，工人会发现货币工资所能够购买到的商品和服务数量减少了，实际工资下降了。实际上，也就是发现实际通货膨胀率高于预期的通货膨胀率。

于是，工人就会根据这一经验误差调高通货膨胀预期，工人会要求企业按新的预期通货膨胀率增加名义工资。预期通货膨胀率发生改变，经济从一个短期跨越到下一个短期。在图像上，短期菲利普斯曲线向上移动了。只要预期通货膨胀与实际通货膨胀不符，则工人的预期通货膨胀率就会调整，每形成一个新的预期通货膨胀率，在图形上就对应着一条短期菲利普斯曲线。反之，当预期通货膨胀率下降时，短期菲利普斯曲线向下移动。这样，就会出现无数条菲利普斯曲线。

根据附加预期的菲利普斯曲线的移动性质，西方学者试图用预期的菲利普斯曲线来拟合美国20世纪60年代以来的实际数据(见图13-10)。图中的两条短期菲利普斯曲线分别反映了20世纪60年代初较低的预期通货膨胀率与20世纪80年代初较高的预期通货膨胀率。有两点需要提出来：一是它们所反映的失业与通货膨胀的短期替换关系相同，即它们的斜率相等；二是20世纪60年代初期的充分就业水平(或相应的自然失业率水平)与大约2%的年通货膨胀率相对应，而20世纪80年代初的充分就业水平与大约7%的年通货膨胀率相对应。在西方学者看来，附加预期的菲利普斯曲线在解释失业与通货膨胀的关系方面还算是比较成功的。

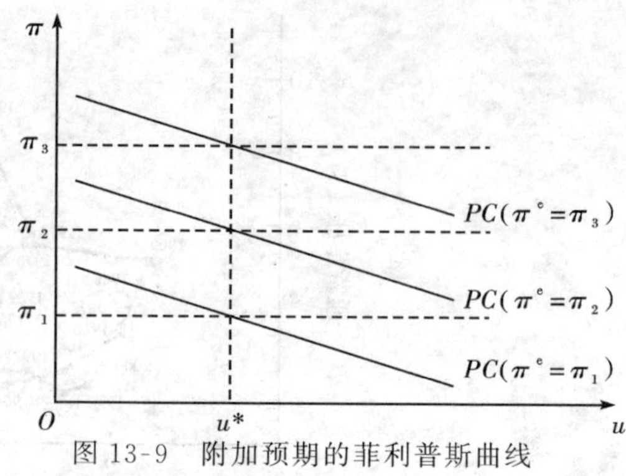

图13-9　附加预期的菲利普斯曲线

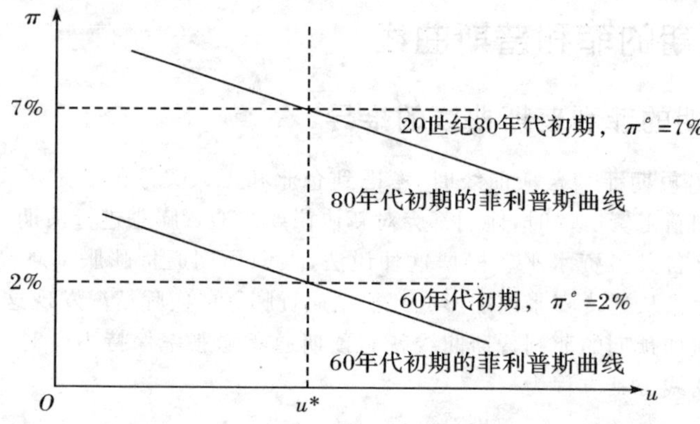

图13-10　通货膨胀预期和短期菲利普斯曲线

向右下方倾斜的短期菲利普斯曲线表明，在短期中引起通货膨胀率上升的需求管理政策是可以起到减少失业的作用的。换句话说，调节总需求的宏观经济政策在短期内是有效的。

四、长期菲利普斯曲线

长期中工人将根据实际发生的情况不断调整自己的预期，工人预期的通货膨胀率与实际的通货膨胀率迟早会一致，失业率就回落并稳定在自然失业率水平，从而较高的通货膨胀就不会起到减少失业的作用。所以，西方学者认为，在以失业率为横坐标，通货膨胀率为纵坐标的坐标系中，长期菲利普斯曲线是一条位于自然失业率的垂线(见图13-11)，表明失业率与通货膨胀率之间不存在替换关系。

从长期来看，工人预期的通货膨胀与实际通货膨胀是一致的。因此，企业不会增加生产和就业，失业率也就不会下降，从而便形成了一条位于自然失业率处垂直的长期菲利普斯曲线 LPC。垂直于自然失业率水平处的长期菲利普斯曲线表明，在一段较长的时期内，并不存在失业与通货膨胀的替代关系。其政策含义是政府扩张性的需求管理政策在长期中不但不能降低失业率，还会使通货膨胀率不断上升。

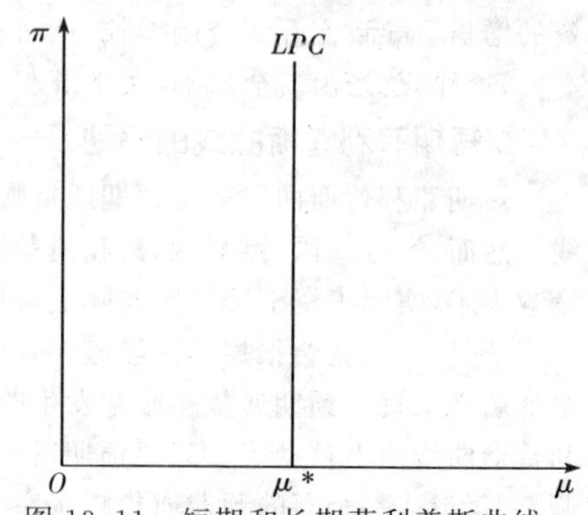

图13-11　短期和长期菲利普斯曲线

本章小结

(1)失业与通货膨胀是宏观经济运行中重要的经济现象和标志。

(2)失业分为周期性失业、摩擦性失业和结构性失业。其中,周期性失业是由于总需求不足而引起的短期失业。

(3)自然失业率是劳动力市场处于均衡状态下的失业率,但自然失业率不为零。

(4)通货膨胀依据不同的标准形成三种不同的分类:根据价格上涨的程度分为:温和的通货膨胀、奔腾的通货膨胀和超级通货膨胀;根据通货膨胀预期分为:未预期到的通货膨胀和预期到的通货膨胀;根据商品相对价格的变化分为:平衡的通货膨胀和非平衡的通货膨胀。

(5)通货膨胀既可以从货币角度解释,又可以从总供给或总需求角度解释,还可从经济结构角度解释。

(6)菲利普斯曲线用来反映失业率与通货膨胀率之间的关系,但不同流派的认识和观点存在很大差异。

阅读资料

我国居民消费价格指数(CPI)是如何调查和生成的

一、关于CPI包含的内容

我国用于计算*CPI*的商品和服务项目,由国家统计局和地方统计部门分级确定。国家统计局根据全国12万户城乡居民家庭消费支出的抽样调查资料统一确定商品和服务项目的类别,设置食品、烟酒及用品、衣着、家庭设备用品及服务、医疗保健及个人用品、交通和通信、娱乐教育文化用品及服务、居住等八大类262个基本分类,涵盖了城乡居民的全部消费内容。

二、关于价格调查地点的选择

计算我国*CPI*的价格资料来源于31个省(区、市)共500个调查市县的5万个商业业态、农贸市场以及医院、电影院等提供服务消费的单位,我们统称为价格调查点。这些调查点主要是依据经济普查获得的企业名录库以及有关部门的行政记录资料,以零售额或经营规模为标志,从高到低排队随机等距抽选出来的,同时按照各种商业业态兼顾,大小兼顾以及区域分布合理的原则进行适当调整。

三、关于价格的采集方法

1984年,经国务院批准,国家统计局在各地成立了直属调查队,自此以来一直采用派人直接调查方式收集原始价格资料,目前分布在31个省(区、市)500个调查市县的价格调查员有4 000人左右。

为保证源头数据的真实性和可比性,调查员必须要按照统一规范的"三定原则",即"定人、定点、定时"开展价格调查工作。目前,对于*CPI*中的粮食、猪牛羊肉、蔬菜等与居民生活密切相关、价格变动相对比较频繁的食品,每5天调查一次价格;对于服装鞋帽、耐用消费品、交通通信工具等大部分工业产品,每月调查2～3次价格;对于水、电等政府定价项目,每月调查核实一次价格。

目前国家统计局已经在全国50个城市启动了全新的数据采集管理系统,为这些城市的调查员配备了*CPI*手持数据采集器,配备这一设备的调查员只要将现场采集到的价格信息输入其中,就能立即传送到国家统计局。这套系统还具有调查员定时定位、数据修改痕迹记忆等诸多功能,

四、关于权数资料来源

收集齐价格资料以后,就可以计算单个商品或服务项目以及262个基本分类的价格指数,但还不能计算类别价格指数,还需要各类别相应的权数。*CPI*中的权数,是指每一类别商品或服务项目的消费支出在居民全部商品和服务项目总消费支出中所占的比重。我国*CPI*中的权数,主要是根据全国12万户城乡居民家庭各类商品和服务项目的消费支出详细比重确定的。现行制度规定,*CPI*中的权数每五年调整一次。但同时也考虑到,随着我国国民经济的持续快速发展,城乡居民生

活水平不断提高的同时，消费结构也在发生变化，加之我们每年都有城乡居民消费支出抽样调查资料，因此每年还要根据全国12万户城乡居民家庭消费支出的变动及相关资料对权数进行一次相应的调整。

受城乡差别的影响，我国城乡住户调查样本的抽选方法略有差异，但对数据质量的要求标准是完全一致的，即以省为总体，对于主要收入和支出数据，在95%的把握度下，抽样误差控制在3%以内。

城镇住户调查采取多阶段、二相、随机等距方法确定样本。

第一步：以省为总体确定调查市县。将省内所有市县按照职工平均工资排序，以人口累计数为辅助指标，随机起点，等距抽选调查市县。

第二步：在每个调查市县确定调查户。

按照市县抽居委会、居委会抽住户的方法抽选一个大样本。搜集大样本住户基本情况数据，用每户人均收入排序，从中抽选一个小样本（也称二相样本）作为常规调查户，进行连续跟踪记账调查。目前，参加全国城镇住户调查汇总的全部调查市县数为476个。

农村住户调查采取三阶段、对称等距、随机抽样方法抽取样本，即省抽县、县抽村、村抽户。首先是将省内所有县按照人均收入（或粮食产量）排序，以人口累计数为辅助指标，随机起点，对称等距抽选调查县，然后采用类似抽选方法，在每个调查县抽选调查村，在每个调查村采用随机等距方法抽选调查户。目前，参加全国农村住户调查汇总的全部调查县数为883个。

抽选出来的全国12万户城乡居民家庭采取记流水账的方式，日复一日一笔一笔记录他们家庭的收入和支出数据，调查员每月上门核实、收集账本，然后进行整理、编码、录入、审核、上报。国家统计局直接采用居民家庭的记账资料，分别汇总计算城乡居民收入和消费支出数据。

五、关于*CPI*的汇总计算方法

我国采用的汇总计算方法既有分省的*CPI*，部分市县也计算*CPI*。基本汇总计算过程是：

首先，市县统计部门根据国家统计局制定的《流通和消费价格统计调查制度》，按照统一的统计标准、统计口径和计算方法要求，结合当地居民消费的实际情况计算本市县的*CPI*。

其次，国家统计局各调查总队对辖区内市县统计部门计算的*CPI*数据进行审核确认后，按人口和消费水平加权汇总计算本省（区、市）的*CPI*。

最后，国家统计局对各省（区、市）计算的*CPI*数据进行审核确认后，按人口和消费水平加权汇总计算全国的*CPI*。

本章习题

一、名词解释

摩擦性失业　结构性失业　周期性失业　自愿失业　非自愿失业　充分就业　自然失业率　工资刚性　奥肯定律　通货膨胀　短期菲利普斯曲线　长期菲利普斯曲线

二、选择题

(1)在充分就业的情况下，(　　)最可能导致通货膨胀。

A.进口增加　　B.工资不变但劳动生产率提高

C.出口减少　　D.政府购买不变但税收减少

(2)经济处于充分就业均衡时，(　　)。

A.降低政府购买会使经济的通货膨胀率一直降下去

B.在短期内降低名义货币供给的增长会降低通货膨胀率但不影响产量

C.在短期内降低名义货币供给的增长会降低通货膨胀率和产量水平

D.在短期内降低政府购买会降低通货膨胀率但不影响产量

(3)在经济处于均衡时，名义货币供给增长率的上升会(　　)。

A.使总需求曲线右移，使均衡水平位于更高的通货膨胀率和产量水平上

B.使总需求曲线和总供给曲线右移，使均衡水平位于更高的通货膨胀率和产量水平上

C.使总需求曲线和总供给曲线左移，使均衡水平位于更高的通货膨胀率和产量水平上

D.使总需求曲线右移和总供给曲线左移，均衡水平位于更高的通货膨胀率水平上而产量不变

(4)按照(　　)的观点，菲利普斯曲线所阐明的通货膨胀率和失业之间的替代关系是不存在的。

A.凯恩斯主义　　B.货币主义

C.供应学派　　D.理性预期学派

(5)以下选项中，除(　　)项外，均为通货膨胀的后果。

A.债务人获得好处　　B.相对价格变动

C.企业主获得好处　　D.减少政府税收收入

(6)某一经济体在5年中货币增长速度为10%，而实际国民收入增长速度为12%，货币流通速度不变，这5年间价格水平(　　)。

A.上升　　B.下降

C.不变　　D.上下波动

(7)通货膨胀会(　　)。

A.使国民收入提高到超过其正常值的水平

B.使国民收入提高或下降，主要看产生通货膨胀的原因

C.使国民收入下降到超过其正常值的水平

D.只有在经济处于潜在的产出水平时，才会促进国民收入的增长

(8)“滞胀”用菲利普斯曲线表示即(　　)。

A.一条垂直于横轴的菲利普斯曲线　　B.一条长期存在的斜率为正的直线

C.短期菲利普斯曲线的不断上移　　D.一条长期存在的斜率为负的直线

(9)要消除通货紧缩缺口，政府应该(　　)。

A.增加公共工程支出　　B.减少福利支出

C.增加税收　　D.以上都不对

(10)一个经济的失业率为7.5%，劳动力中白人和黑人分别占82%和18%，如果白人中的失业率为6.5%，则黑人中的失业率为(　　)。

A.8.5%　　B.9.5%

C.10.0%　　D.12.0%

三、计算题

(1)设某经济体在某一时期内有1.9亿成年人，其中1.2亿人有工作，0.1亿人在寻找工作，0.45亿人没有工作但也没有在找工作。试求：①劳动力人数；②劳动参与率；③失业率。

(2)设某一经济体符合以下菲利普斯曲线为：

$\pi=\pi_{-1}-0.5(u-0.06)$问：①该经济体的自然失业率为多少？

②为使通货膨胀减少5个百分点，必须有多少周期性失业？

四、思考题

(1)摩擦性失业与结构性失业相比，哪一种失业问题更严重些？

(2)说明短期菲利普斯曲线与长期菲利普斯曲线的关系。

(3)分析需求拉动的通货膨胀。

第十四章　经济增长与经济周期理论

学习要点

☆ 经济增长的含义
☆ 经济增长核算方程
☆ 新古典增长理论
☆ 经济周期理论概述
☆ 乘数—加速原理

在宏观经济学研究中，也存在短期和长期的划分。一般来讲，在短期，资本存量、技术水平、人口数量、可利用的自然资源的规模都是不可变的，只有劳动力供给根据经济形势变化而变化。因此，在短期一个经济社会的资源总量是不变的，从而潜在产出是不变的；而在长期，资本存量、技术水平、人口数量都将会发生改变，社会总资源量发生改变，潜在产出也发生改变（见图14-1）。前面几章分析的国民收入决定模型都是短期模型，重点是研究均衡收入是否偏离了潜在产出，以及偏离（经济萧条、通货膨胀）时所应采取的宏观经济政策。而在长期，国民收入的决定包括两个主要问题：一是研究潜在产出如何变化，即经济增长；二是现实产出围绕潜在产出的波动规律，即经济周期。

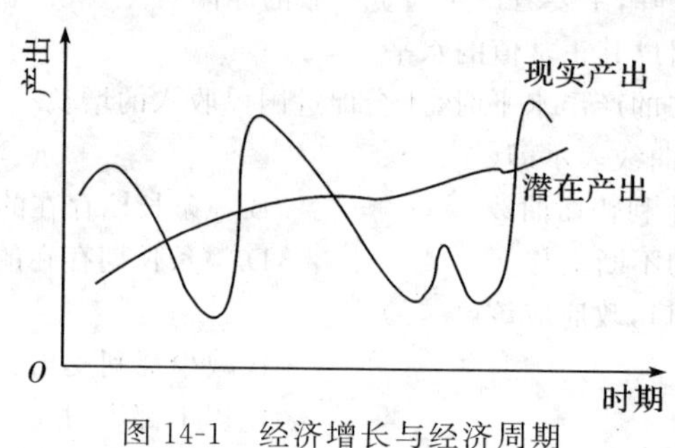

图14-1　经济增长与经济周期

第一节　经济增长概述

一、经济增长的含义

经济增长（Economic Growth）是指一个国家或地区产出的增加。在这里，产出是指潜在产出，可以用总产出（GDP）表示，也可以用人均产出（人均GDP）来表示。经济增长的程度用增长率来表示。

根据上述说明，若用 Y_t 表示 t 时期的总产出，Y_{t-1} 表示 $(t-1)$ 时期的总产出，则总产出意义上的增长率可表示为：

$$G_t=\frac{Y_t-Y_{t-1}}{Y_{t-1}} \tag{14-1}$$

如果用 y_t 表示 t 时期的人均产出，y_{t-1} 表示 $(t-1)$ 时期的人均产出，则人均产出意义上的增长率可表示为：

$$g_t=\frac{y_t-y_{t-1}}{y_{t-1}} \tag{14-2}$$

正确理解经济增长的含义，需要注意以下几个问题：①经济增长指的是潜在产出的增长(Potential Growth)，它反映整个经济可能增长的速度，即所谓的增长趋势。一般用长期内产出的年均增长率来表示，而不是两个时期现实产出增长率。②通常经济增长率是一个正值。但是，也可能存在一些特殊形势，比如战乱、自然灾害(旱灾)等因素影响下，长期中产出呈下降趋势，则增长率是一个负值。③经济增长率仅仅反映一个国家产出增长的快慢，也即产出的数量变化。它却不能反映在产出数量变化过程中，社会制度、经济结构、人口素质等结构变化。用来全面地、综合地反映经济社会经济特征的是经济发展。

二、经济增长的源泉

一般地，随着时间的推移，潜在产出由于下列原因而呈现上升趋势：一是经济中可得到的资源更多了，包括新发现的自然资源、人口与劳动力的增加，资本存量的增加，等等；二是技术进步提高了资源使用效率，比如厂商获得了更先进的生产工具，土地得到改良，新产品和新工艺的采用，等等。

三、经济增长的现象

在长期经济运行中，人们发现各国年均经济增长率有着显著差异。根据美国学者琼斯提供的数据，在1960年至1969年期间，美国人均GDP年平均增长率为1.4%，法国为2.7%，英国为2.0%，而日本则以5%的速度增长。被称为"亚洲四小龙"的韩国、新加坡、中国香港、中国台湾都出现了大于5%以上的增长。与此同时，乌干达、委内瑞拉、马达加斯加、马里和乍得等国家却出现了负增长。

长期以来各国都将经济增长视为重要的政策目标。长期经济增长是一国国民经济福利的最重要的决定因素。像19世纪的英国和20世纪的美国这样经济增长迅速的国家成为许多国家效仿的榜样。相反，一些经济滑坡的国家却常常经历政治与社会的动荡。1989～1991发生的东欧剧变，也部分归因于经济停滞和经济增长率降低。毫无疑问，经济增长已成为各国长期经济成就的一个最重要的标志。表14-1列出了有关国家就业人员的年均GPD增长率。

表14-1 有关国家就业人员的年均GDP增长率

国家	1961～1970	1971～1980	1981～1990	1991～2000	2001～2006	1961～2006
法国	4.9	2.8	2.3	1.5	1.1	2.6
德国*	4.2	2.5	1.3	1.6	0.9	2.2
意大利	6.2	2.6	1.7	1.6	0.3	2.7
爱尔兰	4.2	3.7	3.8	3.4	3.0	3.7
日本	8.6	3.7	3.0	1.1	2.0	3.8
荷兰	3.8	2.7	1.6	1.2	1.1	2.2
英国	2.7	1.7	1.9	2.2	2.0	2.1
美国	2.3	1.2	1.3	1.7	2.4	1.7

*1991年以前仅为原联邦德国数据。

资料来源： European Economy(Commission of the European Union).

四、经济增长的研究方法

对于经济增长率的关注由来已久，人们对影响经济增长率的因素的研究在20世纪中期取得很大进展，形成两种互相补充的分析方法：经济增长核算与经济增长模型。

经济增长核算是要解释各个经济增长因素对经济增长率形成的作用与贡献的大小，即以一定的经济增长理论为基础，根据各国历史统计资料，具体估算出导致国家经济增长的各个源泉(如劳动力增长、资本增长等)各自对增长率形成所作贡献的数值，以表示各个增长源泉对经济增长所起作用的大小。也就是说，把一个国家的经济增长率转化为各个要素对经济增长的贡献率之和。

经济增长模型是把增长过程中要素供给、技术进步、生产率增长、储蓄与投资之间的互动关系模型化，说明一定水平的经济增长率形成应该具备的条件。这种条件是用各个增长因素应该保持的对应关系来表示，这就是所谓的经济增长模型。实际上，经济增长理论说明了经济增长的路径问题。在分析过程中，人们假设的条件不同，因而得出不同的经济增长模型。

第二节　经济增长核算

在过去的40年间，美国的实际GDP平均每年增长3%。用什么来解释这种增长呢？在这里我们引进一种称为增长核算的方法，它把产出的增长分为三个不同的来源：资本的增加、劳动的增加和技术的进步。这种划分方式为我们提供了一种衡量经济增长源泉的理论。

一、宏观生产函数

虽然世界各个国家的发展途径不同，但经济增长的源泉几乎都来源于四个因素：人力资源（劳动供给、教育、纪律、激励）、自然资源（土地、矿产、燃料、环境质量）、资本（机器、工厂、道路）和技术（科学、工程、管理、企业家才能）。一国或一地区的自然资源总量是相对固定的，其投入水平一般不会随着时间而增加，故我们在考查长期经济增长时，将略去自然资源的因素，综合考察资本、劳动和技术对经济增长的影响。忽略资源因素后经济的生产函数为：

$$Y=Af(L,K) \tag{14-3}$$

式中：Y、K、L 依次为总产出、资本投入量和劳动投入量；A 代表与一定技术水平相对应的全要素生产率（Total Factor Productibity）。全要素生产率是考察生产要素整体在生产活动中的开发利用效率。如果说，产量和某种特定生产要素投入量的比率是单个要素的生产率的话（比如劳动生产率，资本产出率），那么产量和全部生产要素加权平均数的比率就是全要素生产率。

二、增长核算方程

从总量生产函数我们可以看出，生产中投入的资本、劳动及技术是经济增长的源泉。随着资本、劳动等投入要素的增加，总产出也会增加；由于新发明的出现或国外先进技术的引进，技术水平得到提高，引起全要素生产效率提高，可以使一国在相同投入水平下生产出更多的产品。我们借用微积分工具，对方程14-3两端对时间 t 求导得：

$$Y'=\frac{\partial(Af)}{\partial L}\cdot L'+\frac{\partial(Af)}{\partial K}\cdot K'+\frac{\partial(Af)}{\partial A}\cdot A'$$

$$Y'=MP_L\cdot L'+MP_K\times K'+f(L,K)\cdot A'$$

$$\frac{Y'}{Y}=\frac{MP_L\cdot L}{Y}\cdot\frac{L'}{L}+\frac{MP_K\cdot K}{Y}\cdot\frac{K'}{K}+\frac{A'}{A} \tag{14-4}$$

在完全竞争市场上，资本的边际产量等于其实际租赁价格。因此，$MP_K\cdot K$ 是资本的总投入额，而$\frac{MP_K\cdot K}{Y}$则是资本总投入额在产出中的份额。我们用 α 表示这一份额。同样，我们用 β 来表示劳动总投入额在产出中的份额，则 $\beta=\frac{MP_L\cdot L}{Y}$。这样，式14-4可以写为：

$$\frac{Y'}{Y}=\alpha\frac{K'}{K}+\beta\frac{L'}{L}+\frac{A'}{A} \tag{14-5}$$

式14-5就是增长核算方程。其中，$\frac{Y'}{Y}$为产出增长率；$\alpha\times\frac{K'}{K}$为资本增长对产出增长的贡献；$\beta\times\frac{L'}{L}$为劳动增长对产出增长的贡献；$\frac{A'}{A}$为技术进步对产出增长的贡献。显然，增长核算方程表明：

产出的增长率=资本对产出的贡献+劳动对产出的贡献+全要素生产率的增长率

虽然全要素生产率无法直接观察到，但是我们能得到产出、资本和劳动增长的数据，也可以得到资本和劳动在产出中所占份额的数据。根据这些数据和增长核算，我们就可以计算全要素生产率的增长率：

$$\frac{A'}{A}=\frac{Y'}{Y}-\alpha\frac{K'}{K}-\beta\frac{L'}{L} \tag{14-6}$$

这样一来，全要素生产率的增长是作为一个余量计算出来的——作为我们考虑了可以衡量的产出增长决定因素后剩下的贡献因素。由于这一原因，$\frac{A'}{A}$被称为索洛余量，以纪念第一个说明如何计算这个量的经济学家罗伯特·索洛。

三、丹尼森对经济增长因素的分析

经济增长是一个复杂的经济和社会现象。增长核算方程虽然说明了经济增长的主要源泉，但是它把全要素生产率的增长全部归结为技术进步，即所谓的“索洛余值”。实际上，这个余值就像是个容器，凡是投入要素增长解释不了的增长都被装进这个容器。因此，进一步的研究工作很自然地转向了对这个余值的研究。也就是，研究没有被资本积累和劳动力投入增长所解释的增长部分。丹尼森在研究“余值”方面作出了卓越的贡献。

美国经济学家丹尼森首先把经济增长因素分为生产要素投入量和生产要素生产率。关于生产要素投入量，丹尼森把经济增长看成是劳动、资本和土地投入的结果，其中土地可以看成是不变的，其他两个则是可变的。关于要素生产率，丹尼森则把它看成是产量与投入量之比，即单位投入量的产出量。要素生产率主要取决于资源配置状况、规模经济和知识进展。具体而言，丹尼森把影响经济增长的因素归结为六个，即①劳动；②资本存量的规模；③资源配置的状况；④规模经济；⑤知识进展；⑥其他影响单位投入产量的因素。

丹尼森进行经济增长因素分析的目的，就是通过量的测定，把产量增长率按照各个增长因素所做的贡献，分配到各个增长因素上去，分配的结果用来进行比较长期经济增长中各个因素的相对重要性。

在1985年出版的《1929—1982年美国经济增长趋势》一书中，丹尼森根据美国国民收入的历史统计数据，对上述各个增长因素进行了考察和分析，其结果被总结在表14-2中。根据1929～1982年间的数据，丹尼森计算出2.92%的年均增长率中1.91%应归功于要素投入的增加，而1.02%应归功于单位投入的产量的增加。其中，知识进展解释了技术进步对经济增长的约2/3的贡献；资源配置对要素生产率的增加也不可忽视。例如，人们从薪水少的工作“跳槽”到更好的工作，或者是劳动力从农村转移到城市就业等，都能导致产出增加或收入增长。规模经济对单位投入的产出增长率的贡献仅次于知识。当经济运作的规模扩大时，每单位产量所需的投入减少，从而产生规模经济效应。

表14-2 1929～1982年美国经济增长的因素分析

增长因素	增长率/%
总要素投入 劳动：1.34 资本：0.56	1.90
单位投入的产量 知识：0.66 资源配置：0.23 规模经济：0.26 其他：－0.03	1.02
国民收入	2.92

据此，丹尼森的结论是，知识进展是发达资本主义国家最重要的增长因素。丹尼森所说的知识进展包括的范围很广。它包括技术知识、管理知识的进步和由于采用新的知识而产生的结构和设备的更有效的设计在内，还包括从国内的和国外的有组织的研究、个别研究人员和发明家，或者从简单的观察和经验中得来的知识。丹尼森所谓的技术知识，是关于物品的具体性质和如何具体地制造、组合以及使用它们的知识。他认为，技术进步对经济增长的贡献是明显的，但是只把生产率的增长看成大部分是采用新的技术知识的结果则是错误的。他强调管理知识的重要性。管理知识就是广义的管理技术和企业组织方面的知识。在丹尼森看来，管理和组织知识方面的进步更可能降低生产成本，增加国民收入，因此它对国民收入的贡献比对改善产品物理特性的影响更大。总之，丹尼森认为，技术知识和管理知识进步的重要性是相同的，不能只重视前者而忽视后者。

第三节　新古典增长理论

新古典经济增长模型(New Classical Growth Model)的主要代表人物包括美国经济学家索洛(R. M.Solow)和英国经济学家斯旺(T.W.Swan)，以及对新古典经济增长理论作了系统表述的英国经济学家米德(J.Meade)。新古典经济增长理论中既包含凯恩斯的理论，又保留了凯恩斯以前的传统经济学关于市场机制能保证充分就业均衡的观点。新古典增长模型对经济增长理论研究具有重要影响。

一、基本假定

(一)储蓄函数假定

社会储蓄函数为 $S=sY$。

式中：S 为储蓄量；s 为储蓄率；Y 为收入或产出。

(二)人口增长率假定

人口的增长作为外生变量，按照一个不变的比率 n 增长，并假定全部人口都参与生产。

(三)生产函数假定

(1)生产中只使用劳动和资本两种生产要素，两者可相互替代，不考虑技术进步，因而生产函数可以表现为 $Y=F(K,N)$。

(2)生产函数为增函数。$F'>0, F''<0$，也即随着生产要素的增加，总产出增加，但每增加一个单位的生产要素带来的产出增量在减少。

(3)规模报酬不变。

$$\frac{1}{N}Y=F(\frac{1}{N}N,\frac{1}{N}K)$$

$$\frac{N}{Y}=F(1,\frac{K}{N})$$

假定全部人口都参加生产，那么上述函数关系就表示了人均产出与人均资本的函数关系。如果我们用 y，k 分别表示人均产出和人均资本的话，则人均产出的函数可以表示为：

$$y=f(k) \tag{14-7}$$

图 14-2 表示人均生产函数曲线。在图中，横轴表示人均资本占有量，纵轴表示人均产出。从图形来看，随着人均资本的增加，人均产出在增加；但是，由于边际报酬递减规律，人均产量的增加速度是递减的。

从人均产出函数中可以看出，储蓄(或投资)决定着资本增长，资本增长又决定着产出(或收入),而产出又依赖于储蓄。于是,资本、产出和储蓄之间建立了一个相互依赖、相互影响的关系(见图 14-3)。在上述体系中,资本对产出的影响可以由人均产出函数来描述;资本存量变化对资本存量的影响是直接的;产出对储蓄的影响可以用储蓄函数来描述。经济增长模型就建立在这样一种关系基础上。

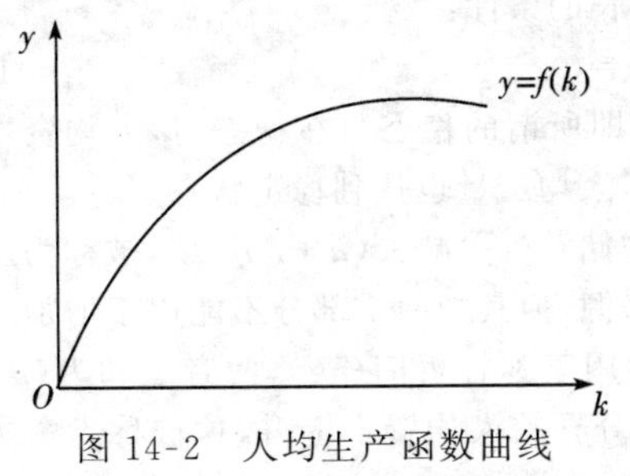

图 14-2 人均生产函数曲线

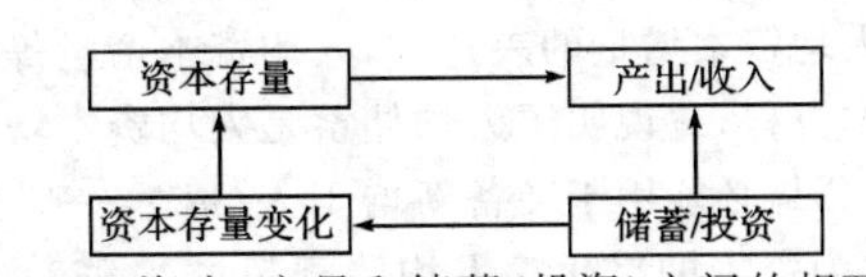

图 14-3 资本、产量和储蓄(投资)之间的相互关系

二、新古典增长模型的基本思路

新古典增长理论认为,经济社会稳定地以潜在产出的增长速度增长,具有两层含义:一是长期中各个短期都实现了充分就业状态;二是长期中各个短期都实现产品市场均衡。

(一)均衡的增长

在一个只包括家庭部门和企业部门的简单经济中,产品市场均衡的条件为:

$$I=S$$

投资由资本增量与折旧组成。当资本存量为 K,折旧率为 $\delta(0<\delta<1)$,则资本的折旧为 δk。这样,投资可表示为:

$$I=\Delta K+\delta K$$

根据储蓄函数:$S=sY$,产品市场均衡的条件可表示为:

$$\Delta K+\delta K=sY$$

$$\Delta K=sY-\delta K$$

上式两边同时除以劳动力数量 N,可得:

$$\frac{\Delta K}{N}=sy-\delta k \tag{14-8}$$

(二)充分就业的增长

在资本增长、劳动力增长的同时,产出在增长。而只有当产出增长率等于资本增长率、劳动力增长率时,资本和劳动力等生产要素才能实现充分利用状态。在长期,实现充分就业必须满足以下条件:

$$\frac{\Delta K}{K}=\frac{\Delta Y}{Y}=\frac{\Delta N}{N}=n$$

在充分就业状态下,人均资本和人均产出是不变的。即:

$$\Delta k=0,\Delta y=0$$

根据人均资本量:$k=\dfrac{K}{N}$,等式两边同时对 t 求导,人均资本增量的表达式为:

$$\Delta k=\frac{N}{\Delta K}-nk \tag{14-9}$$

根据以上分析,充分就业状态下的条件可以表述为:

$$\Delta k=\frac{N}{\Delta K}-nk=0 \tag{14-10}$$

三、稳态分析

将式 14-8 代入式 14-10，得到满足充分就业、均衡增长的条件：

$$\Delta k=sy-(\delta+n)k=0 \tag{14-11}$$

在这样的条件下，产出增长达到一种长期均衡状态，即所谓的稳态。在稳态时，人均资本达到均衡并维持在均衡值不变。在忽略了技术变化的条件下，人均产量也达到稳定状态。

观察人均资本增量的表达式，人均资本增量等于人均储蓄(sy)减去$(n+\delta)k$ 项，被称为新古典模型的基本方程，它说明了人均储蓄是人均资本增量的来源，但其中两个部分不能用于增加人均资本量：一部分是必须用于装备新增工人(nk)，一部分必须用于弥补折旧(δk)，两者之和为$(n+\delta)k$项，它被称为资本的广化。人均储蓄超过$(n+\delta)k$ 的部分导致人均资本上升，这被称为资本的深化。根据以上分析，稳态条件又可表示为：

$$sy=(n+\delta k) \tag{14-12}$$

根据上述分析，要实现稳态，人均资本增量等于零，即人均储蓄正好等于资本广化。新古典增长模型的稳态也可以用图形进行分析，如图 14-4 所示。

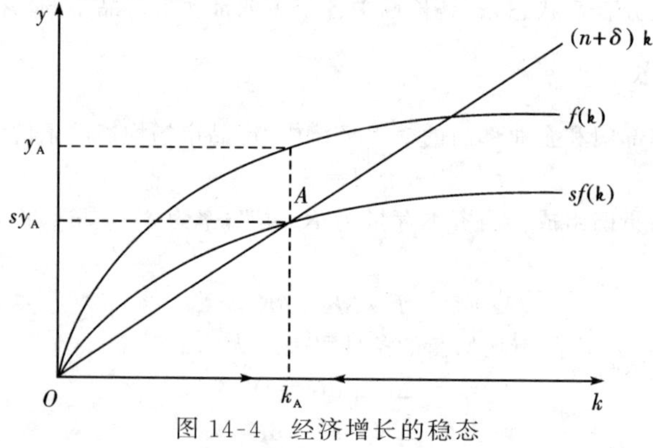

图 14-4 经济增长的稳态

在图 14-4 中，$f(k)$为人均生产函数曲线，$sf(k)$为人均储蓄曲线。由于储蓄率 s 介于 0 和 1 之间，所以，人均储蓄曲线与人均生产函数曲线具有同样的形状，但位于生产函数下方。通过原点，且斜率为$(n+\delta)$的直线表示资本广化曲线，即$(n+\delta)k$ 项。

根据上述分析，在稳态时，有 $sy=(n+\delta)k$，因此，在图 14-4 中，$(n+\delta)k$ 曲线和 $sf(k)$曲线必然相交。交点 A 所对应的人均资本为 k_A，人均产量为 y_A，这时人均储蓄恰好等于资本广化的需要，即 $sy_A=(n+\delta)k_A$。或者说，人均储蓄恰好足够为不断增长的人口提供资本设备和替换折旧资本而不会引起人均资本的变化。

在 A 点左侧，$sf(k)$曲线比$(n+\delta)k$ 曲线高，这表明人均储蓄大于资本广化的需要，存在资本深化现象。结果，当经济运行在 A 点左侧时，每个工人占有的资本存量就会上升($\Delta k>0$)，如横轴上向右的箭头所示。随着时间的推移，k 向 k_A 逼近，最终用于资本广化所需的资本数量增加到这样一点，即所有的储蓄仅用于人均资本不变，经济达到稳定状态(A)。在 A 点的右侧，情况正好相反，人均储蓄不能满足资本广化的需要，每个工人占有的资本存量就会上升($\Delta k<0$)，如横轴上向左的箭头所示，最终会达到稳态(A)。

以上的论述表明，当经济偏离稳定状态时，无论人均资本过多还是过少，都存在着某种力量使其恢复到长期的均衡状态。这表明，新古典增长理论展示了一个稳定的动态增长过程。

四、稳态位置的变动

观察图 14-4,我们可以看到,当储蓄率发生变化,从而人均储蓄曲线发生变化时,稳态位置就会发生移动;或者当人口增长率发生变化时,资本广化曲线的位置发生变化时,稳态位置也会随之变动。

(一)储蓄率的增加与稳态位置的变化

图 14-5 显示了储蓄率增加对稳态位置的影响情况。在图 14-5 中,初始的储蓄率为 s,经济社会在 A 点达到长期均衡。现在假定人们增加了储蓄率(s'),这会使储蓄曲线上移至 $s'f(k)$ 的位置。这时新的稳态位置为 A',显然稳态人均资本和人均产出都提高了。

但是,两个不同的稳态位置的总产出增长率、资本增长率是一致的,都等于人口增长率。它们是独立于储蓄率的。当储蓄率增加时,资本增长迅速,并引起产出迅速增长,资本增长率与产出增长率超过人口增长率。但是,从长期看,资本边际报酬递减规律会使资本增长速度下降,产出增长速度下降,直至回落到人口增长率水平。

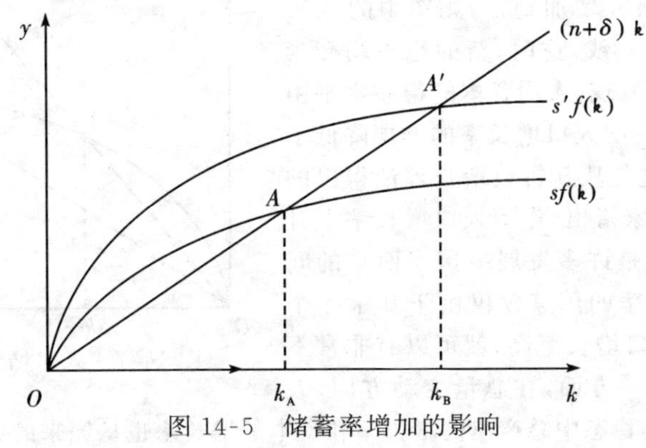

图 14-5 储蓄率增加的影响

(二)资本的黄金率水平

从上面的分析可以知道,储蓄率可以影响稳态的人均资本水平,而人均资本水平又决定了人均产量水平。从全社会角度来看,产出可以用于消费和积累(储蓄)两个方面。产出一定时,消费多了,积累就少了;反之亦然。因此,这里存在着一个如何处理积累和消费的关系问题。

很多西方学者认为,经济增长是一个长期的动态过程,因此,提高一个国家的人均消费水平是一个国家经济发展的根本目的。在这一认识下,经济学家费尔普斯于 1961 年提出了与人均消费量最大化相联系的人均资本应满足的关系式,这一关系式被称为资本积累的黄金分割率。

在图 14-6 中,横坐标表示稳态时的人均资本,纵坐标表示与稳态相对应的人均产量、人均储蓄和人均消费。由图可知,在稳态时,人均消费在图形上可表示为曲线 $f(k)$ 与直线 nk 之间的距离。从图中可以看出,如果一个经济中选定一个较低的储蓄率,从而对应着较低的稳态人均资本,这时人均消费水平较低;反之,如果一个经济中选定一个较高的储蓄率,从而对应着较高的稳态人均资本,其人均消费水平仍然处于较低水平。那么,如何选择稳态的人均资本才能使稳态的人均消费达到最大呢?费尔普斯的黄金分割率给出了明确的回答,其基本内容是:若使稳态人均消费达到最大,稳态人均资本量的选择应使资本的边际产出等于劳动的增长率。用方程来表示就是:

$$f'(k^*)=n \tag{14-13}$$

黄金分割率可以用图形的方式加以论证。借助图 14-6,问题可转化为在图中如何选择 k 从而使曲线 $f(k)$ 与直线 nk 之间的距离最大。显然,在 k^* 处,曲线 $f(k)$ 切线的斜率与直线 nk 的斜率相等，即曲线 $f(k)$ 切线与直线 nk 平行，曲线与直线之间的距离达到最大。

从黄金分割率可知，在稳态时如果一个经济中人均资本量多于黄金分割率的水平，则可以通过消费掉一部分资本而使人均资本下降到黄金分割率的水平，就能够提高人均消费水平。相反，如果一个经济拥有的人均资本少于黄金分割率的水平，则该经济能够提高人均消费的途径是缩减目前的消费，增加储蓄，直到人均资本达到黄金分割率的水平。

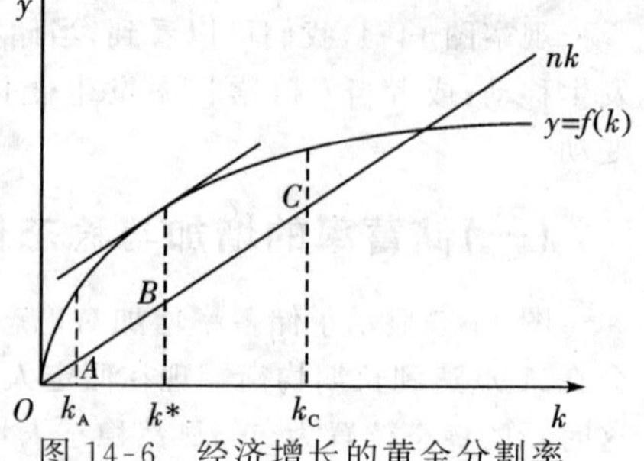

图 14-6 经济增长的黄金分割率

(三)人口增长对稳态水平的影响

人口增长理论把劳动力增长比率(n)作为一个外生变量，其数值大小不会受模型内经济变量的影响，但是会随着模型外的因素的变化而变化。当人口增长率发生变化时，它又会对稳态位置和人均产出有怎样的影响呢？

观察图 14-7，经济最初位于 A 点的稳态均衡。现在，假定人口增长率从 n 增加到 n'，则图中的 $(n+\delta)k$ 线便移动到 $(n'+\delta)k$ 线，这时，新的稳态均衡为 A'点。比较 A 和 A'点，发现，人均资本的稳态水平由原来的 k_A 减少到 k_A'，说明人口增长率的增加降低了人均资本的稳态水平，这是从新古典增长理论得出的又一重要结论。经济学家指出，作为人口增长率上升产生的人均产量下降正是许多发展中国家面临的问题。两个有着相同储蓄率的国家仅仅由于其中一个国家比另一个国家的人口增长率高，就可以有非常不同的人均收入水平。另一方面，在总量变动方面，人口增长率的上升，使新的稳态中总产出的增长率和资本的增长率也从原来的 n 增加到 n'。

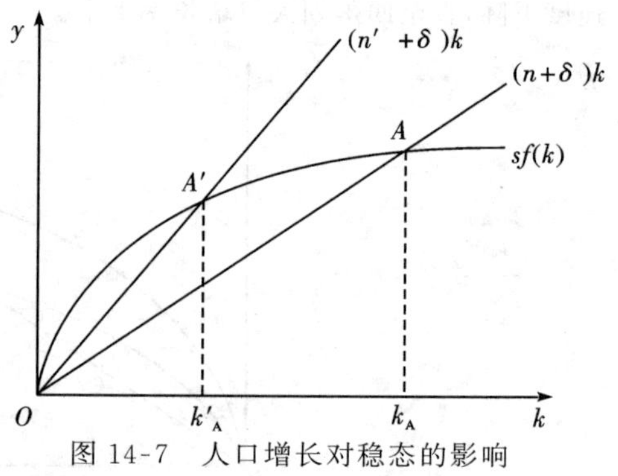

图 14-7 人口增长对稳态的影响

第四节 经济周期理论概述

经济发展的历史表明，经济在沿着经济发展的总体趋势的增长过程中，并不是按部就班、一成不变的，而常常呈现出上下波动，收缩与扩张交替的周期性变动特征。比如，美国在 1929 年爆发经济萧条的危机，而在第二次世界大战后迎来经济的繁荣时期。

一、经济周期的含义

所谓经济周期(Business Cycle)，又称为商业周期或商业循环，是指国民总产出交替性地出现扩张和收缩的周期性波动现象。理解经济周期需要注意以下几点：

(一)经济周期的阶段

经济周期的中心是国民收入周期性波动。但是，由于这种波动而引起的失业率、价格、水平、利率、对外贸易等经济变量也呈现周期性波动。一个完整的经济周期大体上依次经历四个阶段：繁荣、衰退、萧条和复苏(见图 14-8)。

在图 14-8 中，横轴(t)表示时间，纵轴表示产出，向右上方倾斜的直线表示潜在产出变动的轨迹(趋势线)，围绕趋势线波动的曲线表示现实产出变动的轨迹。A 点位于经济周期的顶峰，对应着经济繁荣；B 点对应着经济衰退；C 点位于经济周期的谷底，对应着经济萧条；D 点对应着经济复苏。A—D 构成一个完整的经济周期。

经济周期中的四个阶段各有特征。繁荣时期，经济活动处于高水平时期，产出增加到极限，失业率下降到很低，价格水平上升到较高水平；繁荣时期过后，消费增长缓慢，信贷问题出现，从而信贷紧缩、投资减少，生产规模不断缩小，失业率上升，经济进入衰退阶段；随着经济的不断下滑，大批生产能力闲置，企业亏损，甚至倒闭，社会产出水平达很低水平，社会中存在大量的失业，经济进入萧条阶段；但是，萧条不可能无限延长，消费引起企业存货减少，致使企业开始增加投资，产出开始增加，失业率开始下降，经济进入复苏阶段。随着生产和就业的不断扩大，价格水平上升，信贷开始扩张，经济扩张达到繁荣阶段。

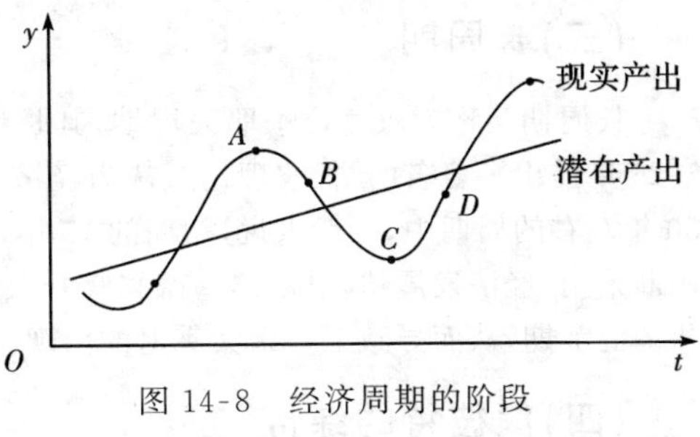

图 14-8 经济周期的阶段

(二)经济周期的事实

经济周期是客观存在、不可避免的。经济扩张与经济收缩的交替规律，已经被西方发达的资本主义国家所证实。1825 年，世界上第一次经济危机(生产过剩)爆发于英国，从此开始了商业周期循环。1857 年，第一次世界性经济危机(生产过剩)爆发于美国。1929～1933 年爆发了席卷资本主义国家的大规模的经济萧条。1973～1975 年资本主义国家爆发滞胀危机。2007～2008 年由美国次贷危机引发全球经济危机。因此，经济周期是现代经济社会中不可避免的经济波动。只要存在市场经济，经济周期就是不可避免的。

(三)经济周期的形式

经济周期的形式是不规则的，主要表现为每次周期波动的幅度和时间长度是不规则的。每一个周期的时间长短并不完全一致，没有两个完全相同的经济周期，也没有像测定行星或钟摆那样精确的公式可以预测经济周期发生的时间和持续的时间。相反，经济周期可能更像天气那样变化无常。同时，每个周期扩张的程度、衰退的程度也各不相同，所以有些经济周期波动幅度大，影响和危害比较深重，而有些经济危机波动幅度小，影响和危害比较轻微。例如，美国的新经济现象，经济周期波动幅度就比较小。

二、经济周期的类型

经济周期的分类，主要是按照周期的时间长度来分类的。主要分为以下几种：基钦周期、朱格拉周期、康德拉季耶夫周期、熊彼特的综合和库兹涅茨周期等类型。

(一)短周期

短周期也称为基钦周期，其长度约 40 个月。1923 年，约瑟夫·基钦(Joseph Kitchin)在他的著作《经济因素中的周期与倾向》中提出，经济周期实际上有主要周期与次要周期两种：次要周期为 3～4 年的短周期，而一个重要周期则包括两个或三个小周期。后来，熊彼特把这种约为 40 个月的周期称为短周期或基钦周期。基钦提到，这种小周期是心理原因所引起的有节奏的运动的结果，而这种心理原因又是受农业丰歉影响食物价格所造成的。

(二)中周期

中周期又称为朱格拉周期，其长度为 9～10 年。这是由法国经济学家朱格拉于 1860 年提出的。他根据统计分析，认为经济中存在一个长度约为9～10年的经济周期。熊彼特把这种周期称为中周期，或朱格拉周期。汉森则把这种周期称为“主要经济周期”。

(三)长周期

长周期又称为康德拉季耶夫周期，其长度平均约50～60年。俄国经济学家康德拉季耶夫于1926年提出了著名的“长波理论”，认为经济中存在一种平均长度约为50年左右的长期循环。在50年左右的周期中，一般来说，初期的15年是衰退期；接着20年是大量再投资期，在此期间新技术不断采用，经济发展快，显示出一派兴旺景象；其后10年是过度建设期，过度建设的结果是5～10年的混乱期，从而导致下一次大衰退的出现。

(四)熊彼特的综合

奥地利经济学家在1939年对以上三个经济周期类型进行了综合。熊彼特对前三种经济周期作了高度综合和概括。他认为每个长周期中套有中周期，每个中周期中套有短周期。每个长周期包括6个中周期，每个中周期包括3个短周期。其中短周期约为40个月，中周期为9～10年，长周期约为49～60年。他还以三次重大创新为标志，划分了三个长周期。第一个长周期1780～1842年，是“产业革命时期”；第二个长周期是1842～1897年，是“蒸汽和钢铁时期”；第三个长周期是1897年以后，是“电气、化学和汽车时期”。在每个长周期中仍有中等创新所引起的波动，这就形成若干个中周期。每个中周期中还有小创新引起的波动，这就形成若干个短周期。

三、经济周期的成因

19世纪中叶以来，西方经济学家就经济周期的成因提出了近百种假想，形成了不同的流派和体系，存在激烈的争论，并没有一个公认的结论，但我们可将这些不同理论划分成两大类：外因论和内因论。外因论是在经济体系之外寻找经济周期的根源，如战争、革命、选举、石油价格、发现金矿、移民、新土地和新资源的发现、科学突破和技术创新，甚至太阳黑子和气候等。内因论则在经济体系内部寻找经济周期的机制和原因，比如投资、消费、货币等等。

(一)外因论

1.太阳黑子论

由英国经济学家杰文斯(W.S.Jevons)于1875年提出。该理论把经济的周期性波动归因于太阳黑子的周期性变化。因为据说太阳黑子的周期性变化会影响气候的周期性变化，而这又会影响农业收成，而农业收成的丰歉又会影响整个经济。由于太阳黑子的出现是有规律的，大约每10年左右出现一次，因而经济周期大约也是每10年一次。

2.创新理论

创新理论(innovation theory)是奥地利经济学家J.熊波特提出用以解释经济波动与发展的一个概念。所谓创新是指一种新的生产函数，或者说是生产要素的一种“新组合”。生产要素新组合的出现会刺激经济的发展与繁荣。当新组合出现时，老的生产要素组合仍然在市场上存在，新老组合的共存必然给新组合的创新者提供获利条件。一旦新组合的技术扩散，被大多数企业获得，最后的阶段——停滞阶段也就临近了。在停滞阶段，因为没有新的技术创新出现，因而很难刺激大规模投资，从而难以摆脱经济萧条的困境。这种情况直到新的创新出现才被打破，才会有新的繁荣出现。总之，该理论把周期波动的原因归之为科学技术的创新。

3.实际经济周期理论

该理论认为，宏观经济经常受到一些实际因素的冲击，比如战争、人口增减、技术革新等。这些冲击所带来的影响会在经济中传播，进而引起经济的波动。

(二)内因论

1.纯货币理论

该理论主要是由英国经济学家霍特里(R.Hawtrey)在1913～1933年的一系列著作中提出的。纯货币理论认为货币供给量和货币流通速度直接决定了名义国民收入的波动。这种理论极端地认为经济波动完全是由于银行体系交替地扩张和紧缩信用所造成的。

霍特里认为,当银行体系采取降低利率、放松信贷以及收购有价证券等扩张性的信用政策时,商人将增加向银行的贷款,以增加其对生产者的订货,于是引起生产的扩张和收入的增长,收入的增加引起对消费品需求的增加和物价上涨。物价上涨、市场繁荣和企业家的乐观情绪促使投资需求和消费需求的兴旺,由此引起货币流通速度的增加,造成累积的信用扩张和经济高涨。当信用扩张到一定程度后银行迟早要被迫停止信用扩张而相反地采取紧缩性的信贷政策。这就导致了随之而来的衰退累积过程。

2.投资过度理论

投资过度理论把经济的周期性循环归因于投资过度——生产资本品部门的发展超过了生产消费品部门的发展。由于投资过多,与消费品生产相比,资本品生产发展过快。资本品生产的过度发展促使经济进入繁荣阶段,但因资本品过度生产而导致的过剩又会促使经济进入萧条阶段。

3.消费不足理论

消费不足理论的出现较为久远,早期有西斯蒙第和马尔萨斯,近代则以霍布森为代表。该理论把经济的衰退归因于社会对消费品的需求赶不上消费品生产的增长,而消费品需求不足又引起对资本品需求不足,进而使整个经济出现生产过剩性危机。消费不足的根源则主要是国民收入分配不平等所造成的穷人购买力不足和富人储蓄过度。

4.心理理论

心理理论和投资过度理论是紧密相连的。该理论认为经济的循环周期取决于投资,而投资大小则主要取决于业主对未来的预期。然而预期却是一种心理现象,而心理现象又具有不确定性的特点。因此,经济波动的最终原因取决于人们对未来的预期:预期乐观时增加投资,经济步入复苏与繁荣;预期悲观时减少投资,经济则陷入衰退与萧条。随着人们情绪的变化,经济也就周期性地发生波动。

5.乘数—加速原理

该理论认为,经济周期是由投资(引致投资)和收入因素共同作用决定的,它认为投资增加通过乘数作用,会带来倍数于投资增量的国民收入;反过来,国民收入的增长通过加速数促进投资以更快的速度增长;而投资的增长又使国民收入增加,如此循环往返,社会经济就处于经济周期的扩张期。

第五节　乘数—加速原理

乘数—加速数模型是凯恩斯主义者在20世纪50年代发展起来的经济周期理论。新古典综合派的代表萨缪尔森、希克斯等人认为,凯恩斯只注意到了乘数的作用,而没有注意到加速数的作用,这是不全面的,只有把两者结合起来,才能说明收入、消费与投资之间的关系。因此他们主张把乘数与加速数原理的作用结合起来进行考察,以此来解释长期国民收入的变动规律。这就是著名的乘数—加速数模型。

对于乘数,我们并不陌生。乘数就是指当自发支出增加时,会引起国民收入数倍的增加,这个倍数就是乘数。乘数出现的条件是资源是有闲置的,在需求刺激下,企业可以利用闲置的厂房、设备实现产出的扩张，而不会引发投资。那么，加速数是什么概念，其出现的条件又是什么呢？

一、加速原理

我们来讨论这样一种情况：当产出在增加过程中，逐渐把资源全部利用。那么，在长期，企业的产出增长需求，就会刺激企业购买购买机器、设备，以扩大资本存量，因而引发投资。收入（或产出）变化引起投资变化的原理，就是加速原理。

（一）假设条件

(1)技术水平不变。

(2)资本存量得到充分利用。也就是没有资源闲置的条件。这意味着，如果企业要想扩大产出，就必须扩大资本存量，从而引起投资。

(3)资本—产量比是不变的。资本—产量比是指生产一单位产出所需要的资本存量。一般来说，在技术条件不变的条件下，要生产更多的产量需要更多的资本，进而需要用投资来扩大资本存量。在任何时候，企业总认为有一个最优的资本对产出的比率。虽然这个比率在各个行业中存在很大区别，而且还随着生产环境和生产技术的变化而发生变化。为了简化分析，在宏观经济分析中，通常假设这个比率是保持不变的。

（二）加速数

引入时期概念，考虑收入变化与资本存量变化之间的关系。

t 期：$K_t = vY_1$

$t-1$ 期：$K_{-1t} = vY_{t-1}$

显然，收入的变化引起资本存量发生了变化，其关系式可表述为：

$$\Delta K = I_t = v\Delta Y \tag{14-14}$$

$$v = \frac{I_t}{\Delta Y} \tag{14-15}$$

该方程实际上反映了收入变化带来的净投资量。由于总投资由净投资与折旧构成，则上述关系式可以表述为：$I_A = I_t + D = v\Delta Y + D$。显然，收入的变化对投资的影响主要受到资本—产出比率的影响。资本产出比率越大，则一定量收入变化引起的投资就越大；反之，资本产出比率越小，则一定量收入变化引发的投资就越小。这个资本产出比率通常被称为加速数。因为 K 是存量，而收入是流量，因此加速数一般是大于 1 的正数，因而表明一个单位收入的增量带来几倍于它的投资量。

（三）加速原理

(1)产出变化是引发投资变化的重要因素。也就是说，投资并不是产量（或收入）的绝对量的函数，而是产出增量的函数。而且，产出变动会引起投资数倍的变动。

(2)加速数是在两个方向发生作用。如果收入增加，人们的消费支出也会增加，从而形成需求刺激。企业要想扩大产出必须增加机器、设备，从而引发数倍的投资。反之，如果产出停滞或减少，不会引发投资。而由于资本品的折旧、毁损等使资本存量数倍减少，可以看作引发负投资。

二、乘数—加速数经济周期模型的基本思想

萨缪尔森认为，加速数原理和乘数原理的相互作用是出现经济周期的最主要根源。假设由于新的发明的出现，使投资的数量增加。投资增加会通过乘数作用使收入数倍增加。当人们的收入增加、消费需求增加，产出要进一步扩大，就需要增加数倍的投资，从而资本存量进一步扩大。投资的增长又会通过乘数效应使收入增加，从而又引起投资增长。如此循环往复，国民收入不断增大，于是社会就处于经济周期的扩张阶段。通过乘数与加速数的相互作用，若无外在因素的限制，国民

收入将呈现爆炸态势,趋于无穷大。而现实经济波动却并非如此。这是为什么?

乘数—加速数模型指出,社会的资源增长是有一定极限的。当经济增长过快,超过了社会可利用资源的增长速度,则收入停止增长,从而投资下降为零。由于投资下降,引起产出数倍减少。产出的减少,使投资也进一步减少;而投资的进一步减少又使产出进一步减少。如此循环往复,经济周期进入衰退阶段。通过乘数—加速数的相互作用,若无外在因素的限制,国民收入将趋于零。而现实经济中却并非如此。这是为什么呢?

这是因为,人们的消费有一个最低水平,当总产出低于人们的最低生活消费品需求时,产出就在需求刺激下开始增加,从而引起投资的增加。而投资的增加,又引起产出数倍的增加,从而经济就又进入到复苏阶段。

以上分析,我们可以看出,乘数—加速数模型认为不稳定的投资支出变化,引起总需求变化,从而引发乘数—加速数的相互作用。也就是说引起经济波动的冲击因素是内生的、实际的因素,这些因素通过冲击总需求而引起经济波动。这种冲击影响是暂时的,从而在波动中产量最终回归到趋势水平的特征,也就是使经济增长率回到它的趋势增长率上的特征,这被称为“趋势复归”或“稳定的趋势”。因此,波动呈现出围绕潜在产出上下波动的周期性特征。

三、政策主张

在经济周期的治理政策方面,凯恩斯主义者认为经济波动对趋势的偏离可能是剧烈的,而且将持续较长的时间。经济波动是市场机制不完善导致了产出偏离了充分就业的增长趋势,因而被认为是降低了社会福利。因此政府有理由采取矫正性行为,以维持长期的经济稳定。政府的调节可以通过三个环节实施:

(一)调节投资

政府根据不同的情况,变动政府支出或采取措施影响私人投资,可以使经济状况处于比较理想的状态。

(二)影响加速数

假定不考虑收益递减问题,在技术不变的条件下,加速系数与资本产出比率是一致的。如果政府采取措施提高劳动生产率(产量的增加不必同比例增加投资,只需提高现有设备生产率),就能提高投资的经济效果,使产量的增加只为增加较少投资就可实现,或反过来看,产量的减少也就不必大量减少投资。

(三)影响边际消费倾向

通过适当的政策,影响人们的消费在收入增量中的比例,从而影响下一期的收入。

本章小结

(1)国民收入的长期分析包括相互联系的两个方面:经济增长和经济周期。

(2)经济增长的分析方法包括经济增长核算与经济增长模型。

(3)增长核算方程反映了经济增长因素对经济增长率的贡献程度。

(4)新古典增长模型中,储蓄率的增加不能影响到稳态增长率,但是能够提高稳态人均收入水平;人口增长率的上升既提高了稳态增长率,又降低了稳态人均产出水平。

(5)经济周期是国民收入扩张与收缩交替出现而引发的经济现象。

(6)经济周期的类型一般按周期长度划分为:短周期、中周期和长周期。

(7)经济周期理论众多,但可分为两类:内因论和外因论。内因论中较有影响的是乘数—加速数原理。

阅读资料

找准中国经济发展新动力的突破口

经济增长转向依赖终端居民直接消费的模式，要求推动经济尽快走上内生增长、创新驱动的轨道，让国民不仅参与经济建设，创造社会财富，而且能分享改革发展带来的成果，不断有条件改善自身的生活水平。伴随着经济转型，政府的着眼点也出现了一些新的转变。归根到底一句话，更加实事求是，求真务实。

其一，突破经济增长评价指标体系数量层面的束缚，以内涵提升追求经济发展的内在品质。

转变经济结构首先需要转变经济的评价方式，放弃单纯数量上速度型的追求，这意味着经济中缺乏科学发展的经济成分所占比重降低，尤其像房地产这种科技含量偏低的行业，作为支柱型行业发展的合理性不足。如果剔除了房地产对GDP的直接贡献因素，GDP年均增长量将科学合理地回归经济本质。确立7%的年均增长数据，说明经济将步入中速增长期，甚至不排除经济转型个别关键年份会低速增长，中国经济极有可能已进入“去房地产化”的路途，而房地产内部派生性“去杠杆化”则将为通胀减负。

其二，突破经济发展衡量标准财富总量层面的束缚，以化解风险解决矛盾追求经济发展的平稳质量。

“十一五”末GDP总值39.8万亿，按年均增长7%计，“十二五”末GDP总值将达55.8万亿。若以“十一五”年均增长率11.2%计，则2015年GDP将高达67.67万亿，后者比前者高出11.85万亿额，约占39.8万亿的30%，而政策选择最终放弃了接近12万亿的财富总量，这个“踩刹车”减速决策，其实是艰难的决定。其背后最大的考量和决策依据，可能是解决发展中累积的矛盾和问题，采取措施化解因高速发展带来的所有风险，具有和发展同等重要的地位和作用。这种预期目标的大幅调节，预示着经济发展除速度、财富总量这些硬指标追求之外，还可有更多软性平行指标，质量和效益就是数量积累到一定程度的必然选项。这种变化在政策上以转变宏观政策方式显露出来，正好说明经济发展将从量的积累走向品质保证的新阶段。

其三，突破经济动力长期依赖投资拉动政策层面的束缚，实现居民收入增长和经济发展同步。

“努力实现居民收入增长和经济发展同步、劳动报酬增长和劳动生产率提高同步，逐步提高居民收入在国民收入分配中的比重，提高劳动报酬在初次分配中的比重，加快形成合理的收入分配格局。城镇居民人均可支配收入和农村居民人均纯收入年均实际增长超过7%”，这是“质量和效益”品质内涵最重要的体现，就是让人民不仅参与经济建设，不断创造社会财富，而且能够分享改革发展带来的经济成果，不断有条件改善自身的生活水平。

其四，突破经济增长放缓通胀预期较高的管理层面的束缚，以房价回归价值剔除物价泡沫中不合理因素。

虽然进入2011年以来，我国CPI同比上涨依然保持高位，但相信由于房地产市场的持续调控政策，投资以及投机性需求将显著降低，供求关系最终决定商品价格变动趋势，在某个时间节点房价回归真实价值应该是个大概率事件。而房价降至一定幅度，将给治理通胀创造最有利的条件，从根本上动摇物价过快上涨的通胀基础。

本章习题

一、名词解释

经济周期　乘数—加速数原理　经济增长　资本广化　资本深化　黄金分割率

二、选择题

(1)经济增长的标志是(　　)。

A.失业率的下降　　B.先进技术的广泛应用

C.社会生产能力的提高　　D.城市化速度加快

(2)根据新古典模型,如果其他条件不变,储蓄率降低的结果是(　　)。

A.增加了稳态总产出增长率　　B.减少了稳态总产出增长率

C.增加了稳态人均产出水平　　D.减少了稳态人均产出水平

(3)如果其他条件不变,A 国的人口增长率大于 B 国的人口增长率,则(　　)。

A.A 国的储蓄率大于 B 国的储蓄率

B.A 国的储蓄率大于 B 国的储蓄率

C.A 国的稳态人均产出水平大于 B 国的稳态人均产出水平

D.A 国的稳态人均产出水平小于 B 国的稳态人均产出水平

(4)经济增长的黄金分割率是指(　　)。

A.产出增长率等于储蓄率　　B.资本边际产出等于人口的增长率

C.储蓄率等于人口增长率　　D.产出增长率等于技术变化率

(5)加速原理表明(　　)。

A.产出的增加导致投资数倍增加　　B.产出的增加导致投资数倍减少

C.投资的增加导致 GDP 数倍增加　　D.投资的增加导致 GDP 数倍减少

(6)按照萨谬尔森的理论,经济之所以发生周期性波动,是因为(　　)。

A.乘数作用　　B.加速数作用

C.乘数和加速数的交织作用　　D.外部经济因素的作用

(7)经济周期的四个阶段依次是(　　)。

A.繁荣、萧条、衰退、复苏　　B.繁荣、衰退、萧条、复苏

C.复苏、衰退、萧条、繁荣　　D.衰退、萧条、复苏、繁荣

(8)加速原理发生作用的条件是(　　)。

A.国民收入或消费支出持续增长　　B.经济活动由衰退转向扩张

C.社会上没有剩余生产能力　　D.以上任何一种情况均可能

三、计算题

(1)已知资本增长率 $g_k=2\%$,劳动增长率 $g_l=0.8\%$,产出增长率 $g_y=3.1\%$,资本的国民收入份额 $\alpha=0.25$,在这些条件下,技术进步对经济增长的贡献为多少?

(2)在新古典增长模型中,总量生产函数为:

$Y=F(K,L)=K^{\frac{1}{3}}L^{\frac{2}{3}}$,

求稳态时的人均资本量和人均产量。

四、思考题

(1)描述新古典增长模型的基本公式,并说明其含义。

(2)说明经济周期的类型。

参考书目

[1] 保罗·萨缪尔森.经济学[M]18 版.萧琛,译.北京:人民邮电出版社,2008.
[2] 曼昆.经济学原理.4 版.[M].梁小民译.北京:北京大学出版社,2008.
[3] 奥利维尔·布兰查德.宏观经济学[M]2 版.钟笑寒,等,译.北京:清华大学出版社,2005.
[4] 斯蒂格利茨.经济学[M]4 版.黄险峰,张帆,译.北京:中国人民大学出版社,2010.
[5] 高鸿业.西方经济学[M]4 版.北京:中国人民大学出版社,2007.
[6] 梁小民.西方经济学基础教程[M]2 版.北京:北京大学出版社,2009.
[7] 郭羽诞.西方经济学[M].北京:经济科学出版社,2006.
[8] 许纯祯,吴宇晖,张东辉.西方经济学[M].2 版.北京:高等教育出版社,2008.
[9] 张红智.西方经济学[M].北京:对外经济贸易大学出版社,2009.
[10] 孙学敏.西方经济学[M].北京:清华大学出版社,2009.
[11] 吴伟,游明忠.西方经济学[M].北京:中华工商联合出版社,2006.
[12] 张嫚.经济学[M].北京:经济科学出版社,2006.
[13] 刘志勇.微观经济学[M].河北人民出版社,2003.
[14] 汪祥春,夏德仁.西方经济学[M].东北财经大学出版社,2003.
[15] 杨伯华,廖一德.西方经济学[M].西南财经大学出版社,2004.
[16] 斯蒂格里茨.经济学(上册)[M].梁小民译.中国人民大学出版社,2000.
[17] 萨缪而森,诺德豪斯.经济学.16 版.纽约:麦格劳—希尔公司,1998.
[18] 科斯.社会成本问题[J]法学和经济学,1960(10).
[19] 魏埙,蔡继明,刘骏民,等.现代西方经济学教程[M]2 版.天津:南开大学出版社,2001.
[20] 吴易风.当代西方经济学[M].北京:中国财政经济出版社,2004.
[21] 胡春田,霍德明,熊秉元.经济学概论.北京:北京大学出版社,2006.
[22] 厉以宁,西方经济学[M].北京:高等教育出版社,2005.
[23] 王花球,西方经济学概论[M].北京:经济科学出版社,2002.